Bildwörterbuch
Kurdisch
Deutsch

Kurmandschi leicht gemacht

PONS Langenscheidt GmbH
Stuttgart

INHALT
NAVEROK

LEICHTER LERNEN MIT BILDERN – WARUM IST DAS SO?

Liebe Leserin, lieber Leser,

wie wichtig die Bedeutung von Bildern ist, wenn es um das Merken von Begriffen geht, wissen wir seit Jahren aus der Lernpsychologie. Kennen Sie das? Wenn Sie ein Bild zu einem Wort sehen, bleibt das Wort viel schneller im Gedächtnis haften, als wenn es nur geschrieben dasteht. Und wenn es darum geht, in einer fremden Sprache Wortschatz nicht nur nachzuschlagen, sondern auch zu verstehen und ihn sich zu merken, unterstützen die Bilder Sie dabei, sich die Wörter schneller und besser einzuprägen. Das hat ganz einfache Gründe:

→ ***Bilder wirken schneller und direkter als reiner Text***. Schon als kleine Kinder denken wir in Bildern und können sie ganz intuitiv entschlüsseln, interpretieren und aufnehmen. Sind Bilder mit Wörtern verknüpft, bilden sie eine Einheit, die unser Gehirn mit hoher Effizienz verarbeitet und abspeichert.

→ ***Bilder erleichtern und unterstützen das Verständnis.*** *Sie vermitteln Zusammenhänge und liefern uns deutlich mehr Informationen als nur Text alleine.*

→ ***Bilder sind emotional.*** *Sie wecken unser Interesse, steigern unsere Motivation und bleiben besser im Gedächtnis haften als einzelne Wörter.*

→ ***Bilder machen Freude.*** *Wo viel Text abschreckt, sorgen Bilder dafür, dass uns das Lernen Spaß macht, und wir bleiben länger bei der Sache.*

Gesehen, verstanden und schon gemerkt – so leicht kann das visuelle Lernen sein. Überzeugen Sie sich selbst!

Ihre

PONS-Redaktion

WÊNE BÎRÊ ÇALAK DIKIN – LÊ ÇAWAN?

Xwendevanê/a hêja,

Bi gellek salan, derûnnasên perwerdeyê bikaranîna wêneyan li lêkolînên zimên da han dane. Renge ev tiştek be ku we bixwe jî tecrube kiribe – eger hûn peyvekê digel wêneyekî bibînin, bîra we ji wê demê çalaktir dibe ku tenê wê peyvê bi nivîskî bibînin. Lewma, eger armanca we ew be ku peyvan fêm bikin û ji ber bikin herwiha li ferhengê peyda bikin, anîna peyvan digel wêneyan rêyeke kêrhatî bo piştrastbûna ji asteke mezintir a serketinê ye. Ev ji ber jin hokar û sebeban e:

→ **Wêne ji tenê nivîsê zûtir û rasterasttir ser me bandorê datînin.** Em wekî zarokên biçûk li wêneyan difikirin û dikarin wan li hundirê xwe da şirove bikin û bikişînin hundir. Dema ev wêne bi peyvan ra bin, ew yekeyekê çêdikin ku mêjî dikare bi awayekî kêrhatî venêre û zexîre bike.

→ **Wêne piştevaniya têgihîştinê dikin.** Ew ji me ra qadekê amade dikin û ji tenê peyvan pirtir agahiyan pêşkêş dikin.

→ **Wêne bi asteke hestyarî bi me ra diaxivin.** Ew bala heza me dikişînin, engîzeya me zêde dikin xwe li bîra me da bi awayekî xwe cîwar dikin ku nivîsa bêwêne nikare bike.

→ **Wêne xweş in.** Dema ku komên nivîsan dikarin me bisilikînin, wêne pêvajoya hînbûnê ronî û hêsan dikin – û ew dihêle em bo demeke dirêj bidomînin.

Wê bibînin, fêm bikin, ji ber bikin – hînbûna dîtinbar dikare wiha xwerû be. Çima hûn jî dest pê nekin?

Rêz û silav

Ferhengên PONS

SO ARBEITEN SIE EFFIZIENT MIT DEM BILDWÖRTERBUCH

Ganz gleich, ob Sie erst anfangen, eine Fremdsprache zu erlernen, oder ob Sie bereits über gute Sprachkenntnisse verfügen: Dieses Wörterbuch ist Ihr idealer Begleiter. Für jede Sprache decken rund 8.000 Begriffe alle Bereiche des Alltags ab und die Kombination von Wort und Bild ermöglicht Ihnen, Wörter schnell nachzuschlagen, zu übersetzen und sich mühelos einzuprägen. Hier die wichtigsten Tipps, wie Sie den größten Nutzen aus diesem Wörterbuch ziehen:

Evê ku we nû dest pê kiribe yan agahiyên we yên baş ji zimanê hilbijartî hebe - ev ferheng hevrêyeke baş e. Ew bi qasî dorbera 8000 peyvan ji her zimanî, hemû qadên jiyana rojane dihewîne. Digel hev bûna wêne û peyvan arîkariyê dide peyvan bi hêsanî peyda bikin, wergerînin û ji ber bikin. Beriya ku hûn dest pê bikin, ev çend têbînî dikarin rîkar bin sûda herî zêde ji ferhengê bibin:

1. Wörter im Zusammenhang lernen

Wörter werden schneller gemerkt, wenn man sie im Kontext lernt. Aus diesem Grund ist dieses Wörterbuch nach Themenfeldern aus dem Alltagsleben gegliedert. Ganz gleich, in welches Thema Sie eintauchen - ob Einkaufen, Kleidung, Lebensmittel oder Familie - betrachten Sie beim Lernen das Thema als Ganzes und versuchen Sie, möglichst viele Wörter aus dem Themenbereich aufzunehmen. Sie werden erstaunt sein, wie viel Wortschatz Sie sich in kürzester Zeit merken können.

1. Hînbûna peyvan li nava hevokê da

Eger hûn peyvan li nava hevokê da hîn bibin, zêdetir ihtimala wê heye bi bîr bînin. Lewma me ev ferheng li gorî hêlên cûrbicûr ên jiyana rojane dabeş kiriye. Hûn bi her mijarê dest pê bikin - kirîn, cil, dikan yan malbat her kîjan - hewl bidin li mijarê bi giştî binêrin û zêdetirîn hejmara peyvên mimkin ên têkildarî wê hîn bibin. Hûn ê mamtmayî bin ku di demeke kin da ewqas peyvan hîn dibin.

ÇAWAN JI FERHENGA XWE SÛDA HERÎ ZÊDE BIBIN

Herzlichen Glückwunsch!	**Pîroz be!** pīrōz bä
Alles Gute zum Geburtstag!	**Rojbûna te pîroz be!** rōschbūnā tä pīrōz bä
Wie viel Uhr ist es?	**bibore, saet çend e?** bəbōrä äät tschänd ä
Es ist zwei Uhr.	**Saet dudu ye.** sääț dudu yä
Guten Appetit!	**Noşî can be!** nōshī dschān bä
Zum Wohl! ①	**Bi silametî!** bə səlāmätī ②

2. *Die wichtigsten Schlüsselsätze auf einen Blick*

Ob in der Fremdsprache nach der Uhrzeit fragen, oder zum Geburtstag gratulieren: In den 13 thematisch sortierten Kapiteln finden Sie neben der reinen Wort-Bild-Zuordnung die wichtigsten Sätze für die häufigsten Situationen ①. Prägen Sie sich diese Schlüsselsätze gut ein und schon haben Sie den Grundstein für eine erfolgreiche Kommunikation gelegt.

2. Awirek ser hevokên sereke

Hûn çi bixwazin saetê bipirsin çi jî rojbûnê pîroz bikin, hûn ê hevokên herî berbelav li bara mijarekê li 13 beşan ① peyda bikin. Van hevokan baş fêr bibin û hûn ê xwe bigihînin bingeha pêwîst bo şarezatiyên pêwendiyê.

3. *Richtig aussprechen*

Damit Sie jedes Wort richtig aussprechen, haben wir allen Wörtern und Sätzen eine Lautschrift beigefügt ②. Eine Übersicht über die verwendeten phonetischen Zeichen finden Sie bequem auf der letzten Seite des Buches.

3. Bilêvkirina rast

Bo piştrastbûna ji vê ya ku hûn her peyvê rast bi lêv dikin, me herfnivîsiyeke denganî bo hemû têgeh û hevokên li pirtûkê amade kiriye ②. Bo nîşaneyên denganiyê yên me bi kar anîne hema li nava pişta cildê binêrin.

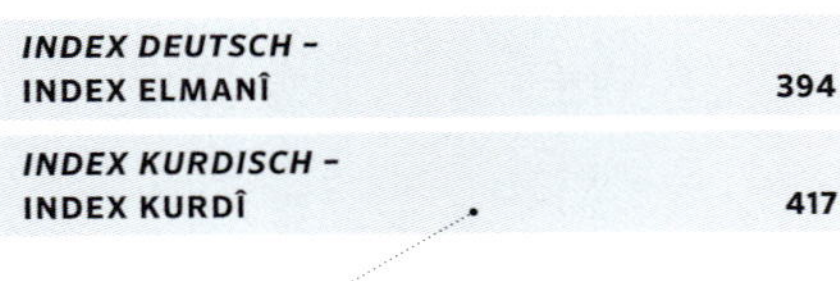

glutenfrei
bê-glûtên
bē-glūtēn

laktosefrei
bê-laktoz
bē-lāktōz

④

4. Schnell übersetzen

Wenn es einfach schnell gehen muss, schlagen Sie im Anhang im Stichwortverzeichnis die richtige Übersetzung nach ③. Dort ist jedes Stichwort in Deutsch und Kurdisch in alphabetischer Reihenfolge aufgeführt und im Nu gefunden.

4. Wergerandina zû û hêsan

Hûn bi lez in? Hema li gorî rêza alfabeyî li pişta pirtûkê ③ bo wergerê binêrin. Hûn her peyva almanî û kurmancî ya pêwîst pir zû peyda bikin.

5. Für den Notfall

Bilder sind eine universelle Sprache, die von allen Kulturen verstanden wird. Sollten Ihnen doch mal die Worte fehlen, zeigen Sie einfach auf das entsprechende Bild ④. Ob im Hotel, Restaurant oder auf der Straße - so können Sie sich überall auf der Welt ganz ohne Sprache verständigen.

5. Di demên lezgîn da

Wêne cîhanî ne û her kes wan fêm dike. Eger nikaribin peyvên pêwîst bibêjin, hema îşareyî tiştê pêwîst bikin ④. Çi hûn li hotelekê bin yan xwaringehekê yan derve - wêne arîkar in li her dera dinyayê bêyî ziman pêwendiyê çêbikin.

6. Noch mehr Sprache

Für die ersten Schritte in der fremden Sprache liefern Ihnen die Extras im Anhang des Bildwörterbuchs praktische Unterstützung: Mit den wichtigsten Sätzen auf Deutsch und auf Kurdisch sind Sie für den gelungenen Einstieg in die Fremdsprache gewappnet. Und wenn es darum geht, eigene Sätze zu bilden, hilft Ihnen unsere ausführliche Verbliste, wo Sie auch abstrakte Verben, die sich nicht abbilden lassen, nachschlagen und übersetzen können.

6. Hetanî piştevaniya zêdetir

Pêveka li dawiya vê pirtûkê piştevaniya zêdetir bo kesên zimên fêr dibin pêşkêş dike. Hevokên herî girîng ên almanî û kurmancî destpêkeke herî bingehîn û serketî raberî we dikin û dema hevokên xwe çêdikin, lîsteya me ya berfireh a lêkeran dikare arîkar be - hûn dikarin hetanî lê binêrin û lêkerên abstrakt wergerînin ku nîşandana wan bi peyvan mimkin nîne.

die Bankkauffrau
karmenda banka
kārmändā bānkā

der Lehrer
mamoste
māmōstā

die Ingenieurin
endazyar
ändāzyār

der Kellner
xizmetkar
khəzmätkār

Das sollten Sie noch wissen

Die Stichwörter in diesem Wörterbuch stehen immer in der Einzahl, es sei denn sie werden in der Regel nur in der Pluralform verwendet.

Baş e bizanin

Têgehên li vê ferhengê herdem bi yekjimar in meger ku bi asayî tenê bi pirjimar werin bikaranîn.

Es war uns wichtig, bei Funktions- und Berufsbezeichnungen Männer und Frauen gleichermaßen und gleichberechtigt zu berücksichtigen. Da wir aber aus Platzgründen nicht immer beide Geschlechter gleichzeitig abbilden können, haben wir uns immer für eines entscheiden müssen. Dabei orientiert sich das Geschlecht des Wortes immer am Geschlecht der abgebildeten Figur.

Hin têgehên wekî yên li bara navên pêşeyan renge herdem bêzayend nebin. Di dema ku zanîna têgehên nêr û mê wekhev girîng e, bo ku cih zêde negire, me her du cûre nenivîsîne. Bo vê jî, em li gorî zayenda kesê/a li wêneyê nîşandayî tevgeriyane.

Es gibt drei kurdische Sprachen oder Hauptdialekte: Kurmandschi (Nordkurdisch), Sorani (Zentralkurdisch) und Südkurdisch. Kurmandschi sprechen die Kurden in der Türkei, in Syrien sowie im irakischen und iranischen Grenzgebiet zur Türkei. Sorani wird im Irak und westlichen Iran gesprochen, südkurdische Sprecher leben im Osten des Nordiraks und im westlichen Iran. Das vorliegende Wörterbuch wurde ins Nordkurdische übersetzt und in lateinischer Schrift verfasst.

Sê zaraveyên sereke yên kurdî hene: Kurmancî (kurdiya bakûr), soranî (kurdiya navendî) û kurdiya başûr. Kurdên Tirkiye, Sûriye û hin deverên Iraq û Îranê li nêz sînorê Tirkiyê kurmancî diaxivin. Soranî li Iraq ê û rojavayê Îranê tê axaftin û axêverên kurdiya başûr li rojhilatê bakûrê Iraqê û rojavayê Îranê dijîn.
Ev ferheng wergerên ji almanî bo kurmancî û bi tîpên latînî ye.

MENSCHEN

MIROV

DIE FAMILIE - MALBAT

Der Stammbaum - Nifşa malbatê

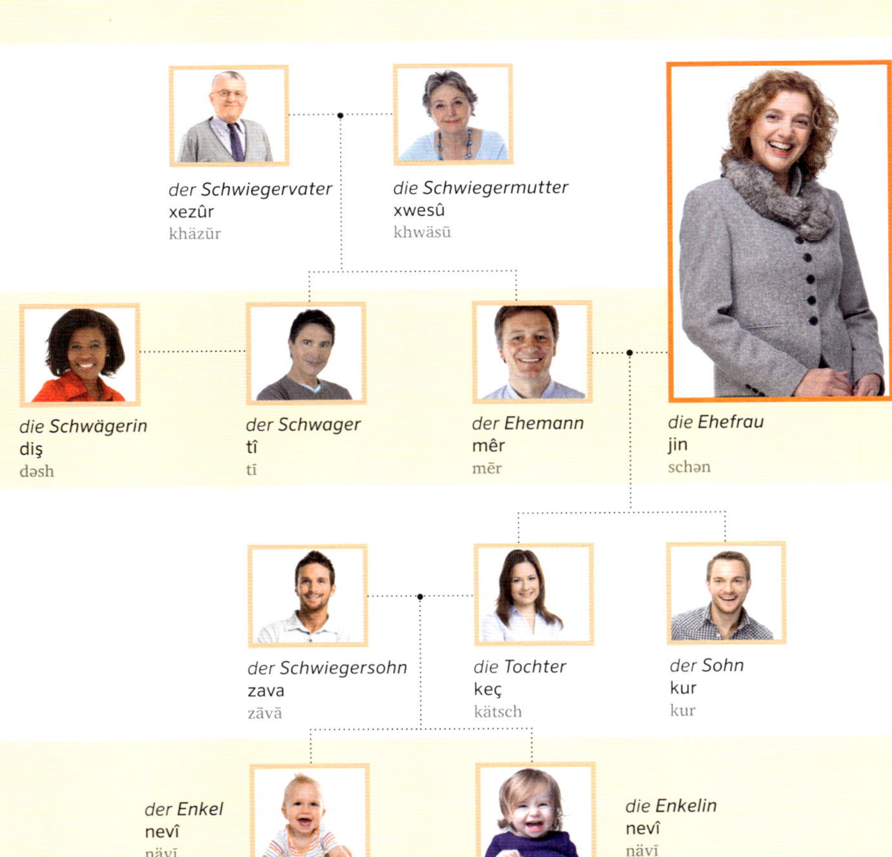

DIE FAMILIE – MALBAT

Der Stammbaum – Nifşa malbatê

der Großvater
bapîr
bāpīr

die Großmutter
dapîr
dāpīr

die Mutter
dayîk
dāyīk

der Vater
bav
bāv

die Tante
met
mät

der Onkel
ap
āp

die Schwester
xwîşk
khwīshk

der Bruder
bira
bərā

die Cousine
keçap
kätschāp

die Nichte
keçbira
kätschbərā

der Neffe
kurbira
kurbərā

der/die Verwandte	xizm khəzm
die Großeltern	bapîr û dapîr bāpīr ū dāpīr
die Eltern	dayîkbav dāyīkbāv
das Ehepaar	jin û mêr schən ū mēr
der Vorfahre	ced dschäd
ledig	nezewicî näzäwədschī
verheiratet	zewicî zäwədschī
geschieden	berdayî bärdāyī
verlobt	destgirtî dästgərtī
verwitwet	bî bī
verwandt	xizm khəzm

BEZIEHUNGEN – XIZMAYETÎ

Familie und Lebensphasen – Malbat û qonaxên jiyanê

das Baby
şîrxwar
shīrkhwār

das Kind
zarok
zārōk

Herr ...
Birêz ...
bərēz

der Mann
mêr
mēr

die Frau
jin
schən

Frau ...
Xanima ...
khānəmā

die Jugendliche
nûciwan
nūdschəwān

die Zwillinge
cêmîk
dschēmīk

der/die Bekannte
nasyar
nāsyār

der Junge
kur
kur

das Mädchen
keç
kätsch

die Freunde
heval
häväl

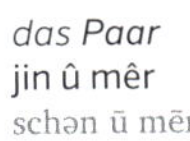

das Paar
jin û mêr
schən ū mēr

die Freundin
hevala keç
hävālā kätsch

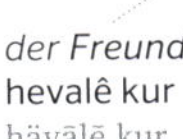

der Freund
hevalê kur
hävālē kur

der Erwachsene	mezin	mäzən
die Geschwister	hevşîr	hävshīr
der Patenonkel	zirbav	zərbāv
die Patentante	zirdayîk	zərdāyīk
der Stiefvater	zirbav	zərbāv
die Stiefmutter	zirdayîk	zərdāyīk
der Stiefbruder	zirbira	zərbərā
die Stiefschwester	zirxwîş	zərkhwīsh
der Nachbar	cîran	dschīrān
die Nachbarin	cîran	dschīrān

BEZIEHUNGEN – XIZMAYETÎ

Begrüßen und verabschieden – Silavkirin û xatirxwestin

jemanden vorstellen
danasandina kesekî
dānāsāndənā käsäkī

jemanden begrüßen
bi kesekî ra kêfhal kirin
bə käsäkī rā kēfhāl kərən

sich die Hand geben
dest dan
däst dān

sich verbeugen
xwe xwar kirin
khwä khwār kərən

sich umarmen
hembêzkirin
hämbēzkərən

lachen
kenîn
känīn

weinen
gîrîn
gərīn

sich verabschieden
xatirxwestin
khātərkhwästən

einen Knicks machen
rêz nîşan dan (bo jinan)
rēz nīshān dān (bō schənān)

winken
dest hejandin
däst häschāndən

jemandem einen Kuss geben
kesek maç kirin
käsäk mātsch kərən

jemanden anrufen
kesekê re zeng lêdan
käsäkē rä zäng lēdān

Hallo!	Silav! səlāv
Guten Tag!	Dembaş! dämbāsh
Guten Morgen!	Beyanîbaş! bäyānībāsh
Guten Abend!	Êvarbaş ēvārbāsh
Wie heißt du?	Navê te çi ye? nāvē tä tschə yä
Wie heißen Sie?	Navê we çi ye? nāvē wä tschə yä
Ich heiße ...	Navê min ... e/ye. nāvē mən ... ä/yä
Herzlich willkommen!	Bi xêr hatine! bə khēr hātənä
Tschüss!	Xatirê te! khātərē wä
Auf Wiedersehen!	Bi xatirê we! bə khātərē wä

das kleine Geschenk
xelateke biçûk
khälātäkä bətschūk

EREIGNISSE IM LEBEN – XALÊN GIRÎNG ÊN JIYANÊ

Feste – Cejn

die Hochzeit
dawet
dāwät

der Geburtstag
rojbûn
rōschbūn

das Weihnachten
Krîsmes
krīsmäs

der Valentinstag
Roja Evîndaran
rōschā ävīndārān

das Thanksgiving
Cejna Xwrina Elokan
dschäschnā khwrənā älōkān

das Halloween
Cejna Halloween`ê
dschäschnā hällōwān ē

der/das Silvester
Cejna Sala Nû
dschäschnā sālā nū

das Ostern
Cjna Easter`ê
dschschnā āāstär ē

die Hanukkah
Cejna Hanukkah`ê
dschäschnā hānukkāh ē

das Wesakfest
Cejna Vesakh`ê
dschäschnā väsākh ē

das Ramadanfest
Cejna Remezanê
dschäschnā rämäzānē

das chinesische Neujahr
Sala Nû ya Çînî
sālā nū yā tschīnī

der Karneval
karnîval
kārnīvāl

das Diwalifest	Cejna Dîwalî dschäschnā dīwālī
das Passah	Cejna Passover dschäschnā pāsōvär
die Feier	merasim märāsəm
der Hochzeitstag	salveger sālvägär
der Feiertag	betlaneya giştî bätlānāyā gəshtī
der Muttertag	Roja Dayîkan rōschā dāyīkān
der Vatertag	Roja Bavan rōschā bāvān
die Taufe	merasima mesîhîkirinê märāsəmā māsihīkərənē
Herzlichen Glückwunsch!	Pîroz be! pīrōz bä
Alles Gute zum Geburtstag!	Rojbûna te pîroz be! rōschbūnā tä pīrōz bä

EREIGNISSE IM LEBEN – XALÊN GIRÎNG ÊN JIYANÊ

Wendepunkte – Xala werçerxê

die Geburt
rojbûn
rōschbūn

der Kindergarten
zarokistan
zārōkəstān

die Einschulung
li dibistanê navnivîsîkirin
lə dəbəstānē nāvnəvīsīkərən

der Schulabschlussball
lîstika dawiya dibistanê
līstəkā dāwəyā dəbəstānē

der Studienabschluss
kutabûna xwendinê
kutābūnā khwändənē

der Berufseinstieg
ketina nava hêza kar
kätənā nāvā hēzā kār

sich verlieben
evîndarbûn
ävīndārbūn

sich verloben
destgirtîbûn
dästgərtībūn

heiraten
zewicîn
zäwədschīn

die Schwangerschaft
ducanî
dudschānī

umziehen
mal bar kirin
māl bār kərən

in Rente gehen
malnişînbûn
mālnəshīnbūn

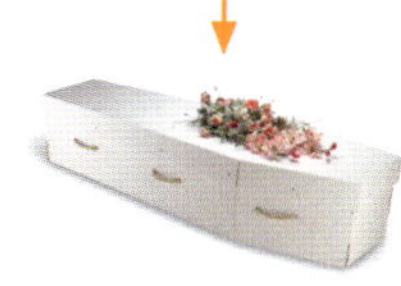

die Beerdigung
merasima binaxkirinê
märāsəmā bənākhkərənē

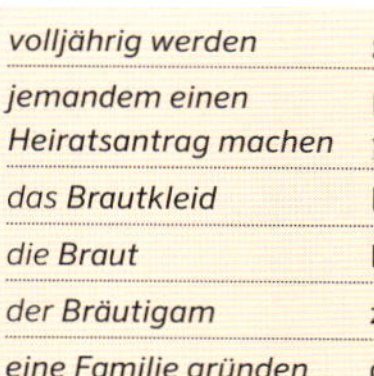

volljährig werden	gihîştina temenê qanûnî gəhīshtənā tämänē qānūnī
jemandem einen Heiratsantrag machen	pêşniyara zewacê dan kesî pēshnəyārā zäwādschē dān käsī
das Brautkleid	kcilê bûktiyê dschəlē būktəyē
die Braut	bûk būk
der Bräutigam	zava zāvā
eine Familie gründen	destpêkirina jiyana malbatî dästpēkərənā schəyānā mälbātī
die Scheidung	berdan bärdān
sich scheiden lassen	berdayî bärdāyī
sterben	mirin mərən

MENSCHEN BESCHREIBEN – WESIFANDINA MIROVAN

Das Gesicht – Rû

das Haar
por
pōr

die Stirn
enî
änī

die Schläfe
cênîg
dschēnīg

das Ohr
guh
guh

die Wange
gep
gäp

der Unterkiefer
hestiyê bin çenê
hästəyē bən tschänē

das Kinn
çene
tschänä

der Mund
dev
däv

die Lippe
lêv
lēv

die Augenbraue
birû
bərū

die Wimper
perikên çavan
pärəkēn tschāvān

das Auge
çav
tschāv

die Nase
bêvil
bēvəl

das Nasenloch
kuna bêvilê
kunā bēvəlē

der Zahn
didan
dədān

eine Grimasse schneiden
qerfkirin
qärfkərən

die Haut	post pōst
die Falte	qerçûmekbûn qärtschūməkbūn
das Muttermal	xal khāl
das Grübchen	kortik kōrtək
die Sommersprossen	xalxalî khālkhālī
die Pore	kunik kunək
der Pickel	lek läk

MENSCHEN BESCHREIBEN – WESIFANDINA MIROVAN

Das Haar – Por

rothaarig
porsor
pōrsōr

gewellt
pêldar
pēldār

der Dutt
porê li paş topbûyî
pōrē lə pāsh tōpbūyī

brünett
porê brûnêtê
pōrē brūnētē

grau meliert
bozbûna por
bōzbūnā pōr

der Kurzhaarschnitt
porê kin
pōrē kən

die Perücke
porê kumkî
pōrē kumkī

der Stufenschnitt
porê qatqatî
pōrē qātqātī

der Pony
porê çûncikkî
pōrē tschūndschəkkī

die Strähnchen
porê renge vekirî
pōrē rängä väkərī

die Bobfrisur
porê boçikhespî
pōrē bōtschəkhäspī

glatt
porê rast
pōrē rāst

blond
çûr
tschūr

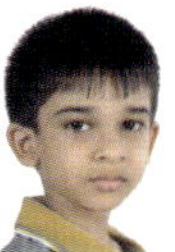

dunkel
tarî
tārī

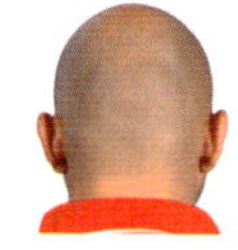

die Glatze
serê keçel
särē kätschäl

der Pferdeschwanz
porê boçikcehnî
pōrē bōtschəkdschähnī

lockig
porê gustîlkî
pōrē gustīlkī

der Zopf
porê vegirtî
pōrē vägərtī

MENSCHEN BESCHREIBEN – WESIFANDINA MIROVAN

Die äußere Erscheinung – Rûyê derve

der Bart
rîh
rīh

der Schnurrbart
simbêl
səmbēl

jung
ciwan
dschəwān

alt
pîr
pīr

muskulös
bi masûle
bə māsūlä

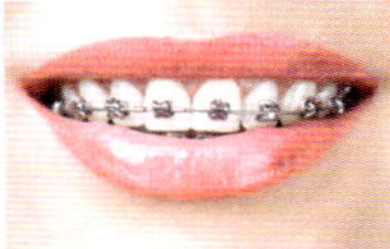

die Zahnspange
kelepça didanan
käläptschā dədānān

blass
kêmreng
kēmräng

sonnengebräunt
rengê bronze
rängē brōnzä

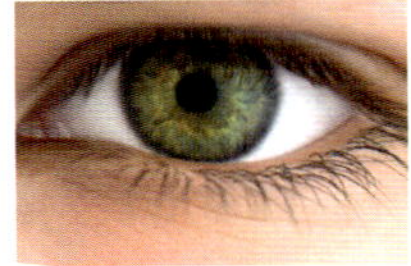

die grünen Augen
çavên kes
tschāvēn käs

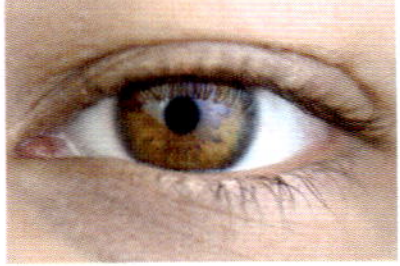

die braunen Augen
çavên qemer
tschāvēn qämär

die grauen Augen
çavên boz
tschāvēn bōz

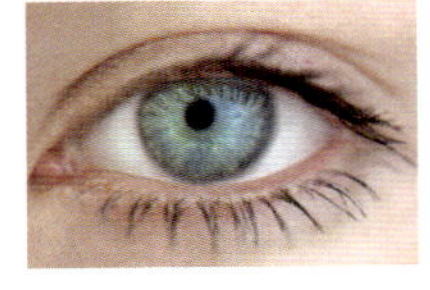

die blauen Augen
çavên şîn
tschāvēn shīn

attraktiv	balkêş bālkēsh
hübsch	rind rənd
hässlich	nebaş näbāsh
schön	ciwan dschəwān
jemanden nach dem Äußeren beurteilen	li rûyê kesî dadwerî kirin lə rūyē käsī dādwärī kərən
schlank	bejnzirav bäschnzərāv
dick	qelew qäläw
groß	bilind bələnd
klein	kin kən
die Narbe	nîşan nīshān

MENSCHEN BESCHREIBEN – WESIFANDINA MIROVAN

Gefühle und Persönlichkeit – Hest û kesayetî

glücklich
şad
shād

stolz
qurre
qurrä

überrascht
matmayî
mātmāyī

aufgeregt
kelecanî
kälädschānī

verlegen
destpiyê xwe windakirî
dästpəyē khwä wəndākərī

verwirrt
gêjbûyî
gēschbūyī

schüchtern
şermoke
shärmōkä

nachdenklich
bîrewer
bīräwär

neugierig
şopîner
shōpīnär

niedlich
jîr
schīr

verliebt
evîndar
ävīndār

selbstbewusst
xwebawer
khwäbāwär

offen	vekirî väkərī
tolerant	birdbar bərdbār
geduldig	bi sebr bə säbr
freundlich	xweşreftar khwäshräftär
sympathisch	hezkirî häzkərī
nett	xweş khwäsh
lächeln	lêvken lēvkän
Ich bin verärgert/froh/traurig.	Ez xwe aciz/şad/xemgîn hîs dikim. äz khwä ādschəz/shād/khämgīn hīs dəkəm

MENSCHEN BESCHREIBEN – WESIFANDINA MIROVAN

Gefühle und Persönlichkeit – Hest û kesayetî

traurig
xemgîn
khämgīn

gestresst
bi strês
bə strēs

verärgert
agirgurr
āgərgurr

wütend
bi hêrs
bə hērs

eifersüchtig
hesûd
häsūd

verängstigt
tirsyayî
tərsyāyī

nervös
esabî
äsābī

müde
mandî
māndī

angeekelt
bêzar
bēzār

dickköpfig
serhişk
särhəshk

gelangweilt
acizbûyî
ādschəzbūyī

sauer
hêrsok
hērsōk

die Stirn runzeln	**pirçû** pərtschū
bestürzt	**perîşan** pärīshān
unsympathisch	**nexweş** näkhwäsh
verzweifelt	**bêhêvî** bēhēvī
neidisch	**çavteng** tschāvtäng
ungeduldig	**bêsebr** bēsäbr
arrogant	**zorbêj** zōrbēsch
intolerant	**bêtehemul** bētähämul
sensibel	**hestyar** hästyār

DIE KLEIDUNG – CIL

Babysachen – Tiştên qundaxan

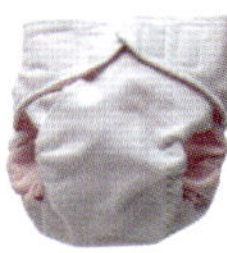

die Stoffwindel
pîneyê perçekî
pīnäyē pärtschäkī

die Wegwerfwindel
pîneyê yekcarî
pīnäyē yäkdschārī

der Body
cilê serhev
dschəlē särhäv

der Schneeanzug
cilê serhevî yê zivistanê
dschəlē särhävī yē zəvəstānē

der Babyschlafsack
kîsikê qundaxê yê xewê
kīsəkē qundākhē yē khäwē

die Rassel
xijxijik
khəschkhəschək

der Strampler
zibûnok
zəbūnōk

der Babyfäustling
lepikê dubeşî
läpəkē dubäshī

die Mütze
kumê hirî
kumē hərī

das Babyschühchen
pêlavik
pēlāvək

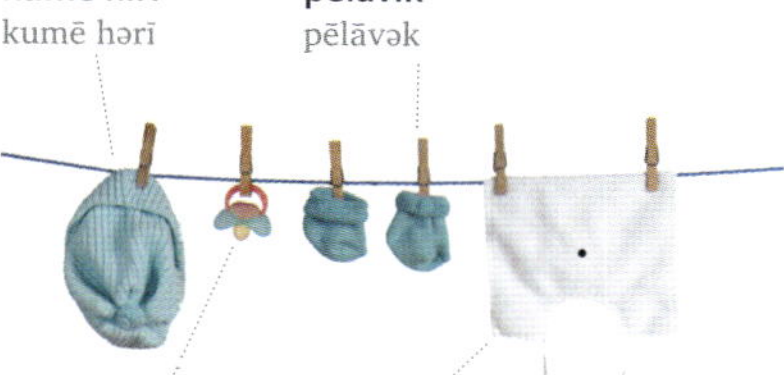

der Schnuller
memik
mämək

das Lätzchen
berdevik
bärdävək

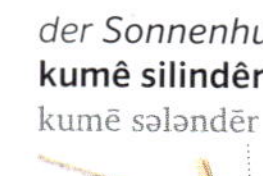

der Sonnenhut
kumê silindêr
kumē sələndēr

das Söckchen
gore
gōrä

das Latzhöschen
şalê sermilik
shālē särmələk

die Babydecke
betanî
bätānī

das Babyfläschchen	**şîrdank** shīrdānk
die Biobaumwolle	**pemiyê organîk** päməyē ōrgānīk
aus Kunstfaser	**ji madeya sexte** schə mādäyā säkhtä

DIE KLEIDUNG – CIL

Unisex-Kleidung – Cilên tekzayendî

der Trainingsanzug
fayke
fāykä

der Kapuzenpullover
kulik
kulək

der Turnschuh
cilên hînkariyê
dschəlēn hīnkārəyē

der Schlafanzug
pîjame
pīschāmä

der Hausschuh
şimik
shəmək

der Bademantel
hewliya serşokê
häwləyā särshōkē

der Wintermantel
kapşên
kāpshēn

die Regenjacke
baranî
bārānī

die Schneehose
şalê berfê
shālē bärfē

Könnte ich das mal anprobieren?	**Gelo dikarim vêya biceribînim?** gälō dəkārəm vēyā bədschärəbīnəm
Haben Sie das auch eine Nummer größer/kleiner?	**Gelo ji vêya bi endazeya mezintir/biçûktir heye?** gälō schə vēyā bə ändāzäyā mäzəntər/bətschūktər häyā
eng/weit	**teng/fireh** täng/fəräh
kurz/lang	**kin/dirêj** kən/dərēsch
klein/groß	**biçûk/mezin** bətschūk/mäzən
Das passt gut, ich nehme es.	**Baş li gorî min, ez ê hildim.** bāsh lə gōrī mən äz ē həldəm
mit kurzen/langen Ärmeln	**bi hiçikên kin/dirêj** bə hətschəkēn kən/dərēsch
der Knopf	**polik** pōlək
der Druckknopf	**polika şerqonek** pōləkā shärqōnäk
das Knopfloch	**kuna polikê** kunā pōləkē

DIE KLEIDUNG – CIL

Herrenkleidung – Cilên mêran

das T-Shirt
T-şirt
t-shərt

das Polohemd
kirasê bêmil
kərāsē bēməl

der Anzug
cil/kinc
dschəl/
kəndsch

der Kragen
pêsîr
pēsīr

die Krawatte
axabendik
ākhābändək

das Hemd
kiras
kərās

der/das Sakko
çakêtê werzişî
tschākētē wärzəshī

die Hose
şal
shāl

der Rollkragenpullover
kirasê qirik
kərāsē qərək

die Weste
kirasê kêşkî
kərāsē kēshkī

der Pullunder
fayke bêmil
fāykä bēməl

die Fliege
papiyon
pāpəyōn

die kurze Hose
şort
shōrt

die Boxershorts
şortê kinik
shōrtē kənək

die Unterhose
derpe
därpä

die Badehose
mayo
māyō

DIE KLEIDUNG – CIL

Damenkleidung – Cilên jinan

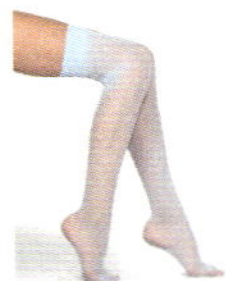

der Strumpf
çekme
tschäkmä

die Strumpfhose
goreşal
gōräshäl

die Leggings
saport
sāpōrt

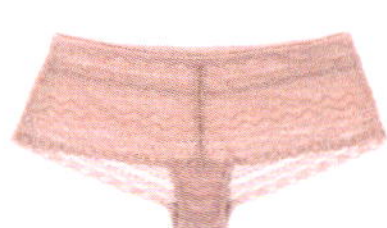

der Slip
şortê kêmber
shōrtē kēmbär

der Bikini
mayoyê jinan
māyōyē schənān

der Badeanzug
cilên avjeniyê
dschəlēn āvschänəyē

der Sport-BH
sîngbenda werzişî
sīngbändā wärzəshī

der Büstenhalter/der BH
sîngbend
sīngbänd

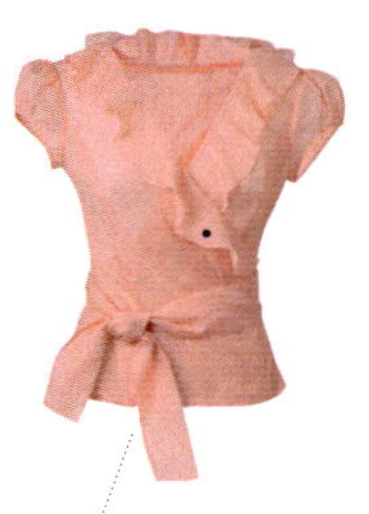

die Rüsche
kirasê ategfireh
kərāsē ātägfəräh

die Umstandsmode	**kincê ducaniyê** kəndschē dudschānəyē
die Naht	**kêla dirûnê** kēlā dərūnē
der Ärmel	**hiçik** hətschək
der Saum	**devling** dävləng
die Seide	**hermiş** härməsh
die Spitze	**bendê pêlavan** bändē pēlāvān
die Größe	**endaze** ändāzä
der Ausschnitt	**xetê qirikê** khätē qərəkē
trägerlos	**çiçikbend** tschətschəkbänd
tailliert	**cilên yekdest** dschəlēn yäkdäst
leger	**cilên neyekdest** dschəlēn näyäkdäst
schick	**lihevhatî** ləhävhātī
bequem	**rihet** rəhät
mit Stretchanteil	**cilên dutîke** dschəlēn dutīkä
modisch	**mod** mōd

DIE KLEIDUNG – CIL

Damenkleidung – Cilên jinan

die Schleife
bendika gulok
bändəkā gulōk

das Kleid
kiras
kərās

das Schulterpolster
sermil
särməl

der Blazer
çakêtê tek
tschäkētē täk

das Oberteil
tap
tāp

die Jeans
şalê lî
shālē lī

die Stiefelette
çekmeya dirêj
tschäkmäyā dərēsch

das Trägertop
cilîqe
dschəlīqä

die Bluse
blûz
blūz

die Strickjacke
potê rîs
pōtē rīs

der Rock
zibûn
zəbūn

die Shorts
şort
shōrt

die Röhrenhose
cilên devlûle
dschəlēn dävlūlä

die Schlaghose
şalê devfireh
shālē dävfəräh

die leicht ausgestellte Hose
şalê devkin
shālē dävkən

DIE KLEIDUNG – CIL

Accessoires – Veser

der Sonnenhut
kumê tavê
kumē tāvē

der Hut
kum
kum

die Brille
berçavk
bärtschāvk

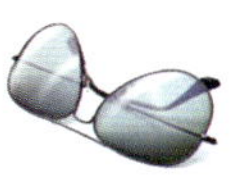

die Sonnenbrille
berçava tavê
bärtschāvā tāvē

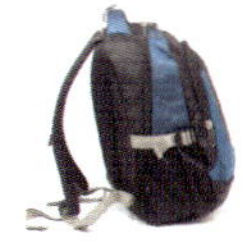

der Rucksack
kolepiştî
kōläpəshtī

die Krawattennadel
şewika axabendikê
shäwəkā ākhābändəkē

der Regenschirm
çetr
tschätr

die Uhr
demjimêr
dämschəmēr

die Hosenträger
xelek
khäläk

der Ring
gustîlk
gustīlk

der Handschuh
lepik
läpək

die Mütze
kumê hirî
kumē hərī

der Schal
şal
shāl

der Ohrring
guhar
guhār

die Halskette
stûbend
stūbänd

der Manschettenknopf
serzend
särzänd

der Reißverschluss	**zîp** zīp
der Klettverschluss	**zîpa perçekî** zīpā pärtschäkī
die Handytasche	**qabê telefonê** qābē täläfōnē
die Reisetasche	**çenteyê mezin** tschäntäyē mäzən
der Koffer	**çemedan** tschämädān

DIE KLEIDUNG – CIL

Schuhe und Lederwaren – Pêlav û kelmelên çermîn

der Pumps
pehnîbilind
pähnībələnd

die Sandale
sendel
sändäl

der Ballerina
bêpehnî
bēpähnī

der Gummistiefel
çekmeyên devzirav
tschäkmäyēn dävzərāv

der Flip-Flop®
şimikên bendikî
shəməkēn bändəkī

der hohe Stiefel
çekmeyên jinû
tschäkmäyēn schənū

die Handtasche
kîsikê destan
kīsəkē dästān

das Portemonnaie
çenteyê dirêv ê jinan
tschäntäyē dərēv ē schənān

die Brieftasche
çenteyê dirêv ê mêran tschäntäyē dərēv ē mērān

die Aktentasche
çenteyê qutîkî
tschäntäyē qutīkī

der Gürtel
kember
kämbär

die Lederjacke
çakêtê çerm
tschākētē tschärm

der Schnürschuh
solên serbendik
sōlēn särbändək

der Wanderstiefel
çekmeyên meşê
tschäkmäyēn mäshē

die Socke
gore
gōrä

der Schnürsenkel	**bendê solan** bändē sōlān
die Gürtelschlaufe	**qxzûma kemberê** qkhzūmā kämbärē
der Keilabsatz	**pehnîtijî** pähnītəschī
der Absatz	**pehnî** pähnī
die Sohle	**binêpêyan** bənēpēyān
der Riemen	**zîvala perçe** zīvālā pärtschä
die Schnalle	**seraxzûm** sārākhzūm

die Trekkingsandale
solên havînê
sōlēn hāvīnē

der Turnschuh
solên ketankî
sōlēn kätānkī

DIE KÖRPERPFLEGE – PAQIJIYA FERDÎ

die Zahnpasta
hevîrê diranan
hävīrē dərānān

das Parfüm
xweşbêhn
khwäshbēhn

das Deo
dêodoran
dēōdōrān

die Gesichtscreme
krêma serçavan
krēmā särtschāvān

der Kamm
şeh
shäh

das Duschgel
çêla serşokê
tschēlā särshōkē

das Shampoo
şampo
shāmpō

die Spülung
hewaguhêz
häwāguhēz

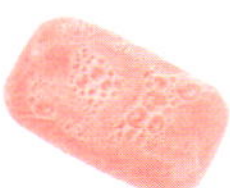

die Seife
sabûn
sābūn

die Haarbürste
borêsê por
bōrēsē pōr

die Sonnencreme
krêma tavê
krēmā tāvē

der Kulturbeutel
kîsikê paqijiyê
kīsəkē pāqəschəyē

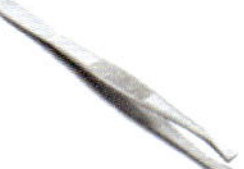

die Pinzette
mûçilk
mūtschəlk

die Nagelschere
meqesa neynûkan
mäqäsā näynūkān

die Nagelfeile
simbadeya neynûkan
səmbādäyā näynūkān

die Haarspange
şewika seriyan
shäwəkā särəyān

die Feuchtigkeitscreme	**nemsaz** nämsāz
sich die Augenbrauen zupfen	**birûyên kesî çêkirin** bərūyēn käsī tschēkərən
die Enthaarung	**mûhildan** mūhəldān
der Nagellackentferner	**rakira rengê neynûkan** rākərā rängē näynūkān
das Haarprodukt	**berhemên por** bärhämēn pōr
sich die Haare föhnen	**ziwakirina porê kesî** zəwākərənā pōrē käsī
sich die Haare glätten	**şeltkirina porê kesî** shältkərənā pōrē käsī
der/das Haargummi	**marga por** märgā pōr

SCHMINKSACHEN – TIŞTÊN XWE XEMILANDINÊ

der Pinsel	**firçe** fərtschä
der Kajalstift	**xetê çavan** khätē tschävān
der/das Lipgloss	**lêvmiz** lēvməz
die Wimpernzange	**perikçêker** pärəktschēkär

ZU HAUSE
LI MALÊ

DIE WOHNUNG – APARTIMAN

der Hausschlüssel
kilîta deriyê pêşiyê
kəlītā därəyē pēshəyē

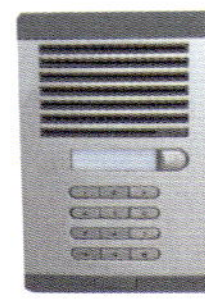

die Sprechanlage
ayfon
āyfōn

die Hausnummer
hejmara dêrî
häschmārā dērī

die Türklingel
zengila dêrî
zängəlā dērī

das Türschloss
qifla dêrî
qəflā dērī

der Fußabtreter
berderî
bärdärī

der Briefkasten
qutiya nameyan
qutəyā nāmäyān

das Einfamilienhaus
xaniyê dîwarcihê
khānəyē dīwārdschəhē

das Doppelhaus
du xaniyên nîv-dîwarcihê
du khānəyēn nīv-dīwārdschəhē

das Reihenhaus
xaniyê têrasdar
khānəyē tērāsdār

das Mehrfamilienhaus
bloka apartimanan
blōkā āpārtəmānān

der Bungalow
xaniyê kin û yekqatî
khānəyē kən ū yäkqātī

der Schirmständer
çakê çetrê
tschākē tschätrē

die Eigentumswohnung	apartimanê qistî āpārtəmānē qəstī
die Mietwohnung	apartimanê kirê āpārtəmānē kərē
der Hof	hewş häwsh
das Eigentum	milk məlk
das Grundstück	plana xênî plānā khēnī
der Umbau	veguherîn väguhärīn
der Anbau	firehkirin fərähkərən
zu verkaufen	herac härādsch

DIE WOHNUNG – APARTIMAN

der Dachboden
binarîg
bənārīg

der Keller
jêrzemîn
schērzāmīn

der Flur
rêmeş
rēmäsh

der Aufzug
asansor
āsānsōr

der Grundriss
plana xîm
plānā khīm

die Garage
garaj
gārāsch

der Carport
sîwana erebeyê
sīwānā ärābāyē

der Altbau
xaniyê kevn
khānəyē kävn

der Hausmeister
serperest
särpäräst

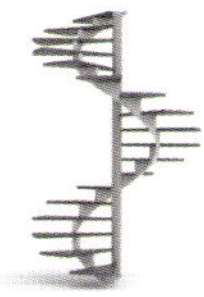

die Wendeltreppe
rêpileyên kovankî
rēpəläyēn kōvānkī

der Rauchmelder
detector dûmanê
dätäktōr dūmānē

das Treppenhaus
rêpile
rēpəlä

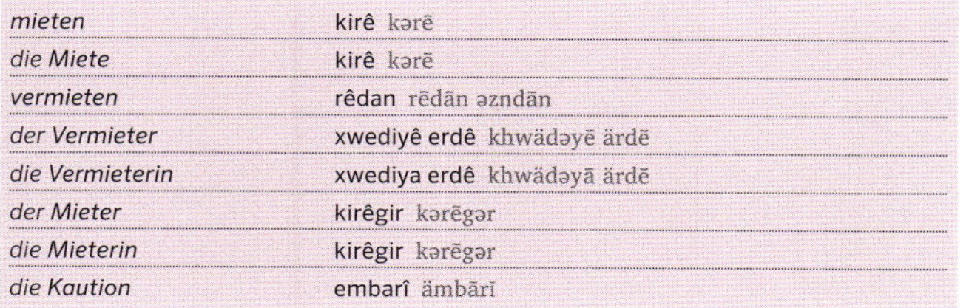

mieten	kirê kərē
die Miete	kirê kərē
vermieten	rêdan rēdān əzndān
der Vermieter	xwediyê erdê khwädəyē ärdē
die Vermieterin	xwediya erdê khwädəyā ärdē
der Mieter	kirêgir kərēgər
die Mieterin	kirêgir kərēgər
die Kaution	embarî ämbārī

der Mietvertrag
kirêkirin
kərēkərən

DAS HAUS – XANÎ

das Einzelhaus	xaniyê dîwarcihê khānəyē dīwārdschəhē
der Neubau	avahiya nû āvāhəyā nū
die Dreizimmerwohnung	apartimana sê-odeyî āpārtəmānā sē-ōdäyī
möbliert	raxistî rākhəstī
das Stockwerk	sererdê särärdē
der Eigentümer	xwedî khwädī
die Eigentümerin	xwedan khwädān
eine Hypothek aufnehmen	rehinkirin rähənkərən

DAS HAUS - XANÎ

Der Eingang - Salona têketinê

die Diele
hal
hāl

der Spiegel
neynik
näynək

der Sessel
kursiya destedar
kursəyā dästädār

der Ablagetisch
maseyê biçûk
māsäyē bətschūk

die Wohnungstür
deriyê pêşiyê
därəyē pēshəyē

der Garderobenständer
çakê kuman
tschākē kumān

der Schirmständer
çakê çetrê
tschākē tschätrē

das Treppengeländer
nerde
nārdā

die Treppe
rêpile
rēpəlā

der Treppenabsatz
pileyên derve
pəläyēn därvä

die Treppenstufe
pile
pəlä

das Schlüsselbrett
çakê kilîtan
tschākē kəlītān

der Kleiderhaken
çakê çakêtan
tschākē tschākētān

der Kleiderbügel
daloqa çakêtan
dālōqā tschākētān

der Schuhlöffel
pehnîkêş
pähnīkēsh

DAS HAUS – XANÎ

Das Wohnzimmer – Odeya rûniştinê

der Spiegel
neynik näynək

der Vorhang
perde pärdä

der Ventilator
hênikkar hēnəkkār

die Decke
arîg ārīg

der Bilderrahmen
qabê wêneyan qābē wēnäyān

das Gemälde
rengkarî rängkārī

das Sofa
qoltix
qōltəkh

die Lampe
çira
tschərā

das Sofakissen
balgeh/balgî
bālgāh/bālgī

der Beistellschrank
kabînêta cuda
kābīnētā dschudā

der Kaminsims
şûmîne
shūmīnä

der Kamin
firina êgir
fərənā ēgər

der Sessel
kursiya destedar
kursəyā dästädār

der gepolsterte Hocker
qoltixa pifik
qōltəkhā pəfək

der Couchtisch
maseya qahweyê
māsäyā qāhwäyē

der Teppichboden
ferşa pêvebûyî
färshā pēväbūyī

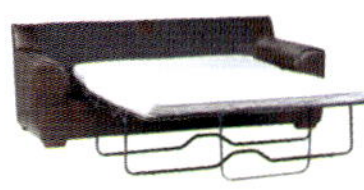

die Schlafcouch
textê razanê
täkhtē rāzānē

die Vitrine
kabînêt
kābīnēt

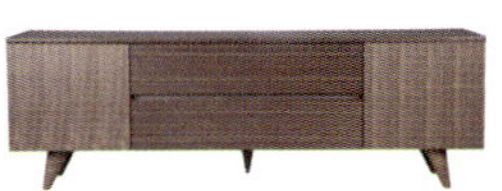

die Fernsehbank
bin-TV
bən-tīvī

das Bücherregal
refa pirtûkan
räfā pərtūkān

DAS HAUS - XANÎ

Das Esszimmer - Odeya xwarinê

das Rollo
perdeya gizgizîk
pärdäyā gəzgəzīk

der Kronleuchter
mûmdank
mūmdānk

die Vitrine
kabînêt
kābīnēt

die Zimmerpflanze
giyayên malê
gəyāyēn mālē

das Fensterbrett
binpencere
bənpändschärä

der Tischläufer
rêrev
rēräv

die Kerze
mûmdank
mūmdānk

der Stuhl
kursî
kursī

der Esstisch
maseya xwarinê
māsäyā khwārənē

die Tischdekoration
xemla maseyê
khämlā māsäyē

der Holzboden
sererda dar
särärdā dār

die Blumenvase
guldank
guldānk

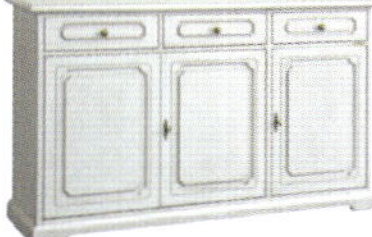

die Anrichte
komoda erdê
kōmōdā ärdē

die Wanduhr
demjimêra dîwaran
dämschəmērā dīwārān

der Hochstuhl
kursiya bilind
kursəyā bələnd

DAS HAUS – XANÎ

Die Küche – Pehtinxane

die Einbauküche
mitbexa amade
mətbäkhā āmādä

die Einbauleuchte
çiraya veşartî
tschərāyā väshārtī

die Dunstabzugshaube
bêhnhilkêş
bēhnhəlkēsh

die Arbeitsplatte
kêlekên teşta firaqşoyê
kēläkēn täshtā fərāqshōyē

der Hängeschrank
kabînêta dîwarî
kābīnētā dīwārī

der Backofenschalter
polika kontrolê
pōləkā kōntrōlē

der Herd
sobe
sōbä

der Backofen
firin
fərən

das Spülbecken
teşta firaqşoyê
täshtā fərāqshōyē

die Frühstückstheke
beşa taştê
bāshā tāshtē

der Küchenhocker
kursiya pehtinxanê
kursəyā pähtənkhānē

die Spülmaschine
firaqşo
fərāqshō

die Schublade
kêşok
kēshōk

der Gefrierschrank
cemedkar
dschämädkār

der Kühlschrank
sardank
sārdānk

das Geschirrtuch
hewliya çayê
häwləyā tschāyē

der Mülleimer	zibildank zəbəldānk
die Mülltrennung	cudakirina zibilan dschudākərənā zəbəlān
die Verpackung	bestebendîkirin bästäbändīkərən
das Altglas	şûşeya vejiyandinê shūshäyā väschəyāndənē
den Ofen vorheizen	pêşgermkirina firinê pēshgärmkərənā fərənē
die Spülmaschine laufen lassen	vêxistina firaqşoyê vēkhəstənā fərāqshōyē
das Essen auftauen	xwarina cemidî khwārənā dschämədī
das Geschirr abtropfen lassen	avkêşkirina firaqan āvkēshkərənā fərāqān

DAS HAUS - XANÎ

Küchengeräte - Amûrên pehtinxaneyê

der Pürierstab
lihevxistinkara destî
ləhävkhəstənkārā dästī

der Mixer
lihevxistinkar
ləhävkhəstənkār

die Küchenmaschine
pêşamadekara xwarinê
pēshāmādäkārā khwārənē

die Mikrowelle
maykrowêyv
māykrōwēyv

das Handrührgerät
mîksêra destî
mīksērā dästī

der Wasserkocher
çaydanka ceryanê
tschāydänkā dschäryānē

das Waffeleisen
kulorpêj
kulōrpēsch

der Elektrogrill
kebabpêja ceryanê
käbābpēschā dschäryānē

der Toaster
tostêr
tōstēr

die Küchenwaage
mêzîna pehtinxaneyê
mēzīnā pähtənkhānäyē

der Schnellkochtopf
zûpêj
zūpēsch

der Sandwichgrill
tostêra sandwîçan
tōstērā sändwītschān

die Kaffeemaschine
dezgeha qahweyê
däzgāhā qāhwäyē

der Dampfgarer
buxpêj
bukhpēsch

der Raclettegrill
kebabtê reklêtê
käbābtē räklētē

der Reiskocher
birincpêj
bərəndschpēsch

DAS HAUS – XANÎ

Koch- und Backutensilien – Alavên pehtin û pjandinê

der Küchenwecker
demjimêra pehtinxaneyê
dämschəmērā pähtənkhānäyē

das Ausstechförmchen
bîskiwêtbirr
bīskəwētbərr

das Küchenpapier
hewleya pehtinxaneyê
häwläyā pähtənkhānäyē

die Schürze
pêşbend
pēshbänd

das Muffinförmchen
qabê kêykan
qābē kēykān

die Törtchenform
dewriya qabê kêykan
däwrəyā qābē kēykān

die Springform
qasika qifilkî
qāsəkā qəfəlkī

das Backblech
dewriya pehtinê
däwrəyā pähtənē

der Messerschärfer
kêrtûjkar
kērtūschkār

das Teigrad
rinde
rəndä

der Topfhandschuh
lepikê firinê
läpəkē fərənē

das Tablett
sinî
sənī

die Sanduhr
demjimêra qûmê
dämschəmērā qūmē

das Kuchengitter	torra kêykê tōrrā kēykē
der Spritzbeutel	kîsikê kovikkî kīsəkē kōvəkkī
das Backpapier	wereqa pehtinê wäräqā pähtənē
die Frischhaltefolie	naylona pêvek nāylōnā pēväk
der Putzlappen	dezmala paqijiyê däzmālā pāqəschəyē
die Alufolie	wereqa foylê wäräqā fōylē
der Gefrierbeutel	kîsikê cemedê kīsəkē dschämädē
die Rührschüssel	kasika lihevxistinê kāsəkā ləhävkhəstənē

DAS HAUS – XANÎ

Koch- und Backutensilien – Alavên pehtin û pjandinê

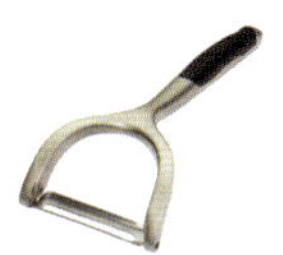

der Schäler
postrakir
pōstrākər

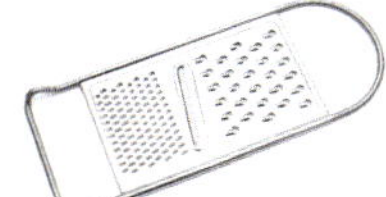

die Reibe
rende
rändä

das Hackmesser
bivirê goşt
bəvərē gōsht

das Küchenmesser
kêra pehtinxanê
kērā pähtənkhānē

das Küchensieb
eleng
äläng

das Abtropfsieb
avkêş
āvkēsh

der Kartoffelstampfer
kartolhûrkar
kārtōlhūrkār

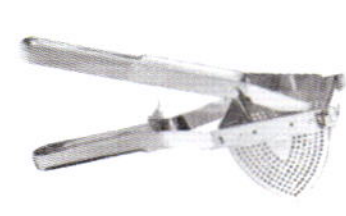

die Knoblauchpresse
sîrpehnkar
sīrpähnkār

die Schöpfkelle
hesik
häsək

der Schneebesen
tevdankar
tävdānkār

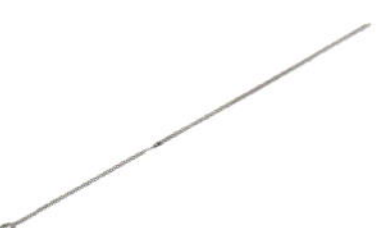

der Spieß
şîşa kebbaê
shīshā käbbāē

der Dosenöffner
dervekirkar
därväkərkār

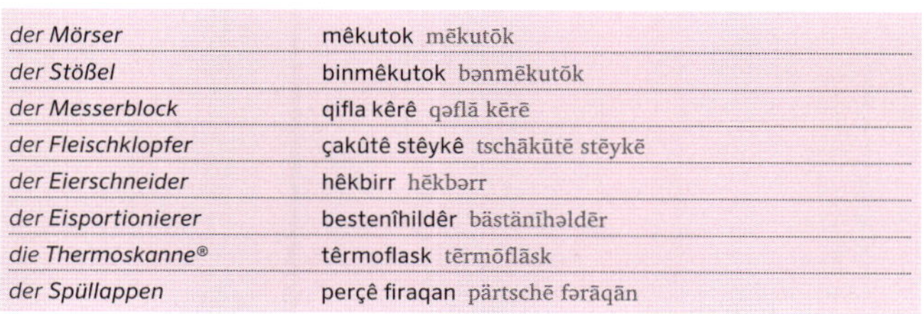

der Mörser	mêkutok mēkutōk
der Stößel	binmêkutok bənmēkutōk
der Messerblock	qifla kêrê qəflā kērē
der Fleischklopfer	çakûtê stêykê tschākūtē stēykē
der Eierschneider	hêkbirr hēkbərr
der Eisportionierer	bestenîhildêr bästänīhəldēr
die Thermoskanne®	têrmoflask tērmōflāsk
der Spüllappen	perçê firaqan pärtschē fərāqān

das Schneidebrett
textê hûrkirinê
tākhtē hūrkərənē

DAS HAUS – XANÎ

Koch- und Backutensilien – Alavên pehtin û pjandinê

der Korkenzieher
devqulkar
dävqulkär

der Backpinsel
firçeya reng
fərtschäyā räng

das Nudelholz
kerdenek
kärdänäk

der Pfannenwender
kefgir
käfgər

die Küchenzange
saladgir
sālādgər

der Teigschaber
kefgira pehn
käfgərā pähn

der Servierlöffel
kevçiyê mezin
kävtschəyē mäzən

der Kochlöffel
kevçiyê darik
kävtschəyē dārək

die Bratpfanne
masîtabe
māsītābä

der Wok
masîtabeya hotik
māsītābäyā hōtək

der Kochtopf
qasika kûr
qāsəkā kūr

der Schmortopf
masîtabeya pehn
māsītābäyā pähn

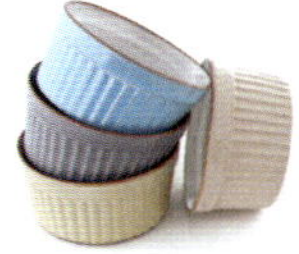

das Auflaufförmchen
kasikok
kāsəkōk

die Bratengabel	çetela darotinê tschätälā dārōtənē
der Untersetzer	binfiraq bənfərāq
die Grillpfanne	firaqa kebaban fərāqā käbābān
der Messbecher	parça endazegirtinê pārtschā ändāzägərtənē
der Trichter	kovik kōvək
der Messlöffel	kevçiyê endazegirtinê kävtschəyē ändāzägərtənē
der Abtropfständer	texteyê avkêşiyê täkhtäyē āvkēshəyē
der Flaschenöffner	gudilkvekir gudəlkväkər

DAS HAUS - XANÎ

Das Schlafzimmer - Odeya razanê

der Kleiderschrank	dolab dōlāb
der Wecker	demjimêra haydar dämschəmērā hāydār
den Wecker stellen	tanzîmkirina saetê tänzīmkərənā säätē
die Wärmflasche	gudilkê ava germ gudəlkē āvā gärm
die Heizdecke	betaniya elektrîk bätānəyā äläktrīk
die Tagesdecke	textê amade täkhtē āmādä
die Schlafbrille	çavgirtok tschāvgərtōk
das Zimmer mit Bad	odeya ensuite ōdäyā änswīt

DAS HAUS - XANÎ

Das Kinderzimmer - Perestarî

der Ball
top
tōp

die Puppe
bûka laylonî
būkā lāylōnī

die Wickeltasche
kîsikê gerok
kīsəkē gärōk

der Kinderwagen
kaliske
kāləskä

das Gitterbettchen
hêleçan
hēlätschān

die Flauschdecke
betaniya nerm
bätānəyā närm

das Mobile
pêlîstoka vegerok
pēlīstōkā vägärōk

der Gitterstab
mîle
mīlä

der Teddy
hirçok
hərtschōk

der Wickeltisch
maseya gerok
māsäyā gärōk

das Kuscheltier
pêlîstoka hirçokî
pēlīstōkā hərtschōkī

das Spielzeug
pêlîstok
pēlīstōk

die Wickelauflage
berderiya gerok
bärdärəyā gärōk

das Babyfon®
zengila qundaxê
zängəlā qundākhē

der Laufstall
qelema pêlîstok
qälämā pēlīstōk

das Töpfchen
gûdank
gūdānk

die Babytragetasche
qundaxhilgir
qundākhhəlgər

der Schulranzen
çenteyê çêrmok
tschäntäyē tschērmōk

das Bauklötzchen
blokê pêlîstok
blōkē pēlīstōk

DAS HAUS – XANÎ

Das Jugendzimmer – Odeya razanê ya nûciwanan

das Etagenbett	textên serhev täkhtēn särhäv
schlafen	razan rāzān
wach sein	hişyarbûn həshyārbūn
ausschlafen	razan nava rāzān nāvā
aufstehen	rabûn rābūn
der Albtraum	kabûs kābūs
träumen	xewn khäwn

einschlafen	çûn û razan tschūn ū rāzān
tief schlafen	ketin xewa kûr kätən khäwā kūr
schnarchen	xurexurkirin khuräkhurkərən
aufwachen	hişyarkirin həshyārkərən
das Bett machen	cihê xwe amadekirin dschəhē khwä āmādäkərən
ins Bett gehen	ketin nava cihê razanê kätən nāvā dschəhē rāzānē
das Zimmer aufräumen	rêkpêkkirina odeya kesekî rēkpēkkərənā ōdäyā käsäkī

DAS HAUS – XANÎ

Das Arbeitszimmer – Odeya xwendinê

der Bilderrahmen
qaba wêneyan
qābā wēnäyān

das Foto
wêne
wēnä

die Verandatür
deriyê pasiyo
därəyē pāsəyō

das Tageslicht
ronahiya rojê
rōnāhəyā rōschē

der Bücherschrank
pirtûkdank
pərtūkdānk

der/das Laptop
leptop
läptōp

die Zimmerpflanze
giyayên malê
gəyāyēn mālē

die Rückenlehne
palpişt
pālpəsht

der Sessel
kursiya destedar
kursəyā dästādār

der Schreibtisch
mase
māsä

der Rollcontainer
piştspartok
pəshtspārtōk

der Drehstuhl
kursiya çerxonek
kursəyā tschärkhōnäk

die Armlehne
deste
dästä

die Unterlage	belge bälgä
die Steuererklärung	vegera bacê vägārā bādschē
arbeiten	karkirin kārkərən
sich konzentrieren	bala xwe anîn ser bālā khwä ānīn sär
die Überstunde	dema zêde dämā zēdä
von zu Hause arbeiten	ji malê karkirin schə mālē kārkərən
eine Pause machen	bêhnvedan bēhnvädān
selbstständig sein	bo xwe karkirin bō khwä kārkərən

DAS HAUS – XANÎ

Das Badezimmer – Serşok

der Spiegel
neynik
näynək

das Waschbecken
sînka firaqşoyê
sīnkā fərāqshōyē

der Seifenspender
sabûnrêj
sābūnrēsch

der Waschbecken-unterschrank
kabînêta sînkê
kābīnētā sīnkē

die Duschkabine
qutiya av li xwe kirinê
qutəyā āv lə khwä kərənē

die Dusche
avrêja serşokê
āvrēschā särshōkē

der Handtuchhalter
çakê hewleyê
tschākē häwläyē

das Handtuch
hewle häwlä

der Wasserhahn
avrêj āvrēsch

die Badewanne
boriya serşokê
bōrəyā särshōkē

die Toilette
tiwalêt
təwālēt

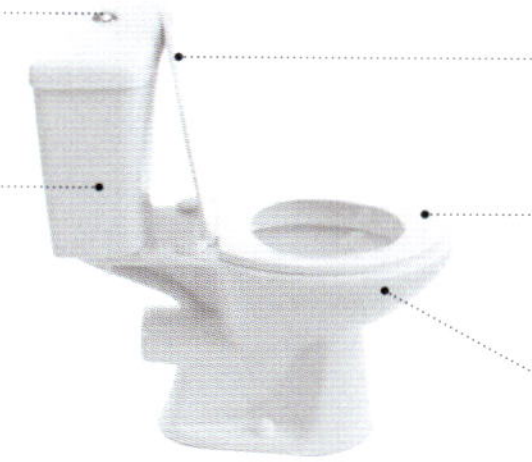

die Toilettenspülung
flaşa tiwalêtê
flāshā təwālētē

der Spülkasten
tanka avê
tānkā āvē

auf die Toilette gehen
çûyîna tiwalêtê
tschūyīnā təwālētē

der Toilettendeckel
devpoşa tiwalêtê
dävpōshā təwālētē

die Toilettenbrille
kursiya tiwalêtê
kursəyā təwālētē

die Kloschüssel
hewleya tiwalêtê
häwläyā təwālētē

die Klobürste
firçeya tiwalêtê
fərtschäyā təwālētē

das Toilettenpapier
kaxiza tiwalêtê
kākhəzā təwālētē

der Raumduft
xweşbêhnkar
khwäshbēhnkār

der Klostein
paqijkara kevirê tiwalêtê
pāqəschkārā kävərē təwālētē

DAS HAUS – XANÎ

Sanitäre Anlagen – Germahî û borî

der Elektroboiler
avkela ceryanê
āvkālā dschāryānē

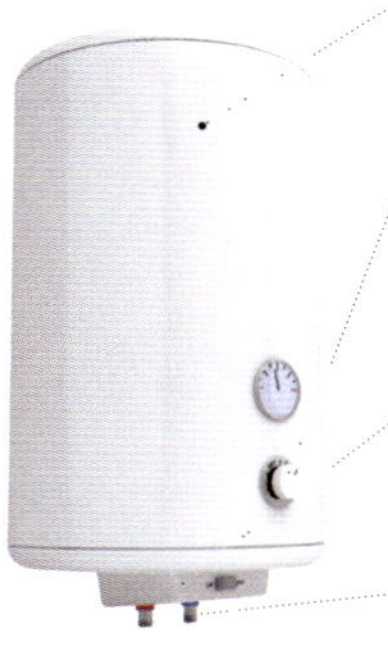

der Behälter
aman
āmān

das Thermostat
têrmostad
tērmōstād

der Warmwasser-ablauf
boriya ava germ
bōrəyā āvā gärm

der Kaltwasserzulauf
boriya ava sar
bōrəyā āvā sār

das Gas-Wandheizgerät
avkela gazê ya ser dîwêr
āvkälā gāzē yā sär dīwēr

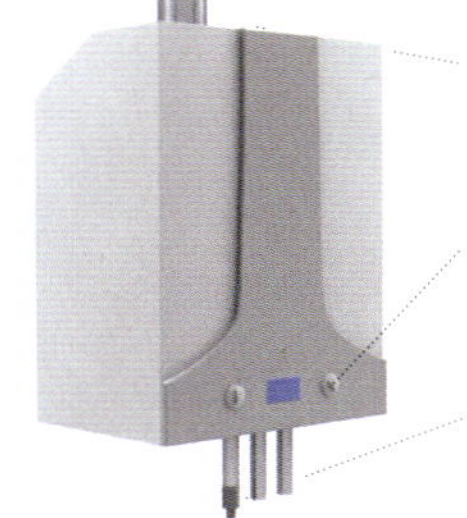

das Sicherheitsventil
boriya ewlebûnê
bōrəyā äwläbūnē

der Regler
kontrol
kōntrōl

der Überlauf
herikîna zêde
härəkīnā zēdä

das Waschbecken
sînka şûştinê
sīnkā shūshtənē

die Zuleitung
boriya avê
bōrəyā āvē

der Absperrhahn
avbirr
āvbərr

der Abfluss
avkêşî
āvkēshī

der Siphon
sîfon
sīfōn

der Spülkasten
tanka avê
tānkā āvē

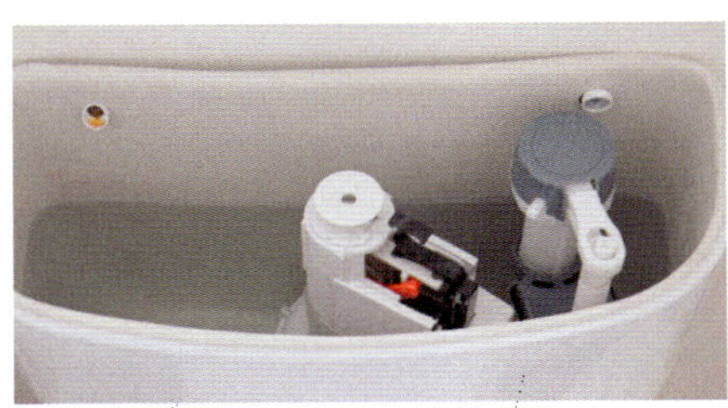

die Heberglocke
boriya flaşê
bōrəyā flāshē

der Überlauf
herikîna zêde
härəkīnā zēdä

DAS HAUS – XANÎ

Im Badezimmer – Li serşokê

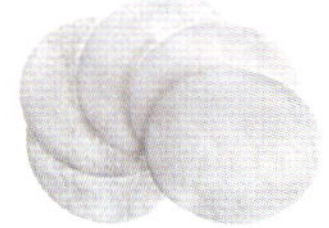
das Wattepad
pemohiriyê paqijiyê
pämōhərəyē pāqəschəyē

der Duschschwamm
avhilkêş
āvhəlkēsh

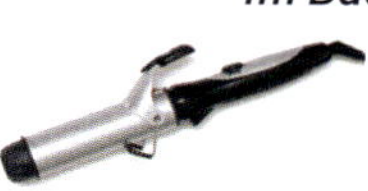
der Lockenstab
porvîzvîzîkar
pōrvīzvīzīkār

das Glätteisen
porşeqkar
pōrshäqkār

der Rasierapparat
tiraşa ceryanê
tərāshā dschäryānē

das Schwammtuch
perçeyê avhilkêş
pärtschäyē āvhəlkēsh

die Zahnseide
tayê diranan
tāyē dərānān

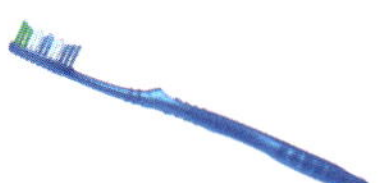
die Zahnbürste
firçeya diranan
fərtschäyā dərānān

das Taschentuch
dezmalkaxizî
däzmālkākhəzī

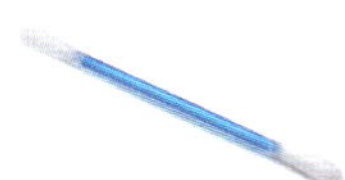
das Wattestäbchen
guhpakkar
guhpākkār

der Föhn
porziwakar
pōrzəwākār

der Rasierschaum
kefa tiraşê
käfā tərāshē

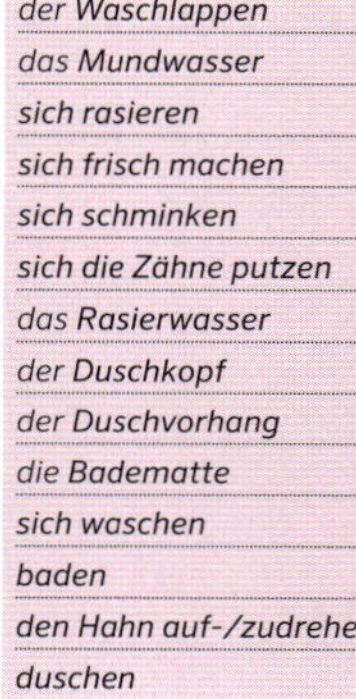

der Waschlappen	kirasê pastî kərāsē pāstī
das Mundwasser	devşo dävshō
sich rasieren	tiraş tərāsh
sich frisch machen	nermkirin närmkərən
sich schminken	xemilkirin khämälkərən
sich die Zähne putzen	diranên kesî paqijkirin dərānēn käsī pāqəschkərən
das Rasierwasser	dûtiraş dūtərāsh
der Duschkopf	seravrêj särāvrēsch
der Duschvorhang	perdeya serşokê pärdäyā särshōkē
die Bademattе	berderiyê serşokê bärdärəyē särshōkē
sich waschen	şûştin shūshtən
baden	av li xwe kirin āv lə khwä kərən
den Hahn auf-/zudrehen	vekirin/girtina avê väkərən/gərtənā āvē
duschen	seravrêj särāvrēsch

der Rasierer
tîxe
tīkhä

DAS HAUS – XANÎ

Die Waschküche – Cilşoxane

die Waschmaschine
cilşo
dschəlshō

die Waschmittelkammer
kêşoka pafê
kēshōkā pāfē

der Frontlader
pêş-barhilgir
pēsh-bārhəlgər

der Wäschekorb
sepeta şûştinê
säpätā shūshtənē

die zusammengelegte Wäsche
cilên qatkirî
dschəlēn qātkərī

die Wäscheleine
xetê cilan
khātē dschəlān

die Wäscheklammer
gîreya cilan
gīräyā dschəlān

der Fleckenentferner
jengbir
schängbər

der Weichspüler
nermkara fabrîk
närmkārā fābrīk

das Bleichmittel
sipîkirin
səpīkərən

das Waschpulver
pafa cilşoyê
pāfā dschəlshōyē

das Bügeleisen
utî
utī

das Bügelbrett
texetyê utîkirinê
täkhätyē utīkərənē

die Waschmaschine füllen	tijîkirina cilşoyê təschīkərənā dschəlshōyē
die Wäsche waschen	şûştin kirin shūshtən kərən
die Wäsche schleudern	gerandina dereceya cilşoyê gärāndənā därädschäyā dschəlshōyē
der Wäscheständer	cilraxok dschəlrākhōk
der Wäschetrockner	cilziwakar dschəlzəwākār
der Schmutzwäschekorb	sepeta cilan säpätā dschəlān
die Wäsche zum Trocknen aufhängen	rawestandina cilşoyê bo ziwakirinê rāwästāndənā dschəlshōyē bō zəwākərənē
bügeln	utî utī

DAS HAUS – XANÎ

Reinigungsartikel – Cihazên paqijkariyê

das Reinigungsmittel
faba cilşûştinê
fābā dschəlshūshtənē

das Spülmittel
aveka şûştinê
āväkā shūshtənē

die Bürste
firçe
fərtschä

die Sprühflasche
gudilkê sprêyê
gudəlkē sprēyē

der Gummiwischer
têya ziwakar
tēyā zəwākār

die Kehrschaufel
axavêj
ākhāvēsch

der Handfeger
firçeya destî
fərtschäyā dästī

der Wischmopp
yêya paqijiyê
yēyā pāqəschəyē

der Schwamm
ebr
äbr

der Gummihandschuh
lepikê naylon
läpəkē nāylōn

der Eimer
satil
sātəl

der WC-Reiniger
paqijkara tiwalêtê
pāqəschkārā təwālētē

schrubben	darotin dārōtən
fegen	gêzîkirin gēzīkərən
polieren	bironekkirin bərōnäkkərən
putzen	paqijkirin pāqəschkərən
abwischen	pqijkirin pqəschkərən
der Staubsauger	tozmij tōzməsch
Staub saugen	tozhûv tōschūv
der Staubwedel	tozgir tōzgər

die Wurzelbürste
firçeya darotinê
fərtschäyā dārōtənē

DAS HAUS – XANÎ

Die Heimwerkstatt – Kargeh

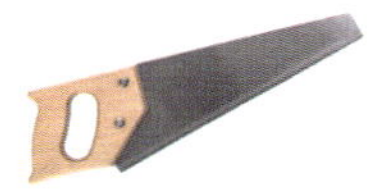

die Handsäge
birreka destî
bərräkā dästī

die Schere
cawbir
dschāwbər

die Schraube
pîç
pītsch

die Mutter
mohre
mōhrä

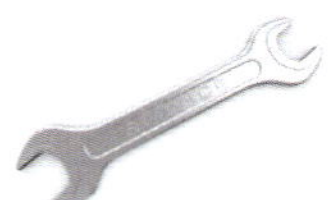

der Schrauben-schlüssel
açar franse
ātschār frānsä

der Holzhammer
çakûtok
tschākūtōk

die Rohrzange
açar lûle
ātschār lūlä

das Maßband
metre
mäträ

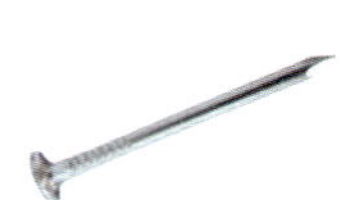

der Nagel
bizmar
bəzmār

der Hammer
çakût
tschākūt

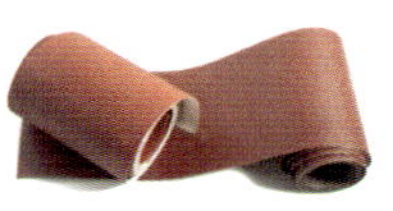

das Schleifpapier
simbade
səmbādä

die Wasserwaage
teraz
tärāz

die Kombizange
embûr
ämbūr

der Schraubenzieher
pîçgûştî
pītschgūshtī

die Bügelsäge
birreka hesinî
bərräkā häsənī

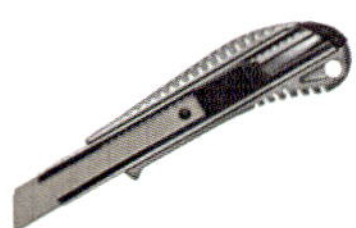

das Teppichmesser
kêra ferşê
kērā färshē

DAS HAUS – XANÎ

Die Heimwerkstatt – Kargeh

der Akkubohrer
drêla bêtêl
drēlā bētēl

der Akku
besteka betrê
bästäkā bätrē

der Bohrer
drêl
drēl

der Elektrobohrer
drêla ceryanê
drēlā dschäryānē

das Stemmeisen	çîzêla dar	tschīzēlā dār
die Nietenzange	embûra devzirav	ämbūrā dävzərāv
der Seitenschneider	têlbirr	tēlbərr
das Sägeblatt	tîxok	tīkhōk
schrauben	pîç	pītsch
löten	lihêmkar	ləhēmkār
messen	endazegirtin	ändāzägərtən
abschmirgeln	simbadekirin	səmbādäkərən
sägen	birrekkirin	bərräkkərən
schneiden	birrîn	bərrīn
bohren	kunkirin	kunkərən
hämmern	çakûtkirin	tschākūtkərən
feilen	rendekirin	rändäkərən
ausstemmen	sohankirin	sōhānkərən
nieten	perçkirin	pärtschkərən
streichen	rengkirin	rängkərən
hobeln	safkirin	sāfkərən

die Klebepistole
çespavêj
tschäspāvēsch

die Stichsäge
birreka tîk
bərräkā tīk

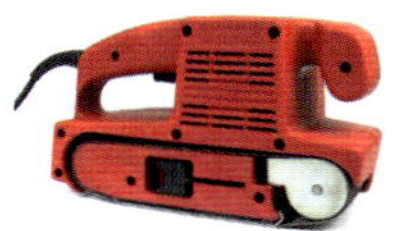

der Bandschleifer
simbadeya kemberî
səmbādäyā kämbärī

die Kreissäge
birreka gerok
bərräkā gärōk

DAS HAUS – XANÎ

Die Heimwerkstatt – Kargeh

der Müllbeutel
kîsikê zibilan
kīsəkē zəbəlān

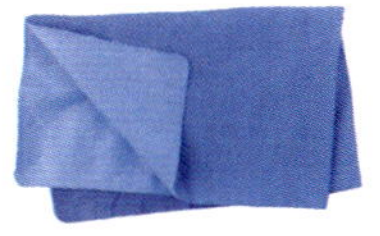

das Mikrofasertuch
perçeyê maykrofaybir
pärtschäyē māykrōfāybər

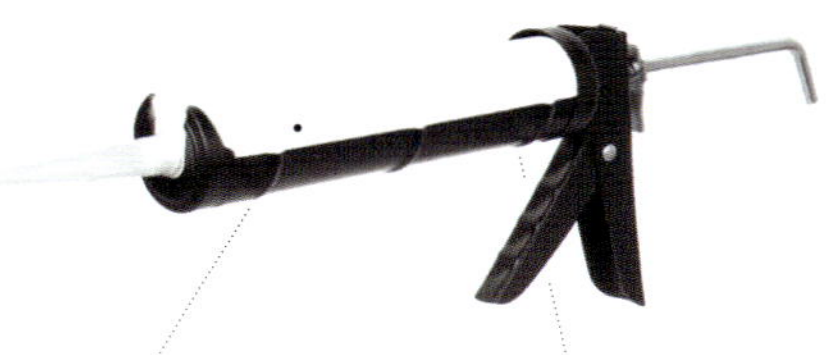

der Dichtstoff
çespok
tschäspōk

die Kartuschenpistole
tivinga çespê
təvəngā tschäspē

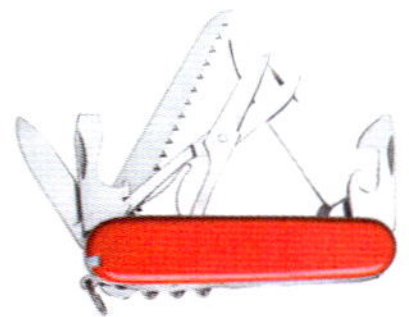

das Taschenmesser
kêra sertûj
kērā särtūsch

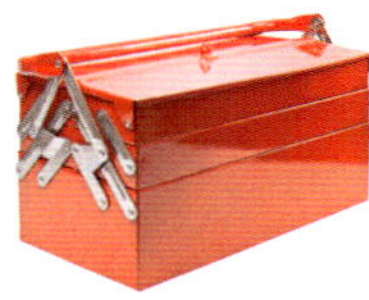

der Werkzeugkasten
qutiya amûran
qutəyā āmūrān

die Werkbank
raketoka kar
rākätōkā kār

der Inbus®-Schlüssel
açara alên
ātschārā ālēn

der Besen
gêzik
gēzək

die Schutzbrille
berçavka ewletiyê
bärtschāvkā äwlätəyē

der Lötkolben
lihêm
ləhēm

das Lötzinn
lihêmkar
ləhēmkār

das Sperrholz	qatê texte qātē täkhtä
die Spanplatte	texteyê neopan täkhtäyē näōpān
der Lack	rengê rûvek rängē rūväk
das Metall	hesin häsən
der rostfreie Stahl	polayê nejeng pōlāyē näschäng
der Kunststoff	plastîk plāstīk
der Draht	têl tēl
das Holzbrett	textik täkhtək

DAS HAUS – XANÎ

Renovieren – Xemilandin

der Acryllack
rengê akrîlîk
rängē ākrīlīk

der Flachpinsel
firçeya reng
fərtschäyā räng

die Farbwanne
dewriya reng
däwrəyā räng

das Verdünnungsmittel
aveka sipî
āväkā səpī

der/die Spachtel
darotkar
dārōtkār

der Farbroller
qelteka reng
qältäkā räng

der Handwerker
hostekar
hōstäkār

die Leiter
nerdivan
närdəvān

die Latzhose
cilên serhev
dschəlēn särhäv

die Farbdose
şelbikê reng
shälbəkē räng

tapezieren
kaxiza dîwarî
kākhəzā dīwārī

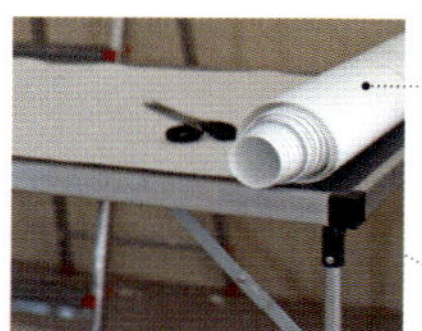

die Tapetenrolle
lûleya kaxiza dîwarî
lūläyā kākhəzā dīwārī

der Tapeziertisch
maseya kar
māsäyā kār

die Farbe
reng
räng

das Abdeckband
çespa veşartinê
tschäspā väshārtənē

kacheln	kaşî kāshī
verputzen	astar āstār
spachteln	tijîkirin təschīkərən
die Tapete entfernen	rakirina kaxiza dîwarî rākərənā kākhəzā dīwārī
die Abdeckfolie	perçeyê tozgir pärtschäyē tözgər
die Spachtelmasse	tijîkar təschīkār
das Lösungsmittel	helkar hälkār
das Versiegelungsmittel	çespa sîlint tschäspā sīlənt

das Farbmuster
cedvela rengê
dschädvälā rängē

DAS HAUS – XANÎ

Strom und Heizung – Ceryan û germahî

der Stromzähler
ceryanpîv
dschäryänpīv

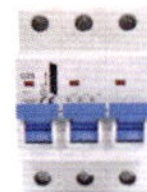

die Sicherung
fiyûz
fəyūz

der Heizkörper
radyator
rädyätōr

der Kaminofen
sobeya daran
sōbäyä därän

der Stecker
duşaxeya ceryanê
dushākhäyä dschäryänē

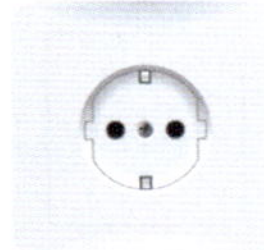

die Steckdose
sokêt
sōkēt

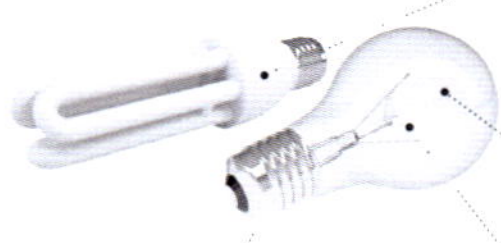

die Energiesparlampe
lembeya kêm-mesref
lämbäyä kēm-mäsräf

die Glühbirne
lembe
lämbä

der Lampensockel
sokêta lembeyê
sōkētä lämbäyē

der Glühfaden
têla zirav
tēlä zəräv

das Verlängerungskabel
têla dirêjkirinê
tēlä dərēschkərənē

der Schalter
siwîç
səwītsch

die Mehrfachsteckdose
sokêta çendkare
sōkētä tschändkärä

der Luftkanal	boriya hewayê bōrəyä häwäyē
die Heizung anschalten/ausschalten	vêxistin/damirandina germahiyê vēkhəstən/dāmərāndənā gärmāhəyē
die erneuerbare Energie	vejena vejiyanbar väschänä väschəyänbär
das Stromnetz	şarjêr shärschēr
die Stromstärke	ceryan dschäryän
die Spannung	voltaj vōltäsch
die Solarheizung	germaya tavê gärmäyä tävē
die Zentralheizung	germaya navendî gärmäyä nävändī
die Fußbodenheizung	germaya binerdê gärmäyä bənärdē
der Sicherungskasten	qutiya fiyûzê qutəyä fəyūzē
die Leitung	têlkişandin tēlkəshändən
das Ampere	ampêr ämpēr
das Watt	Wat wät
das Volt	volt vōlt
der Adapter	adaptor ädäptōr
die Erdung	erd ärd

DER GARTEN – BAXÇE

die Terrasse
têras
tērās

der Gartenteich
gola baxçeyê
gōlā bākhtschäyē

der Gartenweg
şiverêya baxçeyê
shəvärēyā bākhtschäyē

der Gemüsegarten
baxçeyê sebzeyan
bākhtschäyē säbzäyān

die Küchenkräuter
giyayên pehtinê
gəyäyēn pähtənē

das Gewächshaus
gulxane
gulkhānä

das Gartenhaus
kolika baxçeyê
kōləkā bākhtschäyē

das Blumenbeet
erdêgulkirî
ärdēgulkərī

die Gartenbank
raketoka baxçeyê
rākätōkā bākhtschäyē

die Gartenmöbel
qoltixên baxçeyê
qōltəkhēn bākhtschäyē

die Gartenmauer
sûra bêx
sūrā bēkh

der Dachgarten
baxçeyê serbanê
bākhtschäyē särbānē

der Komposter
komposter
kōmpōstär

der Steingarten
baxçeyê pêbil
bākhtschäyē pēbəl

der Gartenzaun
nerde
närdä

die Hecke
sûra daran
sūrā dārān

DER GARTEN – BAXÇE

Gartengeräte – Alavên baxvaniyê

die *Rosenschere*
çiqilbirr
tschəqəlbərr

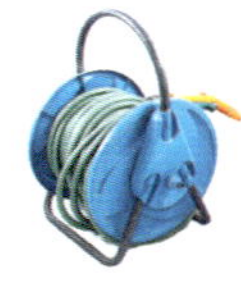

der *Gartenschlauch*
şîlanka baxçeyê
shīlānkā bākhtschäyē

die *Topfpflanze*
giyaya sifalan
gəyāyā səfālān

der *Handrechen*
şeneya destî
shänäyā dästī

die *Blumenkelle*
bêrik
bērək

die *Gießkanne*
avreşîn
āvräshīn

der *Laubrechen*
tirmixa çîmanan
tərməkhā tschīmānān

der *Spaten*
bêrik
bērək

der *Gartenhandschuh*
lepikê baxçevaniyê
läpəkē bākhtschävānəyē

der *Rasenmäher*
çîmançîn
tschīmāntschīn

der *Rasentrimmer*
darikbirr
dārəkbərr

der *Rechen*
bêrkişk
bērkəshk

die *Mistgabel*
şeneya devdirêj
shänäyā dävdərēsch

die *Schubkarre*
nasirge
nāsərgā

die *Heckenschere*
herbînga destîdirêj
härbīngā dästīdərēsch

die *Hacke*
bêrika devxwar
bērəkā dävkhwār

der *Rasensprenger*
firfira avê
fərfərā āvē

DER GARTEN – BAXÇE

Die Gartenarbeit – Karê baxvaniyê

Rollrasen verlegen
rakirina çîmên
rākərənā tschīmēn

den Rasen sprengen
avweşîna çîmên
āvwäshīnā tschīmēn

das Laub rechen
tirmixkirina pelan
tərməkhkərənā pälān

pflanzen
çandin
tschāndən

stutzen
iqilbirrîn
əqəlbərrīn

den Rasen mähen
çinîna çîmên
tschənīnā tschīmēn

Unkraut jäten
tovreşandin
tōvräshāndən

umgraben
kolan
kōlān

zurückschneiden
serçiqil lêdan
särtschəqəl lēdān

pflücken
hildan
həldān

säen
birrekkirin
bərräkkərən

spritzen
avreşandin
āvräshāndən

düngen	kûtdayîn kūtdāyīn
ernten	xerman hildan khärmān həldān
züchten	çandin tschāndən
vermehren	veberhênan väbärhēnān
gießen	avdan āvdān
der Sämling	tov reşandin tōv räshāndən
der Dünger	kût kūt
der Unkrautvernichter	bihukkuj bəhukkusch

eintopfen
çandina li guldankê
tschāndənā lə guldānkē

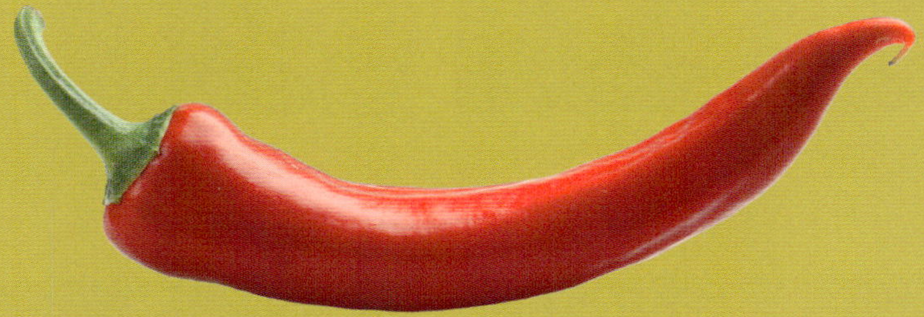

ESSEN UND TRINKEN

XWARIN Û VEXWARIN

TIERISCHE PRODUKTE – BERHEMÊN HEYWANAN

Fleisch – Goşt

das Lammfleisch
berx
bärkh

das Rindfleisch
goştê çêlekan
gōshtē tschēläkān

das Steak
stêyk
stēyk

das Schweinefleisch
goştê berazan
gōshtē bärāzān

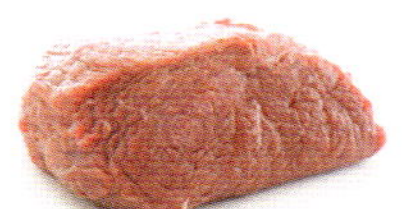

das Filet
goştê fîlê
gōshtē fīlē

das Kalbfleisch
goştê golikan
gōshtē gōləkān

die Keule
goştê pêvekê
gōshtē pēväkē

das Kotelett
goştê hûrkirî
gōshtē hūrkərī

die Leber
ciger
dschəgär

die Niere
gurçik
gurtschək

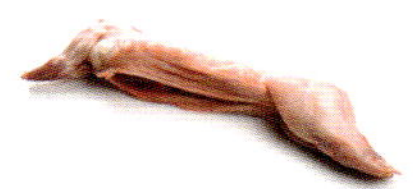

das Kaninchen
kêvroşk
kēvrōshk

der Schinken
goştê hêta berazan
gōshtē hētā bärāzān

das Hackfleisch
goştê qeymebûyî
gōshtē qäymäbūyī

die Wurst
sosîs
sōsīs

der Aufschnitt
tîkeyên goştê sarbûyî
tīkäyēn gōshtē sārbūyī

die Salami
goştê hişkkirî
gōshtē həshkkərī

BERHEMÊN HEYWANAN

Geflügel – Dîk û mirîşk

das Hähnchen
goştê mirîşkan
gōshtē mərīshkān

der Schenkel
goştê hêtê
gōshtē hētē

die Brust
goştê sîng
gōshtē sīng

der Flügel
qanat
qānāt

die Hähnchenkeule
piyên mirîşkan
pəyēn mərīshkān

die Ente
werdek
wärdäk

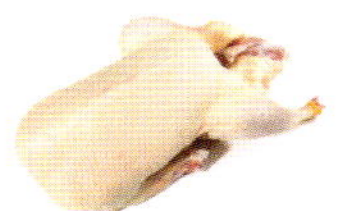

das Entenfleisch
goştê werdekan
gōshtē wärdäkān

die Gans
ordek
ōrdäk

das Gänsefleisch
goştê ordekan
gōshtē ōrdäkān

die Wachtel
bildirçîn
bəldərtschīn

das Wachtelfleisch
goştê bildirçînan
gōshtē bəldərtschīnān

die Pute
elok
älōk

das Putenfleisch
goştê elokan
gōshtē älōkān

das Bioprodukt	**berhemên organîk** bärhämēn ōrgānīk
die Innereien	**bermayî** bärmāyī
mariniert	**şilkirî** shəlkərī
geräuchert	**dûkeldayî** dūkäldāyī
gepökelt	**xwêyêkirî** khwēyēkərī
braten	**ser êgir kebabkirin** sär ēgər käbābkərən
schmoren	**ser agirê nerm pehtin** sär āgərē närm pähtən
grillen	**kebabkirin** käbābkərən

aus Freilandhaltung
azad
āzād

TIERISCHE PRODUKTE – BERHEMÊN HEYWANAN

Fisch – Masî

die Forelle
masiyê qizilala
māsəyē qəzəlālā

der Karpfen
masiyê kepûr
māsəyē käpūr

der Zander
masiyê sof
māsəyē sōf

der Seeteufel
masiyê mank
māsəyē mānk

die Makrele
masiyê xalxalî
māsəyē khālkhālī

die Seezunge
masiyê zimançêlekî
māsəyē zəmāntschēläkī

die Sardine
masiyê sardîn
māsəyē sārdīn

die Scholle
masiyê plêys
māsəyē plēys

der Aal
mehrmasî
mährmāsī

der Thunfisch
masiyê tûna
māsəyē tūnā

der Kabeljau
masiyê kod
māsəyē kōd

der Seebarsch
masiyê binderyayî
māsəyē bəndäryāyī

der Lachs
masiyê salamon
māsəyē sālāmōn

der Heilbutt
xaviyar
khāvəyār

der Fischrogen
stîyka masiyan
stīykā māsəyān

das Fischsteak
steak masiyan
stēyk māsəyān

TIERISCHE PRODUKTE – BERHEMÊN HEYWANAN

Meeresfrüchte – Xwarina deryayî

die Garnele
mêygû
mēygū

der Hummer
xerçenga deryayî
khärtschängā däryāyī

der Krebs
xerçeng
khärtschäng

der Flusskrebs
xerçanga pîjpîjî
khärtschängā pīschpīschī

die Miesmuschel
sedefa hêşîn
sädäfā hēshīn

die Kammmuschel
guhmasî
guhmāsī

die Venusmuschel
sedefa vênûsê
sädäfā vēnūsē

die Herzmuschel
sedefa dukupeyî
sädäfā dukupäyī

die Auster
sedefa xwarinê
sädäfā khwārənē

der Tintenfisch
masiyê serpaviran
māsəyē särpāvərān

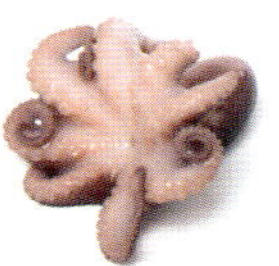

der Krake
oxtapûs
ōkhtāpūs

der Räucherfisch
masiyê dûkeldayî
māsəyē dūkäldāyī

das Filet	**fîlê** fīlē
geräuchert	**dûkeldayî** dūkäldāyī
einen Fisch entgräten	**hûrhûrkirina masiyan** hūrhūrkərənā māsəyān
die Gräte	**hestî** hästī
die Schuppe	**kişandin** kəshāndən
abschuppen	**postkirin** pōstkərən
tiefgefroren	**cemidî** dschämədī
frisch	**teze** täzä

der Dosenfisch
masiyê qutîkirî
māsəyē qutīkərī

TIERISCHE PRODUKTE – BERHEMÊN HEYWANAN

Milchprodukte und Eier – Berhemên sipîtayê û hêk

die Sahne
xame
khāmä

die Milch
şîr
shīr

der Hüttenkäse
penêrê malî
pänērē mālī

der Ziegenkäse
penêrê bizinan
pänērē bəzənān

der Quark
mastê kiwark
mästē kəwärk

der Joghurt
mast
mäst

der Brie
Brî
brī

der Gorgonzola
Gorgonzola
gōrgōnzōlā

der Feta
penêrê fêta
pänērē fētā

das Hühnerei
hêka cûcikan
hēkā dschūdschəkān

die Eierschale
qalikê hêkan
qāləkē hēkān

das Eiweiß
sipîka hêkê
səpīkā hēkē

das Eigelb
zirtika hêkê
zərtəkā hēkē

das Wachtelei
hêka bildirçînê
hēkā bəldərtschīnē

das Gänseei
hêka qazan
hēkā qāzān

TIERISCHE PRODUKTE – BERHEMÊN HEYWANAN

Milchprodukte und Eier – Berhemên sipîtayê û hêk

der Eierkarton
şaneya hêkan
shānäyā hēkān

die Butter
nivîşk
nīvishk

der Parmesan
Parmisan
pārmīsān

der Emmentaler
penêrê swîsî
pänērē swīsī

der Cheddar
penêrê çêdar
pänērē tschēdār

der Raclettekäse
penêrê reklêt
pänērē räklēt

der Camembert
penêrê kemambêr
pänērē kämāmbēr

der Gouda
Gûda
gūdā

der Mozzarella
Mozarêla
mōzārēlā

der geriebene Käse
penêrê rendekirî
pänērē rändäkərī

die Buttermilch
şîrê rûnkî
shīrē rūnkī

der Frischkäse
penêrê xamekî
pänērē khāmäkī

die Kuhmilch	**şîrê çêlekan** shīrē tschēläkān
die Ziegenmilch	**şîrê bizinan** shīrē bəzənān
die laktosefreie Milch	**şîrê bêlaktoz** shīrē bēlāktōz
die Sojamilch	**şîrê soyayê** shīrē sōyāyē
homogenisiert	**hejemonîzebûyî** häschämōnīzäbūyī
pasteurisiert	**pastorîzebûyî** pāstōrīzäbūyī
fettarm	**kêm-çivr** kēm-tschəvr
die Vollmilch	**şîrê tijî xame** shīrē təschī khāmä

die Kondensmilch
timast
təmāst

GEMÜSE – SEBZE

die/der Trüffel
tombelan
tōmbälān

der Champignon
kariyê polikkî
kärəyē pōləkkī

der Steinpilz
kariyê sêp
kärəyē sēp

der Pfifferling
kariyê zer
kārəyē zär

der Spargel
marçobe
märtschōbä

der Kohlrabi
kohlrabî
kōhlrābī

der Rhabarber
rhubarb
rhubārb

der Mangold
zilqê swîsî
zəlqē swīsī

der Fenchel
fênêl
fēnēl

der/die Stangensellerie
kerefs
käräfs

die Artischocke
kereng
käräng

die Kresse
kavertîzek
kāvärtīzäk

die Brunnenkresse
kaveravê
kāvärāvē

das Blatt	**pel** päl
der Strunk	**darik** dārək
das Röschen	**zîlik** zīlək
das Herz	**dil** dəl
die Spitze	**nikul** nəkul
das gedämpfte Gemüse	**sebzeyên buxdayî** säbzäyēn bukhdāyī
aus biologischem Anbau	**organîk** ōrgānīk
aus heimischer Produktion	**çandina xwecih** tschāndənā khwädschəh

GEMÜSE – SEBZE

Wurzelgemüse – Sebzeyên rayekê

die Süßkartoffel
kartola şirîn
kārtōlā shərīn

die Karotte
gizêr
gəzēr

die Kartoffel
kartol
kārtōl

die Schalotte
mûsîr
mūsīr

die rote Zwiebel
pêvaza sor
pēvāzā sōr

die Pastinake
zerdika çêlekî
zärdəkā tschēläkī

der Knoblauch
sîr
sīr

die Rübe
şelxem
shälkhäm

die Zwiebel
pîvaz
pīvāz

das Radieschen
tiribçe
tərəbtschä

die Frühlingszwiebel
pîvaza biharê
pīvāzā bəhārē

die Rote Bete
rîşeya silqan
rīshäyā səlqān

die Knoblauchzehe	**postê sîrê** pōstē sīrē
die Knoblauchknolle	**gulpika sîrê** gulpəkā sīrē
die Wurzel	**reh** räh
bitter	**tehl** tähl
roh	**xav** khāv
scharf	**germ** gärm
mehligkochend	**hişk** həshk
festkochend	**çivir** tschəvər

der Lauch
kavera firingî
kāvärā fərəngī

GEMÜSE – SEBZE

Blattgemüse – Sebzeyên bergan

der Brokkoli
brûklî
brūklī

der Rotkohl
kelema sor
kälämā sōr

der Wirsing
kelema savoy
kälämā sāvōy

der Rosenkohl
kelema brûksêlî
kälämā brūksēlī

der Blumenkohl
gulkelem
gulkäläm

der Weißkohl
kelema sipî
kälämā səpī

der Kopfsalat
kahû
kāhū

der Eisbergsalat
kahûya mezin
kāhūyā mäzən

der Römersalat
kahûya romen
kāhūyā rōmän

der/die Chicorée
kasnî
kāsnī

der Feldsalat
kahûya berxan
kāhūyā bärkhān

der Spinat
sifinc
səfəndsch

der Rucola
şabanek
shābānäk

der Endiviensalat
kasnî firingî
kāsnī fərəngī

GEMÜSE – SEBZE

Fruchtgemüse – Sebzeyên mêweyan

der/die Paprika
îsota şirîn
īsōtā shərīn

die Zucchini
kedo
kädō

die Aubergine
bacana reş
bādschānā räsh

die Tomate
bacana sor
bādschānā sōr

die Kirschtomate
bacana tirş
bādschānā tərsh

die Olive
zeytûn
zäytūn

die Okraschote
okrapod
ōkrāpōd

die Chilischote
xwarina çîlî
khwārənā tschīlī

die Avocado
avokado
āvōkādō

die Gurke
xiyar
khəyār

der Kürbis
kedo tiral
kädō tərāl

der Butternusskürbis
kedoya batirnatê
kädōyā bātərnātē

schälen	**postkirin** pōstkərən
schneiden	**birrîn** bərrīn
roh	**xav** khāv
gekocht	**kelandî** käländī
gegart	**pehtî** pähtī
das Püree	**pûre** pūrä
püriert	**hûrhûrî** hūrhūrī
braten	**sorkirin** sōrkərən

der Mais
garisê şirîn
gārəsē shərīn

GEMÜSE – SEBZE

Hülsenfrüchte – Mêweyên hişkkirî

die grüne Linse
nîsikê kesk
nīsəkē käsk

die Ackerbohne
fasûleya pehn
fāsūläyā pähn

die schwarze Bohne
fasûleya reş
fāsūläyā räsh

die Gartenerbse
niqutkê baxçeyan
nəqutkē bākhtschäyān

die Kichererbse
niqutik
nəqutək

die rote Linse
nîsikê sor
nīsəkē sōr

die grüne Bohne
fasûleya kesk
fāsūläyā käsk

die Zuckererbse
fasûleya kesk
fāsūläyā käsk

die Kidneybohne
fasûleya gurçikkî
fāsūläyā gurtschəkkī

die Limabohne
fasûleya lîmayê
fāsūläyā līmāyē

die Tellerlinse
nîsikê qemer
nīsəkē qämär

die Hülse	**postê fasûleyê** pōstē fāsūläyē
der Kern	**dendik** dändək
die Schote	**postê fasûleyê** pōstē fāsūläyē
der Samen	**tov** tōv
die Sojasprossen	**zêlikên fasûleyê** zēləkēn fāsūläyē
die Sojabohne	**fasûleya soyakî** fāsūläyā sōyākī
die Mungobohne	**fasûleya mûngê** fāsūläyā mūngē
die Schwarzaugenbohne	**niqutikê çavreş** nəqutəkē tschāvräsh

OBST – MÊWE

Beeren und Steinobst – Tû û mêweyên hişk

die Erdbeere
tû
tū

die Himbeere
temêşk
tämēshk

die Brombeere
tûya reş
tūyā räsh

die Heidelbeere
tûya şîn
tūyā shīn

die roten Johannisbeeren
tiriya firingî
tərəyā fərəngī

die schwarzen Johannisbeeren
tiriya reş
tərəyā räsh

die Weintraube
tirî
tərī

die Stachelbeere
tûya qazkî
tūyā qāzkī

die Preiselbeere
tûya lîngo
tūyā līngō

die Kirsche
gêlyaz
gēlyāz

die Holunderbeere
tûya eqtî
tūyā äqtī

der Pfirsich
şeftel
shäftäl

die Nektarine
nêktarîn
nēktārīn

die Zwetschge
alû
ālū

die Aprikose
zerdelû
zärdālū

der Apfel
sêv
sēv

die Birne
hirmê
hərmē

die Quitte
behîf
bähīf

OBST – MÊWE

Exotische Früchte – Mêweya biyanî

die Feige
hêjîr
hēschīr

die Birnenmelone
pêpînoya şirîn
pēpīnōyā shərīn

die Physalis
fîsalîs
fīsālīs

die Litschi
soralû
sōrālū

die Sternfrucht
mêweya stêrkî
mēwäyā stērkī

die Ananasguave
gûavaya ananasê
gūāvāyā ānānāsē

die Papaya
pawpaw
pāwpāw

die Cherimoya
çêrîmoya
tschērīmōyā

die Passionsfrucht
mêweya hewesê
mēwäyā häwäsē

die Mangostanfrucht
mangostîn
māngōstīn

der Granatapfel
henar
hänār

die Kiwano
şelaq
shälāq

die Rambutan
rambûtan
rāmbūtān

die Drachenfrucht
pîtahaya
pītāhāyā

die Ananas
ananas
ānānās

die Guave
gûava
gūāvā

die Banane
mûz
mūz

die Kiwi
kîwî
kīwī

die Mango
embe
ämbä

die Kokosnuss
nargîl
nārgīl

OBST – MÊWE

Zitrusfrüchte und Melonen – Mêweyên pirteqalî û kalik

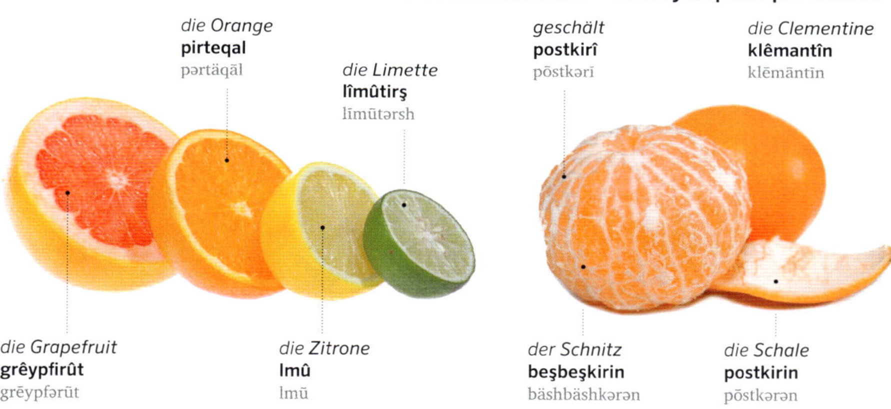

die Orange
pirteqal
pərtäqāl

die Limette
lîmûtirş
līmūtərsh

geschält
postkirî
pōstkərī

die Clementine
klêmantîn
klēmāntīn

die Grapefruit
grêypfirût
grēypfərūt

die Zitrone
lmû
lmū

der Schnitz
beşbeşkirin
bäshbäshkərən

die Schale
postkirin
pōstkərən

die Zuckermelone
şelaqê şirîn
shälāqē shərīn

die Honigmelone
şelaqê hingivî
shälāqē həngəvī

die Wassermelone
zebeş
zäbäsh

die Blutorange
pirteqala xwînî
pərtäqālā khwīnī

kernlos	**bêdendik** bēdändək
saftig	**avdar** āvdār
knackig	**xirçxirçî** khərtschkhərtschī
das Kerngehäuse	**navok** nāvōk
sauer	**tirş** tərsh
reif	**gihîştî** gəhīshtī
frisch	**teze** täzä
faulig	**genî** gänī

die Kumquat
kumkiwat
kumkəwāt

OBST – MÊWE

Nüsse und Trockenobst – Gûz û mêweyên hişkbûyî

der Cashewkern
keşûnat
käshūnāt

die Mandel
badam
bādām

die Kastanie
şabelût
shābälūt

die Walnuss
darê gûzê
dārē gūzē

die Haselnuss
fenduq
fänduq

die Erdnuss
badamê erdê
bādāmē ärdē

die Pekannuss
gûz
gūz

die Macadamianuss
gûza makdamiya
gūzā mākdāməyā

der Pinienkern
mêjiyê gûzê
mēschəyē gūzē

die Rosine
êmîş
ēmīsh

die Sultanine
sûltana
sūltānā

die Backpflaume
alû
ālū

die Dattel
xurme
khurmä

die Paranuss	**gûza Brêzîlê** gūzā brēzīlē
die Pistazie	**piste** pəstä
geröstet	**kebabbûyî** käbābbūyī
gesalzen	**xwêlêxistî** khwēlēkhəstī
das Studentenfutter	**gûz û mewîz** gūz ū mäwīz
der Nussknacker	**gûzşiken** gūzshəkän
die Nussschale	**qalikê gûzê** qāləkē gūzē
eine Nuss knacken	**gûzek şikandin** gūzäk shəkāndən

KRÄUTER UND GEWÜRZE – ÇÊRE Û TÛJATÎ

Kräuter – Çêre

der Lavendel
bêhna simbilê
bēhnā səmbəlē

der Estragon
taragon
tārāgōn

der Oregano
orêgano
ōrēgānō

das/der Liebstöckel
geşnîz
gäshnīz

der Salbei
gula mêkzîkî
gulā mēkzīkī

die Minze
pûng
pūng

der Majoran
marcoram
märdschōrām

der Rosmarin
rozmarî
rōzmārī

das Basilikum
rihan
rəhān

die Petersilie
ceferî
dschäfärī

der Thymian
avîşen
āvīshän

der Koriander
tova geşnîzê
tōvā gäshnīzē

der Schnittlauch
pîvaza çiyayan
pīvāzā tschəyāyān

der Fenchel
razyane
rāzyānā

der Dill
şivîd
shəvīd

die Zitronenmelisse
melhema lîmûyê
mälhämā līmūyē

KRÄUTER UND GEWÜRZE – ÇÊRE Û TÛJATÎ

Gewürze – Tûjatî

der Sternanis
star anîsîd
stār ānīsīd

das Lorbeerblatt
belgebûya hişkbûyî
bälgäbūyā həshkbūyī

der Koriander
koriyandêr
kōrəyāndēr

die Zimtrinde
darçîn
dārtschīn

die Kurkuma
zerdçobe
zärdtschōbä

das Currypulver
toza zerdçobeyê
tōzā zärdtschōbäyē

der Paprika
paprîka
pāprīkā

der Pfeffer
îsot
īsōt

die Muskatnuss
coza hindî
dschōzā həndī

der/das Kardamom
kardamom
kārdāmōm

die Nelken
mêxik
mēkhək

der Ingwer
zencebîl
zändschäbīl

die Chiliflocken
çîliya hûrbûyî
tschīləyā hūrbūyī

die Chilischote
çîlî
tschīlī

der Fenchel
razyane
rāzyānä

das Garam masala
garam masala
gārām māsālā

KRÄUTER UND GEWÜRZE – ÇÊRE Û TÛJATÎ

Würzmittel und Soßen – Xweşkirina çêştê û sos

der Essig
sirke
sərkä

das Olivenöl
rûnê zeytûnê
rūnē zäytūnē

der Pfeffer
îsot
īsōt

das Salz
xwêyê
khwēyē

die Pfeffermühle
îsothûrkirî
īsōthūrkərī

die Salsa
salsa
sālsā

der/das Ketchup
sosa bacana sor
sōsā bädschānā sōr

der Senf
xerdel
khärdäl

die Mayonnaise
mayonêz
māyōnēz

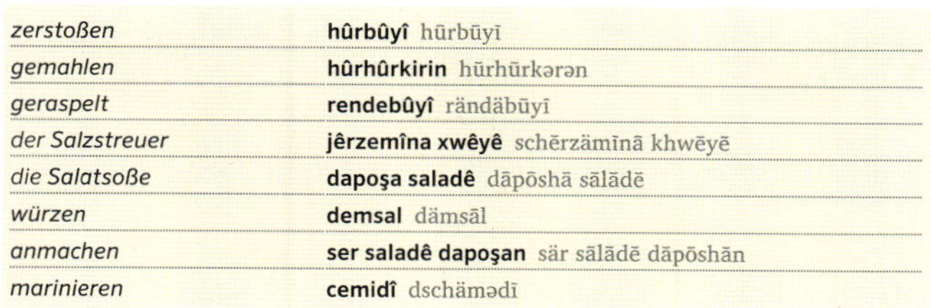

zerstoßen	**hûrbûyî** hūrbūyī
gemahlen	**hûrhûrkirin** hūrhūrkərən
geraspelt	**rendebûyî** rändābūyī
der Salzstreuer	**jêrzemîna xwêyê** schērzämīnā khwēyē
die Salatsoße	**dapoşa saladê** dāpōshā sālādē
würzen	**demsal** dämsāl
anmachen	**ser saladê dapoşan** sär sālādē dāpōshān
marinieren	**cemidî** dschämədī

die Sojasoße
sosa soyê
sōsā sōyē

GETREIDE UND MEHL – DENDIK Û ARD

der Dinkel
celban
dschälbān

die Kürbiskerne
hişkbûyî
həshkbūyī

die Sonnenblumenkerne
dendikên guleberojê
dändəkēn guläbärōschē

die Quinoa
qûînowa
qūīnōwā

der Wildreis
birincê çiyayî
bərəndschē tschəyāyī

der Hafer
cehê duser
dschähē dusär

die Gerste
ceh
dschäh

der Naturreis
birincê qahweyî
bərəndschē qāhwäyī

der Mais
garisê mayîs
gārəsē māyīs

die Hirse
erzen
ärzän

der Weizen
genim
gänəm

der/das Couscous
kûskûs
kūskūs

der Buchweizen
genimê bak
gänəmē bāk

der Basmatireis
birincê basmatî
bərəndschē bāsmātī

der Bulgur
bulxur
bulkhur

der Reis
birinc
bərəndsch

GETREIDE UND MEHL – DENDIK Û ARD

die Penne
kariyê pên
kārəyē pēn

die Spaghetti
spagêtî
spāgētī

die Tagliatelle
tagliyatêl
tāgləyātēl

die Ravioli
ravyolî
rāvyōlī

die Fusilli
fûsîlî
fūsīlī

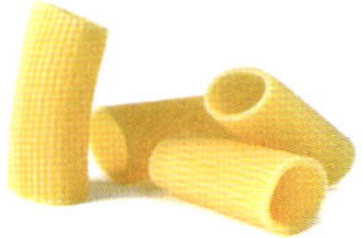

die Rigatoni
rîgatonî
rīgātōnī

die Tortellini
tortêlînî
tōrtēlīnī

das Weizenmehl
ardê gênim
ārdē gēnəm

das Maismehl
ardê gêris
ārdē gērəs

die Hefe
hevîrtirş
hävīrtərsh

der Teig
hevîr
hävīr

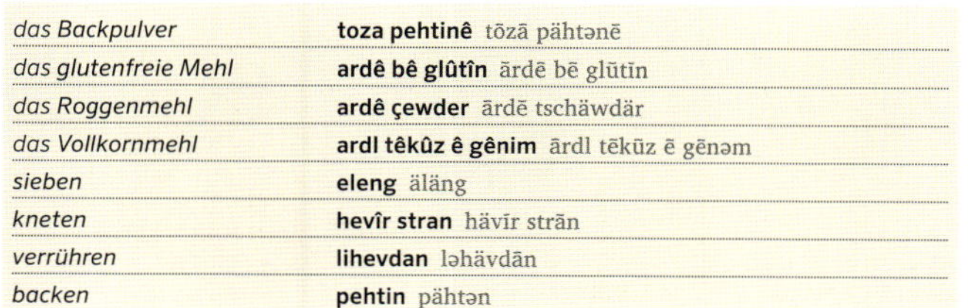

das Backpulver	**toza pehtinê** tōzā pähtənē
das glutenfreie Mehl	**ardê bê glûtîn** ārdē bē glūtīn
das Roggenmehl	**ardê çewder** ārdē tschäwdär
das Vollkornmehl	**ardl têkûz ê gênim** ārdl tēküz ē gēnəm
sieben	**eleng** äläng
kneten	**hevîr stran** hävīr strān
verrühren	**lihevdan** ləhävdān
backen	**pehtin** pähtən

die Reisnudeln
riştеya birinc
rəshtäyā bərəndsch

GETREIDE UND MEHL – DENDIK Û ARD

Brot – Nan

die Brezel
prêtzêl
prētzēl

das Croissant
nanê krwesan
nānē krwäsān

das/die Baguette
nanê bagêt
nānē bāgēt

das Schwarzbrot
nanê qemer
nānē qämär

das Weißbrot
nanê sipî
nānē səpī

das Vollkornbrot
nanê ardê reş
nānē ārdē räsh

das Mehrkornbrot
nanê dandanî
nānē dāndānī

das Graubrot
nanê çewder
nānē tschäwdär

das Fladenbrot
nanê pehn
nānē pähn

die Tortilla
tortîla
tōrtīlā

das Toastbrot
nanê tost
nānē tōst

das Sauerteigbrot
nanê hevîrê tirş
nānē hävīrē tərsh

das Brötchen
kerdenek
kärdänäk

der Bagel
nanê şirîn û kovankî
nānē shərīn ū kōvānkī

das belegte Brötchen
kerdenekê tijî
kärdänäkē təschī

das Knäckebrot
nanê krîsp
nānē krīsp

GETREIDE UND MEHL – DENDIK Û ARD

Brotaufstriche – Pêxwarin

das Glas
kûzik
kūzək

der Honig
hingiv
həngəv

der Waldhonig
şîreya giyayî
shīrāyā gəyāyī

der flüssige Honig
hingivê zelal
həngəvē zälāl

der Zitronenaufstrich
nanê şîrî
nānē shīrī

die Konfitüre
xwedîkirin
khwädīkərən

die Marmelade
mirebe
mərābä

der Ahornsirup
şerbeta efrayê
shärbätā äfrāyē

die Erdnussbutter
kereyê badamê erdê
käräyē bādāmē ärdē

der Schokoladen-aufstrich
qata şokolatê
qātā shōkōlātē

die Margarine
margarîn
mārgārīn

der Laib
hop
hōp

die Scheibe
tîke
tīkä

das Paniermehl
hûrikê nên
hūrəkē nēn

das Sandwich
sandwîç
sāndwītsch

GETREIDE UND MEHL – DENDIK Û ARD

Kuchen und Gebäck – Kulor û şirînî

der Käsekuchen
kêyka pênêr
kēykā pēnēr

die Schokoladentorte
şirîniya şokolatê
shərīnəyā shōkōlātē

der Muffin
mafîna amerîkî
māfīnā āmärīkī

die Makrone
makarûn
mākārūn

der Lebkuchen
nanê zencebîlê
nānē zändschäbīlē

das Biskuit
sifinca kêmbiha
səfəndschā kēmbəhā

der Berliner
kereyê gûzê
käräyē gūzē

der Gugelhupf
kêyka bûndê
kēykā būndē

die Obsttorte
tarta mêweyê
tārtā mēwäyē

die Schwarzwälder Kirschtorte
şirîniya Daristana Reş
shərīnəyā dārəstānā räsh

der Zwetschgenkuchen
tarta alûyê
tārtā ālūyē

die Linzer Torte
tarta lînzêrê
tārtā līnzērē

das Marmeladentörtchen
tarta mirebeyê
tārtā mərābäyē

der Zuckerguss	**şekir û hevîrê ser şirîniyê** shäkər ū hävīrē sär shərīnəyē
das Marzipan	**marzîpan** mārzīpān
der Geburtstagskuchen	**kêyka rojbûnê** kēykā rōschbūnē
die Geburtstagskerze	**mûma rojbûnê** mūmā rōschbūnē
die Kuchendekoration	**xemilandina kêykê** khäməlāndənā kēykē
das Gebäck	**şêrînî** shērīnī
das Eclair	**şêrîniya zelal** shērīnəyā zälāl
das Baiser	**sipîka hêkê û şeker** səpīkā hēkē ū shäkär

DESSERTS UND SÜßSPEISEN – DÊSÊR Û ŞIRÎNOK

der Apfelstrudel
strûdêla sêvê
strūdēlā sēvē

das Tiramisu
tîramîsû
tīrāmīsū

die Eiscreme
bestenî
bästänī

die Eiskugel
bestenîhilgir
bästänīhəlgər

die Eiswaffel
mexrût
mäkhrūt

der Pfannkuchen
pankêyk
pānkēyk

die Crêpe
krêp
krēp

der Eisbecher
sandaê
sāndāē

der Karamellpudding
krêma karamêl
krēmā kārāmēl

die Mousse
kevzekî
kävzäkī

die Schlagsahne
krêma xamekî
krēmā khāmäkī

die Crème brûlée
krêma şewitî
krēmā shäwətī

die Panna cotta
pana kota
pānā kōtā

der Wackelpudding
jêle
schēlä

der Obstsalat
salada mêweyan
sālādā mēwäyān

GETRÄNKE – VEXWARIN

Erfrischungsgetränke – Vexwarina asayî

das Wasser
av
āv

das Tonicwater
ava quwe
āvā quwä

der Orangensaft
ava pirteqalê
āvā pərtäqālē

der Tomatensaft
ava firingiyê
āvā fərəngəyē

das alkoholfreie Bier
avcoya bê-alkol
āvdschōyā bē-ālkōl

der Karottensaft
ava gizêran
āvā gəzērān

die/das Cola
Kok®
kōk

die Limonade
lîmonad
līmōnād

der Eiskaffee
qahweya cemidî
qāhwäyā dschämədī

die Eisschokolade
şokolata cemidî
shōkōlātā dschämədī

der Eistee
çaya cemidî
tschāyā dschämədī

die Apfelschorle
sprîtzêra sêvê
sprītzērā sēvē

der Milchshake
şîrlihevxistin
shīrləhävkhəstən

die Saftpresse	**avmêwegir** āvmēwägər
der frisch gepresste Grapefruitsaft	**ava teze ya grêypfrûtê** āvā täzä yā grēypfrūtē
das Tafelwasser	**ava gudilkan** āvā gudəlkān
das Leitungswasser	**ava malê** āvā mālē
das Mineralwasser mit Kohlensäure	**ava birqonek** āvā bərqōnäk
das stille Mineralwasser	**ava kaniyan** āvā kānəyān
der Apfelsaft	**ava sêvan** āvā sēvān
der Johannisbeersaft	**ava tiriya reş** āvā tərəyā räsh

GETRÄNKE – VEXWARIN

Heißgetränke – Vexwarinên germ

der Espresso
êsprêso
ēsprēsō

die Kaffeebohnen
fasûleya qahweyê
fāsūläyā qāhwäyē

der Amaretto
Amarêto
āmārētō

der Kaffee zum Mitnehmen
qahweya serpiyan
qāhwäyā särpəyān

der Deckel
derpoş
därpōsh

der Becher
fîncan
fīndschān

der Milchschaum
kefa çayê
käfā tschāyē

der Teebeutel
çaya kîsikkî
tschāyā kīsəkkī

die Teeblätter
pelên çayê
pälēn tschāyē

die Teekanne
demkêş
dämkēsh

der Schwarztee
çaya reş
tschāyā räsh

der/die Latte macchiato
qahweya îtaliyayî
qāhwäyā ītāləyāyī

der Kaffee
qahwe
qāhwä

der Cappuccino
kapoçîno
kāpōtschīnō

der Milchkaffee
qahweya sipî
qāhwäyā səpī

der Minztee
çaya pûngê
tschāyā pūngē

der Kamillentee
çaya kamomîlê
tschāyā kāmōmīlē

der Kräutertee
çaya pincarê
tschāyā pəndschārē

der Glühwein
şeraba sor
shārābā sōr

GETRÄNKE – VEXWARIN

Alkoholische Getränke – Vexwarinên alkolî

der Cocktail
koktêl
kōktēl

die Sangria
sangriya
sāngrəyā

mit Eis
ser kepiran
sär käpərān

der Whisky
wîskî
wīskī

der Gin Tonic
çîn tonîk
dschīn tōnīk

der Rum
nêyşekir
nēyshäkər

das Bier
avco
āvdschō

das Pils
pîlsnêr
pīlsnēr

das dunkle Bier
avcoya reş
āvdschōyā räsh

der Wodka
vodka
vōdkā

der Roséwein
şeraba rozê
shärābā rōzē

der Weißwein
şeraba sipî
shärābā səpī

der Rotwein
şeraba sor
shärābā sōr

der Sekt
şeraba cemidî
shärābā dschämədī

der Tequila
têkîla
tēkīlā

der Weinbrand	**konyakdar** kōnyākdār
der Schnaps	**şinaps** shənāps
der Sherry	**şêrî** shērī
der Likör	**lîkor** līkōr
der Cidre	**saydêr** sāydēr
die Weinschorle	**sprîtzêr** sprītzēr
das Hefeweizen	**avcoya gênim** āvdschōyā gēnəm
der Champagner	**şampanî** shāmpānī

KOCHEN – PEHTIN

Zubereitung – Amadekirina xwarinê

schälen
postkirin
pōstkərən

schneiden
hûrkirin
hūrkərən

schlagen
zûzûhûrkirî
zūzūhūrkərī

reiben
rendekirî
rändäkərī

zerstoßen
tîketîkeyî
tīkätīkäyī

glasieren
birqonekkirî
bərqōnäkkərī

sieben
elengkirin
älängkərən

stampfen
pirtikpirtikkirin
pərtəkpərtəkkərən

klopfen
razandina nava mast
rāzāndənā nāvā māst

ausrollen
kerdenek
kärdänäk

salzen
zêdekirina xwêyê
zēdākərənā khwēyē

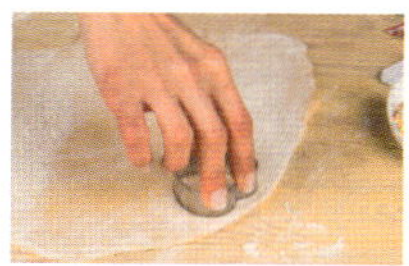
ausstechen
qutkirin
qutkərən

rösten	**kebabkirin** käbābkərən
kochen	**kelandin** kälāndən
köcheln lassen	**nîv-kelandin** nīv-kälāndən
grillen	**kebabkirin** käbābkərən
anbraten	**sorkirî** sōrkərī
braten	**sorkirin** sōrkərən
frittieren	**gellekî sorkirin** gälläkī sōrkərən
pochieren	**avpijkirin** āvpəschkərən

streuen
ser reşandin
sär räshāndən

GERICHTE UND MAHLZEITEN – DANÊN XWARINÊ Û FIRAQ

Das Frühstück – Taştê

das Brot
nan
nān

der Orangensaft
ava pirteqalê
āvā pərtäqālē

das Brötchen
kerdenek
kärdänäk

die Milch
şîr
shīr

der Käse
penêr
pänēr

die Marmelade
mirebe
mərābä

der Cappuccino
kapoçîno
kāpōtschīnō

das gekochte Ei
hêka kelandî
hēkā käländī

das Müsli
mûêlsî
mūēlsī

die Melone
şelaq
shäläq

der Schinken
goştê hêta berazan
gōshtē hētā bärāzān

die Butter
nivîşk
nīvishk

die Frühstücksflocken
hibûbe
həbūbä

das Croissant
nanê kirwasan
nānē kərwāsān

die Cornflakes
garisê flêyks
gārəsē flēyks

der Früchtejoghurt
mastê mêweyan
mästē mēwäyān

das frische Obst
mêweyê teze
mēwäyē täzä

der Müsliriegel
mûêslbar
mūēslbār

die Weizenkeime
zîlikê gênim
zīləkē gēnəm

GERICHTE UND MAHLZEITEN – DANÊN XWARINÊ Û FIRAQ

Das Frühstück – Taştê

das Toastbrot
nanê tost
nānē tōst

die gegrillte Tomate
bacanên kebebkirî
bādschānēn kābābkərī

die gebackenen Bohnen
fasûleya pehtî
fāsūläyā pähtī

die Rösti
sebzeyê qelandî
säbzäyē qäländī

die Blutwurst
dêsêra ardê birinc û hêkan
dēsērā ārdē bərəndsch ū hēkān

der Speck
goştê xwêyêkirî
gōshtē khwēyēkərī

die Pilze
kivark
kəvārk

die Wurst
sosîs
sōsīs

das Spiegelei
hêka sorkirî
hēkā sōrkərī

das Rührei
hêka qeyxane
hēkā qäykhānä

das Omelett
omlêt
ōmlēt

armer Ritter
tosta fransî
tōstā frānsī

die Waffel
wafêl
wāfēl

der Pfannkuchen
pankêyk
pānkēyk

der Haferbrei
helîm
hälīm

der Fruchtshake
smûtî
smūtī

die heiße Schokolade
şokolata sor
shōkōlātā sōr

GERICHTE UND MAHLZEITEN – DANÊN XWARINÊ Û FIRAQ

Snacks und Knabbereien – Snek û nîbil

die Chips
kartolên sorkirî
kārtōlēn sōrkərī

die Salzbrezel
prêtzêl
prētzēl

das Popcorn
garisê popkorn
gārəsē pōpkōrn

der/das Bonbon
şirîniya kelandî
shərīnəyā kälāndī

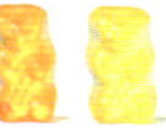

das Gummibärchen
jêla çespok
schēlā tschäspōk

die Lakritze
lîkorîs
līkōrīs

der/das Kaugummi
benîşt
bänīsht

der Lutscher
avnebat
āvnäbāt

die weiße Schokolade
şokolata sipî
shōkōlātā səpī

der Schokoriegel
darikê şokolatê
dārəkē shōkōlātē

die Zartbitter-schokolade
şokolata reş
shōkōlātā räsh

die Milchschokolade
şokolata şîr
shōkōlātā shīr

der Eislutscher
avnebata cemidî
āvnäbātā dschämədī

der Frozen Yogurt
mastê cemidî
māstē dschämədī

der Keks
bîskiwêt
bīskəwēt

die Praline
candy çikolata
kändi shōkōlātā

GERICHTE UND MAHLZEITEN – DANÊN XWARINÊ Û FIRAQ

Das Fastfood – Xwarina lezok

das Stück Pizza
tîkeyê pîtzayê
tīkäyē pītzāyē

die Pizza
pîtza
pītzā

der Hamburger
hemburgêr
hämburgēr

die Pommes frites
sorkirî
sōrkərī

die Tortilla-Chips
çîpsa tortîla
tschīpsā tōrtīlā

der Taco
tako
tākō

die gebratenen Nudeln
makaroniya sorkirî
mākārōnəyā sōrkərī

das Sushi
sûşî
sūshī

der/das Hot Dog
sosîs
sōsīs

der Döner
kebaba doner
käbābā dōnär

der Wrap
dapoşî
dāpōshi

der Fisch mit Pommes
masî û çîps
māsī ū tschīps

Ich würde gerne etwas zum Mitnehmen bestellen.	**Ez dixwazim tiştekî bo birinê sipariş bidim.** äz dəkhwāzəm təshtäkī bō bərənē səpārəsh bədəm
Eine Portion Pommes rot-weiß, bitte.	**Pirtikek çîps digel sos û mayonêzê.** pərtəkäk tschīps dəgäl sōs ū māyōnēzē
klein/mittelgroß/groß	**biçûk / navgîn / mezin** bətschūk/nāvgīn/mäzən
süß	**şirîn** shərīn
salzig	**xweş** khwäsh
der Lieferservice	**xizmeta anînê** khəzmätā ānīnē
bestellen	**sipariş** səpārəsh
liefern	**anîn** ānīn

das Nugget
nagêt
nāgēt

GERICHTE UND MAHLZEITEN – DANÊN XWARINÊ Û FIRAQ

Hauptmahlzeit – Xwarinên sereke

die Suppe
sûp
sūp

die Frikadelle
kulora rîsolê
kulōrā rīsōlē

das Steak
stêyk
stēyk

der Beilagensalat
salada kêlekê
sālādā kēläkē

die Kartoffelspalten
tîkeyên kartolan
tīkäyēn kärtōlān

die Lasagne
lazaniya
lāzānəyā

die Spaghetti Bolognese
spagêtiya bolognîzê
spāgētəyā bōlōgnīzē

das Brathähnchen
mirîşka kebabkirî
mərīshkā käbābkərī

das panierte Schnitzel
skelêpoa nên
skälēpōā nēn

die Bratkartoffeln
kartolên sorkirî
kārtōlēn sōrkərī

der Eintopf
taskebab
tāskäbāb

der Auflauf
pehtin
pähtən

die Pastete
kulor
kulōr

die Quiche
şirîniya kiwîç
shərīnəyā kəwītsch

das Curry
zerdçobe
zärdtschōbä

GERICHTE UND MAHLZEITEN – DANÊN XWARINÊ Û FIRAQ

Im Restaurant – Li xwaringehê

① *der Gast*
şîv
shīv

② *der Kellner*
xizmetkar
khəzmätkär

③ *der Tisch für zwei Personen*
maseyê bo du kesan
mäsäyē bō du käsān

④ *das Rotweinglas*
avxora şeraba sor
ävkhōrā shärābā sōr

⑤ *die Speisekarte*
menû
mänū

⑥ *die Bestellung*
sipariş
səpārəsh

die Vorspeise
pêşxwarin
pēshkhwārən

der Nachtisch
dêsêr
dēsēr

die Beilage
xwarina kêlekê
khwārənā kēläkē

das Hauptgericht
xwarina sereke
khwārənā säräkä

die Suppe
sûp
sūp

der Aperitif
aspêrîtîf
äspērītīf

der/das Sorbet
sorbêt
sōrbēt

der Salat
salad
sälād

der Käseteller
penêr raxistok
pänēr rākhəstōk

der Kaffee
qahwe
qāhwä

der Likör
lîkor
līkōr

das Käsemesser
kêra pênêr
kērā pēnēr

das Stäbchen
darikê xwarinê
dārəkē khwārənē

GERICHTE UND MAHLZEITEN – DANÊN XWARINÊ Û FIRAQ

Geschirr und Besteck – Firaq û kêr

die Serviette
perçeyê sivreyê
pärtschäyē səvräyē

der Brotteller
dewriya zêde
däwrəyā zēdä

die Gabel
çetel
tschätäl

die Tischdecke
perçeyê maseyê
pärtschäyē māsäyē

der Essteller
dewriya şîvê
däwrəyā shīvē

das Wasserglas
avxork
āvkhōrk

das Weinglas
avxora şerabê
āvkhōrā shārābē

der Dessertlöffel
kevçiyê şîvê
kävtschəyē shīvē

der Suppenlöffel
kevçiyê sûpê
kävtschəyē sūpē

das Messer
kêr
kēr

die Schüssel
kasik
kāsək

die Karaffe
karafe
kārāfä

das Steakmesser
kêra stêykê
kērā stēykē

der Zahnstocher
darika berdiranan
dārəkā bärdərānān

Könnten Sie uns bitte die Weinkarte bringen?	**Gelo dikarin ji kerema xwe lîsteya şerabê bidin me?** gälō dəkārən schə kärämā khwä līstäyā shārābē bədən mä
Guten Appetit!	**Noşî can be!** nōshī dschān bä
Zum Wohl!	**Bi silametî!** bə səlāmätī
Als Vorspeise/Hauptgericht/Nachtisch nehme ich …	**Ez ê bo pêşxwarinê / xwarina sereke / dêsêrê … bixwim.** äz ē bō pēshkhwārənē/khwārənā säräkä/dēsērē … bəkhwəm
die Spezialitäten	**pisporî** pəspōrī
Ich hätte gerne die Rechnung, bitte.	**hesabê me, ji kerema xwe.** häsābē mä schə kärämā khwä
die Bezahlung	**dayîna dirêv** dāyīnā dərēv
das Trinkgeld	**enam** änām

DIE ERNÄHRUNG – XWARIN Û PARÊZ

das Fett
çivir
tschəvər

der Zucker
şekir
shäkər

das Kohlenhydrat
kerbodîdrat
kärbōdīdrāt

das Eiweiß
protêîn
prōtēīn

ohne Eier
bê-hêk
bē-hēk

zuckerfrei
bê-qend
bē-qänd

glutenfrei
bê-glûtên
bē-glūtēn

laktosefrei
bê-laktoz
bē-lāktōz

die Ballaststoffe
fîbra parêzbûnê
fībrā pārēzbūnē

das Cholesterin
kolêstrol
kōlēstrōl

vegetarisch
giyaxwar
gəyākhwār

vegan
giyaxwar
gəyākhwār

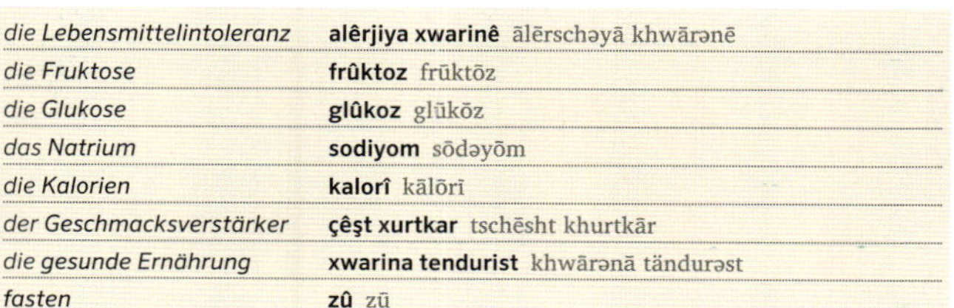

die Lebensmittelintoleranz	**alêrjiya xwarinê** ālērschəyā khwārənē
die Fruktose	**frûktoz** frūktōz
die Glukose	**glûkoz** glūkōz
das Natrium	**sodiyom** sōdəyōm
die Kalorien	**kalorî** kālōrī
der Geschmacksverstärker	**çêşt xurtkar** tschēsht khurtkār
die gesunde Ernährung	**xwarina tendurist** khwārənā tändurəst
fasten	**zû** zū

die Diät
parêzbûn
pārēzbūn

UNTERWEGS

SER RÊ

STRAẞEN UND VERKEHR – RÊ Û TRAFÎK

① *die Straßenlaterne*
çirayên xiyavanê
tschərāyēn khəyāvānē

② *die Einbahnstraße*
xiyava yekalî
khəyāvā yäkālī

③ *die Fußgängerampel*
derbasgeha peyarêyan
därbāsgāhā päyārēyān

④ *der Bürgersteig*
peyarê
päyārē

⑤ *der Bordstein*
cedvela peyerêyê
dschädvälā päyärēyē

⑥ *die Ampel*
çirayên trafîkê
tschərāyēn trāfīkē

⑦ *das geparkte Auto*
erebeya parkkirî
äräbäyā pārkkərī

⑧ *die Fahrspur*
xeta trafîkê
khātā trāfīkē

⑨ *die Straßen-markierung*
nîşaneyên rê
nīshānäyēn rē

⑩ *der Rinnstein*
cewika avê
dschäwəkā āvē

der Tunnel
tûnel
tūnäl

der Parkschein-automat
dezgeha bilêtan
däzgāhā bəlētān

der Fahrradweg
rêya duçerxeyan
rēyā dutschärkhäyān

der Behinderten-parkplatz
cihê parkînga kêmendaman
dschəhē pārkīngā kēmändāmān

die Brücke
pire
pərä

der Kreisverkehr
circle trafîkê
särkāl trāfīkē

der Zebrastreifen
derbasgeha xetxetî
därbāsgāhā khātkhātī

die Notrufsäule
telefona lezgîn
täläfōnā läzgīn

das Autobahnkreuz
çarrêya erebeyan
tschārrēyā äräbäyān

STRAßEN UND VERKEHR – RÊ Û TRAFÎK

die Autobahn
rêya motoran
rēyā mōtōrān

der Berufsverkehr
trafîka herî zêde
trāfīkā hārī zēdä

① *der Mittelstreifen*
rezervasiyona navendî
räzärvāsəyōnā nāvändī

② *die Überholspur*
xeta zû-ajotinê
khätā zū-āschōtənē

③ *die Überführung*
ser-derbas
sär-därbās

④ *die Kurve*
kevanok
kävānōk

⑤ *die Unterführung*
jêr-derbas
schēr-därbās

⑥ *die Einfahrt*
rêya şiqitonek
rēyā shəqətōnäk

⑦ *die Ausfahrt*
derketin
därkätən

der Verkehrspolizist
polîsê trafîkê
pōlīsē trāfīkē

der Strafzettel
bilêta trafîkê
bəlētā trāfīkē

die Mautstelle
bacgeh
bādschgäh

abschleppen
li dû xwe kişandin
lə dū khwä kəshāndən

die Kreuzung	**qutgeh** qutgäh
die Vorfahrt	**aliyê rastê** āləyē rāstē
die Geschwindigkeitsüberschreitung	**lezdayîn** läzdāyīn
anhalten	**rawestan** rāwästān
der Standstreifen	**milê dijwar** məlē dəschwār
die Raststätte	**devera xizmetan** dävärā khəzmätān
die Entfernungstafel	**nîşaneya dûrbûnê** nīshānäyā dūrbūnē
rückwärtsfahren	**berovajî** bärōvāschī

der Stau
trafîka zêde
trāfīkā zēdä

STRAßEN UND VERKEHR – RÊ Û TRAFÎK

Verkehrsschilder – Nîşaneyên rê

Einfahrt verboten
ketin qedexe ye
kätən qädäkhä yä

das Halteverbot
rawestan qedexe ye
rāwästān qädäkhä yä

die Baustelle
rê tê çêkirin
rē tē tschēkərən

der Tunnel
tûnel
tūnäl

das Parkverbot
parkkirin qedexe ye
pārkkərən qädäkhä yä

der Stau
trafîka zêde dibe
trāfīkā zēdä dəbä

das Gefälle
dereceya leznîşanê
därädschäyā läznīshānē

der Kreisverkehr
meydan
mäydān

die Geschwindigkeits-begrenzung
asta lezê
āstā läzē

Vorfahrt gewähren!
Dev jê berdin!
däv schē bärdən

die Einbahnstraße
xiyavana yekalî
khəyāvānā yäkālī

der Gegenverkehr
trafîka zêde dibe
trāfīkā zēdä dəbä

Einbiegen nach rechts verboten
zivirîna aliyê rastê qedexe ye
zəvərīnā āləyē rāstē qädäkhä yä

Einbiegen nach links verboten
zivirîna aliyê çepê qedexe ye
zəvərīnā āləyē tschäpē qädäkhä yä

Wenden verboten
zivirîn qedexe ye
zəvərīn qädäkhä yä

die Schnee- oder Eisglätte
cemeda zirav
dschämädā zərāv

DAS AUTO – EREBE

Autotypen – Cûreyên erebeyan

die Stretchlimousine
lîmûzîna dirêj
līmūzīnā dərēsch

das Cabrio
veguhezok
väguhäzōk

die Fließhecklimousine
erebeya bêsindoq
äräbäyā bēsəndōq

der Sportwagen
erebeya sport
äräbäyā spōrt

der Kleinstwagen
erebeya pir biçûk
äräbäyā pər bətschūk

der Kleinwagen
erebeya biçûk
äräbäyā bətschūk

der Oldtimer
erebeya vîntêc
äräbäyā vīntēdsch

die Limousine
xemilxane
khäməlkhānä

der Kombiwagen
wagon qereqola
wägen qäräqōla

der Pick-up
erebeya pîkapê
äräbäyā pīkāpē

der Kleintransporter
vanêt
vānēt

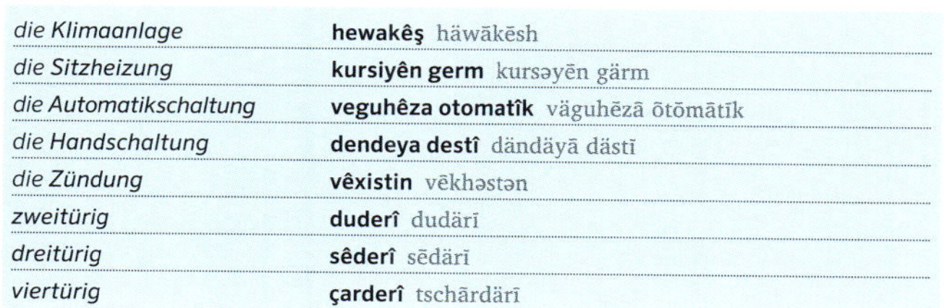

die Klimaanlage	**hewakêş** häwākēsh
die Sitzheizung	**kursiyên germ** kursəyēn gärm
die Automatikschaltung	**veguhêza otomatîk** väguhēzā ōtōmātīk
die Handschaltung	**dendeya destî** dändäyā dästī
die Zündung	**vêxistin** vēkhəstən
zweitürig	**duderî** dudärī
dreitürig	**sêderî** sēdärī
viertürig	**çarderî** tschärdärī

der Geländewagen
erebeya altêrêyn
äräbäyā āltērēyn

DAS AUTO – EREBE

Das Auto – Außenansicht – Derveyî erebeyê

die Beifahrerseite
aliyê rêwiyan
āləyē rēwəyān

das Dach
serban
särbān

die Windschutzscheibe
şûşeya erebyê
shūshäyā äräbyē

die Fahrerseite
aliyê ajokar
āləyē āschōkār

die Begrenzungsleuchte
çira kêlekê
tschərā kēläkē

der Rückspiegel
neynika paşiyê
näynəkā pāshəyē

die Blinkleuchte
çira hişdarê
tschərā həshdārē

das Rad
tekere
täkärä

der Scheibenwischer
şûşepakkar
shūshäpākkār

der Kühlergrill
nerdeya radiyatorê
närdäyā rādəyātōrē

die Stoßstange
mertal
märtāl

das Nummernschild
plaka hejmarê
plākā häschmārē

das Markenemblem
nîşan
nīshān

der Nebelscheinwerfer
çiya mijê
tschəyā məschē

das Reifenprofil
pêçkeyên tirimbêlê
pētschkäyēn tərəmbēlē

der Ölmessstab	**mîleya rûnpîv** mīläyā rūnpīv
der Luftfilter	**fîltêra hewayê** filtērā häwāyē
der Bremsflüssigkeitsbehälter	**firaqa rûnê frenê** fərāqā rūnē frānē
die Antenne	**hewayî** häwāyī
die Radaufhängung	**azadbûna tekereyan** āzādbūnā täkäräyān
das Abblendlicht	**çiraya kêmronahî** tschərāyā kēmrōnāhī
das Fernlicht	**çiraya dûr-ronahî** tschərāyā dūr-rōnāhī

DAS AUTO – EREBE

Das Auto – Außenansicht – Derveyî erebeyê

① *der Seitenspiegel*
neynika kêlekê
näynəkā kēläkē

② *die B-Säule*
nîvê paşîn
nīvē pāshīn

③ *der Kofferraum*
qifila tekere
qəfəlā täkärä

④ *die Heckscheibe*
şûşeya paşiyê
shūshäyā pāshəyē

⑤ *die Motorhaube*
kapot
kāpōt

⑥ *das Seitenfenster*
şûşeya kêlekê
shūshäyā kēläkē

⑦ *die Autotür*
deriyê erebeyê
därəyē äräbäyē

⑧ *die Radkappe*
qalpax
qālpākh

⑨ *der Scheinwerfer*
çiraya sereke
tschərāyā säräkä

⑩ *der Türgriff*
destgira dêrî
dästgərā dērī

⑪ *die Bremsleuchte*
çira frenê
tschərā fränē

⑫ *die Rückleuchte*
çira paşiyê
tschərā pāshəyē

⑬ *der Reifen*
tekere
täkärä

⑭ *die Seitenschutzleiste*
kembera parastinê
kämbärā pārāstənē

⑮ *der Rückfahrscheinwerfer*
çira paşepêlçûnê
tschərā pāshäpēltschūnē

der Motor	**motor** mōtōr
der Benzintank	**baka benzînê** bākā bänzīnē
das Getriebe	**qutiya dendeyan** qutəyā dändäyān
der Kühler	**radiyator** rādəyātōr
der Ventilator	**hênikkar** hēnəkkār
die Batterie	**betir** bätər
der Auspufftopf	**bêdengkar** bēdängkār
das Auspuffrohr	**boriya îgzozê** bōrəyā īgzōzē

die Felge
rîngê tekere
rīngē täkärä

DAS AUTO – EREBE

Das Auto – Innenausstattung – Hundirê erebeyê

① *der Seitenspiegel*
neynika kêlekê
näynəkā kēläkē

② *das Lenkrad*
dîreksiyon
dīräksəyōn

③ *das Armaturenbrett*
daşbord
dāshbōrd

④ *der Türöffner*
amûra vekirina dêrî
āmūrā väkərənā dērī

⑤ *der Fahrersitz*
kursiya ajokar
kursəyā äschōkār

⑥ *die Mittelkonsole*
konsola navendê
kōnsōlā nāvändē

⑦ *die Handbremse*
frena destî
fränā dästī

⑧ *der Heizungsregler*
kontrola dereceya germahiyê
kōntrōlā därädschäyā gärmāhəyē

⑨ *das Handschuhfach*
qutiya lepikê
qutəyā läpəkē

⑩ *der Schalthebel*
desteya dendeyê
dästäyā dändäyē

⑪ *der Beifahrersitz*
kursiya rêwiyan
kursəyā rēwəyān

der Warnblinkschalter
çira hişdariya xeterê
tschərā həshdārəyā khätärē

die Stereoanlage
steryo
stäryō

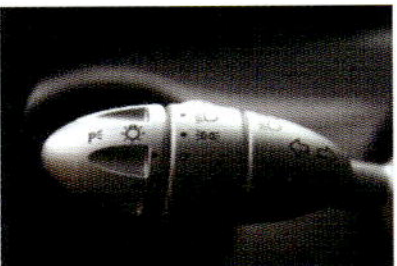

der Blinkerhebel
çira hişdariyê
tschərā həshdārəyē

der Zigaretten-anzünder
hesteyê cixareyê
hästäyē dschəkhāräyē

das Navigationsgerät
rênîşan
rēnīshān

die Fußstütze	**bêhnvedanoka piyan** bēhnvädānōkā pəyān
das Kupplungspedal	**pêdala klaçê** pēdālā klätschē
das Bremspedal	**pêdala frenê** pēdālā fränē
das Gaspedal	**pêdala lezdanê** pēdālā läzdānē
der Sicherheitsgurt	**kembera ewlehiyê** kämbärā äwlähəyē
die Kopfstütze	**cihê sêrî** dschəhē sērī
der Airbag	**kîsikê hewayê** kīsəkē häwāyē
die Hupe	**fîq** fīq

DAS AUTO – EREBE

Die Tankstelle – Li benzînxaneyê

die Preisanzeige
nîşandêra bihayê
nīshāndērā bəhāyē

die Literanzeige
nîşandêra lîtran
nīshāndērā lītrān

der Feuerlöscher
agirkuj
āgərkusch

die Zapfsäule
pompa benzînê
pōmpā bänzīnē

das Reifenfüllgerät
dereceya bayê tekereyan
därädschäyā bāyē täkäräyān

das Rauchverbot
qedexeya cixareyê
qädäkhäyā dschəkhāräyē

das Benzin
benzîn
bänzīn

der Diesel
gazoyîl
gāzōyīl

bleifrei
bêsurb
bēsurb

verbleit
bisurb
bəsurb

der Zapfschlauch
şîlanka pompa benzînê
shīlānkā pōmpā bänzīnē

die Zapfpistole
serşîlanka pompa benzînê
särshīlānkā pōmpā bänzīnē

der Tankdeckel
devê bakê benzînê
dävē bākē bänzīnē

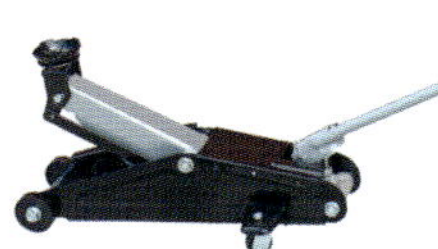

der Wagenheber
bilindkar
bələndkār

(das) Öl wechseln	**rûn guhertin** rūn guhärtən
der Reifendruck	**bayê tekere** bāyē täkärä
der Keilriemen	**tesmeya hênikkarê** täsmäyā hēnəkkārē
die Lichtmaschine	**alternator** āltärnātōr
der Sommerreifen	**tekereyê havînê** täkäräyē hāvīnē
der Winterreifen	**tekereyê zivistanê** täkäräyē zəvəstānē
der Allwetterreifen	**tekereyê hemû demsalan** täkäräyē hämū dämsālān
die Schneekette	**zincîrên berfê** zəndschīrēn bärfē

tanken
dîsan benzîn lêdan
dīsān bänzīn lēdān

DAS AUTO – EREBE

Die Tankstelle – Li benzînxaneyê

① *die Tankanzeige*
nîşandêra benzînê
nīshāndērā bänzīnē

② *die Tankleuchte*
çira kêmbûna benzînê
tschərā kēmbūnā bänzīnē

③ *der/das Tachometer*
lezjimar
läzschəmār

④ *die Geschwindigkeit*
lez
läz

⑥ *der Drehzahlmesser*
mesafenîşan
mäsāfänīshān

⑦ *die Kühlmitteltemperaturanzeige*
dereceya germahiyê
därädschäyā gärmāhəyē

⑤ *der Kilometerstand*
kîlometrjimar
kīlōmätrschəmār

den Reifen wechseln
guhertina tekere
guhärtənā täkärä

der Radmutternschlüssel
açara tekere guhertinê
ātschārā täkärä guhärtənē

das Reserverad
tekereyê zapas
täkäräyē zāpās

die Reifenpanne
pençer
päntschär

der Verkehrsunfall	**qezaya rê** qäzāyā rē
Ich habe eine Panne.	**erebeya min xera bûye** äräbäyā mən khärā būyä
Könnten Sie bitte den Pannendienst anrufen?	**Ji kerema xwe, dikarî gazî mixendîkekî bikî?** schə kärämā khwä dəkārī gāzī məkhändīkäkī bəkī
Der Motor springt nicht an.	**Erebe vênakeve.** äräbä vēnākävä
das Starthilfekabel	**serên têla ceryanê** särēn tēlā dschäryānē
Könnten Sie mir Starthilfe geben?	**Ji kerema xwe dikarî erebeyê betir bi betir bikî?** schə kärämā khwä dəkārī äräbäyē bätər bə bätər bəkī
der Ersatzreifen	**tekereyê zêde** täkäräyē zēdä
Könnten Sie mir beim Reifenwechseln helfen?	**Ji kerema xwe dikarî arîkariyê bidî tekere biguherim?** schə kärämā khwä dəkārī ārīkārəyē bədī täkärä bəguhärəm

DER BUS - OTOBÛS

der Doppeldecker
otobûsa duqatî
ōtōbūsā duqātī

die Liniennummer
hejmara rê
häschmārā rē

das Fahrziel
meqsed
mäqsäd

der Reisebus
otobûs
ōtōbūs

die Automatiktür
deriyê otomatîk
däräyē ōtōmātīk

der Gepäckraum
barhilgir
bārhəlgər

die Bushaltestelle
îstgeha otobûsê
īstgāhā ōtōbūsē

der Fahrplan
cedvela demê
dschädvälā dämē

das Wartehäuschen
sitargeha otobûsê
sətārgāhā ōtōbūsē

der Schulbus
otobûsa dibistanê
ōtōbūsā dəbəstānē

der Halteknopf
pişkoka rawestanê
pəshkōkā rāwästānē

der Niederflurbus	**otobûsa nizim** ōtōbūsā nəzəm
der Busbahnhof	**rawestgeha otobûsê** rāwästgāhā ōtōbūsē
der Linienbus	**servîsa rêkpêk a otobûsê** särvīsā rēkpēk ā ōtōbūsē
der Kleinbus	**mînîbûs** mīnībūs
die Monatskarte	**bilêta mehane** bəlētā mähānä
der Fahrpreis	**kirê** kərē
die Fahrkarte	**bilêt** bəlēt
der Fahrkartenautomat	**dezgeha bilêtê** däzgāhā bəlētē

die Halteschlaufe
destgira piştevan
dästgərā pəshtävān

DAS MOTORRAD – MOTORSÎKLÊT

die Rennmaschine
duçerxeya kêbirkêyê
dutschärkhäyā kēbərkēyē

das Cockpit
odeya birêvebirinê
ōdäyā bərēväbərənē

der Kupplungshebel
desgira klaçê
däsgərā klātschē

der Lenkergriff
sincaqgir
səndschāqgər

der Fahrersitz
kursiya ajokar
kursəyā āschōkār

der Rückspiegel
neynik
näynək

der Soziussitz
terikê siwarbûn
tärəkē səwārbūn

das Schutzblech
herrîgir
härrīgər

der Seitenständer
pêgir
pēgər

die Fußraste
bêhnvedanoka pêyan
bēhnvädānōkā pēyān

die Rückleuchte
çira paşiyê
tschərā pāshəyē

das Getriebe
qutiya dendeyê
qutəyā dändäyē

der Fußschalthebel
pêdal
pēdāl

die Radaufhängung
xelas
khälās

der Motorroller
skûtêr
skūtēr

das Quad
motora kiwadê
mōtōrā kəwādē

das Geländemotorrad
motora herriyê
mōtōrā härrəyē

der Chopper
motora tekerepehn
mōtōrā täkäräpähn

DAS MOTORRAD – MOTORSÎKLÊT

der Motorradhelm
kumê motorsiwariyê
kumē mōtōrsəwārəyē

die Lederjacke
çakêtê birqonek
tschākētē bərqōnäk

die Motorradkombi
çerm
tschärm

der Lederhandschuh
lepikê çerm
läpəkē tschärm

das Visier
kumê şewqî
kumē shäwqī

der Lufteinlass
hewakêş
häwākēsh

der Reflektorstreifen
kembera birqonek
kämbärā bərqōnäk

der/das Tachometer
lezjimêr
läzschəmēr

der Lenker
mîleya destan
mīläyā dästān

der Tankdeckel
devê bakê
dävē bākē

der Benzintank
baka benzînê
bākā bänzīnē

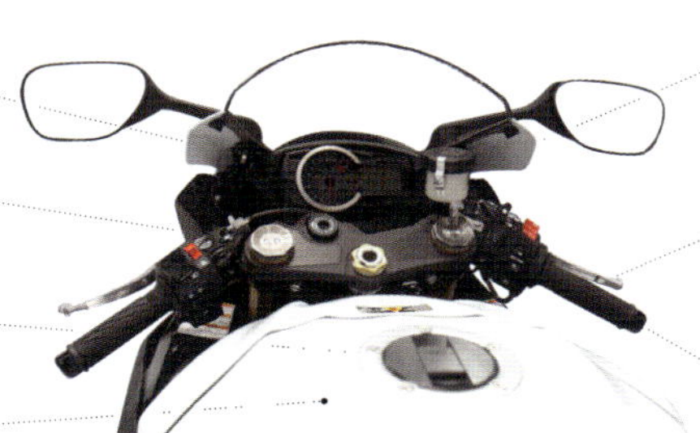

der Blinker
nîşandêr
nīshāndēr

der Bremshebel für die Vorderradbremse
frena pêşiyê
fränā pēshəyē

der Gasdrehgriff
destgira motora gazê
dästgərā mōtōrā gāzē

das Motorradgespann
motora erebekî
mōtōrā äräbäkī

der Tourer
motora geştyariyê
mōtōrā gäshtyārəyē

der Beiwagen
motora sêtekere
mōtōrā sētäkärä

DAS FAHRRAD – DUÇERXE

die Felgenbremse **kêlek fren** kēläk frän

der Sattel **rûkêşa kursiyê** rūkēshā kursəyē

die Sattelstütze **rûniştingeh** rūnəshtəngāh

der Lenker **mîleya destan** mīläyā dästān

der Fahrradkorb **sepeta duçerxeyê** säpätā dutschärkhäyē

der Gepäckträger **hilgir** həlgər

das Hinterrad **tekerê paşiyê** täkärē pāshəyē

die Gabel **çetel** tschätäl

der Reifen **tekere** täkärä

die Felge **rîng** rīng

das Vorderrad **tekerê pêşiyê** täkärē pēshəyē

die Speiche **rîngê torrkî** rīngē tōrrkī

der Reflektor **ronahî-avêj** rōnāhī-āvēsch

der Kettenschutz **zincîrparêz** zəndschīrpārēz

die Kette **zincîr** zəndschīr

das Pedal **pêdal** pēdāl

das Zahnrad **çerxdende** tschärkhdändä

das Schutzblech **herrîgir** härrīgər

der Schalthebel	**desteya dendeyê** dästäyā dändäyē
der Bremshebel	**desteya frenê** dästäyā fränē
die Luftpumpe	**pomp** pōmp
der Fahrradhelm	**kumê duçerxeyê** kumē dutschärkhäyē
der Dynamo	**dînam** dīnām
in die Pedale treten	**pêdal** pēdāl
bremsen	**fren** frän
in einen höheren/niedrigeren Gang schalten	**dende zêde/kêm kirin** dändä zēdä/kēm kərən
Radfahren lernen	**duçerxe ajotinê hînbûn** dutschärkhä āschōtənē hīnbūn
einen Fahrradschlauch flicken	**qula tiyûbê hundir girtin** qulā təyūbē hundər gərtən

DAS FAHRRAD – DUÇERXE

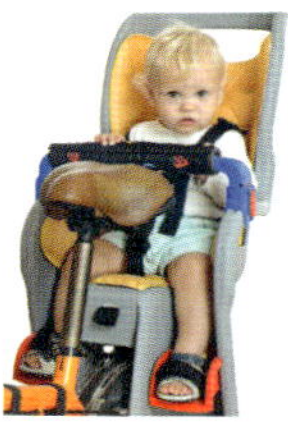

der Kindersitz
kursiya zarokê
kursəyā zārōkē

das Einrad
tekçerxe
täktschärkhä

das Tandem
duçerxeya çendkesî
dutschärkhäyā tschändkäsī

das BMX-Rad
duçerxeya BMX
dutschärkhäyā bmkh

das Rennrad
duçerxeya kêbirkêyê
dutschärkhäyā kēbərkēyē

das Tourenfahrrad
duçerxeya gerrê
dutschärkhäyā gärrē

das Mountainbike
duçerxeya çiyayan
dutschärkhäyā tschəyāyān

das Elektrofahrrad
duçerxeya ceryanê
dutschärkhäyā dschäryānē

das Liegerad
duçerxeya raketinê
dutschärkhäyā rākätənē

das Dreirad
sêçerxe
sētschärkhä

das Fahrradschloss
qifla duçerxeyê
qəflā dutschärkhäyē

das Flickzeug
qutiya çêkirinê
qutəyā tschēkərənē

das Leihfahrrad
duçerxeya kirêkirî
dutschärkhäyā kərēkərī

der Kinderanhänger
dûveka duçerxeyê
dūväkā dutschärkhäyē

die Satteltasche
kîsikê terkiyê
kīsəkē tärkəyē

der Fahrradständer
rawestgeha duçerxeyê
rāwästgähā dutschärkhäyē

DAS LASTKRAFTFAHRZEUG – KAMYON

der Sattelschlepper
otobûsa dirêj
ōtōbūsā dərēsch

die Kühlerhaube
kapot
kāpōt

der Kühlergrill
torra radiyatorê
tōrrā rādəyātōrē

der Scheinwerfer
çira sereke
tschərā säräkä

das Auspuffrohr
lûleya îgzozê
lūläyā īgzōzē

die Schlafkabine
beşa razanê
bäshā rāzānē

das Lufthorn
fîqa derve
fīqā därvä

der Stauraum
beşa embarê
bäshā ämbārē

der Stoßfänger
mertal
märtāl

die Windschutzscheibe
şûşeya erbeyê
shūshäyā ärbäyē

die Trittstufe
pile
pəlä

der Kraftstofftank
baka benzînê
bākā bänzīnē

der Autotransporter
erebehilgir
äräbähəlgər

die Schneefräse
berfrakir
bärfrākər

die Straßenkehrmaschine
xiyavanpakkar
khəyāvānpākkār

der Müllwagen
kamiyona zibilan
kāməyōnā zəbəlān

der Tankwagen
tankêr
tānkēr

der Sattelzug
otobûsa dirêj
ōtōbūsā dərēsch

der Auflieger
trêlî
trēlī

der Flachbettauflieger
trêliya binrast
trēləyā bənrāst

WEITERE FAHRZEUGE – EREBEYÊN ZÊDETIR

der Bagger
bêra barhilgir
bērā bārhəlgər

der Radlader
barhilgira pêşiyê
bārhəlgərā pēshəyē

der Betonmischer
mîksêra betonê
mīksērā bātōnē

der Kipper
dampêr
dāmpēr

der Wohnwagen
karavan
kārāvān

das Wohnmobil
erebeya kempê
ärābäyā kämpē

der Gabelstapler
erbeya bilindkar
ärbäyā bələndkār

das Feuerwehr-fahrzeug
motora germê
mōtōrā gärmē

der Anhänger
trêlî
trēlī

der Traktor
traxtor
trākhtōr

der Polizeiwagen
erebeya polês
ärābäyā pōlēs

das Taxi
taksî
tāksī

der Abschleppwagen
erebeya veguherok
ärābäyā väguhärōk

der Fahrzeugkran
giranhilgira gerok
gərānhəlgərā gärōk

der Taxistand
rêza taksiyan
rēzā tāksəyān

ein Taxi herbeiwinken
taksiyekê ra dest bilindkirin
tāksəyäkē rā dāst bələndkərən

DER ZUG - TRÊN

der Zug
trên
trēn

der Führerstand
kabîna ajokar
kābīnā äschōkār

das Kleinabteil
beş
bäsh

die Gepäckablage
parêza fêza sêrî
pārēzā fēzā sērī

die Schiene
rêyl
rēyl

der Waggon
kaliske
kāləskä

die Armlehne
cihê dêst
dschəhē dēst

der Sitz
kursî
kursī

die Kopflehne
cihê sêrî
dschəhē sērī

der Güterzug
trêna kelmel
trēnā kälmäl

die Straßenbahn
tramwa
trāmwā

die U-Bahn
mêtro
mētrō

die Einschienenbahn
monorêyl
mōnōrēyl

die Dampflok
motora buxê
mōtōrā bukhē

der Hochgeschwindigkeitszug	**trêna bi lez** trēnā bə läz
das Großraumabteil	**kaliskeya servekirî** kāləskäyā särväkərī
die Oberleitung	**têlên fêza sêrî** tēlēn fēzā sērī
die erste Klasse	**derece yek** därädschä yäk
die zweite Klasse	**derece du** därädschä du
der Klapptisch	**maseya qatbar** māsäyā qātbār
der Triebwagen	**erebeya rêylê** äräbäyā rēylē
die Sitzplatzreservierung	**rezervkirina kursiyan** räzärvkərənā kursəyān

DER ZUG – TRÊN

Am Bahnhof – Li îstgeha rêhesinê

der Bahnsteig
platform
plātfōrm

einsteigen
siwarbûn
səwārbūn

aussteigen
peyabûn
päyābūn

das Geländer
nerdelêdan
närdälēdān

die Gleisnummer
hejmara platformê
häschmārā plātfōrmē

der Wegweiser
nîşane
nīshānä

der Reisende
rêwî
rēwī

die Rolltreppe
pileya ceryanê
pəläyā dschäryānē

die Bahnhofshalle
salona mezin a îstgehê
sālōnā mäzən ā īstgähē

der Fahrkartenschalter
gîşeya bilêtan
gīshäyā bəlētān

der Fahrkarten-automat
dezgeha bilêtan
däzgāhā bəlētān

die Schaffnerin
ajokarê trênê
āschōkārē trēnē

die Verspätung	**derengî** därängī
pünktlich	**di demê da** də dämē dā
umsteigen	**guhertin** guhärtən
das Schienennetz	**torra rêylê** tōrrā rēylē
Eine einfache Fahrt nach ..., bitte.	**Bilêteke teksefere bo ..., ji kerema xwe.** bəlētākä täksāfärä bō … schə kärämā khwä
hin und zurück	**li wir û li pişt** lə wər ū lə pəsht
Ist dieser Platz noch frei?	**Gelo ev cih a kesî ye?** gälō äv dschəh ā käsī yä

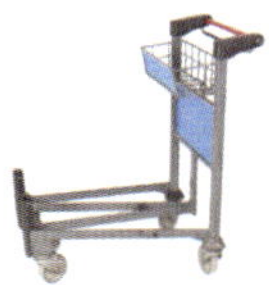

der Kofferkuli
kelmelhilgir
kälmälhəlgər

DAS FLUGZEUG – FIROKE

das Verkehrsflugzeug
firokeya bazirganiyê
fərōkäyā bāzərgānəyē

das Fenster
pencere
pändschärä

der Rumpf
bedeneya firokeyê
bädänäyā fərōkäyē

der Bug
poz
pōz

das Heck
boçik
bōtschək

die Tragfläche
perr
pärr

die Flugzeugtür
derî
därī

das Seitenleitwerk
xwedîkara tîk
khwädīkārā tīk

der Frachtraum
hildana bêr
həldānā bēr

das Fahrwerk
dendeya danînê
dändäyā dānīnē

das Cockpit
cihê firrînê
dschəhē fərrīnē

das Höhenleitwerk
firokeya boçikdar
fərōkäyā bōtschəkdār

das Querruder
perrik
pärrək

das Triebwerk
motor
mōtōr

das Bugfahrwerk
dendeya firrînê
dändäyā fərrīnē

der Windsack
badank
bādānk

Ihr Flug ist jetzt zum Einsteigen bereit.	**Firokeya we amade ye biçe.** fərōkäyā wä āmādä yä bətschä
die Fluggesellschaft	**xetê hewayî** khätē häwāyī
der Flugsicherungsdienst	**kontrola trafîka hewayî** kōntrōlā trāfīkā häwāyī
der Pilot	**firokevan** fərōkävān
die Pilotin	**firokevan** fərōkävān
die erste Klasse	**derece yek** därädschä yäk
die Businessklasse	**dereceya bazirganiyê** därädschäyā bāzərgānəyē
die Economyklasse	**dereceya aboriyê** därädschäyā ābōrəyē

DAS FLUGZEUG – FIROKE

Im Flugzeug – Hundirê firokeyê

die Sicherheitsanweisung
agahiyên ewlebûnê
āgāhəyēn äwläbūnē

die Flugbegleiterin
berpirsa firrînê
bärpərsā fərrīnē

der Sitzplatz
kursî
kursī

das Gepäckfach
sindoqa fêza sêrî
səndōqā fēzā sērī

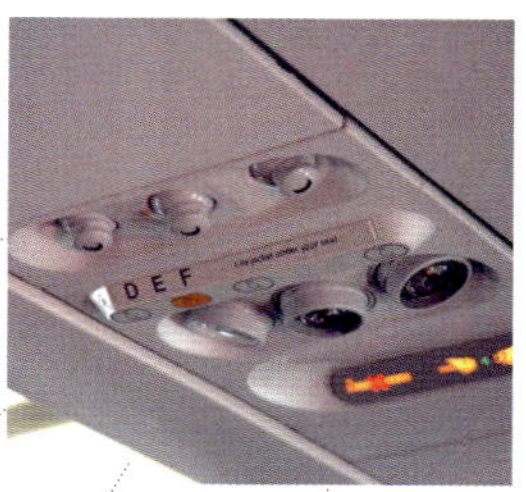

die Luftdüse
hewakêş
häwākēsh

die Sitznummer
hejmara kursiyê
häschmārā kursəyē

der Nichtraucherflug
firokeye cixare-lê qedexe
fərōkäyä dschəkhārä-lē qädäkhä

die Leselampe
çira xwendinê
tschərā khwändənē

das Handgepäck
kelmelê destî
kälmälē dästī

der Gang
rêçûn
rētschūn

der Notausgang
derketina lezgîn
därkätənā läzgīn

der Sitzabstand
navbera kursiyan
nāvbärā kursəyān

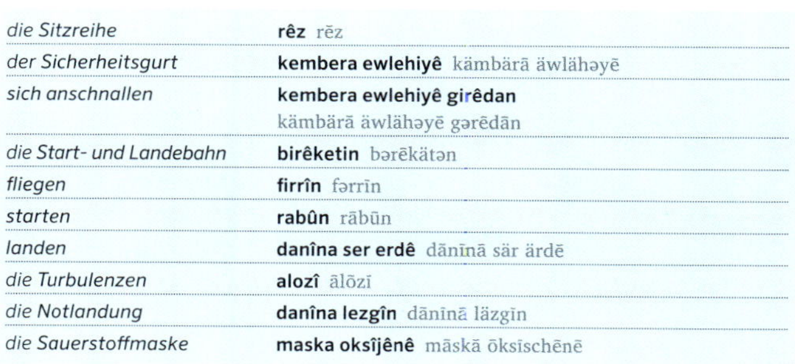

die Sitzreihe	**rêz** rēz
der Sicherheitsgurt	**kembera ewlehiyê** kämbärā äwlähəyē
sich anschnallen	**kembera ewlehiyê girêdan** kämbärā äwlähəyē gərēdān
die Start- und Landebahn	**birêketin** bərēkätən
fliegen	**firrîn** fərrīn
starten	**rabûn** rābūn
landen	**danîna ser erdê** dānīnā sär ärdē
die Turbulenzen	**alozî** ālōzī
die Notlandung	**danîna lezgîn** dānīnā läzgīn
die Sauerstoffmaske	**maska oksîjênê** māskā ōksīschēnē

der Bildschirm für das Bordprogramm
pergala sergermiya nava firokeyê
pärgālā särgärməyā nāvā fərōkäyē

DAS FLUGZEUG – FIROKE

Am Flughafen – Li firokexaneyê

der Check-in-Automat
deriyê bixwe kontrolkirinê
därəyē bəkhwä kōntrōlkərənē

der Check-in-Schalter
deriyê kontrolê
därəyē kōntrōlē

die Bordkarte
derbasoka siwarbûnê
därbāsōkā səwārbūnē

der Reisepass
pasaport
pāsāpōrt

die Ankunft
dema gihîştinê
dämā gəhīshtənē

der Abflug
dema birêketinê
dämā bərēkätənē

das Terminal
têrmînal
tērmīnāl

der Zoll
bacgeh
bādschgäh

die Sicherheitskontrolle
kontrola ewlehiyê
kōntrōlā äwlähəyē

die Ticketkontrolle
kontrola bilêtan
kōntrōlā bəlētān

der Duty-free-Laden
firoçgeha bê-bac
fərōtschgähā bē-bādsch

die Fluggasttreppe
pileyên hewayî
pəläyēn häwāyī

der Flugsteig
derî
därī

die Fluggastbrücke
pireya hewayî
pəräyā häwāyī

der Kontrollturm
birca kontrolê
bərdschā kōntrōlē

der Fluglotse
kontrola trafîka hewayî
kōntrōlā trāfīkā häwāyī

DAS FLUGZEUG – FIROKE

Am Flughafen – Li firokexaneyê

① *die Anzeigetafel*
ekrana agahiyan
äkrānā āgāhəyān

② *das Reiseziel*
meqsed
mäqsäd

der Langstreckenflug
sefera dûr
säfärā dūr

der Auslandsflug
sefera navneteweyî
säfärā nāvnätäwäyī

der Inlandsflug
firrîna navxweyî
fərrīnā nāvkhwäyī

① DEPARTURES

Time	Destination ②	Flight
19:30	BEIJING	R4 4509
19:30	ATLANTA	EB 7134
19:45	LONDON	DN 0045
19:40	NEW YORK	OD 7158
19:50	FRANKFURT	NP 6890
20:05	DUBAI	UC 1207
20:10	CHICAGO	EB 3486
20:20	TOKYO	R4 4581
20:45	PARIS	NP 1976

der Rollkoffer
çemedanê destedar
tschämädānē dästādār

das Übergepäck
kelmelê zêde
kälmälē zēdā

das Gepäckband
çenteveguhêz
tschäntäväguhēz

der Fahrsteig
peyarêya gerrok
päyārēyā gärrōk

die Zwischenlandung	**rawestaneke li nava seferê**	rāwästānäkā lə nāvā säfärē
einen Flug buchen	**bo firokeyekê bilêt rezervkirin**	bō fərōkäyäkē bəlēt räzärvkərən
der/das Online-Check-in	**kontrola online**	kōntrōlā ōnlənā
die Buchungsnummer	**lêvegera rezervkirinê**	lēvägārā räzärvkərənē
das Visum	**vîza**	vīzā
die Gepäckkontrolle	**kontrola kelmel**	kōntrōlā kälmäl
der Gepäckabschnitt	**berçespa kelmel**	bärtschäspā kälmäl
der Währungsumtausch	**veguherîna dirêv**	väguhärīnā dərēv

der Rucksack
kolepiştiyê gerrê
kōläpəshtəyē gärrē

DAS SCHIFF – KEŞTÎ

das Kreuzfahrtschiff
keştiya krûz
kāshtəyā krūz

die Radarantenne
radara hewayî
rādārā häwāyī

das Deck
ser keştiyê
sär kāshtəyē

die Kabine
kabîn
kābīn

der Schornstein
kovik
kōvək

die Funkantenne
radyoya hewayî
rādyōyā häwāyī

die Backbordseite
aliyê benderê
āləyē bändārē

der Rumpf
hul
hul

das Bullauge
kuna benderê
kunā bändārē

die Steuerbordseite
aliyê pêşiyê
āləyē pēshəyē

der Bug
kevan
kävān

das Rettungsboot
qeyîqa filitînê
qäyīqā fələtīnē

der Bugwulst
pozê keştiyê
pōzē kāshtəyē

das Segelboot
qeyîqa destî
qäyīqā dästī

die Motorjacht
qeyîqa motorî
qäyīqā mōtōrī

das Motorboot
qeyîqa motorî
qäyīqā mōtōrī

der Katamaran
katamaran
kātāmārān

DAS SCHIFF – KEŞTÎ

Der Hafen – Li benderê

der Containerhafen
têrmînala kantîna deryayî
tērmīnālā kāntīnā däryāyī

das Containerlager
embara kantînê
ämbārā kāntīnē

die Fracht
kargo
kārgō

der Kai
spartgeha deryayî
spārtgāhā däryāyī

der Kran
giranhilgir
gərānhəlgər

das Containerschiff
keştiya kantînê
käshtəyā kāntīnē

der Leuchtturm
fanisa deryayî
fānəsā däryāyī

die Vertäuung
legeravêtin
lägärāvētən

der Poller
heçe
hätschä

die Boje
bûoy
būōy

den Anker werfen/lichten	**hesinê lengerê** häsənē längärē
die Küstenwache	**zêrevanê perravê** zērävānē pärrāvē
anlegen	**erd** ärd
auslaufen	**badvan** bādvān
an Bord gehen	**siwarbûn** səwārbūn
von Bord gehen	**peyabûn** päyābūn
der Landungssteg	**amana kevirî** āmānā kävərī
das U-Boot	**jêrderyayî** schērdäryāyī

die Fähre
keştî
käshtī

IN DER STADT

LI BAJÊR

DIE INNENSTADT – NAVENDA BAJÊR

die Vorstadt
dorber
dōrbär

die Brücke
pire
pərä

der Fluss
rûbar
rūbār

die Straße
xiyavan
khəyāvān

das Geschäftsviertel
devrea bazirganiyê
dävrää bāzərgānəyē

der Fernsehturm
birca televîzyonê
bərdschā täläv̄īzyōnē

der Wohnblock
bloka apartimanan
blōkā āpārtəmānān

der Dom
katêdral
kātēdrāl

der Gehweg
şiverê
shəvärē

die Altstadt
bajarokê kevn
bāschārōkē kävn

der Turm
birc
bərdsch

die Straßen-beleuchtung
ronahiya xiyavanê
rōnāhəyā khəyāvānē

die Seitenstraße
xiyavana nesereke
khəyāvānā näsäräkä

der Boulevard
bûlvar
būlvār

die Treppe
pile
pəlä

die Gasse
kolan
kōlān

DIE INNENSTADT – NAVENDA BAJÊR

der Park
park
pārk

der Kanal
kanal
kānāl

das Ausgehviertel
devrea sergermiyê
dävrää särgärməyē

der Platz
meydan
mäydān

das Einkaufsviertel
firoşgeha mezin
fərōshgähā mäzən

das Industriegebiet
devera pêşekariyê
dävärā pēshäkārəyē

das Wohngebiet
devera niştecihiyê
dävärā nəshtädschəhəyē

das Rathaus
talara bajêr
tālārā bāschēr

die Universität
zanîngeh
zānīngäh

die Schule
dibistan
dəbəstān

die Post
daîreya postê
dāīräyā pōstē

die Feuerwache
agirkujî
āgərkuschī

die Polizeiwache
navenda polês
nāvändā pōlēs

das Krankenhaus
nexweşxane
näkhwäshkhānä

die Bibliothek
pirtûkxane
pərtūkkhānä

das Gerichtsgebäude
dadgeh
dādgäh

DIE INNENSTADT – NAVENDA BAJÊR

Gebäude in der Innenstadt – Avahiyên navenda bajêr

der Wolkenkratzer
avahiya pir bilind
āvāhəyā pər bələnd

die Burg
koşk
kōshk

das Schloss
koşk
kōshk

die Kirche
kilîse
kəlīsä

die Moschee
mizgeft
məzgäft

die Synagoge
kenîse
känīsä

der Tempel
perestgeh
pärästgäh

die Ruine
wêrane
wērānä

das Bürogebäude
bloka daîreyan
blōkā dāīrāyān

das Theater
şanogeh
shānōgäh

das Kino
sînema
sīnämā

die Fabrik
karxane
kārkhānä

die Botschaft
balyozxane
bālyōzkhānä

das Opernhaus
mala operayê
mālā ōpärāyē

das Museum
mûze
mūzä

die Kunsthalle
galeriya hunerê
gālärəyā hunärē

DIE INNENSTADT – NAVENDA BAJÊR

Auf der Straße – Li xiyavanan

die Straßenlaterne
çiraya xiyavanê
tschərāyā khəyāvānē

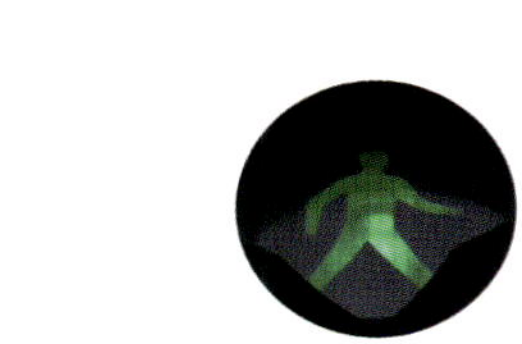

die Fußgängerampel
derbasgeha peyarêyan
därbāsgähā päyārēyān

die Ampel
çirayên trafîkê
tschərāyēn trāfīkē

das Denkmal
bîranîn
bīrānīn

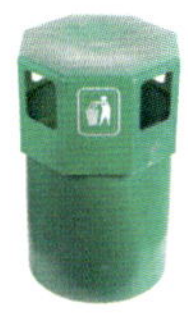

der Abfalleimer
zibildank
zəbəldānk

der Kanaldeckel
devpoşa kunan
dävpōshā kunān

der Hydrant
hîdrant
hīdrānt

der Friedhof
goristan
gōrəstān

die Bushaltestelle
îstgeha otobûsê
īstgähā ōtōbūsē

der Kiosk
kiyosk
kəyōsk

die Tiefgarage
parka binerdê ya erebeyan pārkā bənärdē yā äräbäyān

die Fußgängerzone
devera peyarêyan
dävärā päyārēyān

Entschuldigen Sie, wie komme ich nach ...?	**Ji kerema xwe dikarî rêya ... li ku ye?** schə kärämā khwä dəkārī rēyā … lə ku yä
Könnten Sie mir bitte sagen, wo ... ist?	**Ji kerema xwe dikarî bibêjî ... li ku heye?** schə kärämā khwä dəkārī bəbēschī … lə ku häyä
Könnten Sie mir das bitte auf der Karte zeigen?	**Ji kerema xwe dikarî ser nexşeyê li min nîşan bidî?** schə kärämā khwä dəkārī sär näkhshäyē lə mən nīshān bədī
an der Ecke	**li guç** lə gutsch
rechts/links abbiegen	**bizivire rastê/çepê** bəzəvərä rāstē/tschäpē
auf der rechten/linken Seite	**li rastê/çepê** lə rāstē/tschäpē
(schräg) gegenüber	**bi rêya xwar nîveka** bə rēyā khwār nīväkā
in der Nähe (von)	**nêzîkî** nēzīkī

DIE INNENSTADT – NAVENDA BAJÊR

Das Hotel – Hotel

die Rezeption
pejirandin
päschərāndən

die Empfangsdame
berpirsê/a pejirandinê
bärpərsē/ā päschərāndənē

die Schlüsselkarte
karta kilîtê
kārtā kəlītē

die Klingel
zengil
zängəl

die Lobby
lobî
lōbī

die Bar
bar
bār

das Restaurant
xwaringeh
khwārəngāh

die Hotelanlage
rûniştingeh
rūnəshtəngāh

das Doppelzimmer
odeya dukesî
ōdäyā dukäsī

das Zweibettzimmer
odeya dutexte
ōdäyā dutäkhtä

das Einzelzimmer
odeya tektexte
ōdäyā täktäkhtä

der Fitnessraum
jîmnaziyom
schīmnāzəyōm

der Pool
avjenîxane
āvschänīkhānä

Ich habe ein Zimmer unter dem Namen ... gebucht.	**Min bo ... odeyek rezer kiribû.** mən bō ... ōdäyäk räzär kərəbū
Was kostet das Zimmer, bitte?	**Bihayê odeyê çend e?** bəhāyē ōdäyē tschänd ä
Ich hätte gerne ein Doppelzimmer für eine Nacht.	**Odeyeke dukesî bo şevekê dixwazim.** ōdäyäkä dukäsī bō shäväkē dəkhwāzəm
Haben Sie ein Zimmer frei?	**Cihên vala hene?** dschəhēn vālā hänä

DIE INNENSTADT – NAVENDA BAJÊR

Das Hotel – Hotel

der/die Concierge
xizmetkar
khəzmätkār

der Kofferwagen
kelmelhilgir
kälmälhəlgər

der Türanhänger „Bitte nicht stören"
Ji kerema xwe çakê vêza dêrî li hev nexe.
schə kärämā khwä tschākē vēzā dērī lə häv näkhä

die Gepäckablage
cihê kelmel
dschəhē kälmäl

der Zimmerservice
xizmeta odeyê
khəzmätā ōdäyē

das Zimmermädchen
xizmetkara odeyê
khəzmätkārā ōdäyē

die Suite
sûît
sūīt

die Toilettenartikel
xizmetên belaş ên hotelê
khəzmätēn bälāsh ēn hōtälē

die Minibar
mînîbar
mīnībār

die Zimmernummer
hejmara odeyê
häschmārā ōdäyē

das Frühstücksbuffet
bûfeya taştê
būfäyā tāshtē

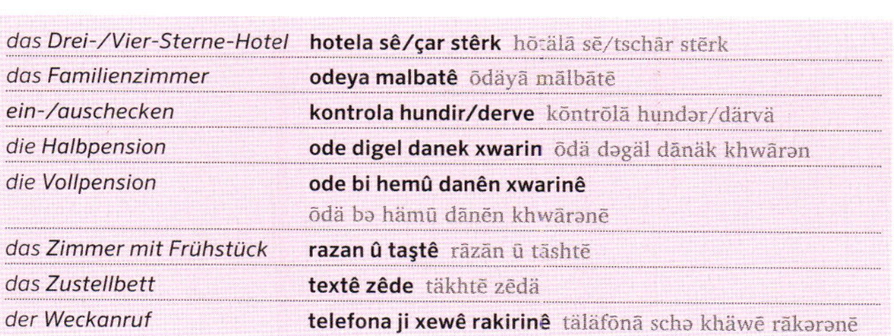

das Drei-/Vier-Sterne-Hotel	**hotela sê/çar stêrk** hōtälā sē/tschār stērk
das Familienzimmer	**odeya malbatê** ōdäyā mālbātē
ein-/auschecken	**kontrola hundir/derve** kōntrōlā hundər/därvä
die Halbpension	**ode digel danek xwarin** ōdä dəgäl dānäk khwārən
die Vollpension	**ode bi hemû danên xwarinê** ōdä bə hämū dānēn khwārənē
das Zimmer mit Frühstück	**razan û taştê** rāzān ū tāshtē
das Zustellbett	**textê zêde** täkhtē zēdä
der Weckanruf	**telefona ji xewê rakirinê** täläfōnā schə khäwē rākərənē

der Tresor
ewle
äwlä

DIE INNENSTADT – NAVENDA BAJÊR

Die Bank – Bank

das Chipkartenterminal
cihê dayîna dirêv
dschəhē dāyīnā dərēv

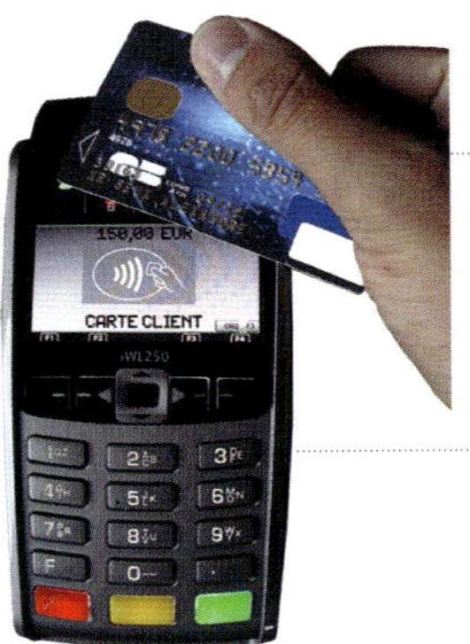

die EC-Karte
karta dayîna dirêv
kārtā dāyīnā dərēv

das Tastenfeld
kîbord
kībōrd

der Schalter
gîşe
gīshä

die Kassiererin
sindoqa dirêv
səndōqā dərēv

das Onlinebanking
bankdariya online
bānkdārəyā ōnlənä

der Geldautomat
dezgeha dirêv
däzgähā dərēv

Geld abheben
dirav hildan
dərāv həldān

Geld einzahlen
diravê emnaet
dərāvē ämnäät

einen Scheck ausstellen
nivîsîna çêkekê
nəvīsīnā tschēkäkē

die Kontoüberziehung	**itibara ji dirêv zêdetir**	ətəbārā schə dərēv zēdätər
das Girokonto	**hesabê herikbar**	häsābē härəkbār
das Sparkonto	**hesabê zexîre**	häsābē zäkhīrä
die PIN-Nummer	**koda PIN**	kōdā pən
der Zinssatz	**nirxa sûdê**	nərkhā sūdē
das Darlehen	**deyn**	däyn
die Hypothek	**wesîqe**	wäsīqä
die Kontonummer	**hejmara hsêb**	häschmārā hsēb

DIE INNENSTADT – NAVENDA BAJÊR

Die Bank – Bank

der Geldschein
diravê kaxiz
dərāvē kākhəz

die Münze
diravê hesinî
dərāvē häsənī

die Währung
dirav
dərāv

das Wertpapier
ji nişkê va rabûn
schə nəshkē vā rābūn

der Wechselkurs
nirxa veguhestinê
nərkhā väguhästənē

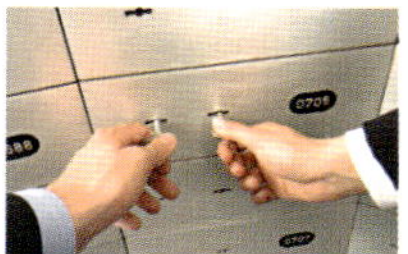

das Bankschließfach
qutiya spartina-ewle
qutəyā spārtənā-äwlä

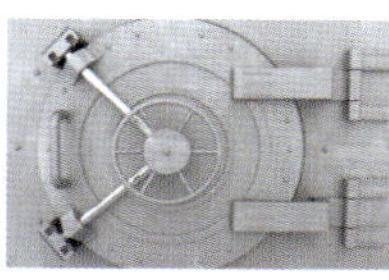

der Tresor
ewle
äwlä

die Kreditkarte
karta krêdîtê
kārtā krēdītē

die Börse
bazara stokê
bāzārā stōkē

der Börsenkurs
bihayê bazarê
bəhāyē bāzārē

der Finanzberater
rawêjkarê malî
rāwēschkārē mālī

die Rechnung
faktor
fāktōr

Könnten Sie mir das bitte wechseln?	**Dikarim vêya biguherim?** dəkārəm vēyā bəguhärəm
Wie ist der aktuelle Wechselkurs?	**Bihayê veguhestina dirêv çi ye?** bəhāyē väguhästənā dərēv tschə yä
Ich möchte gerne ein Konto eröffnen.	**Ez dixwazim hesabekî vebikim.** äz dəkhwāzəm häsābäkī väbəkəm
der Betrag	**qas** qās
der Reisescheck	**çêka seferê** tschēkā säfärē
das Eigenkapital	**heqê malî** häqē mālī
die Provision	**komîsiyon** kōmīsəyōn
die Wechselstube	**potkeya veguhestina dirêv** pōtkäyā väguhästənā dərēv

der Überweisungsschein
destûra veguhestinê
dästūrā väguhästənē

EINKAUFEN – KIRÎN

Läden und Geschäfte – Li firoşgehan

der Markt
bazar
bāzār

der Marktstand
rawestana bazarê
rāwästānā bāzārē

das Schaufenster
pencereya kirînê
pändschäräyā kərīnē

die Tierhandlung
dikana heywanên malê
dəkānā häywānēn mālē

der Gemüseladen
sebzefiroş
säbzäfərōsh

die Metzgerei
goştfiroş
gōshtfərōsh

die Bäckerei
nanfiroş
nānfərōsh

die Konditorei
dikana kêykan
dəkānā kēykān

der Supermarkt
sûpêrmarkêt
sūpērmārkēt

das Fischgeschäft
masîfiroş
māsīfərōsh

die Weinhandlung
şerabfiroş
shärābfərōsh

der Blumenladen
gulfiroş
gulfərōsh

das Lebensmittelgeschäft
dikan
dəkān

der Bioladen
dikana tiştên organîk
dəkānā təshtēn ōrgānīk

das Schreibwarengeschäft
firoşgeha alavên nivîsînê
fərōshgāhā ālāvēn nəvīsīnē

der Tante-Emma-Laden
dikana biçûk
dəkānā bətschūk

EINKAUFEN - KIRÎN

Läden und Geschäfte - Li firoşgehan

der Buchladen
pirtûkfiroşî
pərtūkfərōshī

die Drogerie
dermanfiroş
därmānfərōsh

die Boutique
bûtîk
būtīk

der Antiquitätenladen
dikana antîkan
dəkānā āntīkān

der Spielzeugladen
dikana pêlîstokan
dəkānā pēlīstōkān

das Juweliergeschäft
zêrfiroşî
zērfərōshī

das Möbelgeschäft
dikana qoltixan
dəkānā qōltəkhān

der Elektrofachmarkt
dikana elektrîkiyê
dəkānā äläktrīkəyē

das Schuhgeschäft
pêlavfiroşî
pēlāvfərōshī

der Friseursalon
porhildêr
pōrhəldēr

die Schneiderei
terzî
tärzī

die Parfümerie
gulavfiroşî
gulāvfərōshī

der Baumarkt
navenda DIY
nävändā dəy

der Geschenkeladen
xelatfiroşî
khälātfərōshī

die Apotheke
dermanfiroşî
därmānfərōshī

der Optiker
berçavkfiroş
bärtschävkfərōsh

EINKAUFEN - KIRÎN

Das Einkaufszentrum - Navenda kirînê

der Lichthof
hewşa hundir
häwshā hundər

die zweite Etage
qata duyem
qātā duyäm

die erste Etage
qata yekem
qātā yäkäm

das Geschäft
yekeya kirîn û firotinê
yäkäyā kərīn ū fərōtənē

die Rolltreppe
pileya ceryanê
pəläyā dschäryānē

das Erdgeschoss
erd
ärd

die Verkäuferin
şagirtê dikanê
shāgərtē dəkānē

der Food Court
hewşa lê xwarinê
häwshā lē khwārənē

die Umkleidekabine
odeya vuguherînê
ōdäyā vuguhärīnē

der Parkplatz
parka erebeyê
pārkā äräbäyē

der Wickelraum
odeya guhertina cilên qundaxan
ōdäyā guhärtənā dschələ̄n qundākhān

der Kundendienst	**xiemeta mişteriyan** khəämätā məshtärəyān
der Lageplan	**nexşe** näkhshä
Könnten Sie mir bitte … zeigen?	**Gelo dikarim li … binêrim?** gälō dəkārəm lə … bənērəm
Wie viel kostet es?	**Bihayê wê çend e?** bəhāyē wē tschänd ä
Kann ich das bitte umtauschen?	**Gelo dikarim vêya li hev biguherim?** gälō dəkārəm vēyā lə häv bəguhärəm
Könnten Sie das bitte als Geschenk einpacken?	**Gelo dikarî wekî xelatekê bipêçî?** gälō dəkārī wäkī khälātäkē bəpētschī
der Ausverkauf	**herac** härādsch

EINKAUFEN – KIRÎN

Das Kaufhaus – Firoşgeha mezin

die Schaufensterpuppe
mankena dikanê
mānkänā dəkānē

die Einkaufstüte
kîsikê kirrînê
kīsəkē kərrīnē

die Taschenabteilung
beşa kelmel
bäshā kälmäl

der Imbissbereich
kafeterya
kāfätäryā

die Sportabteilung
beşa werzişê
bäshā wärzəshē

die Kurzwaren
xerazî
khärāzī

die Unterwäsche
cilên jinan
dschəlēn schənān

die Kosmetikabteilung
beşa alavên xemilandinê
bäshā ālāvēn khämələndənē

die Herrenabteilung
beşa cilên mêran
bäshā dschəlēn mērān

die Damenabteilung
beşa modayên jinan
bäshā mōdāyēn schənān

die Kinderabteilung
beşa zarokan
bäshā zārōkān

die Schuhabteilung
beşa pêlavan
bäshā pēlāvān

die Lebensmittel-abteilung
beşa dikanê
bäshā dəkānē

die Multimedia-Abteilung
beşa elektrîkiyê
bäshā äläktrīkəyē

die Heimtextilien-abteilung
beşa kelmelên hûr
bäshā kälmälēn hūr

die Schreibwaren-abteilung
beşa alavên nivîsînê
bäshā ālāvēn nəvīsīnē

EINKAUFEN – KIRÎN

Der Supermarkt – Sûpermarkêt

der Kassierer
sindoqa dirêv
səndōqā dərēv

die Kundin
miştерî
məshtärī

die Ware
kelmel
kälmäl

das Warentransport-band
kembera veguhestina kelmel
kämbärā väguhästənā kälmäl

das Warenregal
ref
räf

der Einkaufswagen
çerxa kirrînê
tschärkhā kərrīnē

die Kasse
dexila dirêv
däkhəlā dərēv

der Scanner
skenêr
skänēr

die Käsetheke
beşa pênêr
bäshā pēnēr

die Fleischtheke
beşa goşt
bäshā gōsht

die Einkaufsliste
lîsteya kirînê
līstäyā kərīnē

der Gang
rêçûn
rētschūn

der Einkaufskorb
sepeta kirînê
säpätā kərīnē

der Strichcode
barkod
bärkōd

das Sonderangebot
pêşkêşa taybet
pēshkēshā tāybät

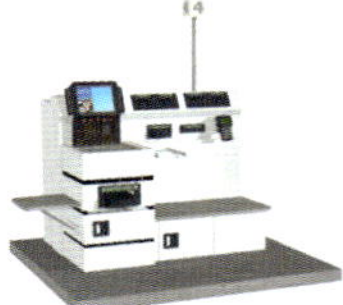

die Selbstbedienungs-kasse
dezgeha xwe kirînê
däzgähā khwä kərīnē

EINKAUFEN – KIRÎN

Der Supermarkt – Sûpermarkêt

das Kühlregal
çîlêr
tschīlēr

die Milchprodukte
berhemanîna sipîtayê
bärhämānīnā səpītāyē

die Tiefkühlkost
xwarinên cemidî
khwārənēn dschämədī

das Obst und Gemüse
mêwe û sebze
mēwä ū säbzä

das Fleisch und Geflügel
goştê sor û mirîşkan
gōshtē sōr ū mərīshkān

die Konserven
xwarinên amade
khwārənēn āmādä

die Feinkost
xwarinên xweş
khwārənēn khwäsh

der Kassenzettel
belgeya resîtê
bälgäyā räsītē

die Babyartikel
kelmelên qundaxan
kälmälēn qundākhān

die Frühstücksflocken
hibûbeyên taştê
həbūbäyēn tāshtē

die Backwaren
tiştên pehtî
təshtēn pähtī

die Fischtheke
beşa masiyan
bäshā māsəyān

die Getränke	**vexwarin** väkhwārən
die Süßigkeiten	**qenatî** qänātī
das Tierfutter	**xwarina heywanên malê** khwārənā häywānēn mālē
die Bioprodukte	**berhemên organîk** bärhämēn örgānīk
bezahlen	**dayîna dirêv** dāyīnā dərēv
das Kleingeld	**diravê hûr** dərāvē hūr
der Preis	**biha** bəhā
das Preisschild	**berçespa bihayê** bärtschäspā bəhāyē

die Reinigungsmittel
faba cil şûştinê
fābā dschəl shūshtənē

EINKAUFEN – KIRÎN

Der Kiosk – Rojnamefiroş

die Zeitung
rojname
rōschnāmä

die Zeitschrift
kovar
kōvār

das Notizbuch
tênivîs
tēnəvīs

der/das Comic
komîk
kōmīk

das Zeitschriftenregal
refa kovaran
räfā kōvārān

die Grußkarte
karta destxweşiyê
kārtā dästkhwäshəyē

der Lottoschein
bilêta beşavêtinê
bəlētā bäshāvētənē

das Buch
pirtûk
pərtūk

der/das Kaugummi
benîşt
bänīsht

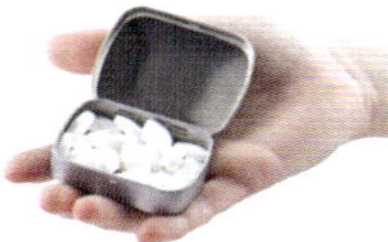

der/das Pfefferminz-bonbon
pûng
pūng

der Schokoriegel
darikê şokolatê
dārəkē shōkōlātē

der Tabak
titûn
tətūn

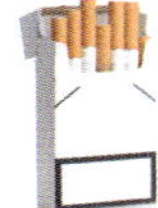

die Zigarette
cixare
dschəkhārä

die Pfeife
pîp
pīp

das Feuerzeug
heste
hästä

die Zigarre
sîgar
sīgār

CAFÉS UND BARS – KAFE Û BAR

das Straßencafé
kafeya xiyavanê
kāfāyā khəyāvānē

die Sonnenterrasse
têras
tērās

die Theke
gîşe
gīshä

die Kaffeemaschine
dezgeha qahweyê
däzgāhā qāhwäyē

das Tablett
dewrî
däwrī

der Zapfhahn
şîra avê
shīrā āvē

der Barkeeper
berpirsê barê
bärpərsē bārē

der Barista
berpirsê vexwarinê
bärpərsē väkhwārənē

der Barhocker
kursiya barê
kursəyā bārē

der Korkenzieher
devpoşvekirin
dävpōshväkərən

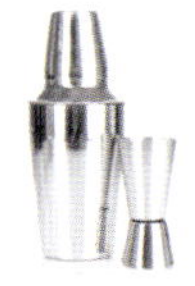

der Cocktailshaker
lihevxistina koktêlê
ləhävkhəstənā kōktēlē

der Weinkühler
hênikkara şerabê
hēnəkkārā shārābē

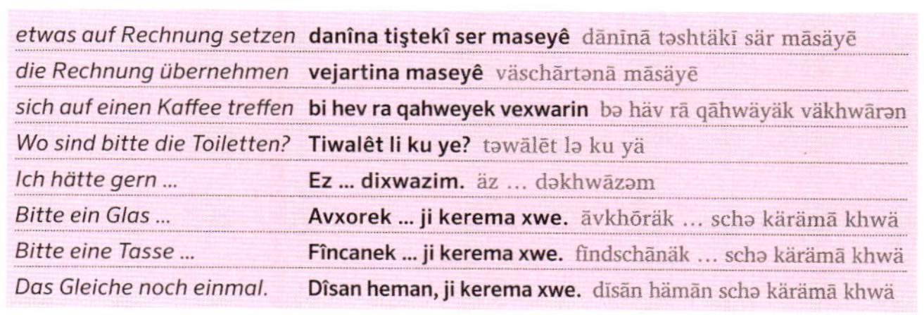

etwas auf Rechnung setzen	**danîna tiştekî ser maseyê**	dānīnā təshtäkī sär māsäyē
die Rechnung übernehmen	**vejartina maseyê**	väschārtənā māsäyē
sich auf einen Kaffee treffen	**bi hev ra qahweyek vexwarin**	bə häv rā qāhwäyäk väkhwārən
Wo sind bitte die Toiletten?	**Tiwalêt li ku ye?**	təwālēt lə ku yä
Ich hätte gern ...	**Ez ... dixwazim.**	äz … dəkhwāzəm
Bitte ein Glas ...	**Avxorek ... ji kerema xwe.**	āvkhōräk … schə kärämā khwä
Bitte eine Tasse ...	**Fîncanek ... ji kerema xwe.**	fīndschānäk … schə kärämā khwä
Das Gleiche noch einmal.	**Dîsan heman, ji kerema xwe.**	dīsān hämān schə kärämā khwä

der Aschenbecher
xulîdank
khulīdānk

SEHENSWÜRDIGKEITEN – CIHÊN DÎTINÊ

der Stadtplan
nexşe
näkhshä

die Touristeninformation
agahiyên geştyariyê/ tûrîstan āgāhəyēn gäshtyārəyē/tūrīstān

der Reiseführer
rênîşana tûrîstan
rēnīshānā tūrīstān

das Souvenir
bîranîn
bīrānīn

die Stadtbesichtigung
tûra bi rêzan
tūrā bə rēzān

die Stadtrundfahrt
tûra dîtiniyê
tūrā dītənəyē

die Flussfahrt
keştiya çeman
käshtəyā tschämān

das Aquarium
masîdank
māsīdānk

die Aussichtsplattform
platforma dîmenan
plātfōrmā dīmānān

die Ausstellung
nimayîşgeh
nəmāyīshgāh

der Straßenmusiker
muzîkjenê xiyavanê
muzīkschānē khəyāvānē

der Straßenkünstler
hunermendê xiyavanê
hunärmändē khəyāvānē

die Warteschlange
rêz
rēz

der Fremdenführer	**rênîşan** rēnīshān
die Fremdenführerin	**rênîşan** rēnīshān
der Ausflug	**sefera kurt** säfärā kurt
die Öffnungszeiten	**demên vekirî** dämēn väkərī
geöffnet	**vekirî** väkərī
geschlossen	**girtî** gərtī
das Eintrittsgeld	**diravê ketina hundir** dərāvē kätənā hundər
die Ermäßigung	**serpişkî** särpəshkī

DIE ARCHITEKTUR – AVAHÎSAZÎ

klassizistisch
klasîk
klāsīk

gotisch
gotîk
gōtīk

barock
barok
bārōk

romanisch
romanêsk
rōmānēsk

die Renaissance
ronêsans
rōnēsāns

der/das Art déco
art dêko
ārt dēkō

der Jugendstil
hunera nû
hunärā nū

das Rokoko
rokoko
rōkōkō

das Bauhaus
bawhaws
bāwhāws

die Säule
stûn
stūn

der Bogen
kovan
kōvān

die Kuppel
gumbêz
gumbēz

die Fassade	**enî**	ānī
der Flügel	**perr**	pärr
das Gewölbe	**gumbêzok**	gumbēzōk
das Grabmal	**gorr**	gōrr
der Innenhof	**hewşa hundir**	häwshā hundər
die Stadtmauer	**dîwarê bajêr**	dīwārē bāschēr
die Katakomben	**katakomb**	kātākōmb
die Gedenkstätte	**bîranînok**	bīrānīnōk

das Wahrzeichen
dîmena diyar a erdê
dīmānā dəyār ā ärdē

PARK UND SPIELPLATZ – PARK Û LÎSTIKGEH

der Kurpark
parka bajêr
pārkā bāschēr

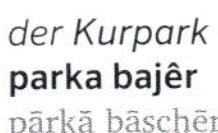

① *der Pavillon*
emaretê paviyon
ämārätē pāvəyōn

② *der Fußweg*
şiverê
shəvärē

③ *die Liegewiese*
çîmanê hemama tavê
tschīmānē hämāmā tāvē

die Gartenanlage
baxçe
bākhtschä

④ *der Brunnen*
firfire
fərfərä

⑤ *die Parkbank*
raketoka parkê
rākätōkā pārkē

der botanische Garten
baxçeyê giyanasiyê
bākhtschäyē gəyānāsəyē

der Schlosspark
navenda kirêkirin û firotina erdê nāvändā kərēkərən ū fərōtənā ärdē

der Landschaftspark
baxçeyê dîmenan
bākhtschäyē dīmänān

der See
golê
golē

der Nationalpark
parka neteweyî
pārkā nätäwäyī

der Bergpark
parka çiyayî
pārkā tschəyāyī

der Zoo
baxçeyê ajalan
bākhtschäyē āschālān

der Wildpark
parka safarî
pārkā sāfārī

PARK UND SPIELPLATZ – PARK Û LÎSTIKGEH

der Spielplatz
erdê lîstikê
ärdē līstəkē

der Sandkasten
şala qûmê
shālā qūmē

① *das Klettergerüst*
hilkişîngeh
həlkəshīngäh

② *die Rutsche*
şimitîn
shəmətīn

③ *die Schaukel*
kilan
kəlān

④ *die Wippe*
elakuleng
äläkuläng

das Hangelgerüst
mîleyên meymûnî
mīläyēn mäymūnī

der Irrgarten
rêya xanxanî
rēyā khānkhānī

der Vergnügungspark
parka sergermiyê
pārkā särgärməyē

der Grillplatz
cihê kebaban
dschəhē käbābān

das Picknick
pîknîk
pīknīk

spazieren gehen
meşiyan
mäshəyān

das Slacklining
ser bênd meşiyan
sär bēnd mäshəyān

joggen
hêdî reviyan
hēdī rävəyān

das Planschbecken
avjenîxaneya naylon
āvschänīkhānäyā näylōn

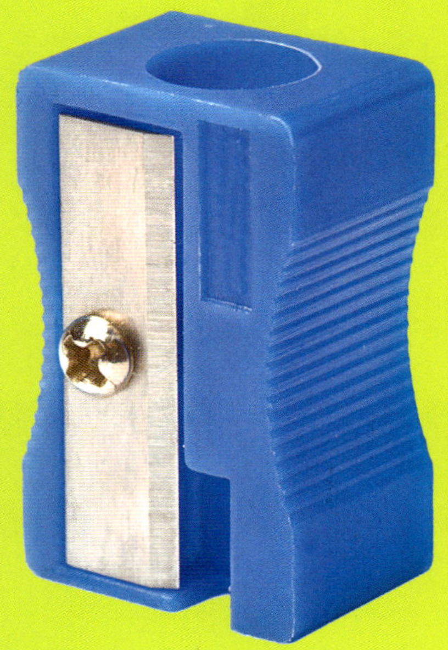

BILDUNG UND BERUF

PERWERDE Û KAR

DIE SCHULE – LI DIBISTANÊ

der Kindergarten
zarokistan
zārōkəstān

die Vorschule
pêş-dibistan
pēsh-dəbəstān

die Grundschule
dibistana seretayî
dəbəstānā särätāyī

die weiterführende Schule
dibistana navgîn
dəbəstānā nāvgīn

das Gymnasium
dibistana rêzimên
dəbəstānā rēzəmēn

die Klasse
klas
klās

die Prüfung
azmûn
āzmūn

die Aula
civîngeh
dschəvīngäh

der Computerraum
odeya kompûterê
ōdäyā kōmpūtärē

die Schulleiterin
mamosteyê sereke
māmōstäyē säräkä

die Lehrerin
mamoste
māmōstä

der Sportplatz
cihê werzişê
dschəhē wärzəshē

die Schuluniform
cilên dibistanê
dschəlēn dəbəstānē

der Aufsatz	**nivîsara dirêj** nəvīsārā dərēsch
die Klassenarbeit	**ezmûna klasê** äzmūnā klāsē
die Note	**numre** numrä
seinen/ihren Abschluss machen	**kutakirina dersê** kutākərənā därsē
der mittlere Schulabschluss	**bawernameya perwerdeya navgîn** bāwärnāmäyā pärwärdäyā nāvgīn
die Privatschule	**dibistana taybet** dəbəstānā tāybät
das Abitur	**ezmûnên asta pêşketî** äzmūnēn āstā pēshkätī
das Internat	**dibistana pisporiyê** dəbəstānā pəspōrəyē

DIE SCHULE – LI DIBISTANÊ

Das Klassenzimmer – Di polê de

das Lehrerpult
maseya mamosteyî
māsäyā māmōstäyī

die Tafel
depreş
däpräsh

der Schüler
şagirt
shāgərt

die Schülerin
şagirt
shāgərt

der Winkelmesser
neqale
näqālä

der Bleistift
qelem
qäläm

das Schulheft
pirtûka hînkariyan
pərtūkā hīnkārəyān

das Federmäppchen
pênivîsdank
pēnəvīsdānk

das Zeichendreieck
gûniya
gūnəyā

das Lineal
rastkêş
rāstkēsh

die Schultasche	**kîsikê dibistanê** kīsəkē dəbəstānē
das Wörterbuch	**ferheng** färhäng
die Nachhilfe	**xercê taybet** khärdschē tāybät
die Kreide	**geç** gätsch
das Schulbuch	**pirtûka dersê** pərtūkā därsē
der Füller	**xwenivîs** khwänəvīs
die Tintenpatrone	**devata cewherê** dävātā dschäwhärē
der Marker	**nivîsnîşan** nəvīsnīshān

der Taschenrechner
hejmarkara berîkan
häschmärkārā bärīkān

DIE SCHULE – LI DIBISTANÊ

Die Schulfächer – Mijarên dibistanê

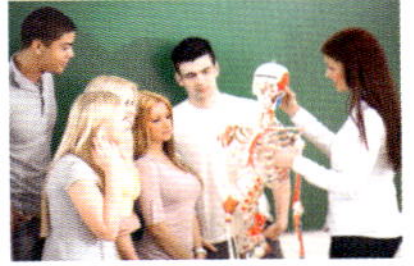

die Biologie
jînasî
schīnāsī

die Mathematik
bîrkarî
bīrkārī

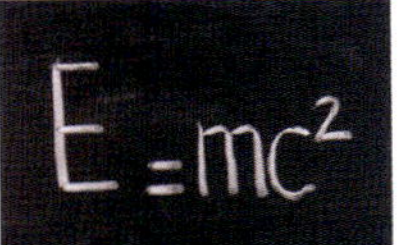

die Physik
fîzîk
fīzīk

die Chemie
kîmya
kīmyā

der Religionsunterricht
perwerdeya dînî
pärwärdäyā dīnī

der Ethikunterricht
exlaq
äkhlāq

die Kunst
huner
hunär

die Erdkunde
erdnigarî
ärdnəgārī

die Fremdsprachen
ziman
zəmān

die Geschichte
dîrok
dīrōk

der Sport
perwerdeya bedenê
pärwärdäyā bädänē

die Musik
muzîk
muzīk

das Drama
drama
drāmā

die Informatik
zanistên kompûterê
zānəstēn kōmpūtärē

der Werkunterricht
karê dar û karê hesinî
kārē dār ū kārē häsənī

die Gemeinschaftskunde
venêrînên civakî
vänērīnēn dschəvākī

DIE SCHULE – LI DIBISTANÊ

Die Schulfächer – Mijarên dibistanê

das Technische Zeichnen
kişandina teknîkî
kəshăndənā täknīkī

die Hauswirtschaft
aboriya malbatê
ābōrəyā mălbātē

schreiben
nivîsîn
nəvīsīn

rechnen
komkirin
kōmkərən

buchstabieren
bi herf kirin
bə härf kərən

lesen
xwendin
khwändən

sich melden
destê xwe bilind kirin
dästē khwä bələnd kərən

die Klassenfahrt
sefera klasê
säfärā klāsē

der Stundenplan
cedvela demê
dschädvälā dämē

der Abschlussball
cejna promê
dschäschnā prōmē

die Hausaufgabe
spartek
spārtäk

das Sportfest
roja werzişê
rōschā wärzəshē

zeichnen	**kişandin** kəshāndən
zählen	**hejmartin** häschmārtən
die Übung	**hînkarîkirin** hīnkārīkərən
der Elternabend	**şeva dayîkan** shävā dāyīkān
das Zeugnis	**raporkirin** rāpōrkərən
der Schüleraustausch	**danûstandina dibistanê** dānūstāndənā dəbəstānē
der Lehrplan	**bernameya dersê** bärnāmäyā därsē
das Schulfach	**mijar** məschār

die Ferien
betlane
bätlānä

DIE SCHULE - LI DIBISTANÊ

Im Labor - Li azmayîşgehê

der Versuch
ezmûn
äzmūn

die Schutzbrille
şûşeyên ewlehiyê
shūshäyēn äwlähəyē

der Kittel
cilên azmayîşgehê
dschəlēn āzmāyīshgähē

das Reagenzglas
boriya ezmûnê
bōrəyā äzmūnē

der Chemikalienhandschuh
lepikê ewlehiyê
läpəkē äwlähəyē

die Laborausrüstung
amûrên azmayîşgehê
āmūrēn āzmāyīshgähē

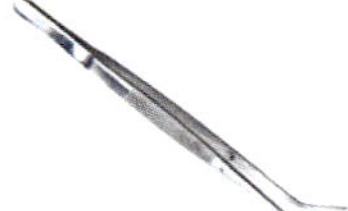

die Pinzette
pens
päns

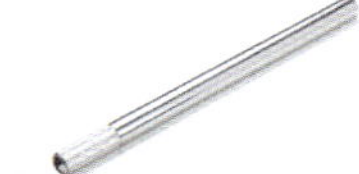

das Skalpell
sertûjok
särtūschōk

die Lupe
hûrbîn
hūrbīn

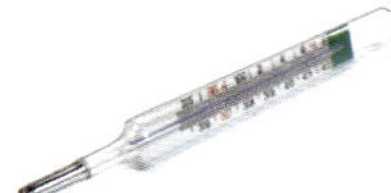

das Thermometer
germapîv
gärmāpīv

die Laborwaage
mêzîn
mēzīn

die Stoppuhr
dempîv
dämpīv

der Magnet
magnêt
māgnēt

die Batterie
batir
bātər

DIE SCHULE – LI DIBISTANÊ

Im Labor – Li azmayîşgehê

das Mikroskop
pirhûrbîn
pərhūrbīn

das Einstellrad
xala dawiyê
khālā dāwəyē

das Stativ
deste
dästä

die Objektklemme
girtoneka rûvekê
gərtōnäkā rūväkē

der Objekttisch
qad
qād

der Fuß
bingeh
bəngäh

das Okular
tîkeya çavê
tīkäyā tschāvē

der Tubus
boriya bedenê
bōrəyā bädänē

der Objektivrevolver
tîkeya deng (zivirok)
tīkäyā däng (zəvərōk)

das Objektiv
lênz
lēnz

der Objektträger
şiqitonek
shəqətōnäk

die Lampe
lembe
lämbä

die Pipette
pîpet
bōrəyōk

die Petrischale
dewriya Petri
däwrəyā pätrə

das Drahtnetz
têlparêz
tēlpārēz

der Dreifuß
trîpod
trīpōd

der Bunsenbrenner
lêdera Bunsen
lēdärā bunsän

DIE SCHULE – LI DIBISTANÊ

In der Pause – Li dema bêhnvedanê

die Mittagspause
bêhnvedana firavînê
bēhnvädānā fərāvīnē

das Tablett
dewrî
däwrī

die Butterbrotdose
qutiya firavînê
qutəyā fərāvīnē

das Pausenbrot
sandwîç
sāndwītsch

die Schulglocke
zengiloka dibistanê
zängəlōkā dəbəstānē

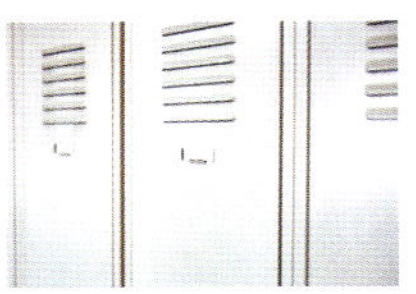

der Spind
tiştdank
təshtdānk

die Pause
bêhnvedan
bēhnvädān

der Schulhof
erdê lîstinê
ärdē līstənē

Himmel und Hölle spielen
hopskoç lîstin
hōpskōtsch līstən

der Speisesaal
kantîn
kāntīn

das Lunchpaket
firavîna amade
fərāvīnā āmādä

die Essensausgabe
ereboka pêşkêşiyê
ärābōkā pēshkēshəyē

DIE SCHULE – LI DIBISTANÊ

Die Sporthalle – Salona werzişê

der Volleyball
volîbol
vōlībōl

der Basketball
baskêtbol
bāskētbōl

der Handball
topadestî
tōpādästī

der Fußball
fûtbol
fūtbōl

der Baseball
bêysbol
bēysbōl

der Federball
topa perrikkî
tōpā pärrəkkī

der Tennisball
topa tenîsê
tōpā tänīsē

der Football
fûtbola amerîkî
fūtbōlā āmärīkī

der Puck
paka hokiyê
pākā hōkəyē

der Basketballkorb
sepeta baskêtbolê
säpätā bāskētbōlē

die Strickleiter
pêlekana kindirkî
pēläkānā kəndərkī

das Trampolin
trampolîn
trāmpōlīn

die Sprossenwand
mîleyên dîwêr
mīläyēn dīwēr

das Korbbrett
rûveka pişt sepetê
rūväkā pəsht säpätē

die Ringe
xelek
khäläk

das Springseil
kindirê hilperînê
kəndərē həlpärīnē

DIE UNIVERSITÄT – LI ZANÎNGEHÊ

der Campus
hewşa zanîngehê
häwshā zānīngāhē

der Hörsaal
salona axaftinê
sālōnā ākhāftənē

die Politikwissenschaft
zanistên siyasî
zānəstēn səyāsī

die Kunstgeschichte
dîroka hunerê
dīrōkā hunärē

die Rechtswissenschaft
hiqûq
həqūq

die Betriebswirtschaftslehre
aborî
ābōrī

die Geisteswissenschaften
zanistên mirovî
zānəstēn mərōvī

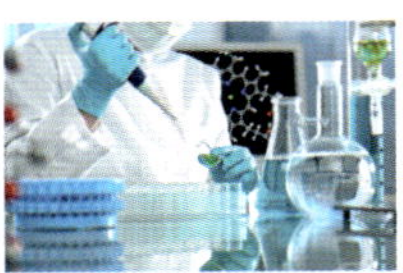

die Naturwissenschaften
zanistên xwezayî
zānəstēn khwäzāyī

das Ingenieurwesen
endazyarî
ändāzyārī

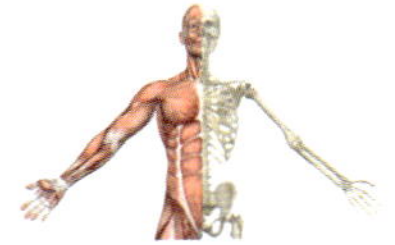

die Medizin
bijîşkî
bəschīshkī

die Pädagogik
zanistên perwerdeyê
zānəstēn pärwärdäyē

der Professor
mamoste
māmōstä

die Dozentin
axaftvan
ākhāftvān

das Diplom	**dîplom** dīplōm
der Bachelor	**lîsans** līsāns
der Master	**mastêr** māstēr
die Dissertation	**bawernameya doktorayê** bāwärnāmäyā dōktōrāyē
die Promotion	**doktora** dōktōrā
die Habilitation	**nirxandina mamosteyê piştî doktorayê** nərkhāndənā māmōstäyē pəshtī dōktōrāyē
die Forschung	**lêkolîn** lēkōlīn
das Forschungsinstitut	**enstîtuya lêkolînê** änstītuyā lēkōlīnē

DIE UNIVERSITÄT – LI ZANÎNGEHÊ

ein Referat halten
nivîsarek pêşkêşkirin
nəvīsārāk pēshkēshkərən

das Seminar
semîner
sämīnär

die Vorlesung
axaftin
ākhāftən

die Klausur
azmûn
āzmūn

der Lesesaal
odeya xwendinê
ōdäyā khwändənē

die Ausleihe
maseya fermanê
māsäyā färmānē

das Bücherregal
refa pirtûkan
räfā pərtūkān

die mündliche Prüfung
azmûna devkî
āzmūnā dävkī

sein Studium abschließen
derskutakirî
därskutākərī

das Studenten-wohnheim
salona mayînê
sālōnā māyīnē

die Mensa
salona mezin
sālōnā mäzən

die Bibliothek
pirtûkxane
pərtūkkhānä

der Student
xwendekar
khwändäkār

der Bibliothekar	**pirtûkxanedar** pərtūkkhānädār
die Bibliothekarin	**pirtûkxanedar** pərtūkkhānädār
der Bibliotheksausweis	**karta pirtûkxaneyê** kārtā pərtūkkhānäyē
ausleihen	**emanet wergirtin** ämānät wärgərtən
verlängern	**dirêjkirin** dərēschkərən
vorbestellen	**rezervkirin** räzärvkərən
das Rückgabedatum	**roja vegerandinê** rōschā vägärāndənē
das Periodikum	**demname** dämnāmä

DIE UNIVERSITÄT – LI ZANÎNGEHÊ

die Lerngruppe
koma xwendekaran
kōmā khwändäkārān

lernen
xwendin
khwändən

das Praxissemester
têrma hînkariyê
tērmā hīnkārəyē

das Praktikum
entêrn
äntērn

das Volontariat
rewşa hînkar
räwshā hīnkār

das freie Jahr
sala navber
sālā nāvbär

jobben
karê carcaran kirin
kārē dschārdschārān kərən

das schwarze Brett
agahîdank
āgāhīdānk

die Ausbildung
hînkariya pêşekî
hīnkārəyā pēshäkī

die Berufsfachschule
kolêja pêşekî
kōlēschā pēshäkī

die Kunsthochschule
kolêja hunerê
kōlēschā hunärē

die Musikhochschule
kolêja muzîkê
kōlēschā muzīkē

die Akademie für darstellende Künste
akademiya pêkanîna huneran
ākādäməyā pēkānīnā hunärān

der Studentenausweis	**Pênaseya xwendekaran** pēnāsäyā khwändäkārān
der Kurs	**kurs** kurs
das Semester	**têrm** tērm
die Semesterferien	**betlaneya zanîngehê** bätlānäyā zānīngähē
der Fachbereich	**fakulte** fākultä
die Hausarbeit	**spartek** spārtäk
der Hochschulabschluss	**dereceya zanîngehê** därädschäyā zānīngähē
das Stipendium	**bûrsa xwendinê** būrsā khwändənē

DIE ARBEITSWELT - CÎHANA KAR

Die Bewerbung - Daxwaza kar

das Bewerbungsgespräch
hevpeyvîna kar
hävpäyvīnā kār

die Personalreferentin
berpirsê karmendan
bärpərsē kārmändān

der Lebenslauf
karname
kārnāmä

die Bewerbungsunterlagen
belgeyên daxwazê
bälgäyēn dākhwāzē

die Bewerberin
daxwazkar
dākhwāzkār

die Stellenanzeige
agahînameya kar
āgāhīnāmäyā kār

die Zeitarbeit
karê demkî
kārē dämkī

die Festanstellung
karê herdemî
kārē härdämī

die Karriere
pêşe
pēshä

sich um eine Stelle bewerben	**daxwaza karekî kirin** dākhwāzā käräkī kərən
die Arbeitsbedingungen	**mercên karkirinê** märdschēn kārkərənē
die Schichtarbeit	**karê şîftî** kārē shīftī
die Teilzeit	**karê parek-dem** kārē pāräk-däm
die Vollzeit	**karê gişt-dem** kārē gəsht-däm
die Qualifikation	**merc** märdsch
die Berufserfahrung	**tecrubeya pisporî** tädschrubäyā pəspōrī

jemanden einstellen
kesek girtin
käsäk gərtən

DIE ARBEITSWELT - CÎHANA KAR

Berufe - Pîşe

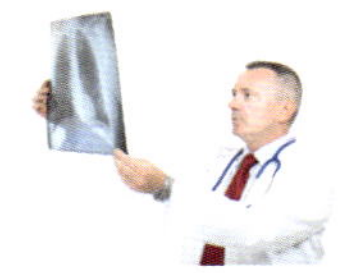

der Arzt
dixtor
dəkhtōr

der Chirurg
nişterger
nəshtärgär

der Krankenpfleger
perestar
pärästār

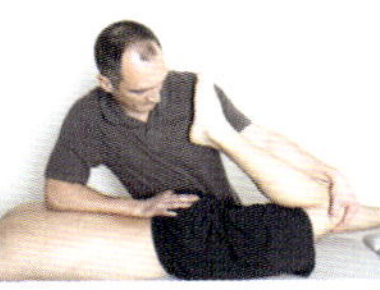

der Physiotherapeut
fîzyoterapîst
fīzyōtärāpīst

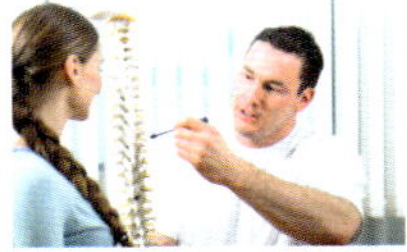

der Orthopäde
ortopêdîst
ōrtōpēdīst

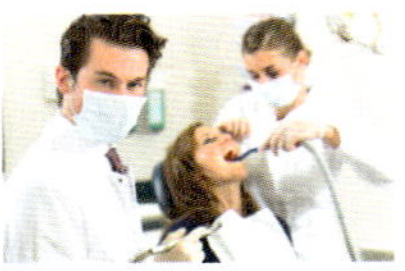

der Zahnarzt
dixtorê diranan
dəkhtōrē dərānān

die Psychologin
derûnnas
därūnnās

die Apothekerin
dermanfiroş
därmānfərōsh

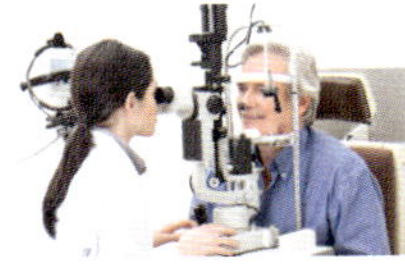

die Optikerin
dixtorê çavan
dəkhtōrē tschāvān

der Tierarzt
dixtorê heywanan
dəkhtōrē häywānān

die Empfangsdame
berpirsê pejirandinê
bärpərsē päschərāndənē

der Rechtsanwalt
parêzer
pārēzär

die Richterin
dadwer
dādwär

der Wirtschaftsprüfer
hejmaryar
häschmāryār

die Unternehmens-beraterin
rawêjkar
rāwēschkār

der Informatiker
pisporê kompûterê
pəspōrē kōmpūtārē

DIE ARBEITSWELT – CÎHANA KAR

Berufe – Pîşe

der Architekt
mîmar
mīmār

die Ingenieurin
endazyar
ändāzyār

der Schreiner
dartiraş
dārtərāsh

der Elektriker
elektrîkkar
äläktrīkkār

der Klempner
borîkar
bōrīkār

der Dachdecker
serbankar
särbānkār

der Maler
dekorkar
däkōrkār

der Müllmann
berhevkarê bermayan
bärhävkārē bärmāyān

die Kfz-Mechanikerin
mixendîkê erebeyan
məkhändīkē ärābäyān

der Landwirt
cotyar
dschōtyār

die Soldatin
serbaz
särbāz

die Briefträgerin
karkerê posteyê
kārkärē pōstäyē

der Bauarbeiter
karkerê avahiyan
kārkärē āvāhəyān

der Gebäudereiniger
paqijkar
pāqəschkār

der Landschafts-gärtner
baxvanê dîmenê
bākhvānē dīmänē

der Fischer
masîgir
māsīgər

DIE ARBEITSWELT – CÎHANA KAR

Berufe – Pîşe

der Pilot
firokevan
fərōkävān

die Flugbegleiterin
xizmetkarê firokeyê
khəzmätkārē fərōkäyē

der Koch
seraşpêj
säräshpēsch

der Kellner
xizmetkar
khəzmätkār

der Bäcker
nanpêj
nānpēsch

die Metzgerin
goştfiroş
gōshtfərōsh

der Verkäufer
şagirtê firoşkar
shāgərtē fərōshkār

die Friseurin
porhildêr
pōrhəldēr

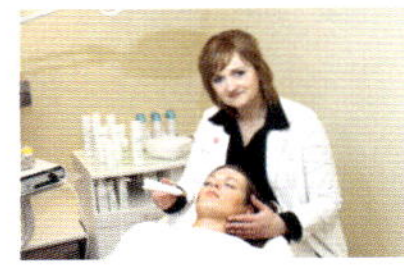

die Kosmetikerin
ciwankar
dschəwānkār

der Gärtner
baxvan
bākhvān

die Immobilien-maklerin
milkvan
məlkvān

die Bürokauffrau
birêvebirê nivîsgehê
bərēväbərē nəvīsgähē

der Sanitäter
karpeydakar
kārpäydākār

der Busfahrer
ajokarê otobûsê
äschōkārē ōtōbūsē

der Taxifahrer
ajokarê taksiyê
äschōkārē täksəyē

der Paketzusteller
berpirsê anîna bestekan
bärpərsē änīnā bästäkān

DIE ARBEITSWELT – CÎHANA KAR

Berufe – Pîşe

die Journalistin
rojnamevan
rōschnāmävān

der Wissenschaftler
zanyar
zānyār

die Grafikerin
kişandêrê grafîkê
kəshändērē grāfīkē

der Profisportler
werzişkarê pispor
wärzəshkārē pəspōr

die Moderatorin
pêşkêşvan
pēshkēshvān

die Schauspielerin
hunerpêşe
hunärpēshä

die Sängerin
stranbêj
strānbēsch

der Tänzer
lîstikvan
līstəkvān

die Kunstmalerin
hunermend
hunärmänd

der Fotograf
wênegir
wēnägər

die Musikerin
muzîkjen
muzīkschän

die Schneiderin
cilsaz
dschəlsāz

der Bildhauer
peykersaz
päykärsāz

die Bankkauffrau
karmenda banka
kārmändā bānkā

der Bibliothekar
pirtûkxanedar
pərtūkkhänädār

der Lehrer
mamoste
māmōstä

DIE ARBEITSWELT – CÎHANA KAR

Das Organigramm – Binesaziya rêxistinî

das Sekretariat
îdareya nivîsgehê
īdārāyā nəvīsgāhē

der kaufmännische Bereich
beşa birêvebirina bazirganiyê
bāshā bərēvābərənā bāzərgānəyē

die kaufmännische Leitung
birêvebiriya îdareya bazirganiyê
bərēvābərəyā īdārāyā bāzərgānəyē

die IT-Leitung
birêvebiriya IT`yê
bərēvābərəyā ət yē

die Buchhaltung
hejmaryarî häschmāryārī

das Controlling
kontrolkirin kōntrōlkərən

das sekundäre Geschäftsfeld
beşa bazirganiya navîn
bāshā bāzərgānəyā nāvīn

die Geschäftsführung
birêvebirê giştî
bərēvābərē gəshtī

das primäre Geschäftsfeld
beşa bazirganiya destpêkê
bāshā bāzərgānəyā dästpēkē

die Geschäftsführung
birêvebirê giştî
bərēvābərē gəshtī

das Team
tîm tīm

die Teamleitung
serokê tîmê
särōkē tīmē

der Angestellte
karmend kārmänd

die Zweigstelle
nivîsgeha şaxe
nəvīsgāhā shākhā

der Manager
birêvebir
bərēvābər

die Aktiengesellschaft (AG)	**şîrketa giştî û kêmberpirs** shīrkätā gəshtī ū kēmbärpərs
der Aktionär/die Aktionärin	**xwedan par** khwädān pār/**xwedan par** khwädān pār
die Gesellschaft mit beschränkter Haftung (GmbH)	**şîrketa kêmberpirsa hiqûqî** shīrkätā kēmbärpərsā həqūqī
die GmbH & Co. KG	**hevpariya kêmsînora bazirganiyê ya hevparê giştî û hevparê kêmberpirs** hävpārəyā kēmsīnōrā bāzərgānəyē yā hävpārē gəshtī ū hävpārē kēmbärpərs
die Kommanditgesellschaft (KG)	**hevpariya kêmsînor** hävpārəyā kēmsīnōr
die offene Handelsgesellschaft (OHG)	**hevpariya giştî ya bazirganî** hävpārəyā gəshtī yā bāzərgānī
der Konzern	**şîrket** shīrkät

der Vorstand
komîsyon
kōmīsyōn

der Gesellschafter
hevkar
hävkār

die Geschäftsführung
birêvebirê giştî
bərēväbərē gəshtī

die stellvertretende Geschäftsführung
nûner
nūnär

der Prokurist
imzeya izndar
əmzäyā əzndār

die Personalabteilung
beşa endaman
bäshā ändāmān

die Personalleitung
birêvebiriya endaman
bərēväbərəyā ändāmān

die Rechtsabteilung
beşa hiqûqî
bäshā həqūqī

die Marketingabteilung
beşa bazar peydakirinê
bäshā bāzār päydākərənē

die Marketingleitung
birêvebiriya bazar peydakirinê
bərēväbərəyā bāzār päydākərənē

die PR-Abteilung
beşa PR`ê
bäshā pr ē

die Produktion
berhemanîn
bärhämānīn

die Produktionsleitung
birêvebiriya berhemanînê
bərēväbərəyā bärhämānīnē

der Betriebsrat
konseya kar
kōnsäyā kār

der Vertrieb
beşa firotinê
bäshā fərōtənē

die Vertriebsleitung
birêvebiriya firotinê
bərēväbərəyā fərōtənē

das Key-Account-Management
birêvebiriya sereke ya hejmaryariyê
bərēväbərəyā säräkä yā häschmāryārəyē

der Außendienst
nûnerê firotinê
nūnärē fərōtənē

der Innendienst
karê îdarî
kārē īdārī

der Kundendienst
xizmeta mişteriyan
khəzmätā məshtärəyān

die Kundenakquise
bidestanîna mişteriyan
bədästānīnā məshtärəyān

DAS BÜRO – NIVÎSGEH

Büromöbel – Alavên nivîsgehê

der Arbeitsplatz
cihê kar
dschəhē kār

die Ablage
dewriya nameyan
däwrəyā nāmäyān

die Schublade
kêşok
kēshōk

die Büromöbel
alavên nivîsgehê
ālāvēn nəvīsgāhē

der Schreibtisch
mase
māsä

die Schreibunterlage
sermase
särmāsä

der Bürostuhl
kursiya nivîsgehê
kursəyā nəvīsgāhē

der Safe
ewle
äwlä

der Aktenschrank
kabîna faylan
kābīnā fāylān

der Wasserspender
dezgeha avê
däzgāhā āvē

die Schreibtischlampe
çira maseyê
tschərā māsäyē

die Pinnwand
borda agahiyan
bōrdā āgāhəyān

der Papierkorb
sepeta kaxizên bermayî
säpätā kākhəzēn bärmāyī

der Terminkalender	**rojnivîs** rōschnəvīs
die Akte	**fayl** fāyl
der Aktenvernichter	**kaxizhûrkar** kākhəschūrkār
das Postfach	**xanedank** khānädānk
der Termin	**dema hevdîtinê** dämā hävdītənē
die Hauspost	**posteya navxweyî** pōstäyā nāvkhwäyī
die Ablage für Eingänge	**fayldank** fāyldānk
die Teeküche	**pehtinxane** pähtənkhānä

DAS BÜRO – NIVÎSGEH

Der Bürobedarf – Pêdiviyên nivîsgehê

die Schere
meqes
mäqäs

der Textmarker
berçavkar
bärtschävkār

der Stiftehalter
qelemdank
qälämdānk

das Notizbuch
tênivîs
tēnəvīs

die Haftnotiz
pirtika xweçesp
pərtəkā khwätschäsp

der Haftstreifen
navara xweçesp
nāvārā khwätschäsp

der Bleistift
qelem
qäläm

der Bleistiftspitzer
qelemtiraş
qälämtərāsh

der Radiergummi
jêbir
schēbər

der Kugelschreiber
nikulê pênivîsê
nəkulē pēnəvīsē

die Büroklammer
sincaqa kaxizê
səndschāqā kākhəzē

die Reißzwecke
ponîs
pōnīs

der Tesafilm®
Stêlotêyp
stēlōtēyp

der Tacker
bizmarkut
bəzmārkut

der Locher
kunkar
kunkār

das Hängeregister
fayla daloqî
fāylā dālōqī

der Briefumschlag
paket
pākät

das Tipp-Ex®
şaşîgir
shāshīgər

der Ordner
pûşe
pūshä

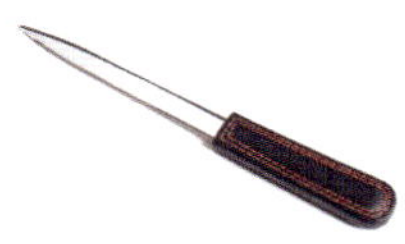

der Brieföffner
namevekirî
nāmävākərī

DAS BÜRO – NIVÎSGEH

Der Besprechungsraum – Odeya konferansê

die Sitzung
hevdîtin
hävdītən

der Teamleiter
serokê tîmê
särōkē tīmē

der Teilnehmer
beşdar
bäshdār

die Tagesordnung
rojev
rōschäv

protokollieren
kurtenivîsîna gotinan
kurtänəvīsīnā gōtənān

der Besprechungstisch
maseya konferansê
māsäyā kōnfärānsē

die Präsentation
pêşkêşkirin
pēshkēshkərən

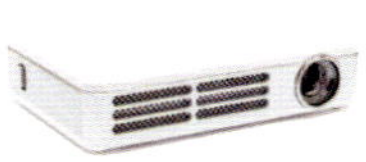

der Beamer
projektor
prōschäktōr

das Balkendiagramm
cedvela tîk
dschädvälā tīk

das Tortendiagramm
cedvela gulover
dschädvälā gulōvär

die Folie
şiqitonek
shəqətōnäk

organisieren	**birêxistinkirin** bərēkhəstənkərən
die Besprechung	**hevdîtin** hävdītən
der Bericht	**raporkirin** rāpōrkərən
das Protokoll	**xulek** khuläk
der Vertrag	**hevhatin-name** hävhātən-nāmä
der Geschäftsmann	**pêkhînerê bazirganiyê** pēkhīnärē bāzərgānəyē
die Geschäftsfrau	**pêkhînerê bazirganiyê** pēkhīnärē bāzərgānəyē
die Geschäftsreise	**sefera kar** säfärā kār

DAS BÜRO - NIVÎSGEH

Der Büroalltag - Jiyana îdarî

der Arbeitgeber
xwedan kar
khwädān kār

① *die Assistentin*
arîkar
ārīkār

② *der Kollege*
hevkar
hävkār

③ *der Arbeitnehmer*
karmend
kārmänd

④ *die Kollegin*
hevkar
hävkār

⑤ *die Managerin*
birêvebir
bərēväbər

⑥ *der Chef*
serok
särōk

die Visitenkarte
karta bazirganiyê
kārtā bāzərgānəyē

entlassen werden
zêdebûn
zēdäbūn

das Personal
karmend
kārmänd

die Elternzeit
betlaneya bavtiyê
bätlānäyā bāvtəyē

die Vertretung	**li şûna kesî karkirin** lə shūnā käsī kārkərən
der Jahresurlaub	**betlaneya salane** bätlānäyā sālānä
das Gehalt	**meaş** mäāsh
die Beförderung	**bilindbûna dereceyê** bələndbūnā därädschäyē
jemandem kündigen	**kesek ji kar avêtin** käsäk schə kār ävētən
seine Stelle kündigen	**dev ji karê xwe berdan** däv schə kārē khwä bärdān
verdienen	**bidestanîn** bədästānīn
in Rente gehen	**malnişînbûn** mālnəshīnbūn

der Mutterschutz
betlaneya dayîktiyê
bätlānäyā dāyīktəyē

KOMMUNI-KATION

TÊKILÎ

DER COMPUTER – KOMPÛTER

Der Desktop-Computer – Kompûtera sermaseyê

die Tastatur
klaviye
klāvəyä

der Bildschirm
ekran
äkrān

die Maus
mişk
məshk

der Desktop-Computer
kompûtera maseyê
kōmpūtärā māsäyē

der Ein/Aus-Schalter
vêxistin/damirandin
vēkhəstən/dāmərāndən

die USB-Schnittstelle
fleş
fläsh

das CD/DVD-Laufwerk
CD/DVD-ajo
sīdī/dīvīdī-āschō

das Computergehäuse
keys
käys

das Scrollrad
tekerê binmişkê
täkärē bənməshkē

die Tastatur
klaviye
klāvəyä

die Escapetaste
kilîta paşvegerê
kəlītā pāshvägärē

die Tabulatortaste
kilîta cedvelsaziyê
kəlītā dschädvälsāzəyē

die Feststelltaste
kilîta mezinkirina tîpan
kəlītā mäzənkərənā tīpān

die Rücklöschtaste
kilîta navbera paş
kəlītā nāvbärā pāsh

die Eingabetaste
kilta pêkanînê
kəltā pēkānīnē

die Umschalttaste
kilta Şîftê
kəltā shīftē

die Steuerungstaste
kilîta kontrolê
kəlītā kōntrōlē

die Leertaste
navber
nāvbär

DER COMPUTER – KOMPÛTER

Hardware und Zubehör – Hişkalav û cihaz

der Lautsprecher
bilindbêj
bələndbēsch

der/das Laptop
leptop
läptōp

das Stromkabel
kabla elektrîk
kāblā äläktrīk

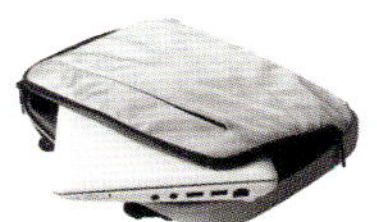

die Laptoptasche
qutiya leptopê
qutəyā läptōpē

der Prozessor
vehûrkar
vähūrkār

die (externe) Festplatte
hard dîska derve
hārd dīskā därvä

der Arbeitsspeicher
bîra sereke
bīrā säräkä

die Webcam
webkem
wäbkäm

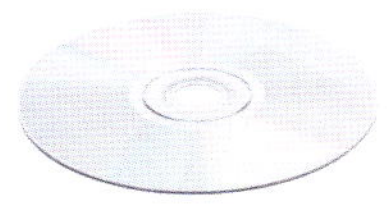

die CD-ROM
CD-ROM
sī dī rɒm

der USB-Stick
drayva fleşê
drāyvā fläshē

der Scanner
skenêr
skänēr

der Tintenstrahldrucker
çapgera cewherê
tschāpgärā dschäwhārē

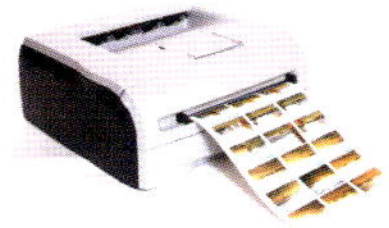

der Laserdrucker
çapgera tîrêjê
tschāpgärā tīrēschē

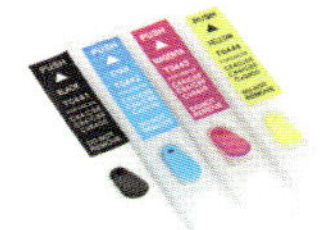

die Tintenpatrone
devata cewherê
dävātā dschäwhārē

die Tonerkartusche
devata tonerê
dävātā tōnärē

das Mauspad
binmişk
bənməshk

DER COMPUTER – KOMPÛTER

Am Computer arbeiten – Bi kompûterê karkirin

tippen
tîprêzî
tīprēzī

klicken
pêlkirin
pēlkərən

scrollen
skrol
skrōl

ausschneiden
birrîn
bərrīn

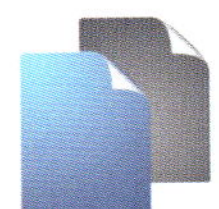

kopieren
kopîkirin
kōpīkərən

einfügen
danîn
dānīn

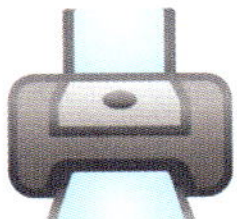

eine Datei ausdrucken
çapkirina faylekê
tschāpkərənā fāyläkē

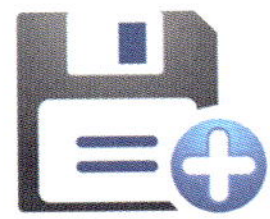

speichern
zexîrekirin
zäkhīräkərən

eine Datei öffnen
vekirina faylekê
väkərənā fāyläkē

löschen
pakkirin
pākkərən

der Ordner
pûşe
pūshä

der Papierkorb
zibildank
zəbəldānk

suchen
lêgerîn
lēgärīn

eingeben	**têketin** tēkätən
eine Datei verschieben	**wêdabirina faylekê** wēdābərənā fāyläkē
eine Sicherungskopie erstellen	**nusxeyek bo xwe hildan** nuskhäyäk bō khwä həldān
markieren	**bijartin** bəschārtən
sich einloggen	**vêxistin** vēkhəstən
sich ausloggen	**damirandin** dāmərāndən
der Neustart	**xurtkirin** khurtkərən
(die) Bytes	**bayt** bāyt

DER COMPUTER – KOMPÛTER

Am Computer arbeiten – Bi kompûterê karkirin

rückgängig machen
nekirin
näkərən

wiederherstellen
dîsan vegerandin
dīsān vägärāndən

die Einstellungen
tanzîmat
tänzīmāt

die Schriftart
font
fōnt

die Fehlermeldung
peyama şaşiyê
päyāmā shāshəyē

der Mauszeiger
cihnîşan
dschəhnīshān

die Sanduhr
saeta qûmê
sāätā qūmē

der Lautstärkeregler
kontrola deng
kōntrōlā däng

ein Fenster minimieren
biçûkkirina xaneyekê
bətschūkkərənā khānäyäkē

eine CD/DVD auswerfen
derxistina CD/DVD`yê
därkhəstənā sīdī/dīvīdī yē

den Rechner hochfahren
vêxistina kompûterê
vēkhəstənā kōmpūtärē

den Rechner herunterfahren
damirandina kompûterê
dāmərāndənā kōmpūtärē

die Datei	**faylkirin** fāylkərən
das Programm	**bername** bärnāmä
der Scrollbalken	**skrol bar** skrōl bār
ein Programm installieren	**damezirandina bernameyekê** dāmäzərāndənā bärnāmäyäkē
ein Programm deinstallieren	**rakirina bernameyekê** rākərənā bärnāmäyäkē
das Betriebssystem	**pergala karkirinê** pärgālā kārkərənē
die Taskleiste	**tesk bar** täsk bār
der Fortschrittsbalken	**nîşana pêşketinê** nīshānā pēshkätənē

das Fenster
xane
khānä

DER COMPUTER - KOMPÛTER

Das Internet - Înternet

das WLAN
Wi-Fi
wə-fə

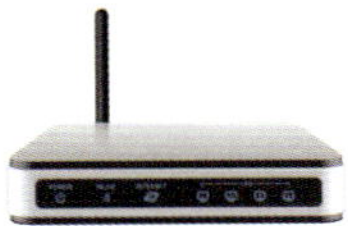

der Router
rêşop
rēshōp

das LAN-Kabel
kabla LAN
kāblā lān

der Browser
lêgerok
lēgärōk

das Lesezeichen
pirtûknîşan
pərtūknīshān

der Download
daxistin
dākhəstən

die Nachricht
peyam
päyām

die Social Media
medyaya civakî
mädyāyā dschəvākī

der Online-Einkauf
kirîna online
kərīnā ōnlənā

die Verschlüsselung
danîna nihêniyan
dānīnā nəhēnəyān

die E-Mail-Adresse
navnîşana e-nameyê
nāvnīshānā ä-nāmäyē

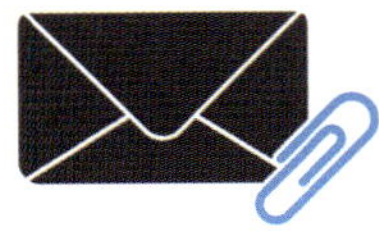

der Anhang
veser
väsär

eine Mail weiterleiten
veşandina e-nameyekê
väshāndənā ä-nāmäyäkē

senden	**şandin** shāndən
empfangen	**wergirtin** wärgərtən
das Benutzerkonto	**hesab** häsāb
der Posteingang	**e-nameyên hatine** ä-nāmäyēn hātənā
der Postausgang	**e-nameyên çûne** ä-nāmäyēn tschūnä
die Abwesenheitsnotiz	**bersiva dema ne li ser kar bûnê** bärsəvā dämā nä lə sär kār būnē
die Spammail	**nelirê** nälərē
im Internet surfen	**lêgerîna li Internetê** lēgärīnā lə əntärnätē

DER COMPUTER – KOMPÛTER

Mobile Endgeräte – Alavên mobaylê

der Tablet-Computer
teblêt
täblēt

der E-Book-Reader
nermalava e-pirtûkan
närmālāvā ä-pərtūkān

der MP3-Player
MP3 player
ēm pī trī plāyär

das Bluetooth®-Headset
guhoka Bluetooth®
guhōkā bluätōōth

die App
eplîkêyşin
äplīkēyshən

die SIM-Karte
SIM kart
səm kārt

die Handytasche
cildê telefona berîkan
dschəldē täläfōnā bärīkān

das Handy
telefona berîkan
täläfōnā bärīkān

der Surfstick
dongle`a telefona berîkan
dōnglä ā täläfōnā bärīkān

wischen
lêdana ji aliyekî
lēdānā schə āləyäkī

die SMS
peyama nivîskî
päyāmā nəvīskī

das Smartphone
smartfon
smārtfōn

der Touchscreen
ekrana telefonê
äkrānā täläfōnē

der Datenspeicher	**zexîreya daneyan** zäkhīrāyā dānāyān
die Software	**nermalav** närmālāv
das Funkloch	**devera mirî** dävärā mərī
die Flatrate	**nirxa apartimanê** nərkhā āpārtəmānē
die Prepaidkarte	**karta dirêv a hevrê** kārtā dərēv ā hävrē
das Guthaben	**krêdît** krēdīt
der Klingelton	**tona deng** tōnā däng
der Akku	**betir** bätər

DAS TELEFON - TELEFON

das Display
nûmayîş
nūmâyīsh

das Telefonbuch
rêzika telefonê
rēzəkā täläfōnē

der Anrufbeantworter
dezgeha bersivdêr
däzgähā bärsəvdēr

das Tastenfeld
kepad`a telefonê
käpād ā täläfōnē

der Telefonhörer
wergir
wärgər

das Kabel
kabl
kābl

das schnurlose Telefon
telefona bêtêl
täläfōnā bētēl

der Hörer
wergir
wärgər

abheben
bersivdan
bärsəvdān

auflegen
hildana telefonê
həldānā täläfōnē

die Basisstation
bingeh
bəngäh

der Kopfhörer
hêdfon
hēdfōn

das Mikrofon
maykrofon
māykrōfōn

das Faxgerät
dezgeha faksê
däzgähā fäksē

jemanden anrufen	**ji kesekî ra telefonkirin** schə käsäkī rā täläfōnkərən
wählen	**girtina hejmara telefonê** gərtənā häschmārā täläfōnē
klingeln	**zengil lêketin** zängəl lēkätən
Ich möchte bitte ... sprechen.	**Ez dixwazim bi ... ra biaxivim.** äz dəkhwāzəm bə … rā bəākhəvəm
Entschuldigung, ich habe mich verwählt.	**Biborin, min hejmar şaş lêdaye.** bəbōrən mən häschmār shāsh lēdāyä
Ich stelle Sie durch.	**Ez ê telefona we pê ve bikim.** äz ē täläfōnā wä pē vä bəkəm
Bitte hinterlassen Sie eine Nachricht nach dem Signalton.	**Ji kerema xwe, piştî dengê tonê peyama xwe dayînin.** schə kärämā khwä pəshtī dängē tōnē päyāmā khwä dāyīnən
Können Sie mich bitte zurückrufen?	**Gelo hûn dikarin piştre ji min ra telefon bikin?** gälō hūn dəkārən pəshträ schə mən rā täläfōn bəkən

DIE MEDIEN - DEZGEHÊN RAGIHANDINÊ

Das Fernsehen - Televîzyon

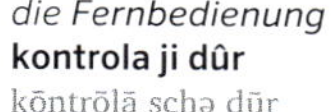

die Fernbedienung
kontrola ji dûr
kōntrōlā schə dūr

die Lautstärke
asta deng
āstā däng

stumm schalten
kirin rewşa bêdeng
kərən räwshā bēdäng

zurückspulen
dîsan gizigizîn
dīsān gəzəgəzīn

abspielen
lêdan
lēdān

umschalten
guhertina kanalan
guhärtənā kānālān

aufnehmen
tomarkirin
tōmārkərən

vorspulen
zû pêşveçûn
zū pēshvätschūn

die Stopptaste
bişkoka rawestanê
bəshkōkā rāwästānē

die Pausetaste
bişkoka bendêmayînê
bəshkōkā bändēmāyīnē

der DVD-Player
DVD player
dī vī dī plāyär

das Videospiel
lîstika video
līstəkā vədāō

der Fernseher
TV
tīvī

der Digitalempfänger
wergira dîjîtal
wärgərā dīschītāl

die DVD
DVD
dī vī dī

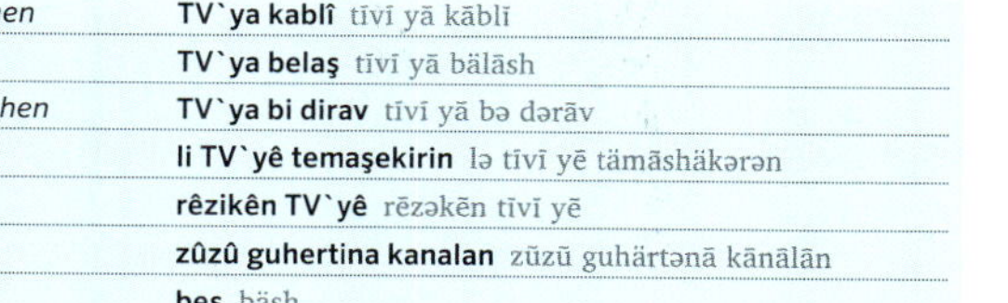

das Kabelfernsehen	**TV`ya kablî** tīvī yā kāblī
das Free-TV	**TV`ya belaş** tīvī yā bälāsh
das Bezahlfernsehen	**TV`ya bi dirav** tīvī yā bə dərāv
fernsehen	**li TV`yê temaşekirin** lə tīvī yē tämāshäkərən
die Fernsehserie	**rêzikên TV`yê** rēzəkēn tīvī yē
zappen	**zûzû guhertina kanalan** zūzū guhärtənā kānālān
die Folge	**beş** bäsh
der Raumklang	**dengê dorberê** dängē dōrbärē

die Satellitenschüssel
sêla peykê
sēlā päykē

DIE MEDIEN – DEZGEHÊN RAGIHANDINÊ

Das Fernsehen – Televîzyon

das Set
tanzîmkirin
tānzīmkərən

der Teleprompter®
autocue®
āutōdschuā

die Nachrichtensprecherin
nûçexwan
nūtschākhwān

die Nachrichten
nûçe
nūtschā

das Interview
hevpeyvîn
hävpäyvīn

der Interviewpartner
kesê pê ra hevpeyvînê dikin
käsē pē rā hävpäyvīnē dəkən

die Reporterin
raporvan
rāpōrvān

das Mikrofon
maykrofon
māykrōfōn

die Szene
sahne
sāhnā

der Schauspieler
hunerpêşe
hunärpēshā

die Livesendung
bernameya zindî
bärnāmāyā zəndī

das Publikum
temaşevan
tāmāshävān

die Klappe
clepbord
dschläpbōrd

der Dokumentarfilm	**belgefîlm** bälgāfīlm
die Talkshow	**rojeva zindî** rōschävā zəndī
die Reportage	**fîçêr** fītschēr
die Quizshow	**bernameya lîstokan** bärnāmāyā līstōkān
der Moderator	**pêşkêşvan** pēshkēshvān
die Moderatorin	**pêşkêşvan** pēshkēshvān
der Teilnehmer	**rikber** rəkbär
die Teilnehmerin	**rikber** rəkbär

DIE MEDIEN – DEZGEHÊN RAGIHANDINÊ

Das Radio – Radyo

der DJ
DJ
dīdschēī

die Tonaufnahme
tomarkirin
tōmārkərən

der Radiosender
navenda radyoyê
nāvändā rādyōyē

der Wetterbericht
rewşa hewayê
räwshā häwāyē

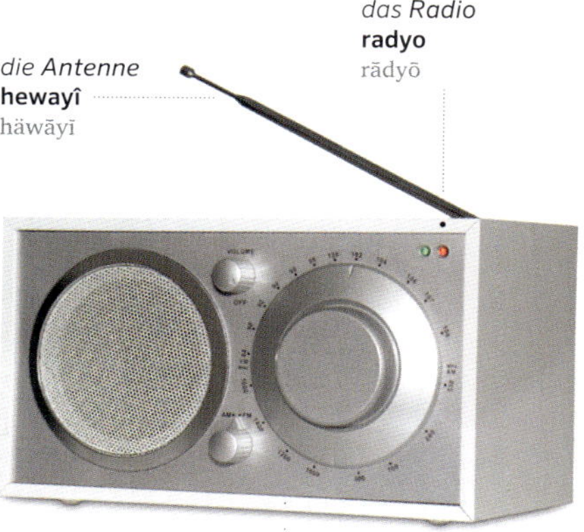

das Radio
radyo
rādyō

die Antenne
hewayî
häwāyī

die Frequenz
frêkans
frēkāns

die Verkehrsnachrichten
nûçeya seferê
nūtschäyā säfärē

die Hitparade
bernameya çartê
bärnāmäyā tschārtē

das Hörspiel
drama
drāmā

die Liveaufzeichnung
tomarkirina zindî
tōmārkərənā zəndī

die Sendung	**bername** bärnāmä
der Berichterstatter	**raporvan** rāpōrvān
die Berichterstatterin	**raporvan** rāpōrvān
die Erkennungsmelodie	**cirîngîkirin** dschərīngīkərən
der Werbespot	**reklamkirin** räklāmkərən
senden	**weşandin** wäshāndən
die Langwelle	**pêlên dirêj** pēlēn dərēsch
die Kurzwelle	**pêlên kurt** pēlēn kurt

DIE MEDIEN – DEZGEHÊN RAGIHANDINÊ

Die Printmedien – Çapkirin

die Zeitung
rojanme
rōschānmä

das Tabloidformat
formeta tebloîd
fōrmätā täblōīd

die Titelseite
serrûpel
särrūpäl

die Schlagzeile
sernivîs
särnəvīs

das Bild
wêne
wēnä

der Vorspann
benda sereke
bändā säräkä

der Artikel
nivîsar
nəvīsār

die Zeitungsspalte
stûn
stūn

die großformatige Zeitung
rûpela mezin
rūpälā mäzən

der Stellenmarkt
derfeta kar
därfätā kār

der Werbeprospekt
nivîsok
nəvīsōk

die Anzeige
reklam
räklām

das Abonnement
abonebûn
ābōnäbūn

der Leitartikel	**serok** särōk
die Todesanzeige	**agahaiya mirinê** āgāhāəyā mərənē
die Qualitätszeitung	**kaxiza baş** kākhəzā bāsh
die Boulevardzeitung	**tebloîd** täblōīd
die Wochenzeitung	**heftename** häftänāmä
die Tageszeitung	**rojname** rōschnāmä
die Kolumne	**stûn** stūn
die Beilage	**pêvek** pēväk

DIE MEDIEN – DEZGEHÊN RAGIHANDINÊ

Die Printmedien – Çapkirin

das gebundene Buch
pirtûka cildhişk
pərtūkā dschəldhəshk

der Einband
cild
dschəld

der Buchdeckel
rûveka cildê
rūväkā dschəldē

der Buchrücken
stûna pirtûkê
stūnā pərtūkē

der Schutzumschlag
kirasê pirtûkê
kərāsē pərtūkē

das Taschenbuch
kaxiza piştê
kākhəzā pəshtē

die Seite
rûpel
rūpäl

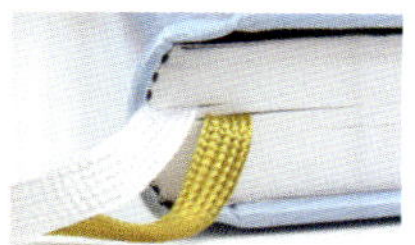

das Lesebändchen
pirtûknîşan
pərtūknīshān

in einem Buch blättern
kurtenêrîna li pirtûkekê
kurtänērīnā lə pərtūkäkē

das Sachbuch
pirtûka ne-çîrok
pərtūkā nä-tschīrōk

der Roman
roman
rōmān

die Seitenzahl	**hejmara rûpelê** häschmārā rūpälē
der Index	**lîsteya serenavan** līstäyā säränāvān
eine Seite überfliegen	**li rûpelekê kurt nihêrîn** lə rūpäläkē kurt nəhērīn
das Kinderbuch	**pirtûka zarokan** pərtūkā zārōkān
die Erzählliteratur	**destana xiyalî** dästānā khəyālī
die Sachliteratur	**ne-çîrok** nä-tschīrōk
das Inhaltsverzeichnis	**naverok** nāvärōk
das Kapitel	**beş** bäsh

der Bildband
pirtûka maseya kafeyê
pərtūkā māsäyā kāfäyē

DIE POST - POSTE

der Briefumschlag
paketa nameyan
pākātā nāmäyān

die Briefmarke
tembr
tämbr

der Empfänger
wergir
wärgər

die Adresse
navnîşan
nāvnīshān

die Postleitzahl
koda postî
kōdā pōstī

der Poststempel
nîşana posteyê
nīshānā pōstäyē

das Postfach
gişe posteye
gəshä pōstäyē

der Absender
şandêr
shāndēr

die Postkarte
kartpostal
kārtpōstāl

die Empfangsbestätigung unterschreiben
wajokirina resîtekê
wāschōkərənā räsītäkē

der Briefkasten
qutiya posteyê
qutəyā pōstäyē

einen Brief einwerfen
şandina nameyekê
shāndənā nāmäyäkē

das Paket
bestek
bästäk

der Brief	**name** nāmä
der Eilbrief	**nameya bayê bezê** nāmäyā bāyē bäzē
portofrei	**diravê şandinê dane** dərāvē shāndənē dānā
einen Brief erhalten	**wergirtina nameyekê** wärgərtənā nāmäyäkē
einen Brief beantworten	**bersivdana nameyekê** bärsəvdānā nāmäyäkē
jemandem einen Brief schicken	**ji kesekî ra nameyek şandin** schə käsäkī rā nāmäyäk shāndən
das Einschreiben	**nameyek tomarkirin** nāmäyäk tōmārkərən

DIE POST – POSTE

das Klebeband
banda bestekê
bāndā bästäkē

die Styroporflocken
pirtikên polîstîrên
pərtəkēn pōlīstīrēn

das Päckchen
besteka biçûk
bästäkā bətschūk

per Luftpost
bi posteya hewayî
bə pōstäyā häwāyī

das Porto
nîşaneya posteyê
nīshānäyā pōstäyē

zerbrechlich
şikandinbar
shəkändənbār

vor Nässe schützen
ziwa xwedî bikin
zəwā khwädī bəkən

oben
dawiya kar
dāwəyā kār

die Zustellung
gihandina bestekê
gəhāndənā bästäkē

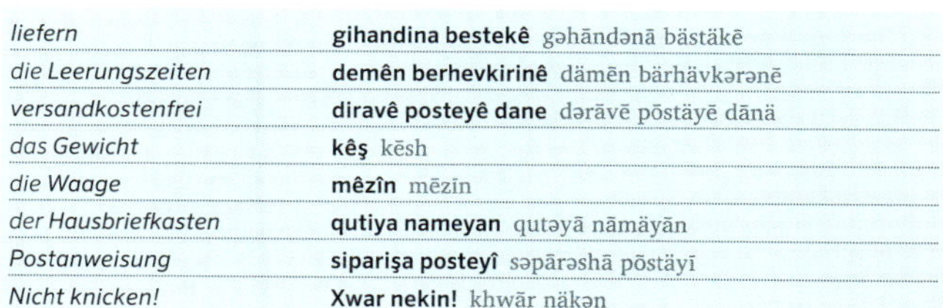

liefern	**gihandina bestekê** gəhāndənā bästäkē
die Leerungszeiten	**demên berhevkirinê** dämēn bärhävkərənē
versandkostenfrei	**diravê posteyê dane** dərāvē pōstäyē dānā
das Gewicht	**kêş** kēsh
die Waage	**mêzîn** mēzīn
der Hausbriefkasten	**qutiya nameyan** qutəyā nāmäyān
Postanweisung	**siparişa posteyî** səpārəshā pōstäyī
Nicht knicken!	**Xwar nekin!** khwār näkən

der Kurierdienst
xizmeta peykê
khəzmätā päykē

SPORT UND FITNESS

WERZIŞ Û BEJNXWEŞÎ

BALLSPORTARTEN – WERZIŞÊN GOGÊ

Der Fußball – Fûtbol

das Spielfeld
meydana fûtbolê
mäydānā fūtbōlē

der Mittelkreis
dorhêla navendê
dōrhēlā nāvändē

der Anstoßpunkt
xala navendê
khālā nāvändē

der Strafraum
devera cezayê
dävärā dschäzāyē

der Eckbogen
kovana guç
kōvānā gutsch

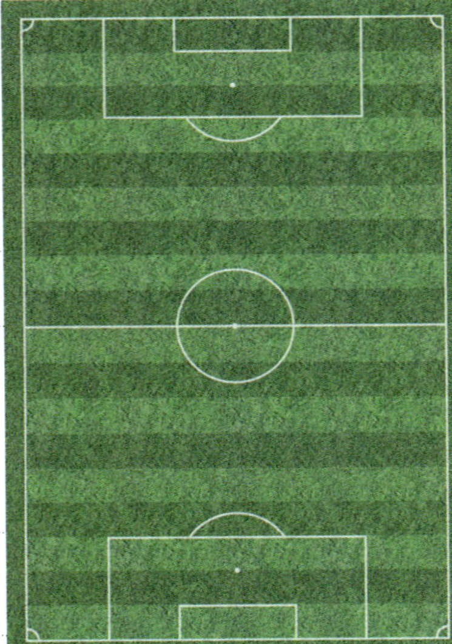

die Torlinie
xetê golê
khätē gōlē

der Elfmeterpunkt
xala cezayê
khālā dschäzāyē

der Teilkreis am Strafraum
kovana cezayê
kōvānā dschäzāyē

die Mittellinie
xeta nîvrê
khätā nīvrē

die Seitenlinie
xeta gihîştinê
khätā gəhīshtənē

der Torraum
devera golê
dävärā gōlē

das Stadion
stadiyom
stādəyōm

die Zuschauertribüne
cihê temaşevan
dschəhē tämāshävān

die Zuschauer
temaşevan
tämāshävān

der Platzverweis
derxistin
därkhəstən

die rote Karte
karta sor
kārtā sōr

der Schiedsrichter
dadwer
dādwär

BALLSPORTARTEN – WERZIŞÊN GOGÊ

Der Fußball – Fûtbol

die Mannschaftsaufstellung
rêza lîstikvanan
rēzā līstəkvānān

der Mittelstürmer
pêşbirê navendê
pēshbərē nāvāndē

der Libero
dûravêj
dūrāvēsch

der Innenverteidiger
nîvekê navendê
nīväkē nāvāndē

der Torwart
dergevan
därgävān

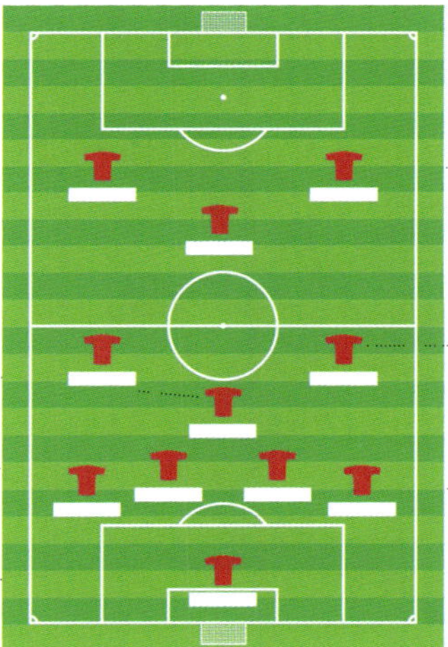

der Außenstürmer
perrê meydanê
pärrē mäydānē

der Mittelfeldspieler
nîveka meydanê
nīväkā mäydānē

der Außenverteidiger
piştî perrê meydanê
pəshtī pärrē mäydānē

angreifen
lêdan û avêtin
lēdān ū āvētən

der Eckstoß
guç
gutsch

der Freistoß
pehîna azad
pähīnā āzād

der Einwurf
avêtin hundir
āvētən hundər

die Liga	**lîg** līg
die erste Liga	**dabeşa yekem** dābāshā yäkäm
die Meisterschaft	**qehremanî** qährämānī
der Pokal	**kap** kāp
die gelbe Karte	**karta zer** kārtā zär
einen Spieler sperren	**lîstikvanek aloqandin** līstəkvānäk ālōqāndən
das Foul	**vizîkirin** vəzīkərən
die Verteidigung	**bergirî** bärgərī

das Tor
gol
gōl

BALLSPORTARTEN – WERZIŞÊN GOGÊ

Der Fußball – Fûtbol

der Fußball
fûtbol
fūtbōl

der Fußballschuh
solên fûtbolê
sōlēn fūtbōlē

der Stollen
pêlavên werzişî
pēlāvēn wärzəshī

das Trikot
kirasê werzişî
kərāsē wärzəshī

die Hose
şort
shōrt

der Schienbeinschoner
jinûparêz
schənūpārēz

der Stutzen
gore
gōrä

den Ball halten
girtina topê
gərtənā tōpē

das Tornetz
torr
tōrr

der Torpfosten
şandina golê
shāndənā gōlē

der Torwarthandschuh
lepikên dergevan
läpəkēn därgävān

schießen
şûtkirin
shūtkərən

die Querlatte	**xetê derbasbûnê** khātē därbāsbūnē
die Halbzeit	**nîv-dem** nīv-dām
das Unentschieden	**kişandin** kəshāndən
die Verlängerung	**dema zêde** dämā zēdā
der Elfmeter	**ceza** dschäzā
das Abseits	**offsayd** ōffsäyd
köpfen	**ser** sär
kicken	**pehîn** pähīn

BALLSPORTARTEN – WERZIŞÊN GOGÊ

Der Handball – Goga destan

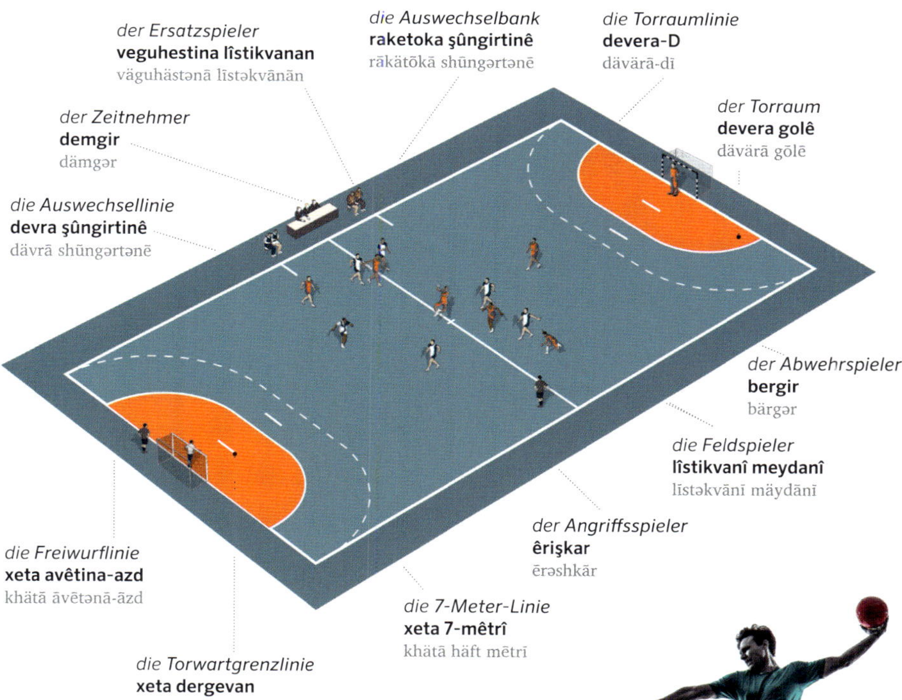

der Sprungwurf
lîstikvanê meydanê
līstəkvānē mäydānē

der linke Flügel	**aliyê çepê** äləyē tschäpē
der rechte Flügel	**aliyê rastê** äləyē rāstē
der Schlagwurf	**derbasbûna yek-destî** därbāsbūnā yäk-dästī
die Zeitstrafe	**dema cezayê** dämā dschäzāyē
die Disqualifikation	**şert û merc ji dest dan** shärt ū mārdsch schə däst dān
die Auszeit	**kutabûna demê** kutābūnā dämē
die Verwarnung	**hişdarî** həshdārī
der Siebenmeter	**avêtina 7-mêtrî** āvētənā häft mētrī

BALLSPORTARTEN – WERZIŞÊN GOGÊ

Der Volleyball – Volîbol

die Angriffszone
devera êrişê
dävärā ērəshē

der Außenangreifer
êrişkarê çep/rastê
ērəshkārē tschäp/rāstē

der Mittelangreifer
êrişkarê navîn
ērəshkārē nāvīn

die Verteidigungszone
devera pişt
dävärā pəsht

die Netzkante
banda sipî
bāndā səpī

das Netz
torr
tõrr

die Angriffslinie
xetê êrişê
khātē ērəshē

der Freiraum
cihê pak
dschəhē pāk

der Libero
dûravêj
dūrāvēsch

die Grundlinie
xeta bingehê
khātā bəngähē

der Abwehrspieler
pişt
pəsht

die Seitenlinie
xeta kêlekê
khātā kēläkē

der Linienrichter
dadwerê xetê
dādwärē khātē

die Reservebank
raketoka cîgiran
rākätōkā dschīgərān

der Beachvolleyball
volîbola beravê
vōlībōlā bärāvē

schmettern
hûrkirin
hūrkərən

blocken
pêşîlêgirtin
pēshīlēgərtən

der Aufschlag
xizmetkirin
khəzmätkərən

baggern
asteng
āstäng

pritschen
tanzîmkirin
tānzīmkərən

die Hechtabwehr
kolan
kōlān

BALLSPORTARTEN – WERZIŞÊN GOGÊ

Der Basketball – Baskêtbol

die Seitenlinie
xeta kêlekê
khätā kēläkē

die Drei-Punkte-Linie
xeta sê-xalî
khätā sē-khālī

die begrenzte Zone
devera kêmsînorbûyî
dävärā kēmsīnōrbūyī

die Grundlinie
xeta bingehîn
khätā bəngähīn

im Aus sein
li derve bûn
lə därvä būn

die Freiwurflinie
xeta avêtina aza
khätā āvētənā āzā

die Mittellinie
xeta naveka meydanê
khätā nāväkā mäydānē

der Mittelkreis
dorhêla navendê
dōrhēlā nāvändē

der Dunk
xelek
khäläk

das Korbbrett
pişta xelekê
pəshtā khäläkē

der Korbring
heçe
hätschä

das Netz
torr
tōrr

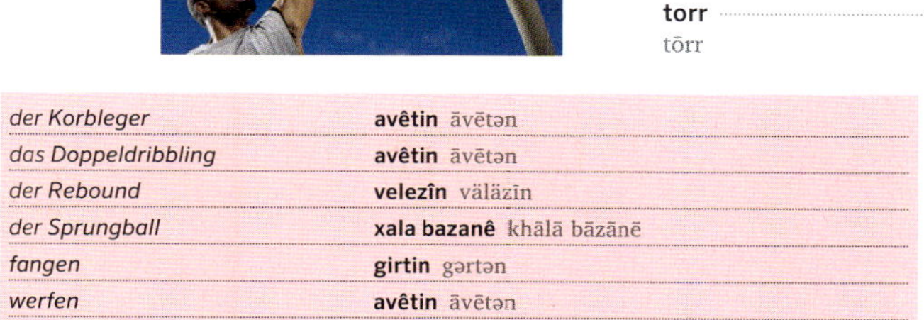

der Korbleger	**avêtin** āvētən
das Doppeldribbling	**avêtin** āvētən
der Rebound	**velezîn** välāzīn
der Sprungball	**xala bazanê** khālā bāzānē
fangen	**girtin** gərtən
werfen	**avêtin** āvētən
zielen	**şûtkirin** shūtkərən
decken	**nîşankirin** nīshānkərən

der Korb
sepet
säpät

WEITERE BALLSPORTARTEN – WERZIŞÊN DIN ÊN GOGÊ

das Hockey
hokiya meydanê
hōkəyā mäydānē

das Eishockey
hokiya cemedê
hōkəyā dschämādē

der Hockeyschläger
gopalê hokiyê
gōpālē hōkəyē

der Puck
lêdana gopêl
lēdānā gōpēl

der Softball
topa nerm
tōpā närm

der Baseball
bêysbol
bēysbōl

der Baseballschläger
kaşoya bêysbolê
kāshōyā bēysbōlē

der Baseballhandschuh
lepikê bêysbolê
läpəkē bēysbōlē

der American Football
fûtbola amerîkî
fūtbōlā ämärīkī

das Rugby
rûgbî
rūgbī

das Kricket
krîkêt
krīkēt

das Schlagholz
şiv
shəv

die Trillerpfeife
fîq
fīq

die Mannschaft	**tîm** tīm
der Sieger	**berende** bārāndā
der Verlierer	**têkçûyî** tēktschūyī
der Weltmeister	**qehremanê dinyayê** qāhrāmānē dənyāyē
das Turnier	**tûrnêmint** tūrnēmənt
der Spielstand	**xal** khāl
der Trainer	**hînkar** hīnkār
die Trainerin	**hînkar** hīnkār
die Anzeigetafel	**qada serpişkiyan** qādā särpəshkəyān

BALLSPORTARTEN MIT SCHLÄGERN – WERZIŞÊN RAKÊTÊ

Das Badminton – Bedmînton

der Badmintonplatz
meydana bedmîntonê
mäydānā bädmīntōnē

das linke Aufschlagfeld
meydana servîsa çepê
mäydānā särvīsā tschäpē

das rechte Aufschlagfeld
meydana servîsa rastê
mäydānā särvīsā rāstē

die hintere Aufschlaglinie Einzel
xeta servîsa dirêj bo tekê
khātā särvīsā dərēsch bō täkē

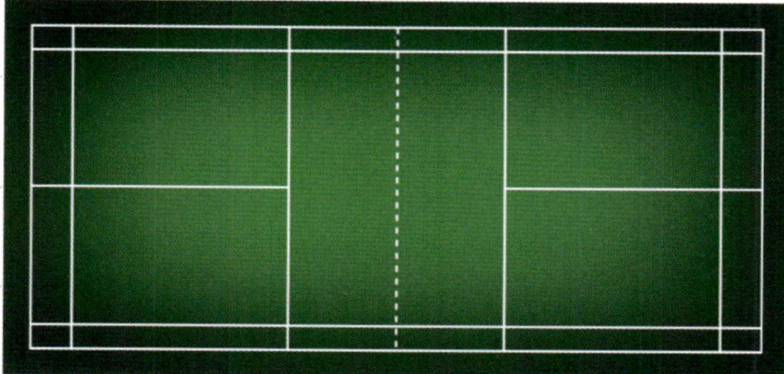

die hintere Aufschlaglinie Doppel
xeta servîsa dirêj bo dûblê
khātā särvīsā dərēsch bō dūblē

die Seitenlinie Einzel
xeta kêlekê ya tek
khātā kēläkē yā täk

die vordere Aufschlaglinie
xeta servîsa kin
khātā särvīsā kən

die Mittellinie
xeta navendê
khātā nāvändē

die Seitenlinie Doppel
xeta kêlekê ya dûblê
khātā kēläkē yā dūblē

das Squash
skiwaş
skəwāsh

der Racquetball
rakêtbol
rākētbōl

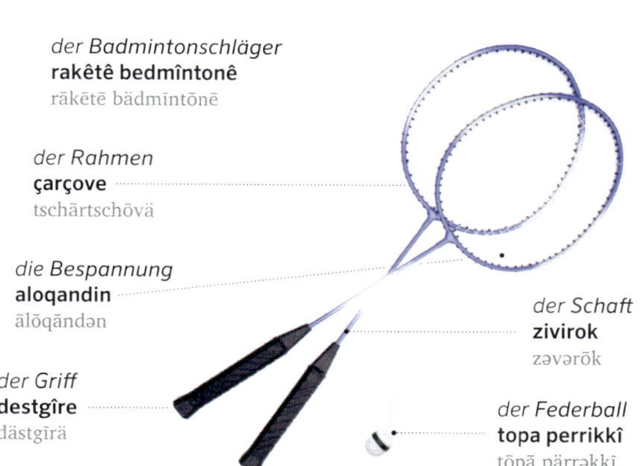

der Badmintonschläger
rakêtê bedmîntonê
rākētē bädmīntōnē

der Rahmen
çarçove
tschārtschōvä

die Bespannung
aloqandin
ālōqāndən

der Griff
destgîre
dästgīrä

der Schaft
zivirok
zəvərōk

der Federball
topa perrikkî
tōpā pärrəkkī

BALLSPORTARTEN MIT SCHLÄGERN – WERZIŞÊN RAKÊTÊ

Das Tennis – Tenîs

der Balljunge
berhevkarê topê
bärhävkārē tōpē

die Grundlinie
xeta bingehîn
khātā bəngāhīn

die Aufschlaglinie
xeta servîsê
khātā särvīsē

das Halbfeld
meydana pêşiyê
mäydānā pēshəyē

die Seitenlinie für das Einzelspiel
xeta kêlekê ya tek
khātā kēläkē yā täk

die Seitenlinie für das Doppelspiel
xeta kêlekê ya dûblê
khātā kēläkē yā dūblē

die Aufschlagmittellinie
xeta servîsa navendê
khātā särvīsā nāvändē

das Netz
torr
tõrr

der Tennisball
goga tenîsê
gōgā tänīsē

der Tennisschläger
rakêta tenîsê
rākētā tänīsē

die Vorhand
pêşiya destê
pēshəyā dästē

die Rückhand	**pişta destê** pəshtā dästē
das Einzel	**tek** täk
das Doppel	**dûbl** dūbl
der/das Tiebreak	**diyarkirina dawîn** dəyārkərənā dāwīn
der Einstand	**karteke lîstikê** kārtäkä līstəkē
der Fehler	**şaşî** shāshī
das Ass	**karteke lîstikê** kārtäkä līstəkē
der Satz	**kom** kōm
der Schiedsrichter	**çavdêr** tschāvdēr
die Schiedsrichterin	**çavdêr** tschāvdēr
der Linienrichter	**dadwerê xetê** dādwārē khātē
die Linienrichterin	**dadwerê xetê** dādwārē khātē

BALLSPORTARTEN MIT SCHLÄGERN – WERZIŞÊN RAKÊTÊ

Das Tischtennis – Tenîsa maseyê

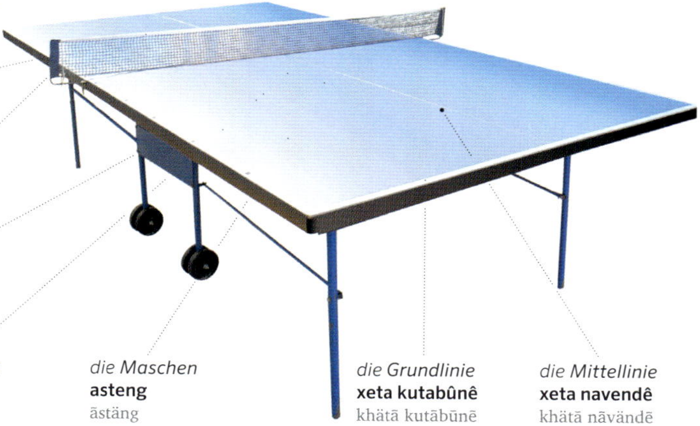

der Tischtennistisch
maseya tenîsa maseyê
māsäyā tänīsā māsäyē

die Netzoberkante
fêza torrê
fēzā tōrrē

der Netzhalter
piştevaniya torrê
pəshtävānəyā tōrrē

die Seitenlinie
xeta kêlekê
khātā kēläkē

das Netz
torr
tōrr

die Maschen
asteng
āstäng

die Grundlinie
xeta kutabûnê
khātā kutābūnē

die Mittellinie
xeta navendê
khātā nāvändē

der Tischtennisschläger
şiva tenîsa maseyê
shəvā tänīsā māsäyē

die Schlagfläche
tîxe
tīkhä

der Belag
dapoşan
dāpōshān

der Tischtennisball
goga tenîsa maseyê
gōgā tänīsā māsäyē

der Griff
destgîre
dästgīrä

der Penholdergriff
awayekî girtina rakêtê tenîsê ye
āwāyäkī gərtənā rākētē tänīsē yä

der Shakehandgriff
awayekî hejandina destan e
āwāyäkī häschāndənā dästān ä

DAS GOLF – GOLF

der Golfplatz
kursa golfê
kursā gōlfē

das Wasserhindernis
metirsiya avê
mätərsəyā āvē

der Bunker
bunker
bunkär

das Fairway
beşeka kursa golfê
bäshäkā kursā gōlfē

das Rough
dijwar
dəschwār

der Abschlag
dûrkirin
dūrkərən

die Haltung
helwest
hälwäst

das Tee
cihê topê
dschəhē tōpē

der Golfball
goga golfê
gōgā gōlfē

einlochen
kunik
kunək

die Fahne
ala
ālā

das Loch
kun
kun

das Grün
kesk
käsk

DAS GOLF – GOLF

die Golfschläger
kubên golfê
kubēn gōlfē

das Holz
dar
dār

das Eisen
hesin
häsən

der Wedge
govê
gōvē

der Putter
kaşoya golfê
kāshōyā gōlfē

die Golftasche
kîsikê golfê
kīsəkē gōlfē

driven
ajotin
āschōtən

der Golfspieler
lîstikvanê golfê
līstəkvānē gōlfē

der Caddie
arîkarê lîstikvanê golfê
ārīkārē līstəkvānē gōlfē

der Golftrolley
otobûsa golfê
ōtōbūsā gōlfē

der Durchschwung
şopandina ji
shōpāndənā schə

schwingen	**hêlekankirin** hēläkānkərən
chippen	**hûrkirin** hūrkərən
den Ball vom Abschlag spielen	**dûrkirin** dūrkərən
das Par	**hejmara serpişkiyan** häschmārā särpəshkəyān
das Birdie	**bîrdiya golfê** bīrdəyā gōlfē
das Bogey	**bojiya golfê** bōschəyā gōlfē
das Handicap	**kêmendam** kēmändām
das Hole-in-one	**yekcar birin kunê** yäkdschār bərən kunē

das Golfcart
ereboka golfê
äräbōkā gōlfē

DIE LEICHTATHLETIK – WERZIŞKARÎ

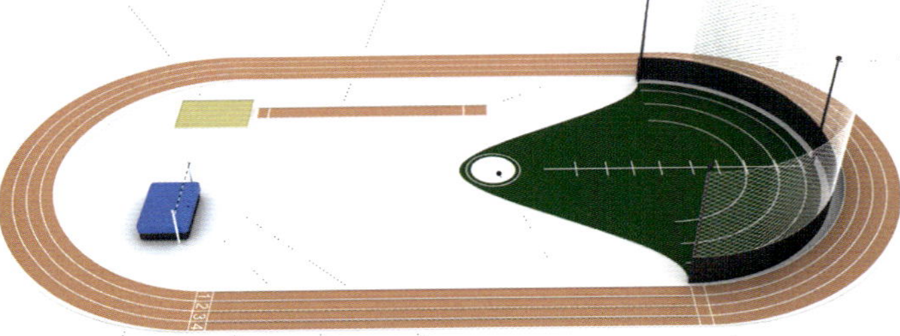

die Sprunggrube
çala danînê
tschālā dānīnē

der Weit- und Dreisprung
bazdana bilind û bazdana sêgane
bāzdānā bələnd ū bāzdānā sēgānā

die Anlaufbahn
dûrbûn
dūrbūn

das Schutznetz
qefesa ewlebûnê
qāfāsā āwlābūnē

die Bahn
navxet
nāvkhāt

die Aschenbahn
şop
shōp

der Hochsprung
bazdana bilind
bāzdānā bələnd

die Latte
mîle
mīlä

die Ziellinie
xeta kutakirinê
khātā kutākərənē

der Diskus- und Hammerwurf
avêtin dîskê û avêtina çakûtê
āvētən dīskē ū āvētənā tschākūtē

die Startlinie
xeta destpêkirinê
khātā dästpēkərənē

die Matte
cihê danînê
dschəhē dānīnē

der Wurfkreis
meydana avêtinê
mäydānā āvētənē

der Sprint
reva pir zû
rävā pər zū

der Startblock
bloka destpêkirinê
blōkā dästpēkərənē

der Hürdenlauf
reva bi asteng
rävā bə āstäng

die Hürde
asteng
āstäng

der Stabhochsprung
bazdana ser astengan
bāzdānā sär āstängān

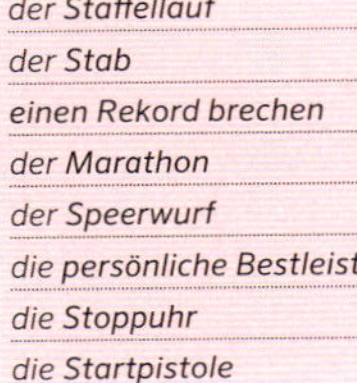

der Staffellauf	**kêbirkêya rîleyê** kēbərkēyā rīläyē
der Stab	**baton** bātōn
einen Rekord brechen	**rekor şikandin** rākōr shəkāndən
der Marathon	**maraton** mārātōn
der Speerwurf	**nêyze** nēyzä
die persönliche Bestleistung	**serpişkiya herî baş** särpəshkəyā hārī bāsh
die Stoppuhr	**demjimêra rawestandinê** dämschəmērā rāwāstāndənē
die Startpistole	**qirmeya destpêkirinê** qərmäyā dästpēkərənē

DAS TURNEN – JÎMNASTÎK

der Sprungtisch
maseya çavdêriyê
māsāyā tschāvdērəyē

der Handstand
cihê destan
dschəhē dāstān

der/das Spagat
şikeft
shəkāft

das Reck
mîleya asoyî
mīläyā āsōyi

der Barren
mîleyên hevyalî
mīläyēn hāvyālī

das Pauschenpferd
hespê bazdanê
häspē bāzdānē

die Ringe
xelek
khäläk

der Schwebebalken
tîrêj
tīrēsch

das Bodenturnen
hînkariya erdê
hīnkārəyā ärdē

der Stufenbarren
mîleyên newekhev
mīläyēn näwäkhäv

der Turnanzug
cilên yekdest
dschəlēn yäkdäst

die Turnhalle
jîmnaziyom
schīmnāzəyōm

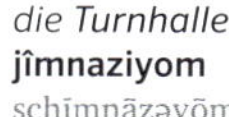

die Turnerin
jîmnast
schīmnāst

die Magnesia
geç
gätsch

das Gold	**zêr** zēr
das Silber	**zîv** zīv
die Bronze	**bronz** brōnz
die Medaille	**madalya** mādālyā
der Wettkampf	**kêbirkê** kēbərkē
der Salto	**liveke akrobatîk e** ləväkä ākrōbātīk ä
der Aufgang	**hilkişîn** həlkəshīn
der Abgang	**daketin** dākätən

DER WASSERSPORT - WERZIŞÊN AVÊ

Das Schwimmen - Avjenî

das Wettkampfbecken
avxaneya kêbirkêyê
āvkhānäyā kēbərkēyē

① *der Wendehinweis für Rückenschwimmer*
nîşandêra derbeya piştê
nīshāndērā därbäyā pəshtē

② *die Bahn*
navxet
nāvkhät

③ *das Ziel*
dîwarê dawiyê
dīwārē dāwəyē

④ *die Linie*
xet
khät

⑤ *das Wasser*
av
āv

⑥ *der Startblock*
bloka destpêkirinê
blōkā dästpēkərənē

⑦ *die Schwimmleine*
nîşandêra navxetê
nīshāndērā nāvkhätē

die Wende
vegerîn
vägärīn

der Armzug
derbeya nişkêveyî
därbäyā nəshkēväyī

das Rückenschwimmen
derbeya piştê ya nişkêveyî
därbäyā pəshtē yā nəshkēväyī

das Brustschwimmen
derbeya sîng a nişkêveyî
därbäyā sīng ā nəshkēväyī

kraulen
ser sîng avjenîkirin
sär sīng āvschānīkərən

das Schmetterlings-schwimmen
avjeniya kerkendî
āvschānəyā kärkändī

der Startsprung
şîrjeya kêbirkêyê
shīrschäyā kēbərkēyē

der Fehlstart
destpêka sexte
dästpēkā säkhtä

DER WASSERSPORT – WERZIŞÊN AVÊ

Das Schwimmen – Avjenî

der Wasserball
waterpolo
wātärpōlō

springen
şîrjekirin
shīrschäkərən

das Kunstspringen
şîrje
shīrschä

das Synchronschwimmen
avjeniya hevdem
āvschänəyā hävdäm

der Schwimmflügel
perê avê
pärē āvē

der Schwimmring
xeleka rêzîn
khäläkā rēzīn

das Schwimmerbecken
avjenîxane
āvschänīkhānä

das Nichtschwimmer-becken
avxaneya ne-avjeniyê
āvkhānäyā nä-āvschänəyē

die Schwimmweste
çakêtê filitandinê
tschākētē fələtändənē

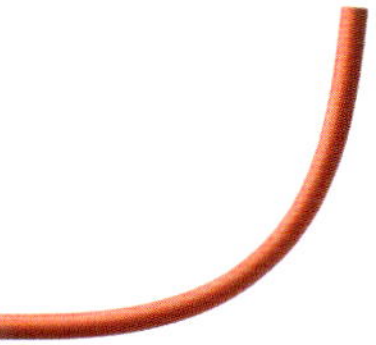
die Schwimmnudel
tekerê avjeniyê
täkärē āvschänəyē

schwimmen	**avjenîkirin** āvschänīkərən
das Sprungbrett	**texteyê şîrjeyê** täkhtäyē shīrschäyē
der Sprungturm	**platforma şîrjeyê** plātfōrmā shīrschäyē
das Schwimmbrett	**seravê man** särāvē mān
plantschen	**parû** pārū
der Bademeister	**berpirsê avjenîxanyê** bärpərsē āvschänīkhānyē
der Wasserpark	**parka avî** pārkā āvī

die Schwimmerin
avjenîkar
āvschänīkār

die Badekappe
kumê avjeniyê
kumē āvschänəyē

der Schwimmanzug
cilên avjeniyê/soberiyê
dschəlēn āvschänəyē/sōbärəyē

die Schwimmbrille
beçavka avjeniyê
bätschāvkā āvschänəyē

DER WASSERSPORT – WERZIŞÊN AVÊ

Das Segeln – Qeyîqvanî

der Mast
badvan
bādvān

die Takelage
kindir
kəndər

das Großsegel
qeyîqa sereke
qäyīqā säräkä

die Fock
qeyîqa pêşiyê
qäyīqā pēshəyē

der Bug
xwarbûn
khwārbūn

der Rumpf
beşa keştiyê ya binavê
bäshā käshtəyē yā bənāvē

das Heck
dîreg
dīrāg

der Rettungsring
kembera filitandinê
kämbärā fələtāndənē

die Leuchtrakete
cûreyek çesp e
dschūräyäk tschäsp ä

der Segler
qeyîqvan
qäyīqvān

der Baum
bûm
būm

das Cockpit
nikul
nəkul

die Pinne
tîlêr
tīlēr

der Seegang	**bakirin** bākərən
der Wind	**badan** bādān
die Meeresströmung	**herikîna pehnavê** härəkīnā pähnāvē
der Anker	**lenger** längär
die Crew	**karmendên keştiyê** kärmändēn käshtəyē
das Ruder	**sukan** sukān
kentern	**endazeya nukil** ändāzäyā nukəl
kreuzen	**keştiya mezin** käshtəyā māzən
der Jachthafen	**keştiya geştyariyê** käshtəyā gāshtyārəyē
das Rettungsboot	**qeyîqa filitandinê** qäyīqā fələtāndənē
der Katamaran	**katamaran** kātāmārān

DER WASSERSPORT – WERZIŞÊN AVÊ

Das Tauchen – Bin avê ve bûn

der Tauchanzug
cilên dijî avê
dschəlēn dəschī āvē

die Druckluftflasche
kepsûla binavêbûnê
käpsūlā bənāvēbūnē

der Lungenautomat
tanzîma binavêbûnê
tānzīmā bənāvēbūnē

die Taschenlampe
çira
tschərā

der Tiefenmesser
dereceya kûrahiyê
därädschäyā kūrāhəyē

die Schwimmflosse
flîpêr
flīpēr

der Tauchstiefel
pêlavên binavê
pēlāvēn bənāvē

der Schnorchel
bêhnkêş
bēhnkēsh

die Tauchmaske
dapoşa binavêbûnê
dāpōshā bənāvēbūnē

das Finimeter
dereceya naverokê
därädschäyā nāvärōkē

der/das Kajak
kayak
kāyāk

das Doppelpaddel
parûya du-devî
pārūyā du-dävī

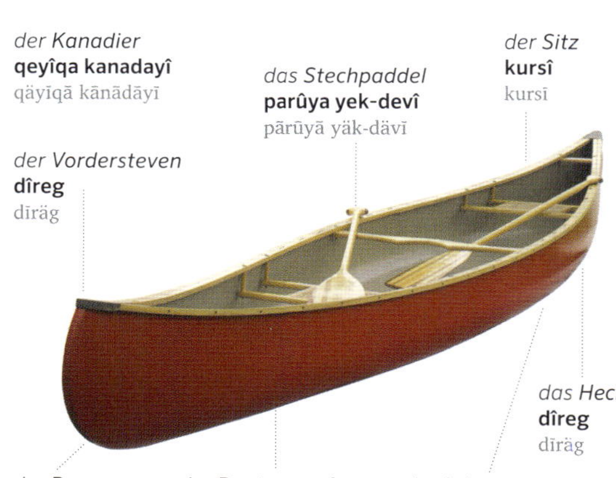

der Kanadier
qeyîqa kanadayî
qäyīqā kānādāyī

der Vordersteven
dîreg
dīrāg

das Stechpaddel
parûya yek-devî
pārūyā yäk-dävī

der Sitz
kursî
kursī

das Heck
dîreg
dīrāg

der Bug
kevan
kävān

der Bootsrumpf
hul
hul

der Achtersteven
nîveka pêşiya keştiyê
nīväkā pēshəyā käshtəyē

DER WASSERSPORT – WERZIŞÊN AVÊ

Das Surfen – Pêlsiwarî

surfen
seravêbûn
särāvēbūn

das Surfbrett
texteya seravêmanê
täkhtäyā särāvēmānē

das Windsurfen
bi bayê meşiyan
bə bāyē mäshəyān

das Schothorn
guçê jêrîn ê qeyîqê
gutschē schērīn ē qäyīqē

der Mast
badvan
bādvān

der Surfer
kesê ser avê dimeşe
käsē sär āvē dəmäshä

die Welle
pêl
pēl

das Segel
parû lêdan
pārū lēdān

der Windsurfer
kesê bi bayê ser avê dimeşe
käsē bə bāyē sär āvē dəmäshä

das Paddelbrett
rûyê parûyê
rūyē pārūyē

das Kitesurfen
kaytsiwarî
kāytsəwārī

das Bodyboarden
bodîbordîng
bōdībōrdīng

das Wakeboarden
pêlsiwariya ser avê
pēlsəwārəyā sär āvē

der Jetski®
jet-ski®
schät-skə

das Wasserski
skiya avê
skəyā āvē

das Rudern
parûlêdan
pārūlēdān

das Rafting
qeyîqsiwariya çeman
qäyīqsəwārəyā tschämān

DER KAMPFSPORT – HUNERÊN ŞERKARIYÊ

das Karate
karate
kārātä

das Aikido
aykîdo
āykīdō

das Kendo
kendo
kändō

das Taekwondo
taekwando
tääkwāndō

der schwarze Gürtel
kembera reş
kämbärā räsh

das Judo
jûdo
schūdō

das Kung-Fu
kûngfû
kūngfū

das Kickboxen
kîkboksîng
kīkbōksīng

das Ringen
zoranbazî
zōrānbāzī

das Boxen
boks
bōks

der Sandsack
kîsikê derbelêdanê
kīsəkē därbälēdānē

der Boxball
goga derbelêdanê
gōgā därbälēdānē

der Kopfschutz
derbegira sêrî
därbägərā sērī

der Boxhandschuh
lepikê boksê
läpəkē bōksē

der Mundschutz	**pirîparêz** pərīpārēz
das Sparring	**kulmavêtin** kulmāvētən
der Knock-out	**avêtina derve** āvētənā därvä
die Selbstverteidigung	**bergirî ji xwe** bärgərī schə khwä
das Tai-Chi	**tayîçî** tāyītschī
das Jiu-Jitsu	**cûcîtsû** dschūdschītsū
die Capoeira	**kapoîra** kāpōīrā
das Wing Chun	**wîngçan** wīngtschān

DER REITSPORT – HESPSIWARÎ

der Reithelm
kumê siwarkariyê
kumē səwārkārəyē

die Reiterin
hespsiwar
häspsəwār

der Sattel
zîn
zīn

die Reithose
şapikê siwarkariyê
shāpəkē səwārkārəyē

die Mähne
pirça stuyê hespê
pərtschā stuyē häspē

das Pferd
hesp
häsp

der Stirnriemen
enîbend
enībänd

das Zaumzeug
gem
gäm

der Nasenriemen
pozbend
pōzbänd

die Kandare
devgem
dävgäm

der Zügel
nava hespê
nāvā häspē

der Steigbügel
livandin
ləvāndən

der Sattelgurt
qayîşa zînê hespê
qāyīshā zīnē häspē

der Huf
sim
səm

der Sprung
bazdan
bāzdān

der Hinterzwiesel
serzîn
särzīn

der Reitstiefel
çekmeyên siwarkariyê
tschäkmäyēn səwārkārəyē

der Vorderzwiesel
hespê bazdanê
häspē bāzdānē

DER REITSPORT – HESPSIWARÎ

das Pferderennen
hespbazî
häspbāzī

das Rennpferd
hespê bazdanê
häspē bāzdānē

der Jockey
cilên hespsiwariyê
dschələn häspsəwārəyē

das Dressurreiten
cila piştê
dschəlā pəshtē

der Ausritt
hespsiwariya aram
häspsəwārəyā ārām

der Trabrennsport
hespsiwariya dijwar
häspsəwārəyā dəschwār

das Jagdrennen
hespsiwariya ser çalan
häspsəwārəyā sär tschālān

ohne Sattel reiten
siwarbûna bêzîn
səwārbūnā bēzīn

der Stall
tewle
täwlä

der/das Rodeo
rodeo
rōdäō

das Polo
polo
pōlō

das Springreiten
bazdana nûmayîşê
bāzdānā nūmāyīshē

das Hufeisen	**nalên hespê**	nālēn häspē
die Reitgerte	**cihê dest li gemê hespê**	dschəhē däst lə gämē häspē
die Koppel	**zeviya hespan**	zävəyā häspān
der Kanter	**bezandin**	bäzāndən
der Galopp	**xarrkirin**	khārrkərən
der Schritt	**meşiyan**	mäshəyān
das Trabrennen	**kêbirêya bi erebokê**	kēbərēyā bə äräbōkē
das Flachrennen	**kêbirêya erdê reprast**	kēbərēyā ärdē räprāst

der Pferdepfleger
tewlevan
täwlävān

DAS ANGELN – MASÎGIRTIN

DAS ANGELN – MASÎGIRTIN

das Brandungsangeln
masîgirtina ser avê
māsīgərtənā sär āvē

mit dem Netz fangen
torr
tōrr

das Hochseeangeln
masîgirtina binê deryayê
māsīgərtənā bənē däryāyē

das Süßwasserangeln
masîgirtina ava teze
māsīgərtənā āvā täzä

das Speerfischen
masîgirtin bi nêyzeyê
māsīgərtən bə nēyzäyē

einholen
çengek avêtin
tschängäk āvētən

das Fliegenfischen
masiyê firoke
māsəyē fərōkä

fangen
girtin
gərtən

freilassen
berdan
bärdān

der Köder
qût
qūt

der Fang
girtin
gərtən

die Hummerfalle
cihê xerçenga deryayî
dschəhē khärtschängā däryāyī

der Angelschein	**micewiza masîgirtinê** mədschäwəzā māsīgərtənē
anbeißen	**gezkirin** gäzkərən
der Fischkorb	**zembîla masîgirtinê** zämbīlā māsīgərtənē
der Erdspeer	**piştevanî (bo masiyên giran)** pəshtävānī (bō māsəyēn gərān)
der Wobbler	**qûtê xapandinê** qūtē khāpāndənē
die Harpune	**çengeka masîgirtinê** tschängäkā māsīgərtənē
die Angel auswerfen	**avêtina tayê masîgirtinê** āvētənā tāyē māsīgərtənē
einen Fisch einholen	**bi qirqirê masî kişandin** bə qərqərē māsī kəshāndən

der Spinnerkasten
qutiya masîgirtinê
qutəyā māsīgərtənē

DER WINTERSPORT – WERZIŞÊN ZIVISTANÊ

der Sturzhelm **kumê derbegir** kumē därbägər

der Pulverschnee **toz** tōz

der Stockteller **sepet** säpät

der Skistock **gopalê skiyê** gōpālē skəyē

der Skianzug **cilên skiyê** dschəlēn skəyē

die Seilbahn **erebeya kablê** äräbäyā kāblē

die Spitze **nûk** nūk

der Ski **skî** skī

der Skistiefel **pêlavên skiyê** pēlāvēn skəyē

die Skipiste **pîst** pīst

die Kante **lêv** lēv

der Skiläufer **skîbaz** skībāz

der Slalom **slalom** slālōm

der Abfahrtslauf **skiya çiyayan** skəyā tschəyāyān

das Skispringen **skiya bazdanê** skəyā bāzdānē

abseits der Piste **derveyî pîstê** därväyī pīstē

der Skihang **kaşê skiyê** kāshē skəyē

das Biathlon **bayetlon** bāyätlōn

der Langlauf **skiya derbasbûna ji deveran** skəyā därbāsbūnā schə dävärān

die Langlaufloipe **reva skiya derbasbûna ji deveran** rävā skəyā därbāsbūnā schə dävärān

DER WINTERSPORT – WERZIŞÊN ZIVISTANÊ

die Skibrille
berçavkên skiyê
bärtschāvkēn skəyē

der Snowboardfahrer
berfsiwar
bärfsəwār

das Snowboard
texteyê berfsiwariyê
täkhtäyē bärfsəwārəyē

die Bindung
girêdana ewlebûnê
gərēdānā äwläbūnē

die Halfpipe
skiya nîv-kevanokê
skəyā nīv-kävānōkē

das Rail
rêyl
rēyl

Schlitten fahren
skiya kaşan
skəyā kāshān

das Rennrodeln
skiya raketî
skəyā rākätī

der Bobsport
skiya erebokê
skəyā äräbōkē

das Curling
skiya kovankî
skəyā kōvānkī

Schlittschuh laufen
skêyta cemedê
skēytā dschämädē

der Eisschnelllauf
skêyta lez
skēytā läz

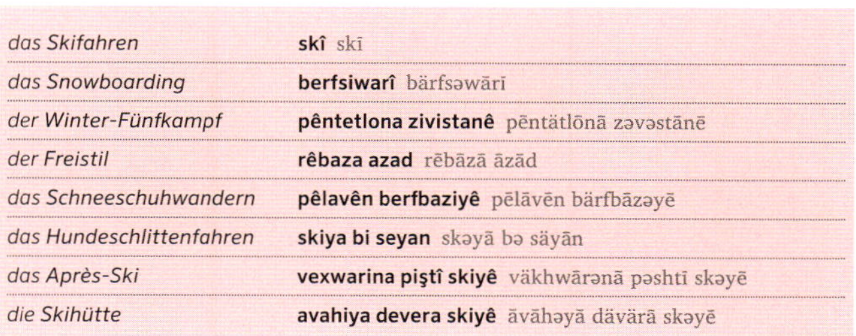

das Skifahren	**skî** skī
das Snowboarding	**berfsiwarî** bärfsəwārī
der Winter-Fünfkampf	**pêntetlona zivistanê** pēntätlōnā zəvəstānē
der Freistil	**rêbaza azad** rēbāzā āzād
das Schneeschuhwandern	**pêlavên berfbaziyê** pēlāvēn bärfbāzəyē
das Hundeschlittenfahren	**skiya bi seyan** skəyā bə säyān
das Après-Ski	**vexwarina piştî skiyê** väkhwārənā pəshtī skəyē
die Skihütte	**avahiya devera skiyê** āvāhəyā dävärā skəyē

der Eiskunstlauf
skêyta nûmayîşê
skēytā nūmāyīshē

SONSTIGE SPORTARTEN – WERZIŞÊN DIN

das Klettern
hilkişîn
həlkəshīn

das Wandern
haykîng
hāykīng

der Radsport
duçerxesiwarî
dutschärkhäsəwārī

das Mountainbiken
duçerxesiwariya daketina çiyayan
dutschärkhäsəwārəyā dākätənā tschəyāyān

das Abseilen
daketina ji birrekan
dākätənā schə bərräkān

das Bungeespringen
xwe avêtina bi kindir
khwä āvētənā bə kəndər

das Drachenfliegen
glaydînga bi dest
glāydīngā bə däst

das Fallschirmspringen
çetirbazî
tschätərbāzī

das Rallyefahren
kêbirkêya ajokariyê
kēbərkēyā āschōkārəyē

die Formel 1®
Formûla Yek®
fōrmūlā yäk

das Motocross
derbasgeha motoran
därbāsgähā mōtōrān

das Motorradrennen
kêbirkêya motoran
kēbərkēyā mōtōrān

das Skateboardfahren
skêytsiwarî
skēytsəwārī

das Longboardfahren
longbordîng
lōngbōrdīng

das Inlineskaten
skêyta hundir xetê
skēytā hundər khätē

das Offroadfahren
derveyî rê
därväyī rē

SONSTIGE SPORTARTEN – WERZIŞÊN DIN

das Fechten
nerde
närdä

das Bowling
bûlînga dehane
būlīngā dähānä

das Bogenschießen
tîrkevanbazî
tīrkävānbāzī

die Jagd
nêçîr
nētschīr

das Darts
darts
dārts

das Poolbillard
avjenîxane
āvschänīkhānä

das Snooker
snûkir
snūkər

das Lacrosse
lakros
lākrōs

die rhythmische Sportgymnastik
jîmnastîka ahengîn
schīmnästīkā āhängīn

das Frisbee®
Frisbee®
frəsbā

das Triathlon
trayatlon
trāyātlōn

der Australian Football
Fûtbola Rêzikên Avûstrliyayê
fūtbōlā rēzəkēn āvūstrləyāyē

die/das Boule
topik
tōpək

das Ballett
gulle
gullä

das Krocket
krokêt
krōkēt

der/das Parkour
parkûr
pārkūr

DIE FITNESS – XWEŞBEJNÎ

das Fitnessstudio
jîmnaziyom
schīmnāzəyōm

die Langhantel
barbêl
bārbēl

die Gewichtsscheibe
kêş
kēsh

die Bank
raketok
rākātōk

das Krafttraining
hînkariya giranhilgiriyê
hīnkārəyā gərānhəlgərəyē

die Bizepsübung
dembil
dämbəl

die Kurzhantel
dambêl
dāmbēl

das Bankdrücken
prêsa ser raketokê
prēsā sär rākätōkē

trainieren
hînkarîkirin
hīnkārīkərən

das Ergometer
ergometr
ärgōmätr

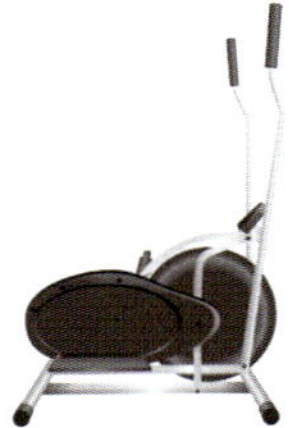

der Crosstrainer
dezgeheke hînkariyê
däzgāhäkä hīnkārəyē

der Fitnessball
goga hînkariyê
gōgā hīnkārəyē

die Matte
berpê
bärpē

das Laufband
trêdmîl
trēdmīl

das Rudergerät
dezgeha parûlêdanê
däzgāhā pārūlēdānē

DIE FITNESS – XWEŞBEJNÎ

der Ausfallschritt
pêşvedana bedenê
pēshvädānā bädānē

die Rumpfbeuge
xwe ber bi pêş ve xwarkirin khwä bär bə pēsh vä khwārkərən

der Liegestütz
prês-ap
prēs-āp

der Sit-up
verûniştin
värūnəshtən

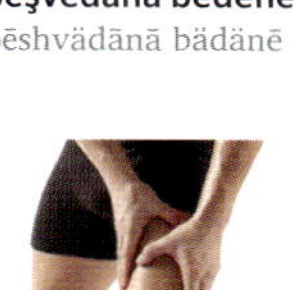

der Muskelkater
êşa masûleyan
ēshā māsūläyān

der Klimmzug
xwe kişandina jorê
khwä kəshāndənā schōrē

die Kniebeuge
xwarkirina jinûyan
khwārkərənā schənūyān

das Pilates
Pîlatês
pīlātēs

das Spinning®
spinning®
spənnəng

die Pulsuhr
lênêrîna lêdana dil
lēnērīnā lēdānā dəl

das Aerobic
aerobîk
äärōbīk

das Steppbrett
gav
gāv

der Turnschuh
hînkar
hīnkār

sich aufwärmen	**germbûn** gärmbūn
sich abkühlen	**hênikbûn** hēnəkbūn
das Zirkeltraining	**hînkariya vegerok** hīnkārəyā vägärōk
die Sauna	**sona** sōnā
die Umkleidekabine	**guhertina beşê** guhärtənā bäshē
die Dehnung	**kişandin** kəshāndən
Kalorien verbrennen	**kalorî şewitandin** kālōrī shäwətāndən

FREIZEIT

DEMA AZAD

DAS THEATER – ŞANO

① *der Balkon*
balkon
bālkōn

② *der zweite Rang*
daîreya sertir
dāīrāyā särtər

③ *die Loge*
qutî
qutī

④ *der erste Rang*
daîre
dāīrä

⑤ *die Sitzreihe*
rêz
rēz

⑥ *die Kulisse*
perrik
pärrək

⑦ *die Bühne*
qad
qād

⑧ *das Foyer*
salona libendêmayînê
sālōnā ləbändēmāyīnē

⑨ *das Parkett*
cîgeh
dschīgāh

⑩ *der Sitzplatz*
kursî
kursī

⑪ *der Vorhang*
perde
pärdä

das Varieté
şoya ciyawaziyê
shōyā dschəyāwāzəyē

das Freilufttheater
şanogeha servekirî
shānōgāhā särväkərī

das Ballett
balêt
bālēt

die Aufführung
performans
pärfōrmāns

der Zauberkünstler
sêhrbaz
sēhrbāz

der Komiker
komêdiyen
kōmēdəyän

die Tragödie
trajêdî
trāschēdī

die Komödie
pêkenok
pēkänōk

DAS THEATER – ŞANO

das Theaterstück
lîstik
līstək

① *das Bühnenbild*
kom
kōm

② *die Besetzung*
kestîng
kästīng

③ *das Theaterkostüm*
cilûberg
dschəlūbärg

④ *der Applaus*
çepiklêdan tschäpəklēdān

⑤ *das Publikum*
temaşevan tämāshävān

die Probe
hînkariya devkî
hīnkārəyā dävkī

⑥ *der Schauspieler*
hunerpêşe
hunärpēshä

⑦ *die Schauspielerin*
hunerpêşe
hunärpēshä

⑧ *der Regisseur*
derhêner
därhēnär

die Premiere	**nûmayîşa yekem** nūmāyīshā yäkäm
die Pause	**navber** nāvbär
das Programm	**bername** bärnāmä
die Generalprobe	**hînkariya cilan** hīnkārəyā dschəlān
der Platzanweiser	**rênîşandêr** rēnīshāndēr
die Platzanweiserin	**rênîşandêr** rēnīshāndēr
die Theaterkasse	**firoşgeha bilêtan** fərōshgähā bəlētān
die Eintrittskarte	**bilêt** bəlēt

die Künstlergarderobe
odeya cilxwekirinê
ōdäyā dschəlkhwäkərənē

DIE MUSIK - MUZÎK

Das Orchester - Orkestra

das Sinfonieorchester
orkestraya semfoniyê
ōrkästrāyā sämfōnəyē

der Gong
gong
gōng

die kleine Trommel
cûreyek def e
dschūrāyäk däf ä

die große Trommel
defa bas
däfā bās

die Pauke
defa çaydankî
däfā tschāydānkī

das Xylophon
gizîlofon
gəzīlōfōn

die Röhrenglocken
zengiloka tûbûlar
zängəlōkā tūbūlār

das Dirigentenpult
cigeha rêberê orkestrayê
dschəgāhā rēbärē ōrkästrāyē

der Notenständer
cigeha muzîkê
dschəgāhā muzīkē

der Dirigent
rêber
rēbär

der Taktstock
baton
bātōn

die Solistin
soloyîst
sōlōyīst

die Opernsängerin
stranbêjê operayê
strānbēschē ōpārāyē

die Noten
serpişkiya muzîkê
särpəshkəyā muzīkē

die Ouvertüre	**beşeke muzîkê ye** bäshäkä muzīkē yä
das Quartett	**kiwartêt** kəwārtēt
die Sonate	**sonata** sōnātā
die Tonhöhe	**taybetmendiyeke deng e** tāybätmändəyäkä däng ä
ein Instrument stimmen	**tanzîmkirina amûrekê** tānzīmkərənā āmūräkē
der Orchestergraben	**devera orkestrayê** dävärā ōrkästrāyē
der Chor	**kora** kōrā
die Oper	**opera** ōpārā

DIE MUSIK - MUZÎK

Die Musikinstrumente - Alavên muzîkê

das Cello
sêlo
sēlō

der Bogen
xwarkirin
khwārkərən

die Geige
viyolon
vəyōlōn

die akustische Gitarre
gîtara akûstîk
gītārā ākūstīk

die Harfe
harp
hārp

die elektrische Gitarre
gîtara elektrîk
gītārā äläktrīk

die Bassgitarre
gîtara bas
gītārā bās

die Tuba
tûba
tūbā

die Posaune
trombon
trōmbōn

das Fagott
basûn
bāsūn

die Oboe
oboê
ōbōē

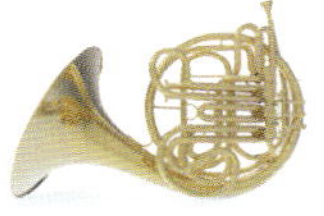

das Horn
fîqa fransî
fīqā frānsī

die Trompete
şêypûr
shēypūr

die Pikkoloflöte
pîkolo
pīkōlō

das Saxofon
saksofon
sāksōfōn

die Klarinette
cûreyek şêypşûr e
dschūrāyäk shēypshūr ä

die Querflöte
flût
flūt

DIE MUSIK - MUZÎK

Die Musikinstrumente - Alavên muzîkê

das Tamburin
tambûrîn
tāmbūrīn

das Becken
sîmbal
sīmbāl

die/das Hi-Hat
amûreke muzîkê ye
āmūräkä muzīkē yä

das Schlagzeug
sindoqa defê
səndōqā däfē

die/der/das Triangel
sêguç
sēgutsch

die Rassel
marakas
mārākās

die Bongos
defa bongo
däfā bōngō

die Kesselpauke
defa çaydankî
däfā tschāydānkī

die Kastagnetten
kastanêt
kāstānēt

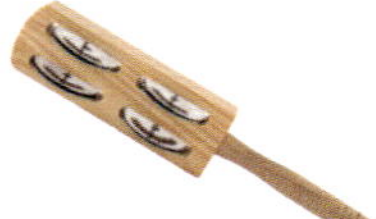

die Schellenrassel
amûreke muzîkê ye
āmūräkä muzīkē yä

die Panflöte
boriya pan
bōrəyā pān

der Schlagzeugstock
darikê defê
dārəkē däfē

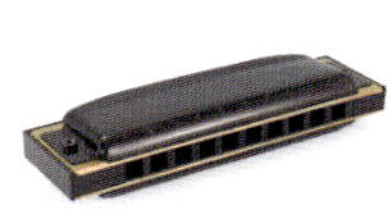

die Mundharmonika
harmonîka
hārmōnīkā

der Dudelsack
amûreke muzîkê ye
āmūräkä muzīkē yä

das Akkordeon
akardiyon
ākārdəyōn

der Flügel
piyanoya mezin
pəyānōyā mäzən

DIE MUSIK – MUZÎK

die Notation
nothildan
nōthəldān

der Violinschlüssel
nîşaneyeke muzîkê ye
nīshānäyäkä muzīkē yä

die Notenlinie
xeta tîk
khätā tīk

der Bassschlüssel
nîşaneyeke muzîkê ye
nīshānäyäkä muzīkē yä

das Vorzeichen
imzeya sereke
əmzäyā säräkä

die Taktangabe
imzeya demê
əmzäyā dämē

die Note
not
nōt

das Kreuz
tund
tund

der Taktstrich
xeta mîlekî
khätā mīläkī

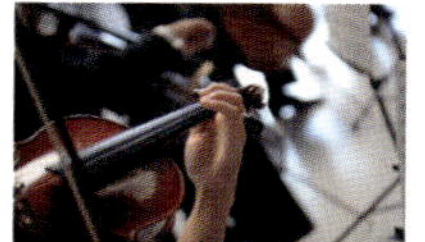

die klassische Musik
muzîka klasîk
muzīkā klāsīk

das Heavy Metal
hesinê giran
häsənē gərān

der Rap
rep
räp

der Hip-Hop
hay-hop
hāy-hōp

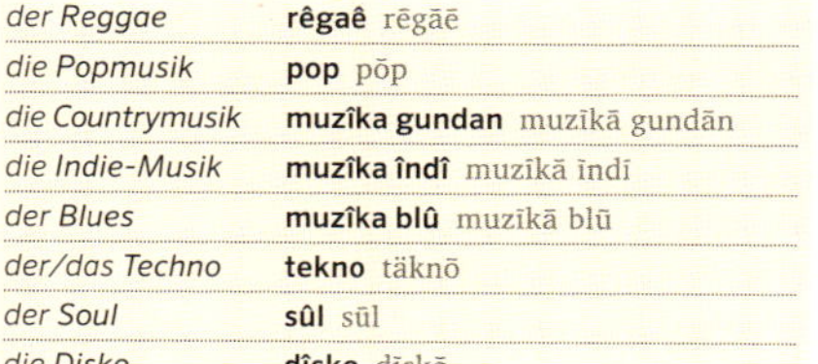

der Reggae	**rêgaê** rēgāē
die Popmusik	**pop** pōp
die Countrymusik	**muzîka gundan** muzīkā gundān
die Indie-Musik	**muzîka îndî** muzīkā īndī
der Blues	**muzîka blû** muzīkā blū
der/das Techno	**tekno** täknō
der Soul	**sûl** sūl
die Disko	**dîsko** dīskō

der Jazz
caz
dschāz

der Rock
rok
rōk

DIE MUSIK - MUZÎK

Das Konzert - Konser

das Rockkonzert
konsera rokê
kõnsärä rõkē

① *der Scheinwerfer*
ronahî
rõnāhī

② *das Mikrofon*
maykrofon
māykrõfõn

③ *die Band*
band
bānd

④ *der Bassist*
gîtarîstê bas
gītārīstē bās

⑤ *der Verstärker*
amplîfayêr
āmplīfāyēr

⑥ *der Gitarrist*
gîtarîst
gītārīst

⑦ *der Schlagzeuger*
defjen
däfschän

⑧ *der Frontmann*
stranbêjê sereke
strānbēschē säräkä

die Konzerthalle
cihê konserê
dschəhē kõnsärē

die Fans
alîgir
āligər

das Musikfestival
festîvala muzîkê
fästīvālā muzikē

der DJ
DJ
dīdschēī

das Mischpult
maseya mîksê
māsäyā mīksē

singen	**stranbêjî** strānbēschī
mitsingen	**strana digel** strānā dəgäl
pfeifen	**fîq** fīq
die Zugabe	**ankor** ānkōr
das Crowdsurfing	**ser serê gelheyê ra derbaskirin** sär särē gälhäyē rā därbāskərən
der/das Rave	**mêvandariya reqsê** mēvāndārəyā räqsē
das Lied	**stran** strān
der Liedtext	**kilam** kəlām

DIE MUSIK – MUZÎK

Musik hören – Guhdarîkirina muzîkê

die Stereoanlage
pergala stereo
pärgālā stäräō

der MP3-Player
MP3 player
ēm pī trī plāyär

der CD-Spieler
CD player
sī dī plāyär

der Lautstärkeregler
kontrola deng
kōntrōlā däng

die Lautsprecherbox
bilindbêj
bələndbēsch

die Schallplatte
tomarkirin
tōmärkərən

der Plattenspieler
tomarkara deng
tōmärkārā däng

die USB-Schnittstelle
cihê fleşê
dschəhē flāshē

das Radio
radyo
rādyō

das Gesangstück	**tîkeyê deng** tīkäyē däng
die Komposition	**lêdana muzîkê** lēdānā muzīkē
das Instrumentalstück	**tîkeyê amûran** tīkäyē āmūrān
akustisch	**akûstîk** ākūstīk
der Refrain	**kora** kōrā
die Melodie	**tanzîma deng** tānzīmā däng
der Beat	**lêdan** lēdān
die Kassette	**kasêt** kāsēt

der Kopfhörer
hêdfon
hēdfōn

HOBBYS – SERGERMÎ

gravieren
kolandin
kōlāndən

schnitzen
kolan
kōlān

Briefmarken sammeln
temr berhevkirin
tämr bärhävkərən

die Modelleisenbahn
rêhesina mînak
rēhäsənā mīnāk

modellieren
peyker çêkirin
päykär tschēkərən

die Bildhauerei
peykersazî
päykärsāzī

töpfern
kûzikçêkirin
kūzəktschēkərən

Mosaik legen
muzayîk çêkirin
muzāyīk tschēkərən

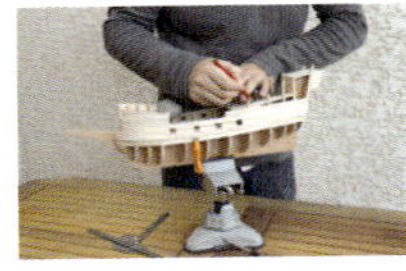

der Modellbau
mînaksazî
mīnāksāzī

Schmuck herstellen
gewhersazî
gäwhärsāzī

lesen
xwendin
khwändən

kochen
pehtin
pähtən

gärtnern
bax
bākh

das Origami	**orîgamî** ōrīgāmī
das Pappmaschee	**kaxiza qerçûmek** kākhəzā qärtschūmäk
das Scrapbooking	**pirtûka albuma malbatî** pərtūkā ālbumā mālbātī
Möbel restaurieren	**vesaziya qoltixan** väsāzəyā qōltəkhān
im Chor singen	**bi kora stran** bə kōrā strān
Filme drehen	**fîlm çêkirin** film tschēkərən
Vögel beobachten	**li firindeyan temaşekirin** lə fərəndäyān tämāshäkərən
das kreative Schreiben	**nivîsîna afirînêr** nəvīsīnā āfərīnēr

HOBBYS - SERGERMÎ

Kunst und Basteln - Huner û destsazî

der Buntstift
qelem rengane
qälām rängānä

die Wasserfarbe
avreng
āvräng

der Wachsmalstift
qelema waksê
qälāmā wāksē

die Lackfarbe
wênesaziya birqonek
wēnäsāzəyā bərqōnäk

die Ölkreide
pastela rûnkî
pāstälā rūnkī

die Kreide
qelema rengî
qälāmā rängī

die Ölfarbe
wênesaziya rûnkî
wēnäsāzəyā rūnkī

die Acrylfarbe
wênesaziya akrîlîk
wēnäsāzəyā ākrīlīk

die Pastellkreide
pastela teneşûr
pāstälā tänāshūr

der Filzstift
majîk
māschīk

die Tusche
cewhera hindî
dschäwhärā həndī

die Zeichenkohle
komir
kōmər

die Gouache
giwaş
gəwāsh

der Klebstoff
çesp
tschäsp

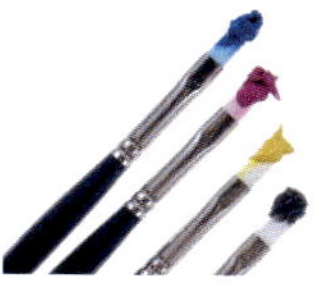
der Pinsel
firçe
fərtschä

die Palette
palêt
pālēt

HOBBYS - SERGERMÎ

Kunst und Basteln - Huner û destsazî

die Aquarellmalerei
wênesaziya avrengê
wēnäsāzəyā āvrängē

die Ölmalerei
wênesaziya rûnkî
wēnäsāzəyā rūnkī

die Collage
pêvekirin
pēväkərən

die Wandmalerei
hunera dîwarî
hunärā dīwārī

die Tuschezeichnung
kişandina pênûs û cewherê kəshāndənā pēnūs ū dschäwhärē

die abstrakte Malerei
wênesaziya abstrê
wēnäsāzəyā ābstrē

die Landschaftsmalerei
wênesaziya dîmenan
wēnäsāzəyā dīmänān

die Porträtmalerei
wênesaziya portrê
wēnäsāzəyā pōrtrē

die Bleistiftzeichnung
kişandina bi qelemê
kəshāndənā bə qälämē

das Stillleben
wênesaziya tiştê bêcan
wēnäsāzəyā təshtē bēdschān

das Graffiti
grafîtî
grāfītī

der Siebdruck
wênesaziya ekranê
wēnäsāzəyā äkrānē

die Skizze
terh
tärh

die Aktmalerei
wênesaziya rût
wēnäsāzəyā rūt

die Leinwand
kanva
kānvā

der Karton
texeteyê kartê
täkhätäyē kārtē

HOBBYS – SERGERMÎ

Kunst und Basteln – Huner û destsazî

die Farbe
reng
räng

HOBBYS – SERGERMÎ

Nähen und Stricken – Dirûn û gilêkirin

der Kopf
serî
särī

der Fadenhebel
amûra tayê
āmūrā tāyē

die Fadenführung
rênîşana tayê
rēnīshānā tāyē

der Garnrollenstift
pîna kevçîkî
pīnā kävtschīkī

die Nähmaschine
dezgeha hûnandinê
däzgähā hūnāndənē

der Spuler
kotikê tayê
kōtəkē tāyē

der Stichbreitenwähler
tanzîmata endazeya dirûnê
tānzīmātā ändāzäyā dərūnē

das Handrad
çerx
tschärkh

der Stichwähler
bijareya dirûnê
bəschāräyā dərūnē

die Rückwärtsnähtaste
berovajî
bärōvāschī

die Nadel
derzî
därzī

der Nähfuß
piyê prêskirinê
pəyē prēskərənē

die Stichplatte
qada derziyê
qādā därzəyē

der Nähfußdruckregler
tanzîmata piyê prêsorê
tānzīmātā pəyē prēsōrē

die Overlock
ser qifilkirin
sär qəfəlkərən

das Maßband
metr
mätr

die Spule
bobûn
bōbūn

das Nähgarn
ta
tā

HOBBYS – SERGERMÎ

Nähen und Stricken – Dirûn û gilêkirin

die Schneiderpuppe
mankenê terzî
mānkānē tārzī

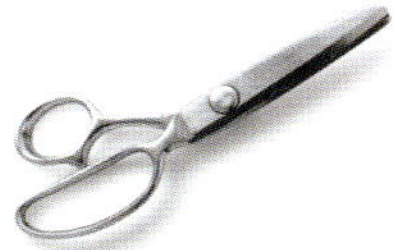

die Schere
meqes
māqās

das Nähkästchen
sepeta dirûnê
sāpātā dərūnē

das Nadelkissen
balgiyê sincaqan
bālgəyē səndschāqān

das Schnittmuster
mînak
mīnāk

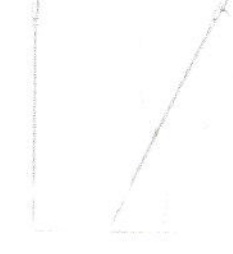

die Nähnadel
derzî
dārzī

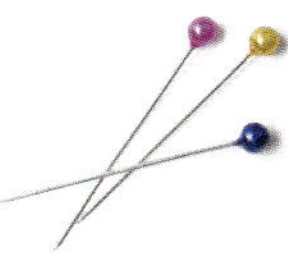

die Stecknadel
pîna ewlebûnê
pīnā äwläbūnē

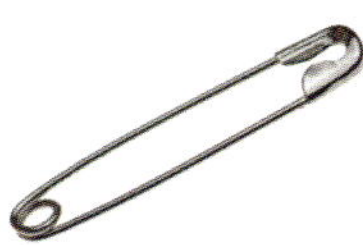

die Sicherheitsnadel
pîna ewlebûnê
pīnā äwläbūnē

der Stoff
fabrîk
fābrīk

der Knopf
bişkok
bəshkōk

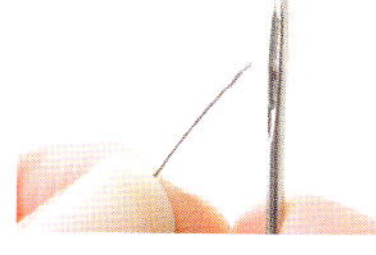

einen Faden einfädeln
ta
tā

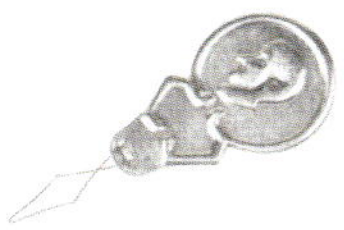

der Einfädler
amûra derbaskirina tayê ji derziyê
āmūrā dārbāskərənā tāyē schə dārzəyē

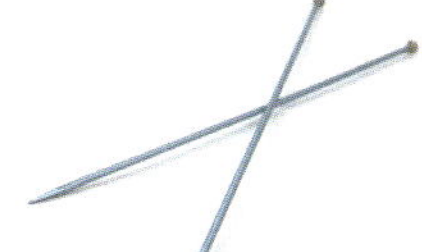

die Stricknadel
derziya kêlan
dārzəyā kēlān

die Wolle
hirî
hərī

der Fingerhut
serpêçî
sārpētschī

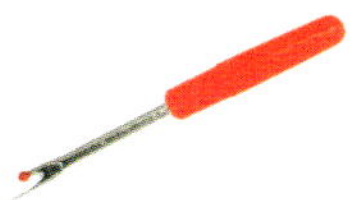

der Nahtauftrenner
vereşandina dirûnê
värāshāndənā dərūnē

HOBBYS – SERGERMÎ

Nähen und Stricken – Dirûn û gilêkirin

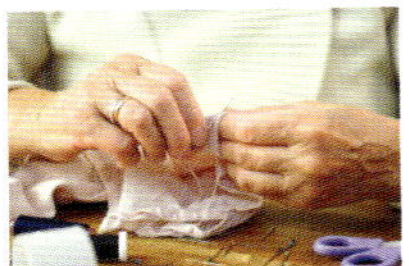

nähen
dirûn
dərūn

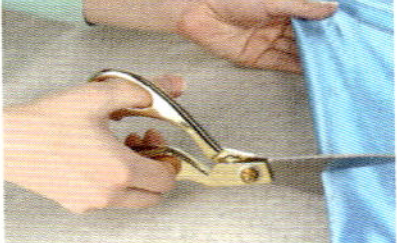

schneiden
birrîn
bərrīn

das Patchwork
pînekirin
pīnäkərən

häkeln
dirûna qulaban
dərūnā qulābān

der Kreuzstich
dirûna hevqutkirî
dərūnā hävqutkərī

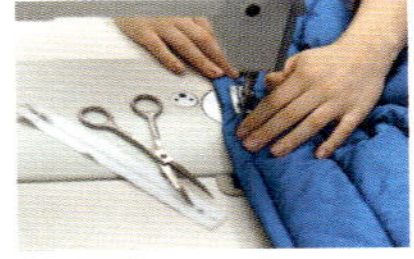

wattieren
pirtik
pərtək

stricken
girê
gərē

stopfen
pînekirin
pīnäkərən

weben
hûnandin
hūnändən

Spitze klöppeln
bend çêkirin
bänd tschēkərən

einen Teppich knüpfen
pînekirina ferşê
pīnäkərənā färshē

der Reißverschluss
zîp
zīp

auftrennen
vereşandina dirûnê
väräshändənā dərūnē

sticken	**dirûna neqşan** dərūnā näqshān
das Leinen	**perçeyê ketan** pärtschäyē kätān
die Seide	**hermiş** härməsh
das Nylon®	**nylon®** nylōn
die Baumwolle	**pemû** pämū
der Polyester	**polîêstêr** pōlīēstēr
der Stich	**dirûtin** dərūtən
heften	**polik lêdan** pōlək lēdān

HOBBYS - SERGERMÎ

Das Kino - Sînema

der Kinosaal
odîtoryoma sînemayê
ōdītōryōmā sīnämāyē

① *die Kinoleinwand*
ekrana mezin
äkrānā mäzən

② *die Sitzreihe*
rêz
rēz

die Snackbar
snekbar
snäkbār

das Getränk
vexwarin
väkhwārən

das Popcorn
garisê qelandî
gārəsē qāländī

die Kinokasse
firoşgeha bilêtan
fərōshgāhā bəlētān

die Komödie
pêkenok
pēkänōk

der Horrorfilm
fîlma tirsnak
fīlmā tərsnāk

der Liebesfilm
fîlma evîndarî
fīlmā ävīndārī

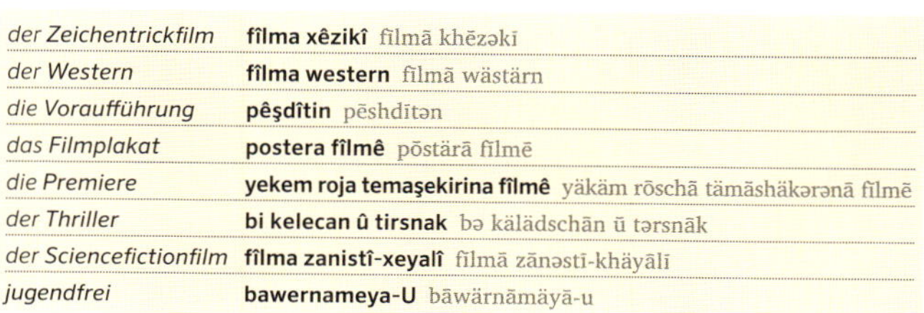

der Zeichentrickfilm	**fîlma xêzikî** fīlmā khēzəkī
der Western	**fîlma western** fīlmā wästärn
die Voraufführung	**pêşdîtin** pēshdītən
das Filmplakat	**postera fîlmê** pōstärā fīlmē
die Premiere	**yekem roja temaşekirina fîlmê** yäkäm rōschā tämāshākərənā fīlmē
der Thriller	**bi kelecan û tirsnak** bə kälädschān ū tərsnāk
der Sciencefictionfilm	**fîlma zanistî-xeyalî** fīlmā zānəstī-khäyālī
jugendfrei	**bawernameya-U** bāwärnāmäyā-u

der 3D-Film
fîlma 3D
fīlmā trīdī

HOBBYS - SERGERMÎ

Fotografieren - Wênegirtin

die Programmwählscheibe
bijareya bernameyê
bəschāräyā bärnāmäyē

die Spiegelreflexkamera
dûrbîna vegerok
dūrbīnā vägärōk

der Blitzschuh
hot shoe
hōt shōä

der (ausklappbare) Blitz
fleşa (pop-up)
fläshā (pōp-up)

der/das Zoom
lênza zûmê
lēnzā zūmē

das Objektiv
lênz
lēnz

der Auslöser
vekirina şatêrê
väkərənā shātērē

das Kameragehäuse
bendena dûrbînê
bändänā dūrbīnē

der Blendenregler
diyarbûna kunê
dəyārbūnā kunē

das Selbstauslöser-Lichtsignal
çira diyarkara demê
tschərā dəyärkārā dämē

die Einwegkamera
dûrbîna veguherok
dūrbīnā väguhärōk

die Sofortbildkamera
dûrbîna demildest
dūrbīnā däməldäst

die Analogkamera
dûrbîna fîlman
dūrbīnā fīlmān

die Digitalkamera
dûrbîna dîjîtal
dūrbīnā dīschītāl

das Stativ
trîpod
trīpōd

der Aufsteckblitz
fleşgan
fläshgān

der Filter
fîltêr
fīltēr

der Objektivdeckel
devê lênzê
dävē lēnzē

HOBBYS - SERGERMÎ

Fotografieren - Wênegirtin

der Film
fîlm
fīlm

das Fotostudio
stpdiyoya wêneyan
stpdəyōyā wēnäyān

ein Foto machen
wêne girtin
wēnä gərtən

die Bildbearbeitung
sererastkirina wêneyan
särärāstkərənā wēnäyān

die Compact-Flash-Karte
karta bîrê ya fleşa givaştî
kārtā bīrē yā fläshā gəvāshtī

sich fotografieren lassen
rawesta bo wêneyekî
rāwästā bō wēnäyäkī

die Kameratasche
kêysa dûrbînê
kēysā dūrbīnē

die Dunkelkammer
odeya tarî
ōdäyā tārī

die Speicherkarte
karta bîrê
kārtā bīrē

unscharf
derveyî fokûsê
därväyī fōkūsē

überbelichtet
zêderaxistî
zēdārākhəstī

unterbelichtet
kêmraxistî
kēmrākhəstī

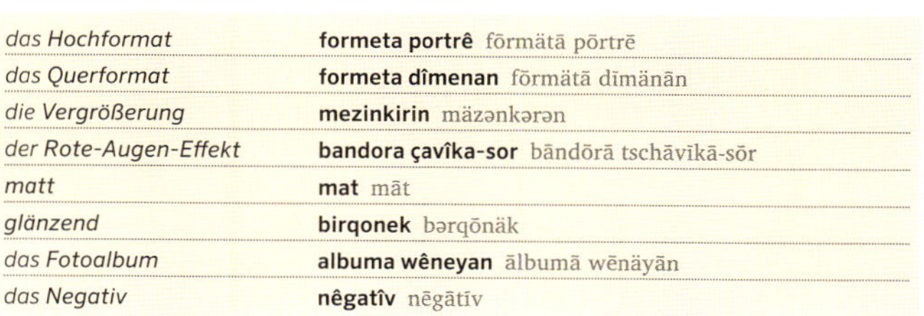

das Hochformat	**formeta portrê** fōrmätā pōrtrē
das Querformat	**formeta dîmenan** fōrmätā dīmänān
die Vergrößerung	**mezinkirin** mäzənkərən
der Rote-Augen-Effekt	**bandora çavîka-sor** bāndōrā tschāvīkā-sōr
matt	**mat** māt
glänzend	**birqonek** bərqōnäk
das Fotoalbum	**albuma wêneyan** ālbumā wēnäyān
das Negativ	**nêgatîv** nēgātīv

der digitale Bilderrahmen
çarçoveya dîjîtal
tschārtschōväyā dīschītāl

HOBBYS – SERGERMÎ

Spiele – Lîstik

die Spielkarte
karta lîstinê
kārtā līstənē

das Karo
xişt
khəsht

das Pik
pîk
pīk

das Herz
dil
dəl

das Kreuz
xaç
khātsch

das Ass
tekxal
täkkhāl

der Joker
coker
jōkär

der König
şah
shāh

die Dame
qiralîçe
qərālītschä

der Bube
cek
dschäk

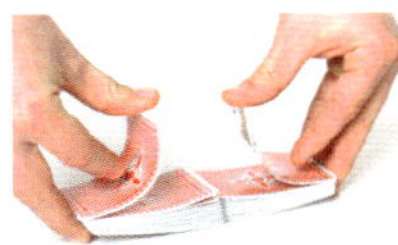

die Karten mischen
meşiyan û xwe hûtkirin
mäshəyān ū khwä hūtkərən

geben
lîstikek e
līstəkäk ä

das Blatt
dest
däst

Poker spielen
pokera lîstikê
pōkärā līstəkē

der Dominostein
domîno
dōmīnō

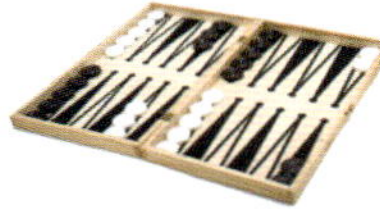

das Backgammon
bekgamon
bäkgāmōn

das Damespiel
lîstikek e
līstəkäk ä

das Puzzle
xaçepirsa cîgsaw
khātschäpərsā dschīgsāw

HOBBYS - SERGERMÎ

Spiele - Lîstik

das Schach
kişik
kəshək

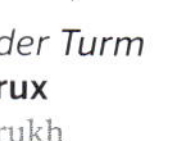

der König
şah
shāh

die Dame
qiralîçe
qərālītschä

der Läufer
usquf
usquf

der Springer
hespsiwar
häspsəwār

der Turm
rux
rukh

der Bauer
serbaz
särbāz

das weiße Feld
xaneya sipî
khānäyā səpī

das Schachbrett
texteyê kişikê
täkhtäyē kəshəkē

das schwarze Feld
xaneya reş
khānäyā räsh

der Zug
livîn
ləvīn

das Brettspiel
lîstika ser texteyê
līstəkā sär täkhtäyē

das Monopoly®
Monopoly®
mōnōpōly

das Mensch ärgere dich nicht®
mînc
mīndsch

würfeln	**nerd avêtin** närd āvētən
mogeln	**vizîkirin** vəzīkərən
das Glück	**şans** shāns
das Pech	**bedşans** bädshāns
Wer ist dran?	**Dewr a kê ye?** däwr ā kē yä
Du bist dran.	**Dewr a te ye.** däwr ā tä yä
gewinnen	**birin** bərən
verlieren	**têkçûn** tēktschūn

das Jenga®
Jenga®
schängā

der Würfel
nerd
närd

FERIEN – BETLANE

Am Strand – Li beravê

der Strand
berav
bärāv

die Stranddüne
qûma herikbar
qūmā härəkbār

der Sonnenuntergang
rojava
rōschāvā

das Meer
derya
däryā

der Strandkorb
kursiya beravê
kursəyā bärāvē

der Sand
qûm
qūm

die Küste
berav
bärāv

die Strandpromenade
geşt
gäsht

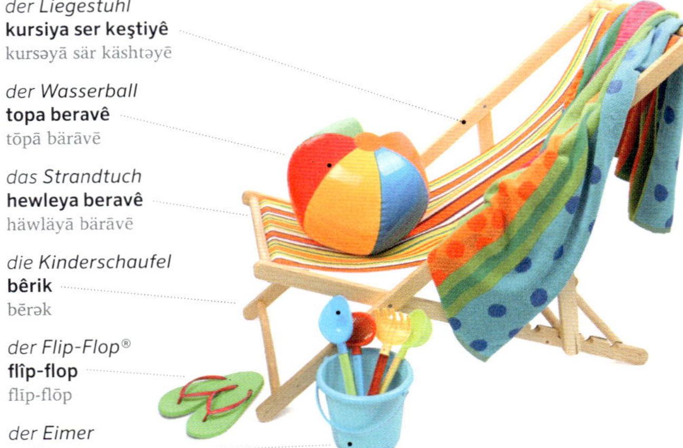

der Liegestuhl
kursiya ser keştiyê
kursəyā sär käshtəyē

der Wasserball
topa beravê
tōpā bärāvē

das Strandtuch
hewleya beravê
häwläyā bärāvē

die Kinderschaufel
bêrik
bērək

der Flip-Flop®
flîp-flop
flīp-flōp

der Eimer
satil
sātəl

FERIEN – BETLANE

Am Strand – Li beravê

der Sonnenschirm
tavgir
tāvgər

der Steinstrand
berava pêblê
bärāvā pēblē

die Strandmuschel
sitargeha beravê
sətārgähā bärāvē

die Sandburg
koşka tavê
kōshkā tāvē

der Seetang
tovên deryayî
tōvēn däryāyī

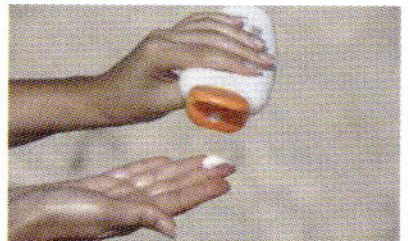

die Sonnencreme
krêma tavê
krēmā tāvē

das Strandresort
imkanên beravê
əmkānēn bärāvē

der Steg
avahiya beravê
āvāhəyā bärāvē

das Kreuzworträtsel
xaçepirs
khātschäpərs

das Sudoku
sûdokû
sūdōkū

das Strandhäuschen
kolika beravê
kōləkā bärāvē

die Strandbar
bara beravê
bārā bärāvē

die Ebbe	**daketina avê** dākätənā āvē
die Flut	**rabûna vê** rābūnā vē
die Strömung	**ceryan** dschäryān
der FKK-Strand	**berava rûtan** bärāvā rūtān
das Strandgut	**bermaya keştiyan** bärmāyā käshtəyān
schnorcheln	**gerra binavê** gärrā bənāvē
der Sonnenbrand	**tavşewitandin** tāvshäwətāndən
die Brandung	**seravê geriyan** särāvē gärəyān

sich sonnen
hemama beravê
hämāmā bärāvē

FERIEN - BETLANE

Das Zelten - Kon vegirtin

das Wohnmobil
mala erebokî
mālā äräbōkī

der Wohnwagen
karavan
kārāvān

der Campingbus
vena kampê
vänā kämpē

das Indianerzelt
tîpî
tīpī

der Campingstuhl
kursiyan dikeve nav hev
kursəyān dəkävä nāv häv

der Gasbrenner
ocaxa gazê
ōdschākhā gāzē

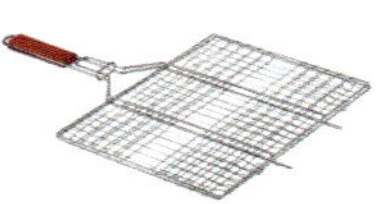

der Grillrost
kebabdank
käbābdānk

die Lagerfeuerstelle
agirê kempê
āgərē kämpē

der Campingplatz
devera kempê
dävärā kämpē

das Zelt
çadir
tschādər

der Zeltplatz
çal
tschāl

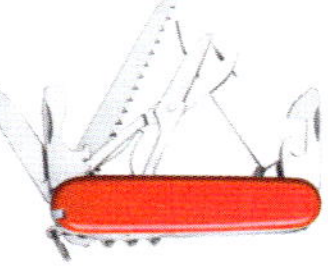

das Taschenmesser
kêra berîkan
kērā bärīkān

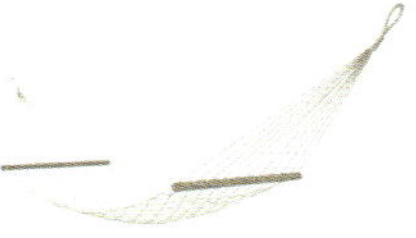

die Hängematte
raketoka perçekî
rākätōkā pärtschäkī

die Gasflasche	**kepsûla gazê** käpsūlā gāzē
das Propangas	**Calor® gazê** dschālōr gāzē
die Stirnlampe	**meşela sereke** māshälā säräkä
der Strom-anschluss	**pêveka ceryanê** pēväkā dschäryānē
die Duschen und Toiletten	**bloka serşok û tiwalêtê** blōkā särshōk ū təwālētē
der Feueranzünder	**heste** hästä
die Holzkohle	**komir** kōmər
der/das Insektenspray	**bihukkuj** bəhukkusch

FERIEN - BETLANE

Das Zelten - Kon vegirtin

der Schlafsack
kîsikê razanê
kīsəkē rāzānē

das Außenzelt
torra vizikan
tōrrā vəzəkān

das Innenzelt
çadira hundir
tschādərā hundər

der Zelteingang
deriyê çadirê
därəyē tschādərē

die Zeltstange
çarçove
tschārtschōvä

der Zeltboden
jêrendaz
schērändāz

der Reißverschluss
zîp
zīp

die Luftmatratze
doşika badanê
dōshəkā bādānē

der Rucksack
kolepiştî
kōläpəshtī

die Isomatte
raketoka razanê
rākätōkā rāzānē

der Trekkingstock
dîrek
dīräk

der Wanderschuh
pêlavên meşiyanê
pēlāvēn mäshəyānē

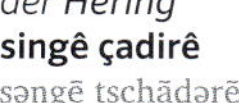

der Hering
singê çadirê
səngē tschādərē

die Taschenlampe
meşal
mäshāl

die Petroleumlampe	**çira parafînê** tschərā pārāfīnē
die Luftpumpe	**pomp** pōmp
die Campingtoilette	**tiwalêta kîmyayî** təwālētā kīmyāyī
die Entsorgungsstation	**xala danîna tiwalêta kîmyayî** khālā dānīnā təwālētā kīmyāyī
die Regenhaut®	**dijav** dəschāv
die Thermowäsche	**derpiyê germkar** därpəyē gärmkār
das Moskitonetz	**torra vizikan** tōrrā vəzəkān
ein Zelt aufschlagen	**çadir vegirtin** tschādər vägərtən
Kann ich hier mein Zelt aufschlagen?	**Gelo dikarim çadira xwe li vir vegirim?** gälō dəkārəm tschādərā khwä lə vər vägərəm

der Wasserkanister
debilkê avê
däbəlkē āvē

KÖRPER UND GESUNDHEIT

BEDEN Û TENDURISTÎ

DER KÖRPER – BEDEN

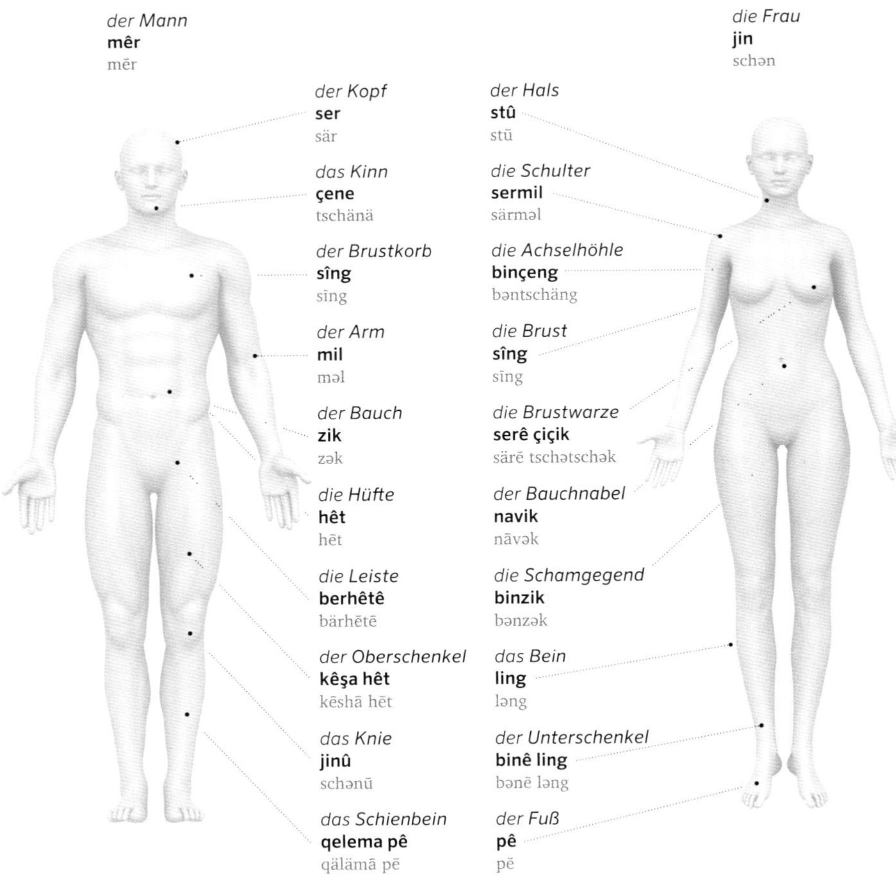

DER KÖRPER – BEDEN

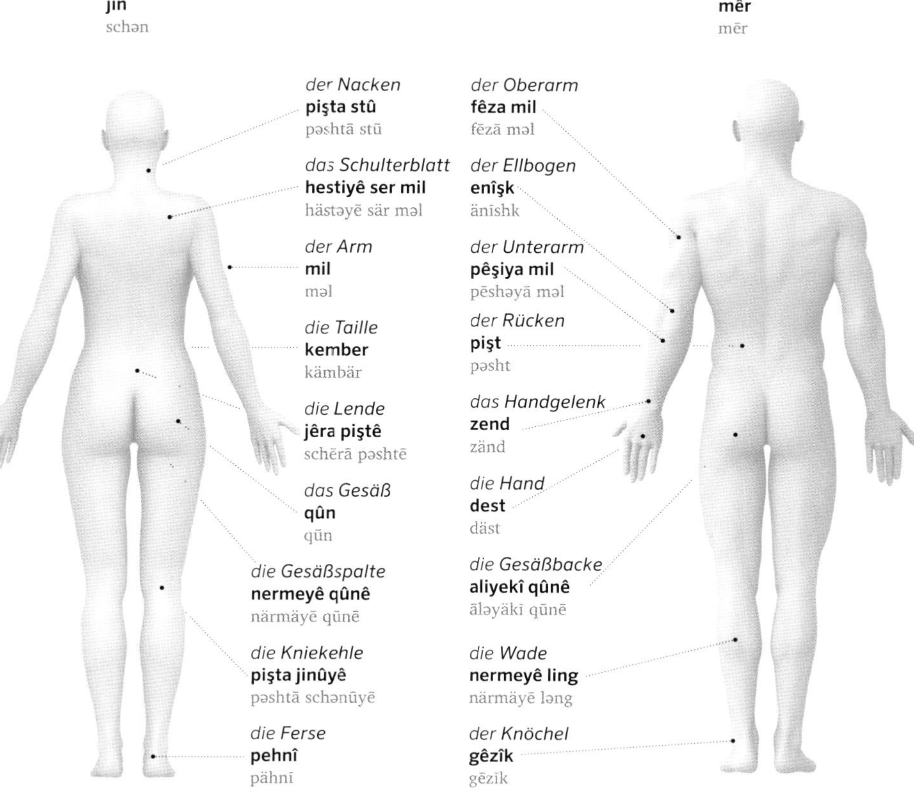

DER KÖRPER – BEDEN

Die Hand und der Fuß – Dest û pê

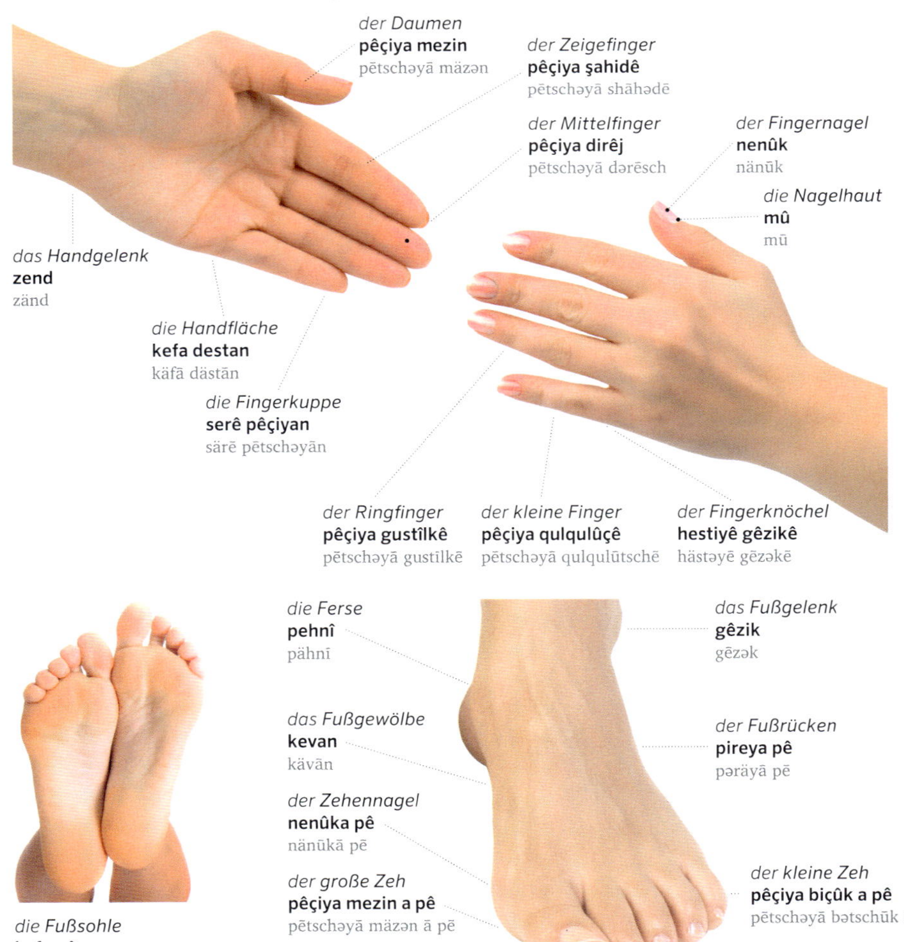

DER KÖRPER – BEDEN

Der Kopf – Ser

das Gehirn
mêjî
mēschī

das Großhirn
mêjiyê pêşiyê
mēschəyē pēshəyē

das Kleinhirn
mêjiyok
mēschəyōk

der Hirnstamm
dîrega mêjî
dīrägā mēschī

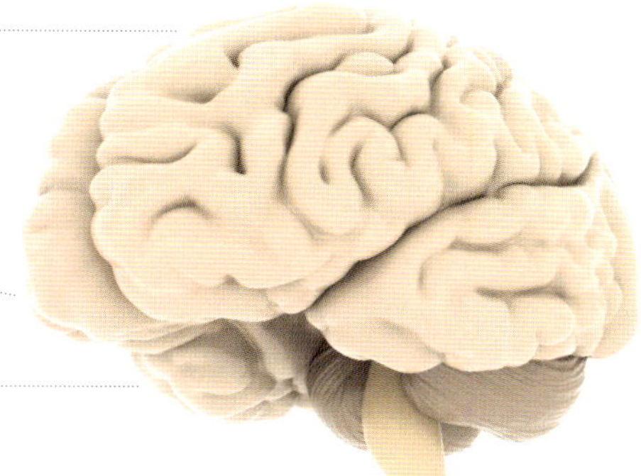

die Stirnhöhle
sînûsa pêşîn
sīnūsā pēshīn

die Keilbeinhöhle
sînûs
sīnūs

die Nasenhöhle
kuna bêvilê
kunā bēvəlē

das Nasenbein
hestiyê bêvilê
hästəyē bēvəlē

der Oberkiefer
hestiyê jorê yê çeneyê
hästəyē schōrē yē tschänäyē

der Gaumen
esmanê dêv
äsmānē dēv

die Zunge
ziman
zəmān

der Rachen
cihê qirikê
dschəhē qərəkē

der Unterkiefer
hestiyê jêrê yê çeneyê
hästəyē schērē yē tschänäyē

die Kehle
qirik
qərək

der Kehlkopf
devê qirikê
dävē qərəkē

die Speiseröhre
kuna qirikê
kunā qərəkē

DER KÖRPER – BEDEN

Die Muskeln – Masûle

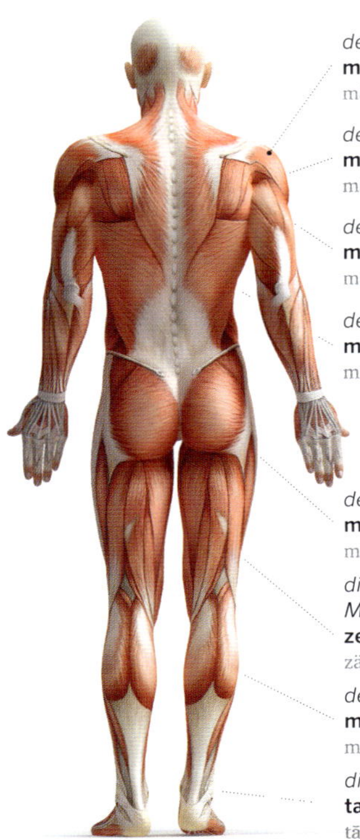

der Deltamuskel
masûleya sêguç
māsūläyā sēgutsch

der Kapuzenmuskel
masûleya zuzeneqe
māsūläyā zuzänäqä

der Trizeps
masûleya sermilê
māsūläyā särməlē

der Rückenmuskel
masûleya paşîn
māsūläyā pāshīn

der Gesäßmuskel
masûleya kunoka qirikê
māsūläyā kunōkā qərəkē

die ischiocruralen Muskeln
zerpêya pişta jinûyan
zärpēyā pəshtā schənūyān

der Wadenmuskel
masûleya nermeya lingan
māsūläyā närmäyā ləngān

die Achillessehne
tandona Aşîlê
tāndōnā āshīlē

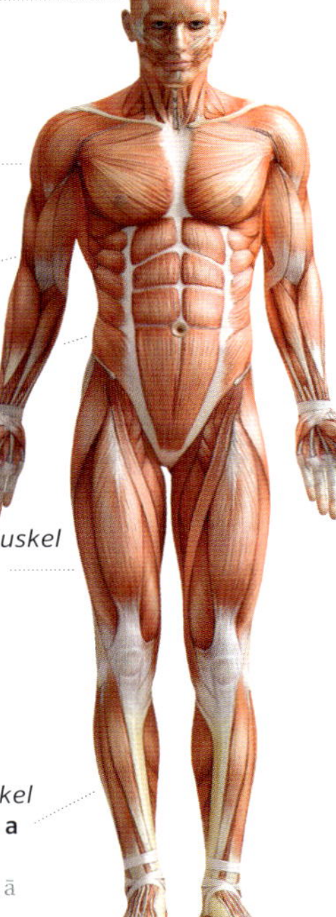

der Stirnmuskel
masûleya pêşîn
māsūläyā pēshīn

der Brustmuskel
masûleya sîng
māsūläyā sīng

der Bizeps
masûleya duser
māsūläyā dusär

der Bauchmuskel
masûleya zik
māsūläyā zək

der Oberschenkelmuskel
masûleya navhêtan
māsūläyā nāvhētān

der vordere Schienbeinmuskel
masûleya pêşîn a jinûyan
māsūläyā pēshīn ā schənūyān

DER KÖRPER – BEDEN

Das Skelett – Sklêt

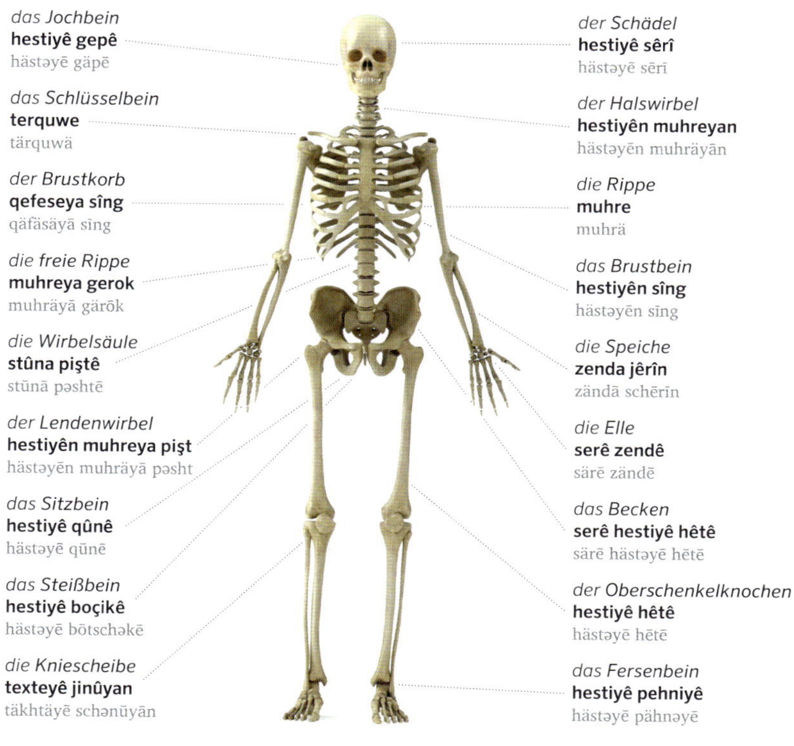

DER KÖRPER – BEDEN

Die inneren Organe – Endamên hundir

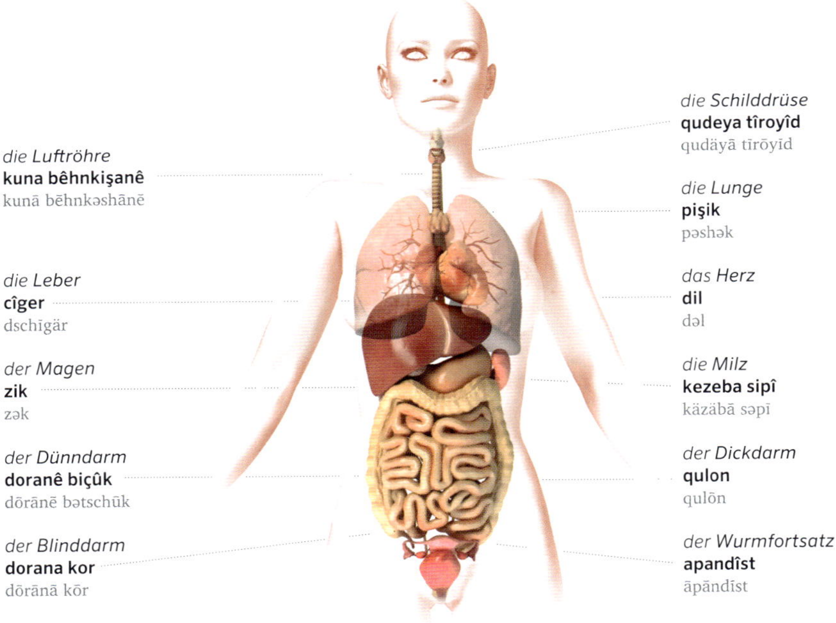

die Niere	**gurçik** gurtschək
die Bauchspeicheldrüse	**pankras** pānkrās
der Zwölffingerdarm	**dorana diwazdehan** dōrānā dəwāzdāhān
die Gallenblase	**kîsikê zirêv** kīsəkē zərēv
das Zwerchfell	**diyafragim** dəyāfrāgəm
das Gewebe	**vehûnok** vähūnōk
die Sehne	**tandon** tāndōn
die Drüse	**qude** qudä
der Knorpel	**nermika hestiyan** närməkā hästəyān

DER KÖRPER – BEDEN

Die Körpersysteme – Pergalên bedenê

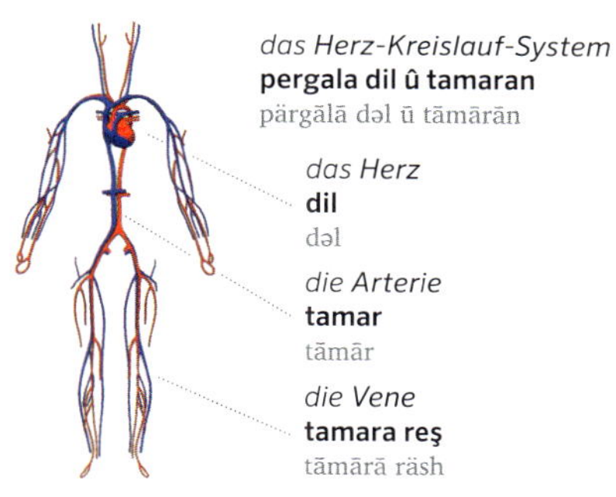

das Herz-Kreislauf-System
pergala dil û tamaran
pärgālā dəl ū tāmārān

das Herz
dil
dəl

die Arterie
tamar
tāmār

die Vene
tamara reş
tāmārā räsh

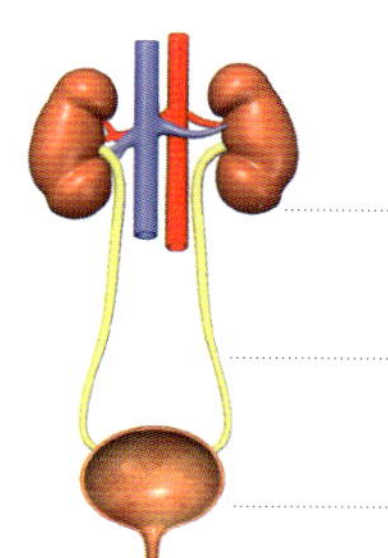

das Harnsystem
rêya mîzê
rēyā mīzē

die Niere
gurçik
gurtschək

der Harnleiter
pêşav
pēshāv

die Harnblase
zirav
zərāv

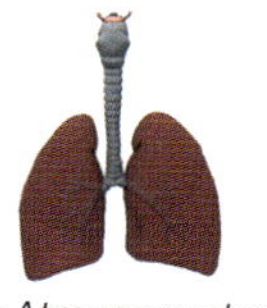

das Atmungssystem
pergala bêhnkişanê
pärgālā bēhnkəshānē

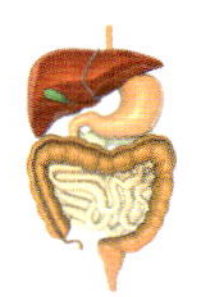

das Verdauungssystem
pergala helandinê
pärgālā häländənē

das endokrine System
pergala andokrîn
pärgālā āndōkrīn

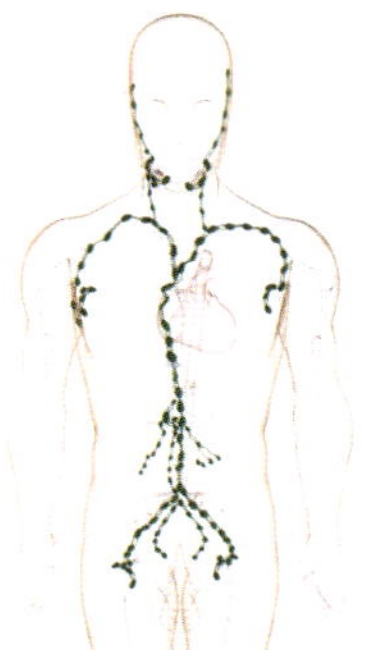

das lymphatische System
pergala lîmfatîk
pärgālā līmfātīk

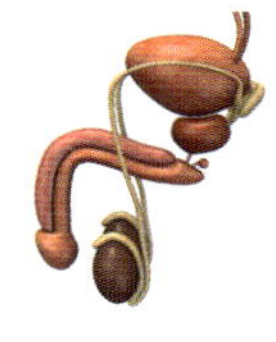

das männliche Fortpflanzungssystem
pergala zayendê ya mêran
pärgālā zāyändē yā mērān

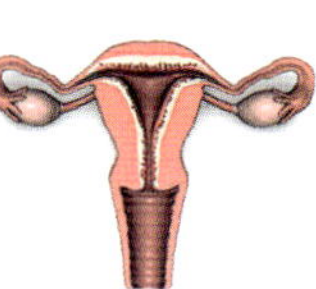

das weibliche Fortpflanzungssystem
pergala zayendê ya jinan
pärgālā zāyändē yā schənān

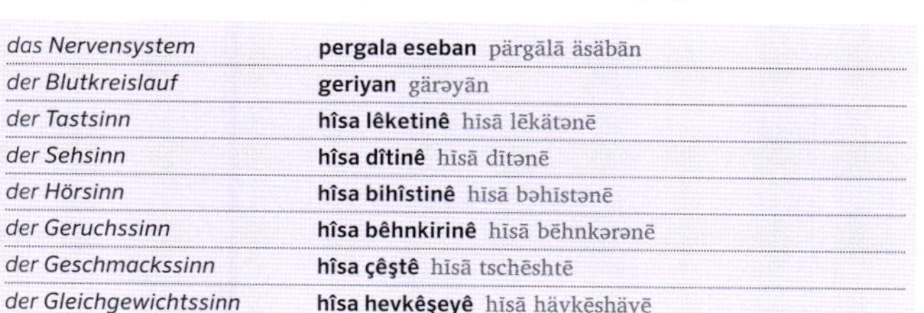

das Nervensystem	**pergala eseban** pärgālā äsābān
der Blutkreislauf	**geriyan** gärəyān
der Tastsinn	**hîsa lêketinê** hīsā lēkātənē
der Sehsinn	**hîsa dîtinê** hīsā dītənē
der Hörsinn	**hîsa bihîstinê** hīsā bəhīstənē
der Geruchssinn	**hîsa bêhnkirinê** hīsā bēhnkərənē
der Geschmackssinn	**hîsa çêştê** hīsā tschēshtē
der Gleichgewichtssinn	**hîsa hevkêşeyê** hīsā hävkēshäyē

DER KÖRPER – BEDEN

Die Geschlechtsorgane – Endamên zayendî

die männlichen Geschlechtsorgane
endamên zayendî yên mêran
ändāmēn zāyändī yēn mērān

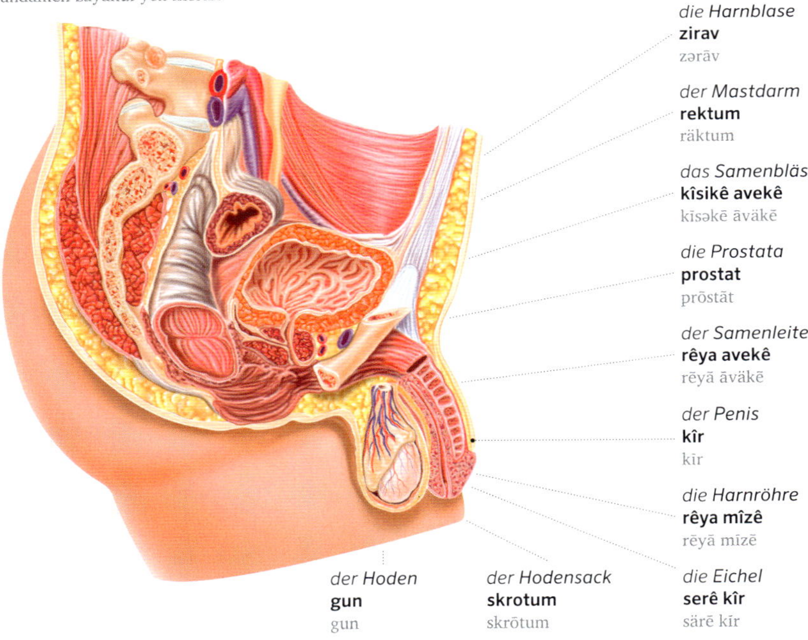

die Erektion	**rabûna kîr** rābūnā kīr
die Vorhaut	**postê pêşîn** pōstē pēshīn
die Beschneidung	**sinetkirin** sənätkərən
der Samenerguss	**xwe vala kirin** khwä vālā kərən
potent/impotent	**bihêz/bêhêz** bəhēz/bēhēz
das Hormon	**hormon** hōrmōn
der Geschlechtsverkehr	**sêkskirin** sēkskərən
die Geschlechtskrankheit	**nepaqijiya veguhestî ya cinsî** näpāqəschəyā väguhästī yā dschənsī

DER KÖRPER – BEDEN

Die Geschlechtsorgane – Endamên zayendî

die weiblichen Geschlechtsorgane
endamên zayendî yên jinan
ändāmēn zāyändī yēn schənān

der Eierstock
tovdank
tōvdānk

der Eileiter
boriya fałopî
bōrəyā fālōpī

die Gebärmutter
malzarok
mālzārōk

die Harnblase
zirav
zərāv

der Gebärmutterhals
pişta stû
pəshtā stū

die Harnröhre
rêya mîzê
rēyā mīzē

die Schamlippe
labiyom
lābəyōm

die Klitoris
klîtorîs
klītōrīs

die Scheide
quz
quz

der Anus
qûn
qūn

die Spirale	**IUD** äy yū dī
das Pessar	**devpoş** dävpōsh
das Diaphragma	**diyafragim** dəyāfrāgəm
die Empfängnisverhütung	**pêşîlêgirtin** pēshīlēgərtən
der Eisprung	**tovsazî** tōvsāzī
die Menstruation	**ketina kincan** kätənā kəndschān
unfruchtbar/fruchtbar	**neza/zaya** näzā/zāyā
der Schwangerschaftsabbruch	**beravêtin** bärāvētən

das Kondom
kandom
kāndōm

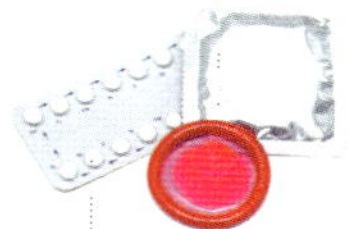

die Pille
heb
häb

SCHWANGERSCHAFT UND GEBURT - DUCANÎBÛN Û JIDAYÎKBÛN

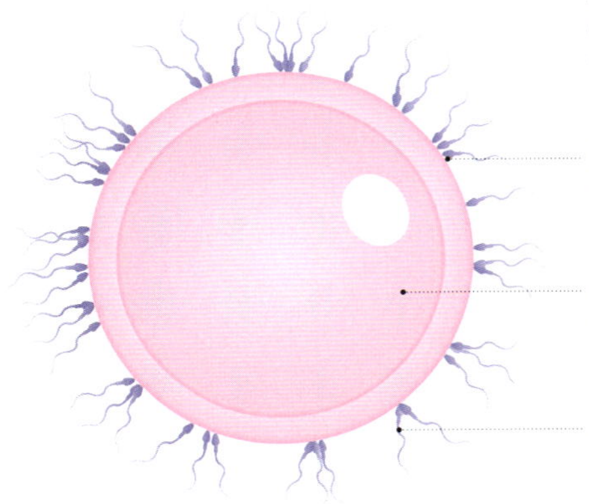

die Empfängnis
ducanîbûn
dudschānībūn

die Befruchtung
barwerbûn
bārwärbūn

die Eizelle
nutfe
nutfä

das Spermium
spêrm
spērm

die Ultraschall-aufnahme
sken
skän

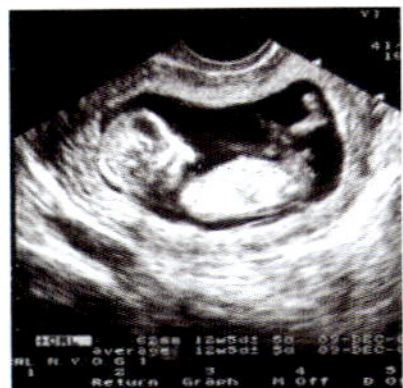

der/das Embryo
qundaxa nûçêbûyî
qundākhā nūtschēbūyī

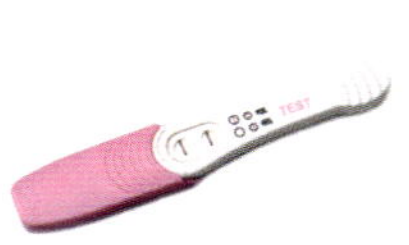

der Schwangerschafts-test
testa ducanîbûnê
tästā dudschānībūnē

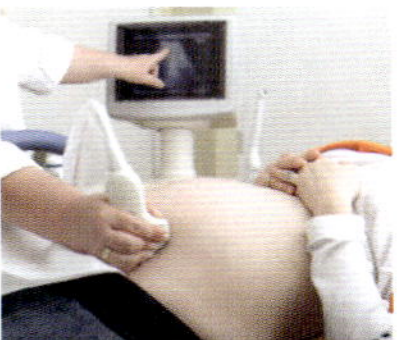

die Ultraschall-untersuchung
ji deng zûtir
schə däng zūtər

die Hebamme
qabile
qābəlä

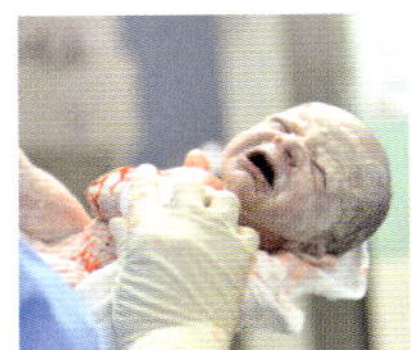

die Geburt
welidîn
wälədīn

schwanger	**ducanî** dudschānī
die Wehen	**êşên giran** ēshēn gərān
die Geburt einleiten	**bi dermanan welidandin** bə därmānān wälədāndən
pressen	**hotkirin** hōtkərən
die Nabelschnur	**navika qundaxê** nāvəkā qundākhē
die Plazenta	**cot** dschōt
das Fruchtwasser	**aveka amniyotîk** āväkā āmnəyōtīk
die Fruchtblase	**kîsikê amniyotîk** kīsəkē āmnəyōtīk

SCHWANGERSCHAFT UND GEBURT – DUCANÎBÛN Û JIDAYÎKBÛN

das Fläschchen
gudilk
gudəlk

der Messlöffel
amûrên endazegirtinê
āmūrēn ändāzägərtənē

das Milchpulver
formûl
fōrmūl

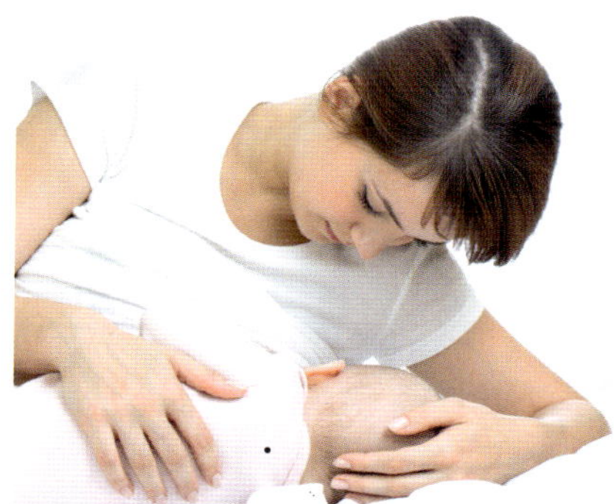

stillen
şîr xwrina ji çiçik
shīr khwrənā schə tschətschək

der Säugling
qundax
qundākh

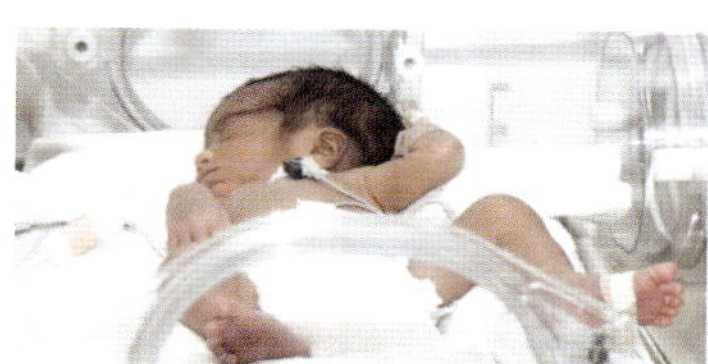

das Frühchen
zaroka zûhatî
zārōkā zūhātī

der Brutkasten
enkûbator
änkūbātōr

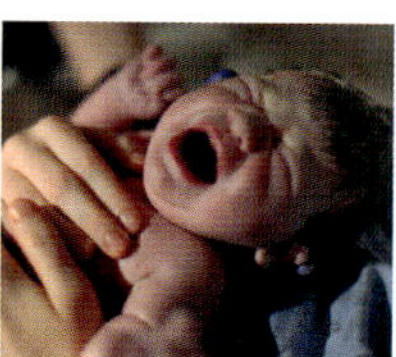

das Neugeborene
qundaxa nûbûyî
qundākhā nūbūyī

die Milchpumpe
givaştina sîng
gəvāshtənā sīng

der Kreißsaal	**beşa welidînê** bäshā wälədīnē
der Kaiserschnitt	**beşa sêzariyenê** bäshā sēzārəyānē
die Frühgeburt	**welidîna zûdem** wälədīnā zūdäm
die Fehlgeburt	**beravêtin** bärāvētən
die eineiigen Zwillinge	**duqulûyên wekhev** duqulūyēn wäkhäv
die zweieiigen Zwillinge	**duqulûyên ne-wekhev** duqulūyēn nä-wäkhäv
das Geburtsgewicht	**kêşa dema bûyînê** kēshā dämā būyīnē
die Impfung	**derzîlêdan** därzīlēdān

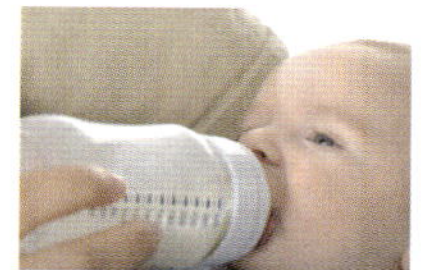

mit der Flasche füttern
şîr xwrina ji memikê
shīr khwrənā schə mäməkē

DER ARZTBESUCH - LI BAL DIXTOR

den Blutdruck messen
endazegirtina guşara xwînê
ändāzägərtənā gushārā khwīnē

das Wartezimmer
odeya bendêmayînê
ōdäyā bändēmāyīnē

das Rezept
nusxe
nuskhä

die Ärztin
dixtor
dəkhtōr

die Patientin
nexweş
näkhwäsh

die Manschette
kîsikê guşar girtinê
kīsəkē gushār gərtənē

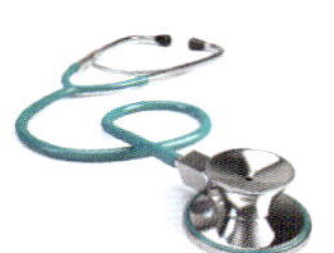

das Stethoskop
stêtoskop
stētōskōp

das Sprechzimmer
odeya rawêjkariyê
ōdäyā rāwēschkārəyē

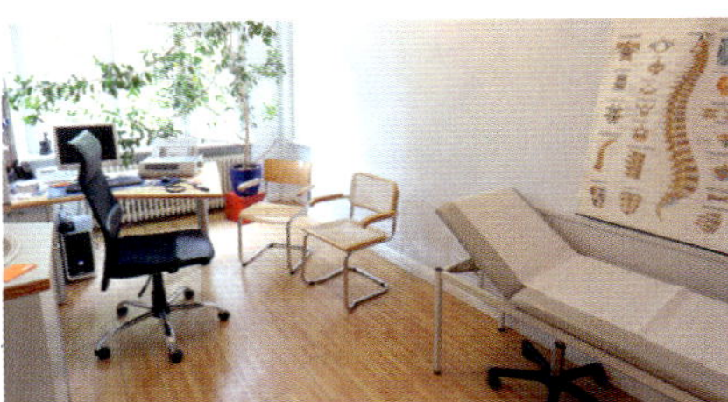

die Untersuchungsliege
maseya lênêrînê
māsäyā lēnērīnē

das Blutdruckmessgerät
nîşangera guşara xwînê
nīshāngärā gushārā khwīnē

die Sprechstunde	**saetên niştergeriyê** säätēn nəshtärgärəyē
jemandem Blut abnehmen	**mînaka xwînê girtin** mīnākā khwīnē gərtən
der Termin	**dema hevdîtinê** dämā hävdītənē
die Behandlung	**dermankirin** därmānkərən
die Diagnose	**têderxistin** tēdärkhəstən
die Überweisung	**şandina cihekî din** shāndənā dschəhäkī dən
die Ergebnisse	**encam** ändschām
die Krankenkasse	**sîgorteya tenduristiyê** sīgōrtäyā tändurəstəyē

SYMPTOME UND KRANKHEITEN – NÎŞANE Û NEXWEŞÎ

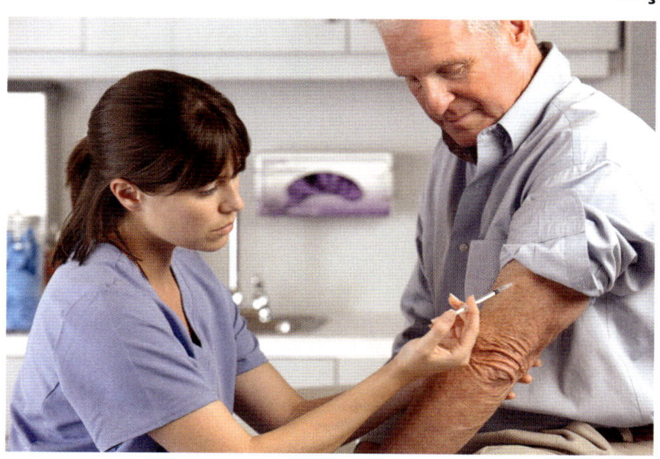

jemandem eine Spritze geben
derzî li kesekî xistin
därzī lə käsäkī khəstən

eine Spritze bekommen
derzî li xwe xistin
därzī lə khwä khəstən

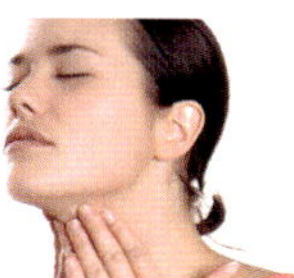

die Halsschmerzen
gewrîêş
gäwrīēsh

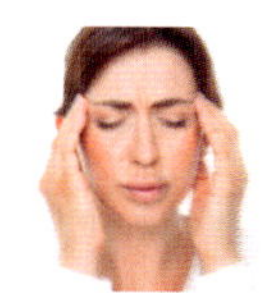

die Kopfschmerzen
serêş
särēsh

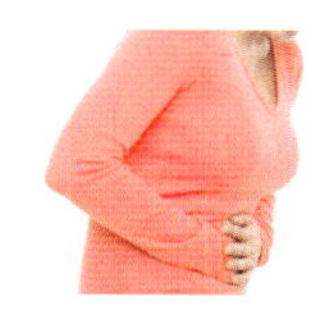

die Magenschmerzen
zikêş
zəkēsh

die Zahnschmerzen
diranêş
dərānēsh

das Virus	**vîrûs** vīrūs
der Infekt	**genîtî** gänītī
die Allergie	**alerjî** älärschī
der Hautausschlag	**pirzik** pərzək
das Ekzem	**egzema** ägzämā
die Migräne	**mîgrên** mīgrēn
das Nasenbluten	**xwîna poz** khwīnā pōz
die Bindehautentzündung	**werim** wärəm
die Mittelohrentzündung	**werimîna hundirê guh** wärəmīnā hundərē guh
der Durchfall	**îshal** īshāl
die Darmgrippe	**anflûanzaya mehdeyê** änflūānzāyā mähdäyē
der Schwindel	**gêjbûn** gēschbūn
die Übelkeit	**dil li hev ketin** dəl lə häv kätən
der Krampf	**hişkbûna endaman** həshkbūnā ändāmān
die Bronchitis	**bronşît** brōnshīt
die Blasenentzündung	**genîtiya zirêv** gänītəyā zərēv

SYMPTOME UND KRANKHEITEN – NÎŞANE Û NEXWEŞÎ

krank
nexweş
näkhwäsh

der Schnupfen
sar
sār

der Husten
kuxik
kukhək

gesund
tendurist
tändurəst

die Erkältung
zekem
zäkäm

die Grippe
anflûanza
ānflūānzā

das Niesen
xurexurkirin
khuräkhurkərən

das Fieber
ta
tā

der Heuschnupfen
taya onceyê
tāyā ōndschäyē

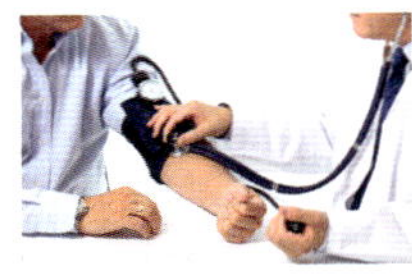

der hohe/niedrige Blutdruck
guşara zêde/kêm a xwînê
gushārā zēdä/kēm ā khwīnē

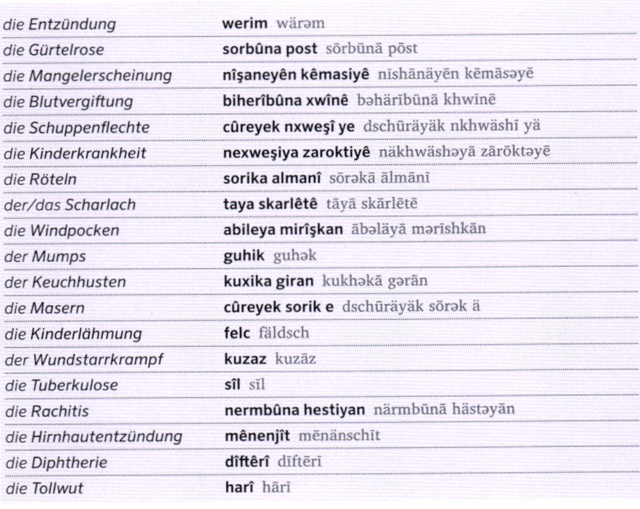

die Entzündung	**werim** wärəm
die Gürtelrose	**sorbûna post** sōrbūnā pōst
die Mangelerscheinung	**nîşaneyên kêmasiyê** nīshānäyēn kēmāsəyē
die Blutvergiftung	**biherîbûna xwînê** bəhärībūnā khwīnē
die Schuppenflechte	**cûreyek nxweşî ye** dschūräyäk nkhwäshī yä
die Kinderkrankheit	**nexweşiya zaroktiyê** näkhwäshəyā zārōktəyē
die Röteln	**sorika almanî** sōrəkā ālmānī
der/das Scharlach	**taya skarlêtê** tāyā skärlētē
die Windpocken	**abileya mirîşkan** ābəläyā mərīshkān
der Mumps	**guhik** guhək
der Keuchhusten	**kuxika giran** kukhəkā gərān
die Masern	**cûreyek sorik e** dschūräyäk sōrək ä
die Kinderlähmung	**felc** fäldsch
der Wundstarrkrampf	**kuzaz** kuzāz
die Tuberkulose	**sîl** sīl
die Rachitis	**nermbûna hestiyan** närmbūnā hästəyān
die Hirnhautentzündung	**mênenjît** mēnänschīt
die Diphtherie	**dîftêrî** dīftērī
die Tollwut	**harî** hārī

SYMPTOME UND KRANKHEITEN – NÎŞANE Û NEXWEŞÎ

das Asthma
asim
āsəm

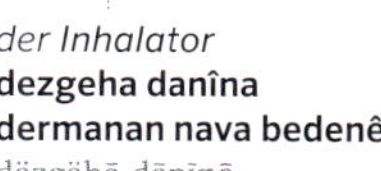

der Inhalator
dezgeha danîna dermanan nava bedenê
däzgāhā dānīnā dārmānān nāvā bādānē

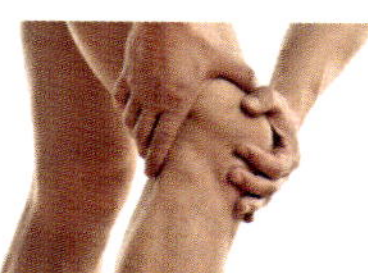

das Rheuma
romatîsm
rōmātīsm

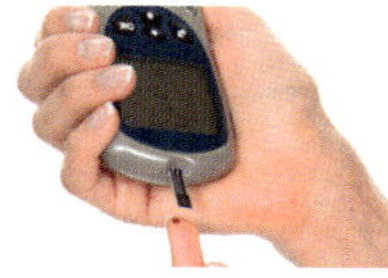

der Diabetes
nexweşiya qênd
näkhwäshəyā qēnd

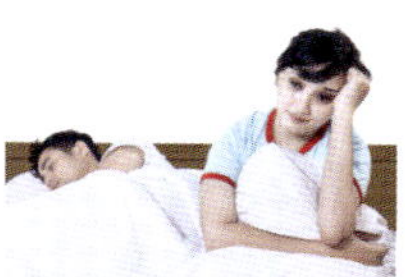

die Schlafstörung
tevheviya xewê
tävhävəyā khäwē

das Aids
AIDS
äydəz

die Atemnot	**bi dijwarê bêhn kişandin** bə dəschwärē bēhn kəshāndən
der Alzheimer	**nexweûiya alzaymêrê** näkhwäūəyā ālzāymērē
die Demenz	**pîrbûna zûdem a aqil** pīrbūnā zūdäm ā āqəl
die Parkinsonkrankheit	**nexweşiya parkînsonê** näkhwäshəyā pārkīnsōnē
der Krebs	**penceşêr** pändschäshēr
das Geschwür	**demel** dämäl
die Schilddrüsenkrankheit	**tevheviya tîroyîdê** tävhävəyā tīrōyīdē
der Herzinfarkt	**êrişa dil** ērəshā dəl
der Schlaganfall	**derbeya nişkêveyî** därbäyā nəshkēväyī
HIV-positiv/negativ	**HIV erênî/neyînî** həv ärēnī/näyīnī
die multiple Sklerose	**hişkbûna berbelav a bedenê** həshkbūnā bārbäläv ā bädänē
die Epilepsie	**nexwşiya hejhejokê** näkhwshəyā häschhäschōkē
die Depression	**xwedaketîbûn** khwädākätībūn
die Essstörung	**tevheviya xwarinê** tävhävəyā khwārənē
die Sucht	**bengîbûn** bängībūn

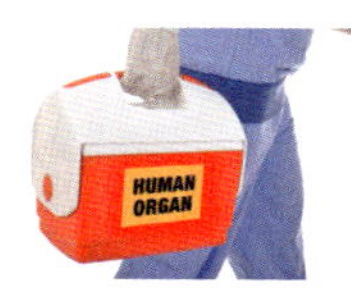

die Transplantation
çandina endaman
tschāndənā ändāmān

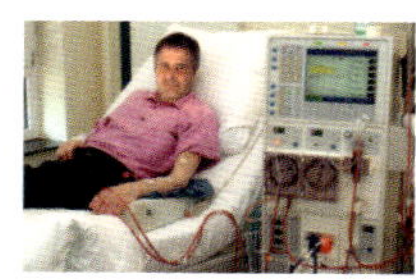

die Dialyse
diyalîz
dəyālīz

BEHINDERUNGEN – BÊŞIYANÎ

der Blindenhund
seyê rênîşandanê
säyē rēnīshāndānē

der Rollstuhl
çerxok
tschärkhōk

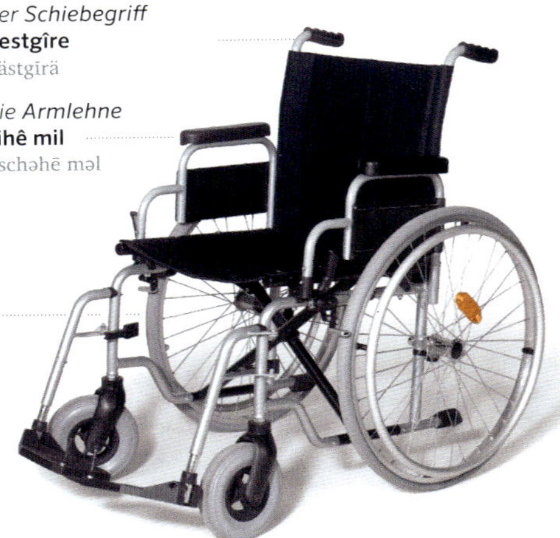

der Schiebegriff
destgîre
dästgīrä

die Armlehne
cihê mil
dschəhē məl

der Greifreifen
çerxa destî
tschärkhā dästī

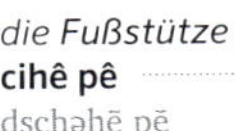

die Fußstütze
cihê pê
dschəhē pē

der Blindenstock
gopalê sipî
gōpālē səpī

die Gebärdensprache
zimanê nîşaneyan
zəmānē nīshānäyān

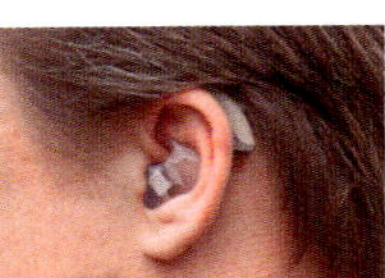

das Hörgerät
bihîstok
bəhīstōk

der Rollator
meşiyanoka bi tekere
mäshəyānōkā bə täkärä

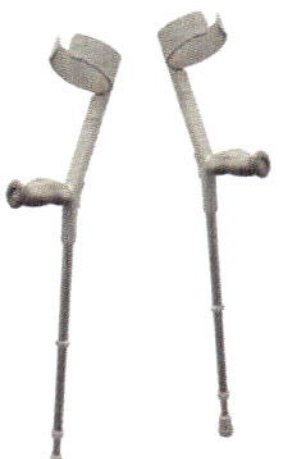

die Krücke
gopalê xwe spartinê
gōpālē khwä spārtənē

die Prothese
endamê sexte
ändāmē säkhtä

gelähmt	**felcbûyî** fäldschbūyī
die spastische Lähmung	**felca hejhejok** fäldschā häschhäschōk
hinken	**şil û şeht** shəl ū shäht
blind	**kor** kōr
schwerhörig	**dereng bihîstin** däräng bəhīstən
gehörlos	**kerr** kärr
behindert	**bêşiyan** bēshəyān
schwerbehindert	**gellekî bêşiyan** gälläkī bēshəyān

VERLETZUNGEN – BIRÎN

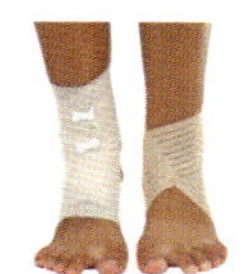
die Verstauchung
tamar lihev aliyan
tāmār ləhäv āləyān

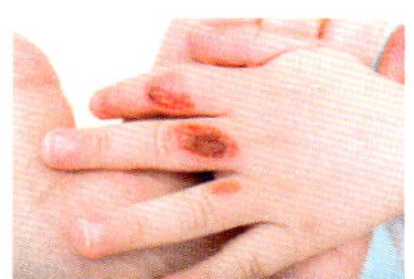
die Verbrennung
şewitîn
shäwətīn

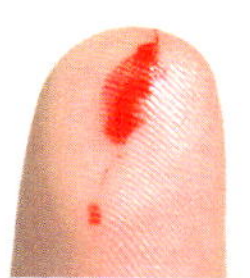
die Schnittwunde
birrîn
bərrīn

der Knochenbruch
şikinîn
shəkənīn

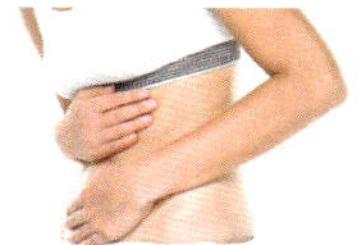
die Vergiftung
bi jehrê ketin
bə schährē kätən

der Insektenstich
derziya bihukan
därzəyā bəhukān

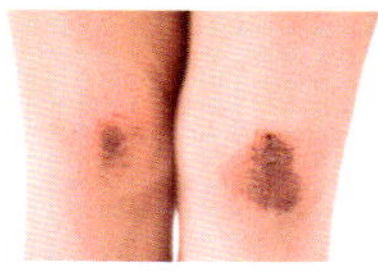
die Schürfwunde
herişîn
härəshīn

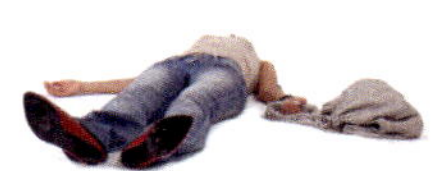
in Ohnmacht fallen
sistbûn
səstbūn

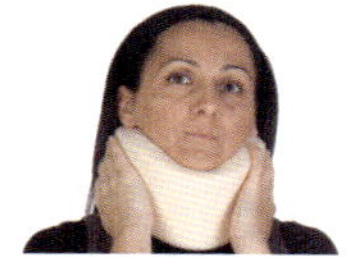
das Schleudertrauma
kutana êşê
kutānā ēshē

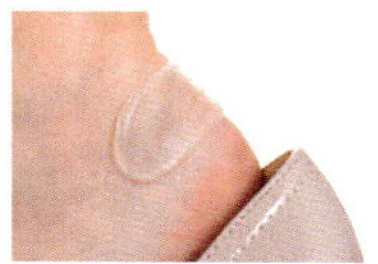
die Blase
peqik
päqək

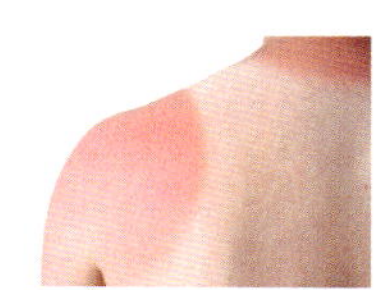
der Sonnenbrand
şewata tavê
shäwātā tāvē

der Bandscheiben-vorfall
dîska berbelav
dīskā bärbälāv

die Wunde	**birîn** bərīn
die Brandwunde	**şewitîn** shäwətīn
das Blut	**xwîn** khwīn
bluten	**xwîn hatin** khwīn hātən
die Blutung	**xwînrêtin** khwīnrētən
die Gehirnerschütterung	**derbeya li mêjî** därbäyā lə mēschī
sich den Arm/einen Wirbel ausrenken	**pêyê kesî şikiyan/êşiyan** pēyē käsī shəkəyān/ēshəyān
sich den Fuß verstauchen/brechen	**velistîn/bişkînin lingê te** väləstīn/bəshkīnən ləngē tä

der elektrische Schlag
şoka ceryanê
shōkā dschäryānē

BEIM ZAHNARZT – LI BAL DIXTORÊ DIRANAN

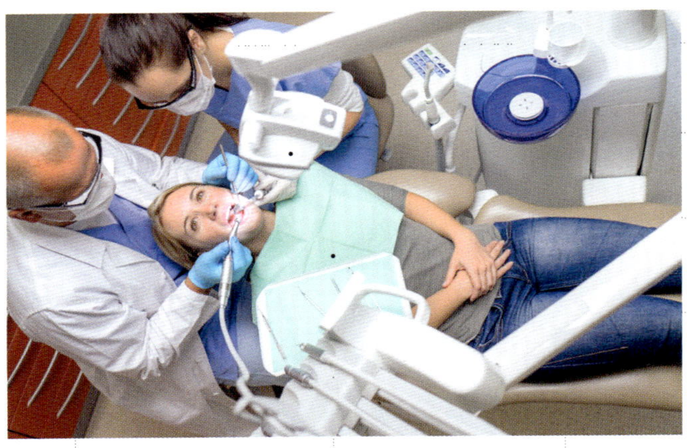

die Zahnarzthelferin
perestarê diranan
pärästārē dərānān

das Mundspülbecken
binî
bənī

die Behandlungslampe
reflektor
räfläktōr

die Patientin
nexweş
näkhwäsh

der Zahnarzt
dixtorê diranan
dəkhtōrē dərānān

der Patientenumhang
pêşbend
pēshbänd

der Zahnarztstuhl
kursiya diranbijîşkiyê
kursəyā dərānbəschīshkəyē

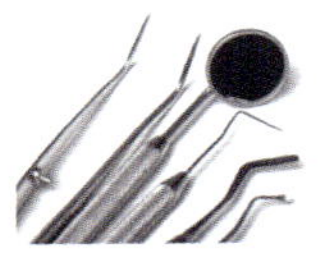

das Zahnarztbesteck
amûrên diranbijîşkiyê
āmūrēn dərānbəschīshkəyē

der Mundschutz
maska niştergeriyê
māskā nəshtärgärəyē

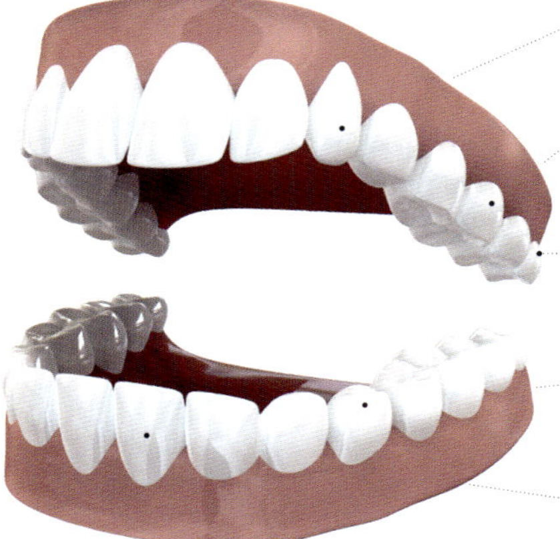

der Eckzahn
diranê pêşîn û fêzê
dərānē pēshīn ū fēzē

der hintere Backenzahn
diranê axiryê
dərānē ākhəryē

der Weisheitszahn
diranê aqil
dərānē āqəl

der vordere Backenzahn
diranê biçûk ê dawiyê
dərānē bətschūk ē dāwəyē

der Schneidezahn
diranê pêşîn
dərānē pēshīn

BEIM ZAHNARZT - BAL DIXTORÊ DIRANAN

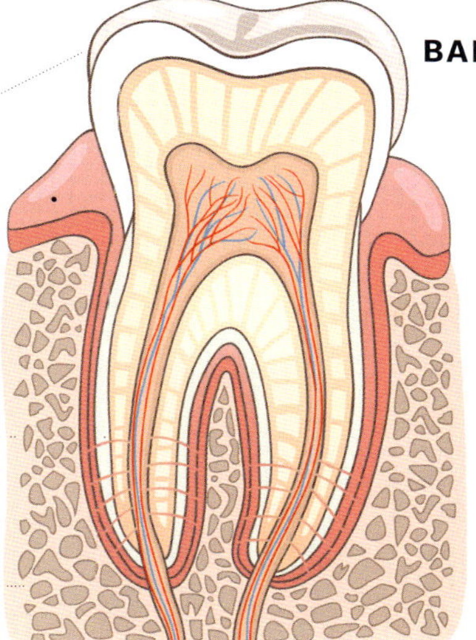

der Zahn
diran
dərān

der Zahnschmelz
rûveka diranan
rūväkā dərānān

das Zahnfleisch
camax
dschāmākh

die Zahnwurzel
reh
räh

der Nerv
eseb
äsäb

die Zahnprothese
pirî
pərī

die Knirscherschiene
hestiyên cihê gezkirinê
hästəyēn dschəhē gäzkərənē

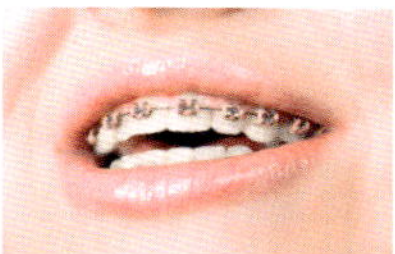

die Zahnspange
girêdan
gərēdān

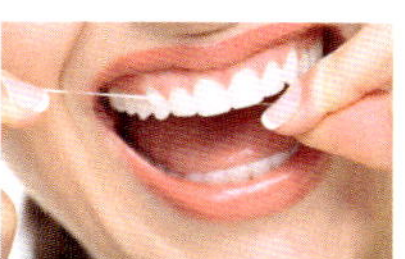

mit Zahnseide reinigen
ta li diranên xwe xistin
tā lə dərānēn khwä khəstən

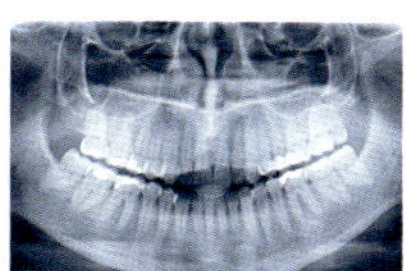

die Röntgenaufnahme
tîrêja-X
tīrēschā-kh

die Krone
tac
tādsch

das Implantat	**çandina diranan** tschāndənā dərānān
einen Zahn ziehen	**kişandina diranekî** kəshāndənā dərānäkī
die örtliche Betäubung	**bêhîskirina cihek** bēhīskərənā dschəhäk
die Mundhygiene	**paqijiya dêv** pāqəschəyā dēv
der Zahnbelag	**qalik** qālək
die Karies	**xerabûna diranan** khärābūnā dərānān
die Zahnfüllung	**tijîkirin** təschīkərən
die Wurzelbehandlung	**dermankirina rîşeyê** därmānkərənā rīshäyē

das Mundwasser
devşo
dävshō

BEIM AUGENOPTIKER – LI BAL DIXTORÊ ÇAVAN

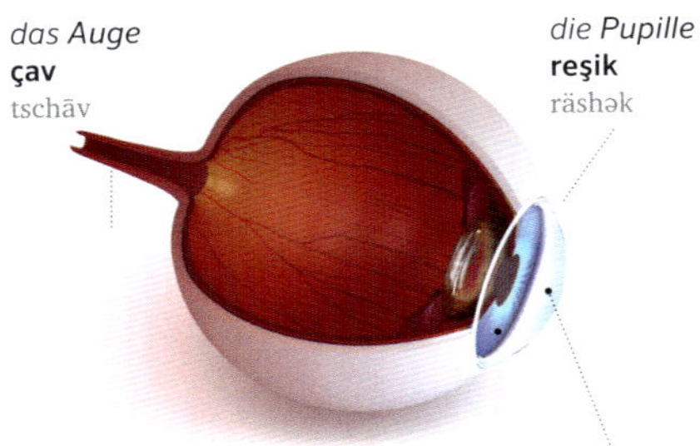

das Auge
çav
tschāv

die Pupille
reşik
räshək

der Sehnerv
eseba çavan
äsäbā tschāvān

die Linse
nîske
nīskä

die Hornhaut
qurniye
qurnəyä

die Netzhaut
torrik
tōrrək

die Iris
sipîk
səpīk

die Brille
berçavk
bärtschāvk

das Brillengestell
çarçove
tschärtschōvä

das Brillenglas
nîske
nīskä

die Optikerin
berçavkfiroş
bärtschāvkfərōsh

der Sehtest
etesta çavan
ätästā tschāvān

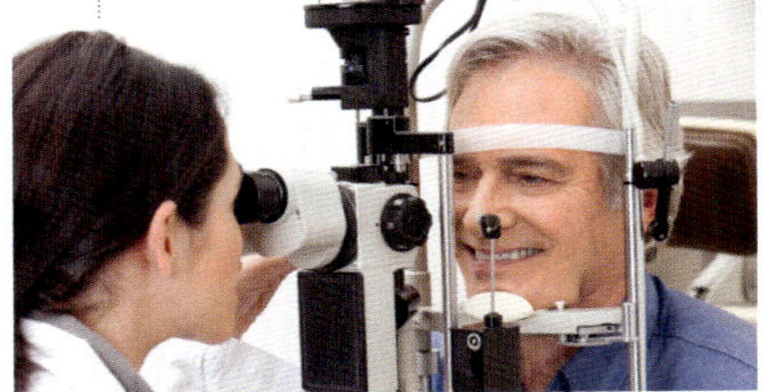

der Kontaktlinsenbehälter
cihê nîskeyê
dschəhē nīskäyē

die Kontaktlinse
nîskeya pêwendiyê
nīskäyā pēwändəyē

das Brillenputztuch	**perçeyê berçavkê** pärtschäyē bärtschāvkē
die Augentropfen	**dilopkeya çavan** dəlōpkäyā tschāvān
die Lesebrille	**berçavka xwendinê** bärtschāvkā khwändənē
weitsichtig	**dûrbîn** dūrbīn
kurzsichtig	**nêzîkbîn** nēzīkbīn
die Gleitsichtbrille	**berçavkên çend armancî** bärtschāvkēn tschänd ārmāndschī
der graue Star	**têkçûna nîskeya çavan** tēktschūnā nīskäyā tschāvān
der grüne Star	**nexweşiyeke çavan e** näkhwäshəyäkä tschāvān ä

IM KRANKENHAUS – LI NEXWEŞXANEYÊ

das Krankenzimmer
odeya nexweşxaneyê
ōdäyā näkhwäshkhānäyē

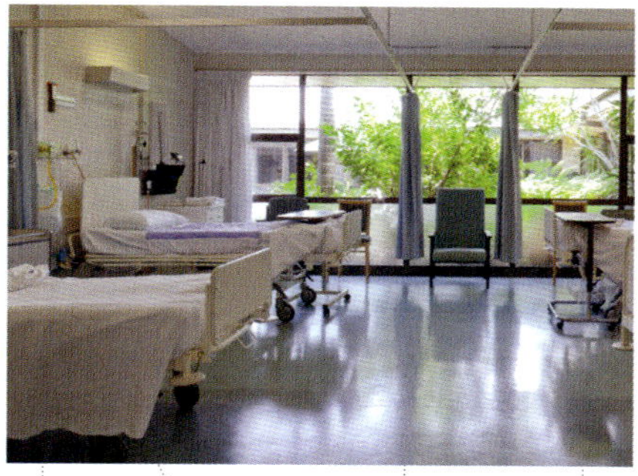

das Einzelzimmer
odeya tek
ōdäyā täk

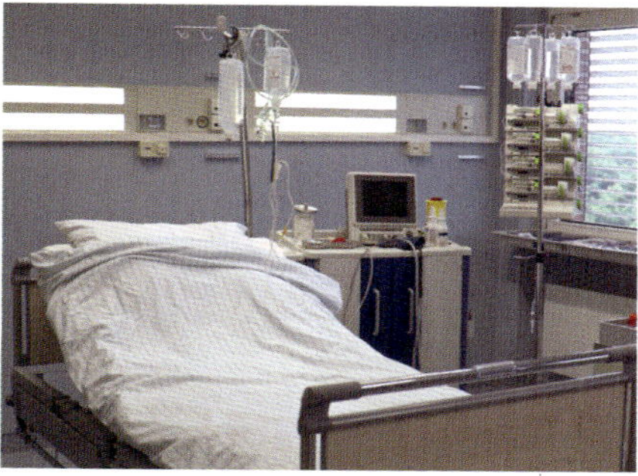

der Nachttisch
maseya kêlekê
māsäyā kēläkē

der Krankentisch
maseya ser têxt
māsäyā sär tēkht

der Infusionsständer
daloqa IV
dālōqā əv

das Krankenhausbett
textê nexweşxaneyê
täkhtē näkhwäshkhānäyē

der Trennvorhang
perdeya ferdî
pärdäyā färdī

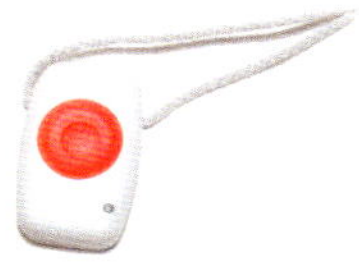

der Notrufknopf
bişkoka gazîkirina lezgîn
bəshkōkā gāzīkərənā läzgīn

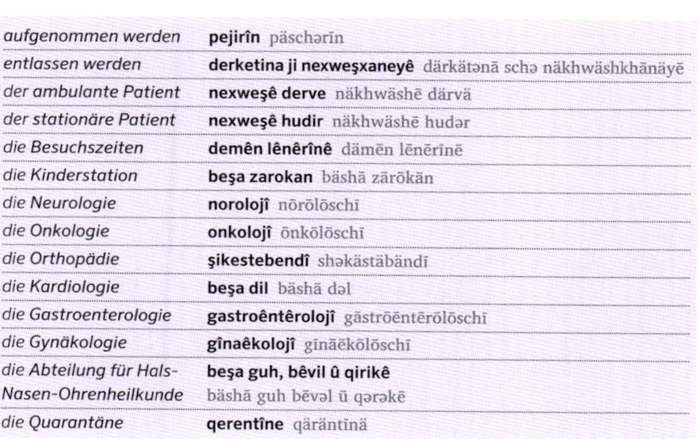

aufgenommen werden	**pejirîn** päschərīn
entlassen werden	**derketina ji nexweşxaneyê** därkätənā schə näkhwäshkhānäyē
der ambulante Patient	**nexweşê derve** näkhwäshē därvä
der stationäre Patient	**nexweşê hudir** näkhwäshē hudər
die Besuchszeiten	**demên lênêrînê** dämēn lēnērīnē
die Kinderstation	**beşa zarokan** bäshā zārōkān
die Neurologie	**norolojî** nōrōlōschī
die Onkologie	**onkolojî** ōnkōlōschī
die Orthopädie	**şikestebendî** shəkästäbändī
die Kardiologie	**beşa dil** bäshā dəl
die Gastroenterologie	**gastroêntêrolojî** gāstrōēntērōlōschī
die Gynäkologie	**gînaêkolojî** gīnāēkōlōschī
die Abteilung für Hals-Nasen-Ohrenheilkunde	**beşa guh, bêvil û qirikê** bäshā guh bēvəl ū qərəkē
die Quarantäne	**qerentîne** qäräntīnä

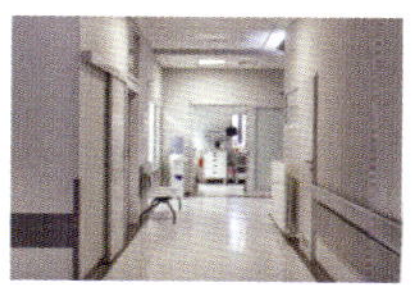

die Station
beşeke nexweşxaneyê
bäshäkä näkhwäshkhānäyē

IM KRANKENHAUS – LI NEXWEŞXANEYÊ

Die Chirurgie – Niştergerî

die Operation
niştergerî
nəshtärgärī

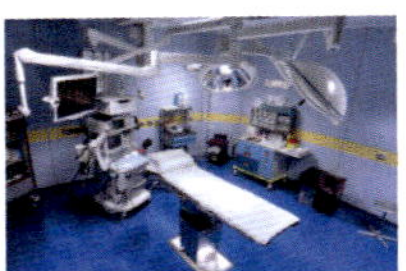

der Operationssaal
odeya niştergeriyê
ōdäyā nəshtärgärəyē

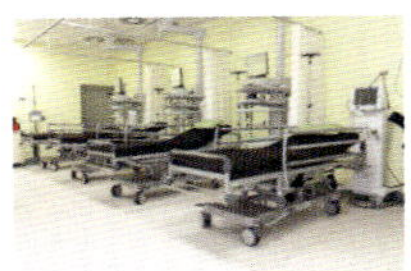

der Aufwachraum
odeya vejiyandinê
ōdäyā väschəyändənē

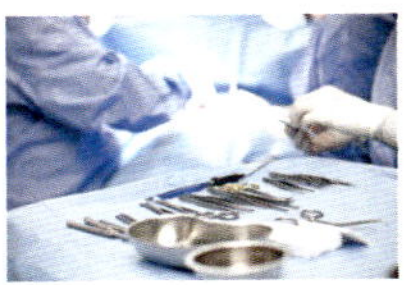

das Operationsbesteck
amûrên niştergeriyê
āmūrēn nəshtärgärəyē

die Operationsleuchte
çiraya niştergeriyê
tschərāyā nəshtärgärəyē

der Chirurg
niştergerr
nəshtärgär

der Mundschutz
maska niştergeriyê
māskā nəshtärgärəyē

die OP-Schwester
perestara qadê
pärästārā qādē

der Operationstisch
maseya niştergeriyê
māsäyā nəshtärgärəyē

der OP-Mantel
cilên yekdest
dschəlēn yäkdäst

der Anästhesist
pisporê bêhişkirinê
pəspōrē bēhəshkərənē

die Narbe
cihê birînê
dschəhē bərīnē

die Fäden
dirûna birînan
dərūnā bərīnān

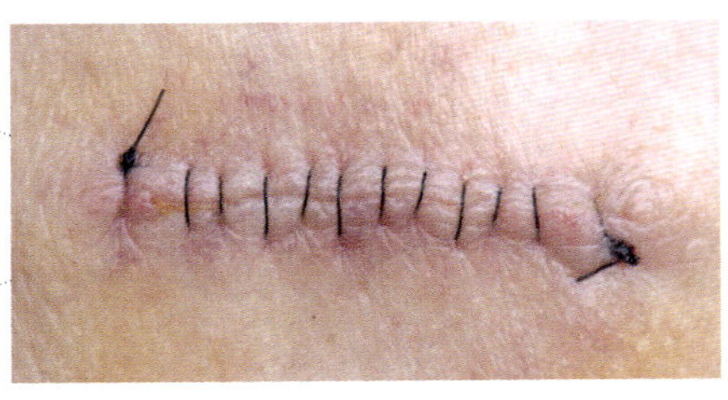

die Lokalanästhesie	**bêhîskirina cihekî** bēhīskərənā dschəhäkī
die Vollnarkose	**bêhîskirina giştî** bēhīskərənā gəshtī
die Rehabilitation	**veşiyandin** väshəyāndən
die medizinische Nachversorgung	**muqatebûna piştî niştergeriyê** muqātābūnā pəshtī nəshtärgärəyē
die Bettruhe	**bêhnvedana li cih** bēhnvädānā lə dschəh
die Genesung	**dewreya başbûnê** däwräyā bāshbūnē
tot	**mirî** mərī
der Tod	**mirin** mərən

IM KRANKENHAUS – LI NEXWEŞXANEYÊ

Die Unfallstation – Ziyan

die Intensivstation
yekeya muqatebûna baldar
yäkäyā muqātäbūnā bāldār

die Notaufnahme
pejirandina lezgîn
päschərāndənā läzgīn

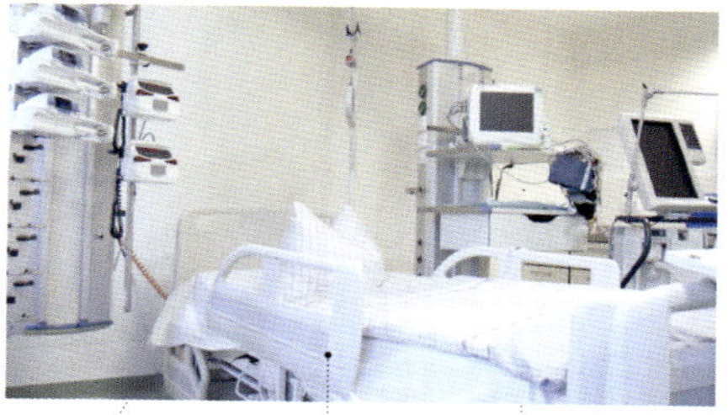

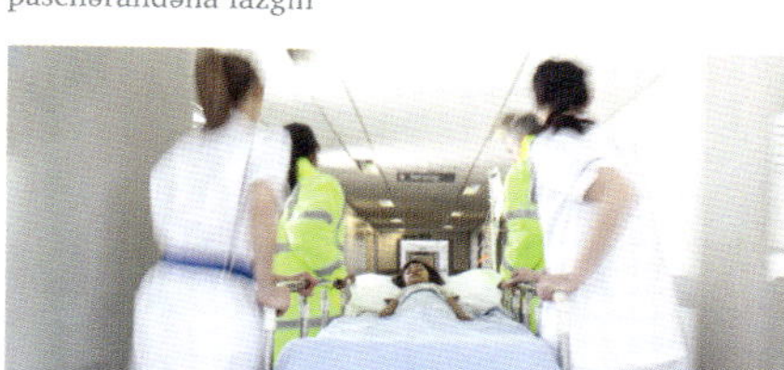

der Rufknopf
bişkoka gazîkirinê
bəshkōkā gāzīkərənē

der Herzmonitor
nîşandêra dil
nīshāndērā dəl

die Fahrtrage
çerxa destî
tschärkhā dästī

das Krankenhausbett
textê nexweşxaneyê
täkhtē näkhwäshkhānäyē

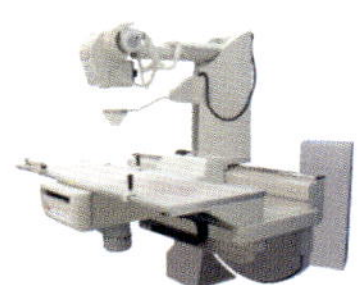

das Röntgengerät
dezgeha tîrêja-X
däzgāhā tīrēschā-kh

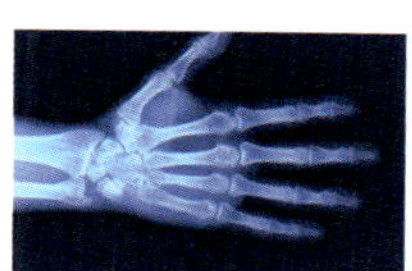

das Röntgenbild
tîrêja-X
tīrēschā-kh

der Warteraum
odeya libendêmayînê
ōdäyā ləbändēmāyīnē

die Oberärztin
rawêjkar
rāwēschkār

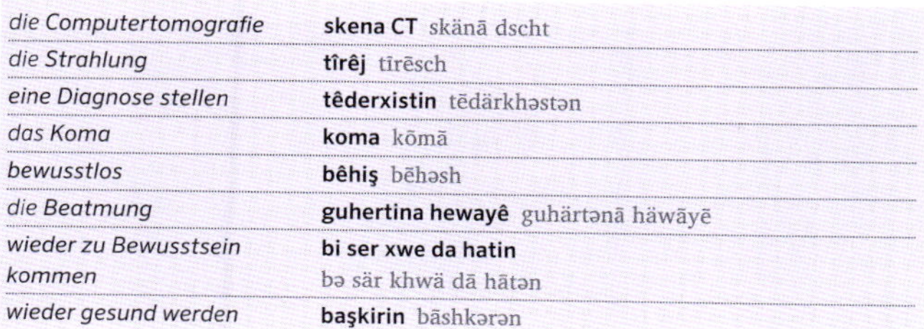

die Computertomografie	**skena CT** skänā dscht
die Strahlung	**tîrêj** tīrēsch
eine Diagnose stellen	**têderxistin** tēdärkhəstən
das Koma	**koma** kōmā
bewusstlos	**bêhiş** bēhəsh
die Beatmung	**guhertina hewayê** guhärtənā häwāyē
wieder zu Bewusstsein kommen	**bi ser xwe da hatin** bə sär khwä dā hātən
wieder gesund werden	**başkirin** bāshkərən

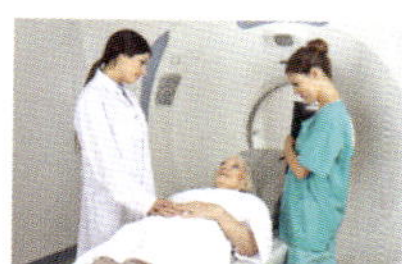

die Kernspintomografie
skena MRI
skänā mrə

DIE APOTHEKE – DERMANFIROŞÎ

das Medikament
derman
därmān

die Kapsel
kepsûl
käpsūl

der Hustensaft
dermanê hevedudanî yê kuxikê
därmānē hävädudānī yē kukhəkē

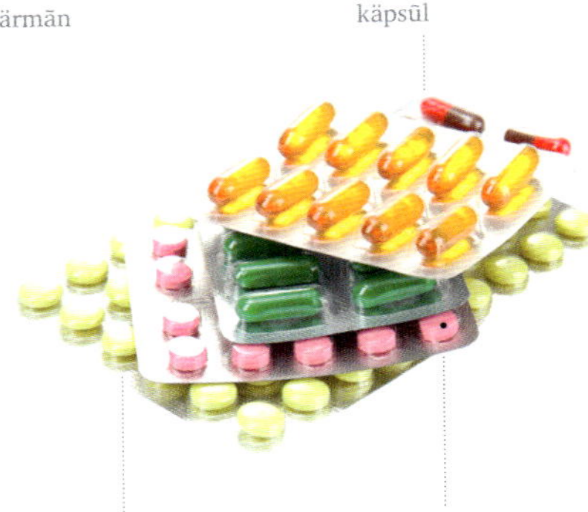

die Sichtverpackung
firaqên biçûk
fəräqēn bətschūk

die Tablette
heb
häb

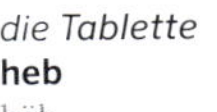

die Dosierung
dozaj
dōzäsch

der Messbecher
fîncana endazegirtinê
fīndschānā ändāzägərtənē

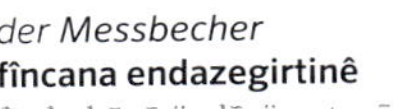

das Zäpfchen
dermanê têxistinê
därmānē tēkhəstənē

die Salbe
rûn
rūn

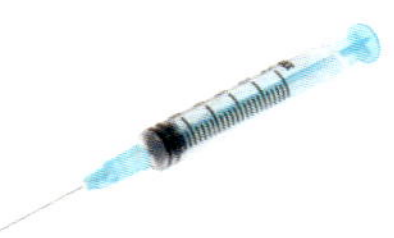

die Spritze
soreng
sōräng

die Apothekerin
dermansaz
därmānsāz

die Tropfen
dilopke
dəlōpkä

der/das Spray
sprêy
sprēy

die Vitamintablette
hebên vîtamîn
häbēn vītāmīn

die Brausetablette
hebên pifdanok
häbēn pəfdānōk

DIE APOTHEKE – DERMANFIROŞÎ

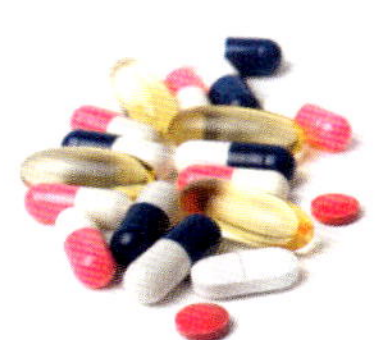

das Nahrungsergänzungsmittel
temamkar
tämāmkār

das Sonnenschutzmittel
krêma tavê
krēmā tāvē

der/das Mückenspray
bihukkuj
bəhukkusch

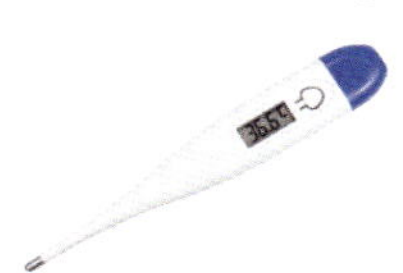

das/der Fieberthermometer
germapîv
gärmāpīv

die Nagelfeile
simbadeya neynûkan
səmbādäyā näynūkān

der Tampon
tampon
tāmpōn

die Slipeinlage
pûşek
pūshäk

das Feuchttuch
perçeyê şil
pärtschäyē shəl

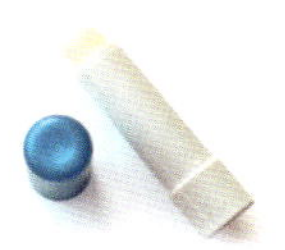

der Lippenpflegestift
rûnê lêvan
rūnē lēvān

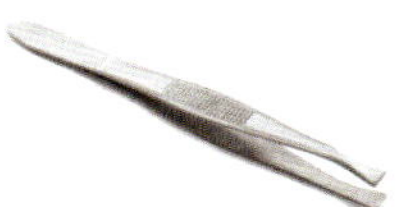

die Pinzette
mûçilk
mūtschəlk

das Deodorant
xweşbêhnkar
khwäshbēhnkār

das/der Hustenbonbon
dermanê mijînê yê qirikê
därmānē məschīnē yē qərəkē

das Symptom	**nîşane** nīshānä
die Nebenwirkung	**bandora neyînî** bāndōrā näyīnī
der Beipackzettel	**nivîsoka agahdanê** nəvīsōkā āgāhdānē
die Hautpflege	**muqatebûna post** muqātäbūnā pōst
das Schmerzmittel	**êşkuj** ēshkusch
das Beruhigungsmittel	**aramkar** ārāmkār
die Schlaftablette	**hebên xewê** häbēn khäwē
das Verfallsdatum	**dem derbasbûn** däm därbāsbūn

der Ohrstöpsel
guhar
guhār

DIE ALTERNATIVMEDIZIN – DERMANÊ ŞÛNÊ

die Meditation
mêdîtêyşin
mēdītēyshən

das Yoga
yoga
yōgā

das Tai-Chi
tayçî
tāytschī

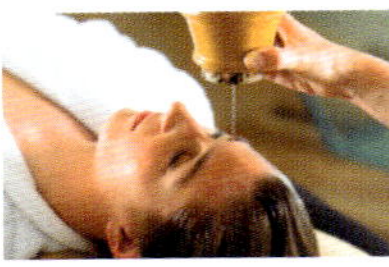

das Ayurveda
Ayurveda
āyurvädā

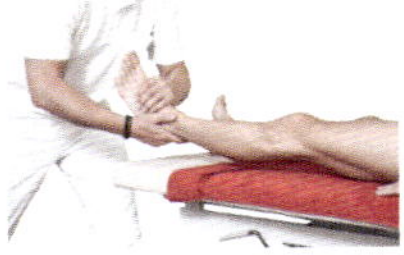

die Osteopathie
osteopetî
ōstäōpätī

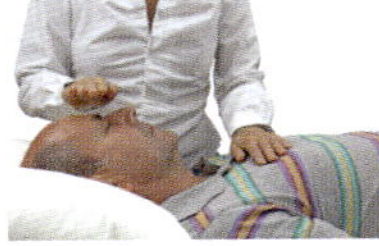

das Reiki
reikî
räəkī

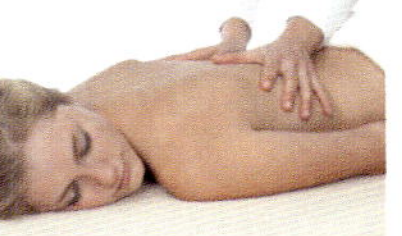

die Massage
masaj
māsāsch

die Hypnose
hîpnotîs
hīpnōtīs

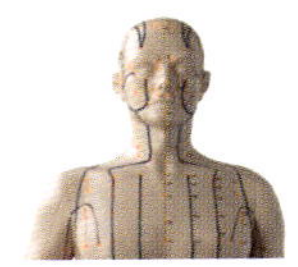

die traditionelle chinesische Medizin
bijîşkiya kevn a çînî
bəschīshkəyā kävn ā tschīnī

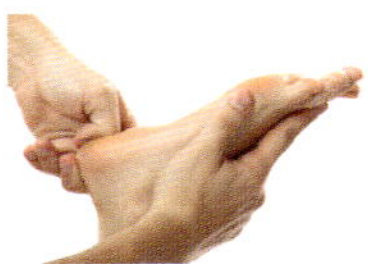

die Fußreflexzonen-massage
masaja aramiyê
māsāschā ārāməyē

das homöopathische Heilmittel
dermanê hompetî
därmānē hōmpätī

die Kräuterheilkunde
giyadermanî
gəyādärmānī

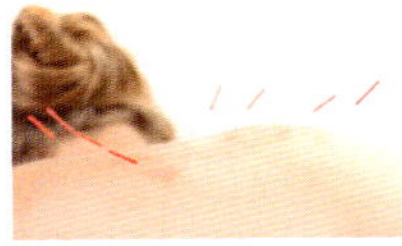

die Akupunktur
bijîşkiya derzîkî
bəschīshkəyā därzīkī

die Kur	**dewreya dermankirinê** däwräyā därmānkərənē
die Palliativmedizin	**muqatebûna êşkujiyê** muqātäbūnā ēshkuschəyē
die Entspannung	**aramkirin** ārāmkərən
die Entgiftung	**bêjehrîkirin** bēschährīkərən
die Entziehungskur	**bernameya bêjehrîkirinê** bärnāmäyā bēschährīkərənē
einen Entzug machen	**li rewşa bêjehrîkirinê bûn** lə räwshā bēschährīkərənē būn
die Therapie	**derman** därmān
die Lichttherapie	**ronahîdermanî** rōnāhīdärmānī

WELLNESS - BAŞBÛN

die Gesichtsbehandlung
rûyî
rūyī

die Kosmetikerin
ciwankar
dschəwānkār

die Gesichtsmaske
maska rû
māskā rū

die Sauna
sona
sōnā

der Ofen
sobeya germkirinê
sōbäyā gärmkərənē

die Bank
raketok
rākätōk

der Kopfkeil
cihê sêrî
dschəhē sērī

der Aufgusskübel
qutiya dermanê avkî
qutəyā därmānē āvkī

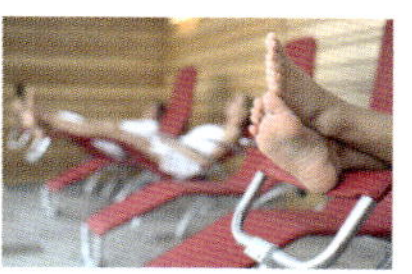

der Ruheraum
odeya bêhnvedanê
ōdäyā bēhnvädānē

das Mineralbad
spa
spā

die Maniküre
manîkûr
mānīkūr

die Pediküre
pedîkûr
pädīkūr

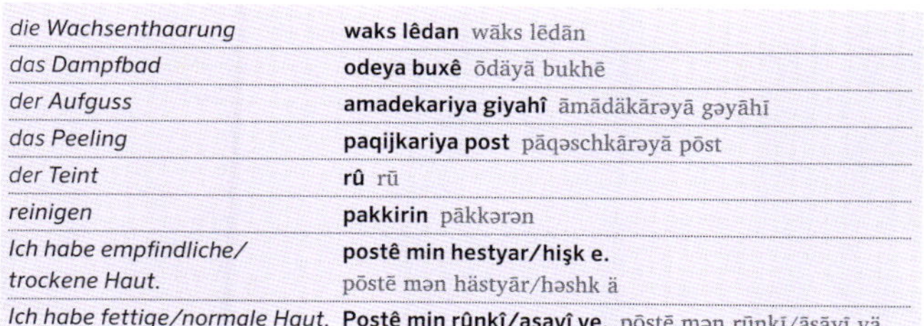

die Wachsenthaarung	**waks lêdan** wāks lēdān
das Dampfbad	**odeya buxê** ōdäyā bukhē
der Aufguss	**amadekariya giyahî** āmādäkārəyā gəyāhī
das Peeling	**paqijkariya post** pāqəschkārəyā pōst
der Teint	**rû** rū
reinigen	**pakkirin** pākkərən
Ich habe empfindliche/ trockene Haut.	**postê min hestyar/hişk e.** pōstē mən hästyār/həshk ä
Ich habe fettige/normale Haut.	**Postê min rûnkî/asayî ye.** pōstē mən rūnkī/āsāyī yä

das Solarium
solariyom
sōlārəyōm

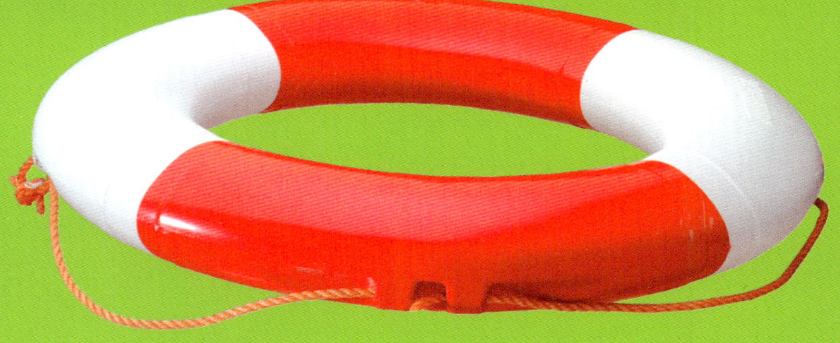

NOTFÄLLE

LEZGÎNÎ

ERSTE HILFE – ARÎKARIYA DESTPÊKÊ

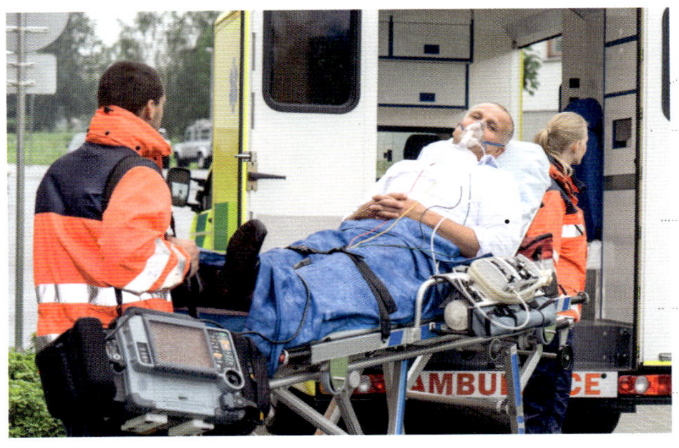

der Rettungswagen
ambûlans
āmbūlāns

die Sanitäterin
parademîk
pārādāmīk

die Sauerstoffmaske
maska oksîjenê
māskā ōksīschānē

das Unfallopfer
qurbaniyê qezayê
qurbānəyē qäzāyē

der Sanitäter
parademîk
pārādāmīk

die Trage
nexweşbir
näkhwäshbər

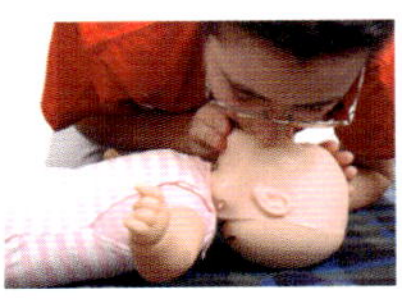

die Mund-zu-Mund-Beatmung
bêhndana dev-bi-dev
bēhndānā däv-bə-däv

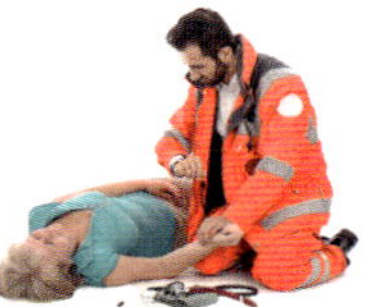

die Pulsmessung
endazeya palsê
ändāzäyā pālsē

die stabile Seitenlage
rewşa vegerandinê
räwshā vägärāndənē

der Unfallort
dîmenê qezayê
dīmänē qäzāyē

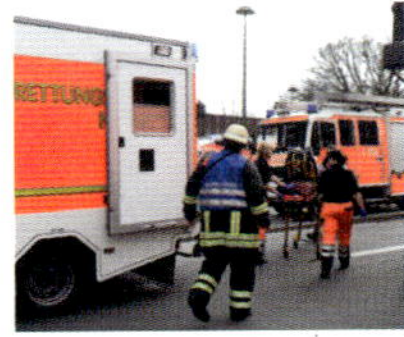

der Rettungsdienst
servîsa ambûlansê
särvīsā āmbūlānsē

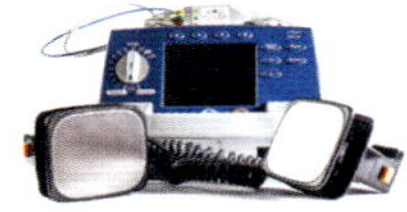

der Defibrillator
defîblator
däfīblātōr

der Unfall	**qeza** qäzā
die Wiederbelebung	**vejandin** väschāndən
die Herzdruckmassage	**masaja guşara xwînê** māsāschā gushārā khwīnē
der Puls	**pals** pāls
bewusstlos	**bêhiş** bēhəsh
erste Hilfe leisten	**bikaranîna arîkariya destpêkê** bəkārānīnā ārīkārəyā dästpēkē
der Notarzt	**dixtorê beşa lezgîn** dəkhtōrē bäshā läzgīn
die Notärztin	**dixtorê beşa lezgîn** dəkhtōrē bäshā läzgīn

ERSTE HILFE – ARÎKARIYA DESTPÊKÊ

das Verbandszeug
kelmelên cil li xwe kirinê
kälmälēn dschəl lə khwä kərənē

der Verband
cil li xwe kirin
dschəl lə khwä kərən

das Leukoplast®
geça çesponek
gätschā tschäspōnäk

das Pflaster
geç
gätsch

die Verbandschere
meqesa bandajê
mäqäsā bāndäschē

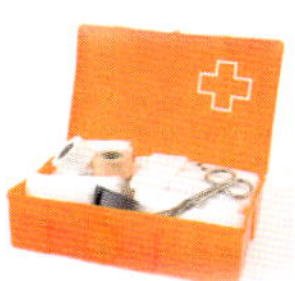

der Erste-Hilfe-Kasten
qutiya arîkariya destpêkê
qutəyā ārīkārəyā dästpēkē

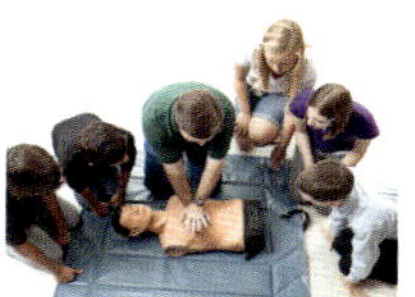

der Erste-Hilfe-Kurs
rêya arîkariya destpêkê
rēyā ārīkārəyā dästpēkē

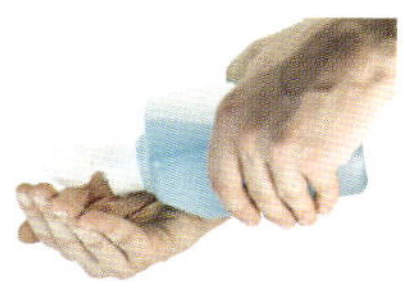

das Desinfektionsmittel
dij-genî
dəsch-gänī

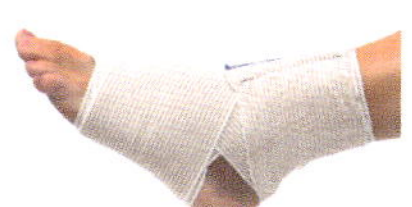

die Bandage
bandaj
bāndäsch

steril	**sterîl** stärīl
überleben	**zindî mayîn** zəndī māyīn
traumatisiert	**derbexwarî** därbäkhwārī
unter Schock stehen	**şokebûyî** shōkäbūyī
der Schock	**şok** shōk
die Blutspende	**dayîna xwînê** dāyīnā khwīnē
die Organspende	**dayîna endaman** dāyīnā ändāmān
das Adrenalin	**adrênalîn** ādrēnālīn

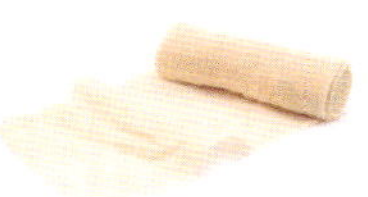

die Mullbinde
perçeyê pêçanê
pärtschäyē pētschānē

DIE POLIZEI – POLÎS

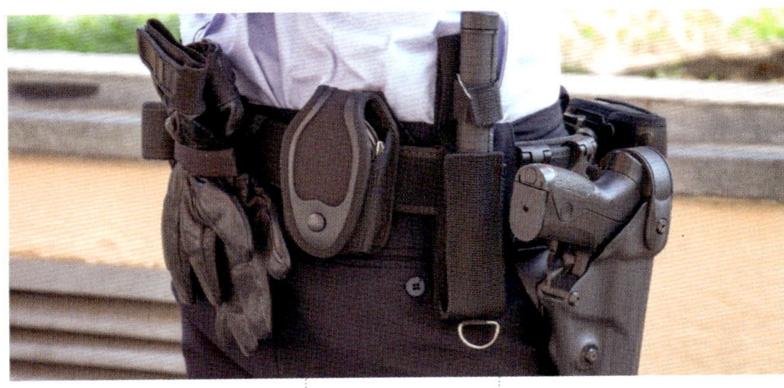

der Dienstgürtel
kembera erkê
kämbärā ärkē

das Handfunkgerät
bêtêl
bētēl

die Pistole
tivinga xizmetê
təvəngā khəzmätē

der Schlagstock
şiva polîs
shəvā pōlīs

die Handschellen
kelepçe
käläptschä

die Uniform
cilên yekdest
dschəlēn yäkdäst

der Fingerabdruck
şûna pêçiyan
shūnā pētschəyān

der Tatort
cihê cinayetê
dschəhē dschənāyätē

die Polizistin
memûrê polîs
mämūrē pōlīs

der Polizist
memûrê polîs
mämūrē pōlīs

das Polizeiabzeichen
nîşan polîsan
nīshān pōlīsān

der Zeuge	**şahid** shāhəd
die Zeugin	**şahid** shāhəd
der Verbrecher	**cinayetkar** dschənāyätkār
die Verbrecherin	**cinayetkar** dschənāyätkār
der Kriminalbeamte	**karzanê cinayî** kārzānē dschənāyī
die Kriminalbeamtin	**karzanê cinayî** kārzānē dschənāyī
der/die Verdächtige	**gumanbar** gumānbār
die Ermittlung	**lêgerîn** lēgärīn

DIE POLIZEI – POLÎS

das Polizeiauto
erebeya polîs
äräbäyā pōlīs

die Lichtleiste
çira sivik
tschərā səvək

das Martinshorn
fîqa polîs
fīqā pōlīs

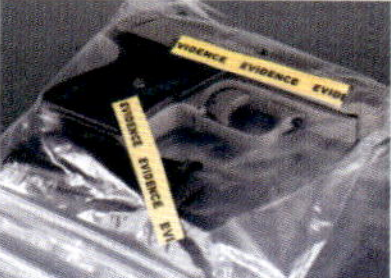

das Beweisstück
pirtikê belgeyê
pərtəkē bälgäyē

das Gefängnis
zîndan
zīndān

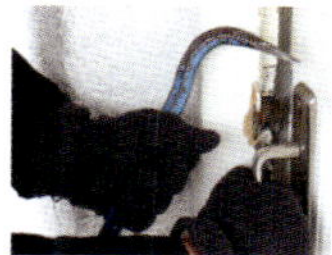

der Einbruch
şikandin û ketina hundir
shəkāndən ū kätənā hundər

der Diebstahl
dizî
dəzī

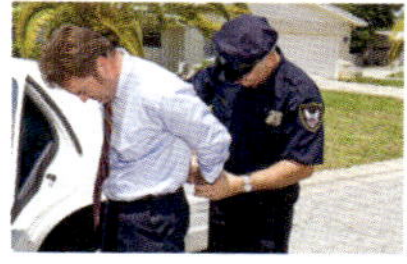

die Festnahme
girtin
gərtən

die Gewalt
tundî
tundī

der Raubüberfall
çetetî
tschätätī

der Taschendiebstahl
berîka kesî lêdan
bärīkā käsī lēdān

die Entführung
kuştin
kushtən

die Straftat	**tawana cinayî** tāwānā dschənāyī
die Körperverletzung	**ziyana bedenî** zəyānā bädānī
die Vergewaltigung	**destdirêjî** dästdərēschī
der Mord	**kuştin** kushtən
der Überfall	**êriş** ērəsh
fliehen	**reviyan** rävəyān
belästigen	**destdirêjiya cinsî** dästdərēschəyā dschənsī
die Schuld	**guneh** gunäh

POLICE LINE DO NOT C
POLICE LINE DO NOT C

die Polizeiabsperrung
kindirê polîs
kəndərē pōlīs

DIE FEUERWEHR – AGIRKUJÎ

der Feuerlöscher
agirkuj
āgərkusch

der Hydrant
hîdrant
hīdrānt

der Feuerwehrmann
agirkuj
āgərkusch

das Visier
kumê şewqî
kumē shäwqī

der Feuerwehrhelm
kumê agirkujiyê
kumē āgərkuschəyē

die Feuerwehrschutzjacke
cilên agirkujan
dschəlēn āgərkuschān

der Reflexstreifen
banda birqonek
bāndā bərqōnäk

der Feuerwehrschlauch
şîlang
shīlāng

die Brandbekämpfung
agirkuştin
āgərkushtən

der Notausgang
deriyê lezgîn
därəyē läzgīn

die Axt
bivir
bəvər

der Rauchmelder
detector dûmanê
dätäktōr dūmānē

die Feuerwache
agirkujîxane
āgərkuschīkhānä

das Löschfahrzeug
erebeya agirkujiyê
äräbäyā āgərkuschəyē

IN DEN BERGEN – LI ÇIYAYAN

der Helm
kumê parastinê
kumē pārāstənē

der Karabiner
xeleka kindir
khäläkā kəndər

das Seil
kindir
kəndər

die Bergwacht
beşa filitandina çiyayan
bäshā fələtāndənā tschəyāyān

der Rettungseinsatz
memûriyeta filitandinê
mämūrəyätā fələtāndənē

die Einsatzkraft
berpirsê filitandinê
bärpərsē fələtāndənē

der Rettungsschlitten
ereboka şimatê ya filitandinê
äräbōkā shəmātē yā fələtāndənē

das Schneemobil
ereboka berfê
äräbōkā bärfē

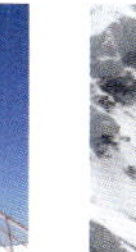

das Fangnetz
torr
tōrr

die Lawine
aşît
āshīt

das LVS-Gerät
dezgeha têkilya aşîtê
däzgāhā tēkəlyā āshītē

der Rettungshund
seyê filitandinê
säyē fələtāndənē

der Rettungshub-schrauber
helîkoptera filitandinê
hälīkōptärā fələtāndənē

der Lawinenschutz
parastina ji aşîtê
pārāstənā schə āshītē

das Lawinenwarn-schild
nîşana hişdariya aşîtê
nīshānā həshdārəyā āshītē

DAS MEER – LI DERYAYÊ

die Schwimmweste
cilîqeyê filitandinê
dschəlīqäyē fələtāndənē

der Rettungsring
qeyîqa filitandinê
qäyiqā fələtāndənē

der Sammelpunkt
cihê kombûnê
dschəhē kōmbūnē

der Sturm
tofan
tōfān

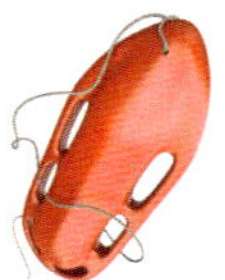

die Rettungsboje
tekerê seravê mayînê
täkärē särāvē māyīnē

der Rettungsschwimmer
filitankar
fələtānkār

der Wachturm
birca temaşeyê
bərdschā tämāshäyē

der Tsunami
sunamî
sunāmī

das Küstenwachboot
qeyîqa zêrevanên beravê
qäyiqā zērävānēn bärāvē

das Rettungsboot
cilîqeyê filitandinê
dschəlīqäyē fələtāndənē

kentern
berovajîkirin
bärōvāschīkərən

der Schiffbruch
di herriyê da mana keştiyê
də härrəyē dā mānā käshtəyē

der/die Vermisste	**kesê windabûyî** käsē wəndābūyī
das Rettungstau	**kindirê filitandinê** kəndərē fələtāndənē
die Wetterbedingungen	**rewşa hewayê** räwshā häwāyē
der Seewetterbericht	**pêşbîniya hewaya deryayî** pēshbīnəyā häwāyā däryāyī
die Suche	**lêgerîn** lēgärīn
ertrinken	**xeniqîn** khänəqīn
die Havarie	**qezaya deryayî** qäzāyā däryāyī
in Seenot geraten	**li deryayê şerpize bûn** lə däryāyē shärpəzā būn

WEITERE NOTSITUATIONEN – LEZGÎNKARIYÊN DIN

die Explosion
teqîn
täqīn

die Epidemie
epîdmîk
äpīdmīk

die Evakuierung
valakirin
vālākərən

der Bombenalarm
hişdariya bombeyê
həshdārəyā bōmbāyē

die nukleare Katastrophe
karesata navokî
kārāsātā nāvōkī

die Notlandung
danîna lezgîn
dānīnā läzgīn

der Terrorangriff
êrişa terorîstî
ērəshā tärōrīstī

retten
filitandin
fələtāndən

die Notrufnummer
hejmara lezgîn
häschmārā läzgīn

die Überwachungskamera
dûrbîna çavdêriyê
dūrbīnā tschāvdērəyē

der Verletzte
kesê birîndarbûyî
käsē bərīndārbūyī

die Verletzung
birîn
bərīn

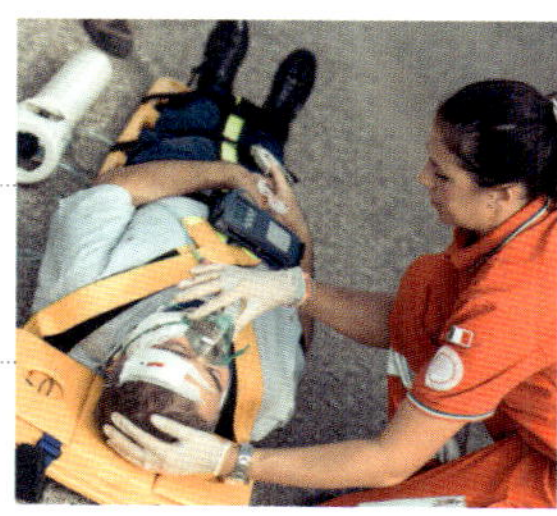

der/die Vermisste	**kesê windabûyî** käsē wəndābūyī
die Suchmannschaft	**koma lêgerînê** kōmā lēgärīnē
die Gefahr	**xeter** khātär
Hilfe!	**Arîkarî!** ārīkārī
Es ist ein Unfall passiert!	**Qezayek bûye!** qāzāyäk būyä
Rufen Sie einen Rettungswagen!	**Gazî ambûlansê bikin!** gāzī āmbūlānsē bəkən
Rufen Sie die Polizei!	**Gazî polîs bikin!** gāzī pōlīs bəkən
Rufen Sie die Feuerwehr!	**Gazî agirkujiyê bikin!** gāzī āgərkuschəyē bəkən

Achtung, Gefahr!
Hişdariya xeterê!
həshdārəyā khātärē

ERDE UND NATUR

ERD Û XWEZA

DER WELTRAUM – DERESMAN

das Sonnensystem
pergala tavê
pärgālā tāvē

① *die Sonne*
tav
tāv

② *der Merkur*
Merkûrî
märkūrī

③ *die Venus*
Venûs
vänūs

④ *die Erde*
Erd
ärd

⑤ *der Mars*
Mars
mārs

die Mondphasen
pêvajoyên heyvî
pēväschōyēn häyvī

⑤ *die Mondsichel*
hilal
həlāl

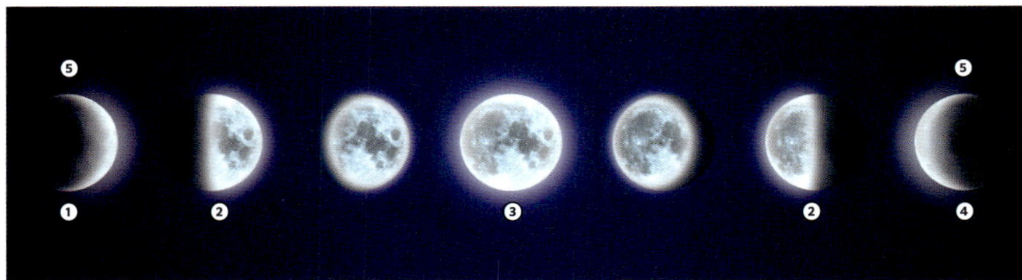

① *der zunehmende Mond*
heyva veşartî
häyvā väshārtī

② *der Halbmond*
nîv-heyv
nīv-häyv

③ *der Vollmond*
heyva tam
häyvā tām

④ *der abnehmende Mond*
heyva winda dibe
häyvā wəndā dəbä

DER WELTRAUM - DERESMAN

⑥ *der Jupiter*
Jûpîter
schūpītär

⑦ *der Saturn*
Saturn
sāturn

⑧ *der Uranus*
Ûranûs
ūrānūs

⑨ *der Neptun*
Neptûn
näptūn

das Raumschiff
keştiya hewayî
käshtəyā häwāyī

① *der Außentank*
baka sotemeniya derve
bākā sōtämänəyā därvä

② *der Booster*
xurtkar
khurtkār

③ *der Orbiter*
orbîtêr
ōrbītēr

DER WELTRAUM – DERESMAN

die Sonnenfinsternis
tavgirtin
tāvgərtən

die Galaxie
kadiz
kādəz

die Milchstraße
Rêya Şîrî
rēyā shīrī

der Komet
stêrka dûvekdar
stērkā dūväkdār

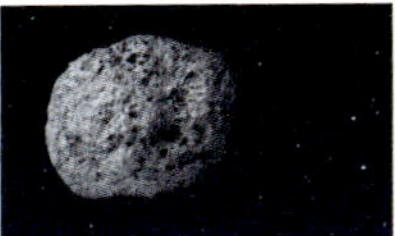

der Asteroid
agirê dûvekdar
āgərē dūväkdār

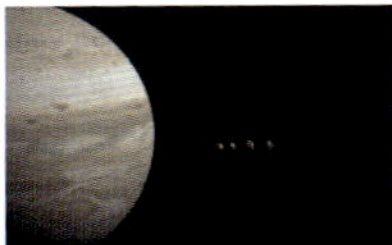

der Planet
gerestêrk
gärästērk

der Meteor
kevirê esmanî
kävərē äsmānī

das Universum
cîhan
dschīhān

der Astronaut
deresmanger
däräsmāngär

der Satellit
peyk
päyk

die Sternwarte
çavdêrî
tschāvdērī

das Radioteleskop
teleskopa radyoyî
täläskōpā rādyōyī

der Nebel
nebûla
näbūlā

das schwarze Loch	**kuna reş** kunā räsh
die Schwerkraft	**dakêş** dākēsh
die Umlaufbahn	**dorgerr** dōrgärr
das Lichtjahr	**sala ronahiyê** sālā rōnāhəyē
der Urknall	**dengê mezin** dängē mäzən
der Stern	**stêrk** stērk
die Raumstation	**îstgeha deresmanî** īstgāhā däräsmānī
die Astronomie	**deresmangerî** däräsmāngärī

DIE ERDE – GERESTÊRKA ERDÊ

① *der Nordpol*
Cemsera Bakûr
dschämsärā bākūr

② *das Binnenmeer*
deryaya hundir
däryāyā hundər

③ *die Halbinsel*
wekgirav
wäkgərāv

④ *die Meerenge*
tengav
tängāv

⑤ *der Golf*
kendav
kändāv

⑥ *der Kontinent*
parzemîn
pārzämīn

⑦ *das Meer*
derya
däryā

⑧ *das Land*
erd
ärd

⑨ *die Gebirgskette*
rêzeçiya
rēzätschəyā

⑩ *der*
Cemsera Başûr
dschämsärā bāshūr

gol
gōl

girav
gərāv

⑬ *die Bucht*
kendavok
kändāvōk

die Atmosphäre	**atmosfêr** ātmōsfēr
der Erdmantel	**rûpoş** rūpōsh
die Erdkruste	**posê erdê** pōsē ärdē
der innere Erdkern	**navoka hundir** nāvōkā hundər
der äußere Erdkern	**navoka derve** nāvōkā därvä
die Platte	**rastok** rāstōk
das Grundgestein	**kepirêbinî** käpərēbənī
die Erde	**xulî** khulī

DIE WELTKARTE – NEXŞEYA CÎHANÊ

① *das Nordpolarmeer*
Pehnava Cemsera Bakûr
pähnāvā dschämsärā bākūr

⑥ *der Pazifische Ozean*
Pehnava Aram
pähnāvā ārām

⑦ *der Atlantische Ozean*
Pehnava Atlantîkê
pähnāvā ātlāntīkē

⑧ *der Indische Ozean*
Pehnava Hindî
pähnāvā həndī

⑨ *das Arabische Meer*
Deryaya Erebî
däryāyā äräbī

⑩ *das Karibische Meer*
Deryaya Karayîbê
däryāyā kārāyībē

⑪ *das Mittelmeer*
Deryaya Sipî
däryāyā səpī

⑫ *die Nordsee*
Deryaya Bakûr
däryāyā bākūr

⑬ *die Ostsee*
Deryaya Baltîk
däryāyā bāltīk

⑭ *das Kaspische Meer*
Deryaya Xezerê
däryāyā khäzärē

⑮ *das Schwarze Meer*
Deryaya Reş
däryāyā räsh

⑯ *der Ärmelkanal*
Kanala Inglistan
kānālā əngləstān

⑰ *das Rote Meer*
Deryaya Sor
däryāyā sōr

⑱ *das Südpolarmeer*
Pehnava Cemsera Başûr
pähnāvā dschämsärā bāshūr

② *der Himalaja*
Çiyayên Hîmaliyayê
tschəyāyēn hīmāləyāyē

③ *die Alpen*
Çiyayên Alp
tschəyāyēn ālp

④ *die Anden*
Çiyayên And
tschəyāyēn ānd

⑤ *die Rocky Mountains*
Çiyayên Rokî
tschəyāyēn rōkī

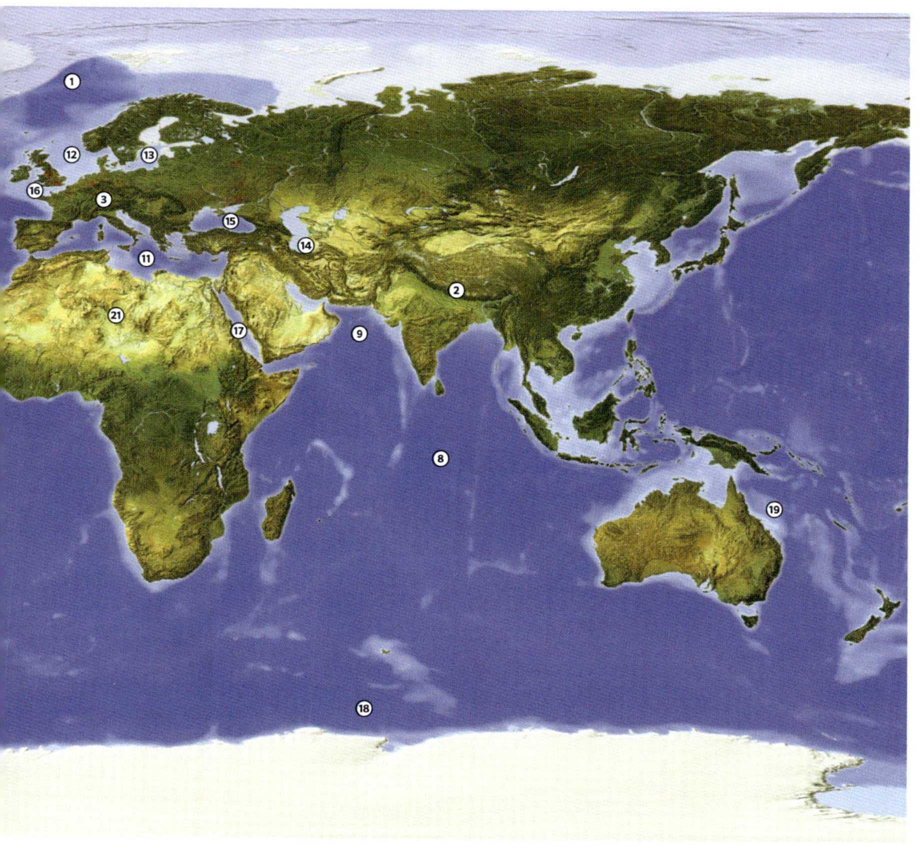

⑲ *das Great Barrier Reef*
Dîwarên Kevirî yên Mezin
dīwārēn kävərī yēn mäzən

⑳ *Amazonien*
Avgira Amazonê
āvgərā āmāzōnē

㉑ *die Sahara*
Sehera
sähärā

DIE WELTKARTE – NEXŞEYA CÎHANÊ

die Nordhalbkugel
nîveka bakûrî
nīväkā bākūrī

die Arktis
Cemser
dschämsär

der nördliche Wendekreis
Tropîka Kansêrê
trōpīkā kānsērē

die westliche Hemisphäre
nîvpara rojavayî
nīvpārā rōschāvāyī

die östliche Hemisphäre
nîveka rojhilatî
nīväkā rōschhəlātī

die geografische Länge
dirêjahî
dərēschāhī

die Antarktis
Cemsera Başûr
dschämsärā bāshūr

die geografische Breite
bilindahiya ji deryayê
bələndāhəyā schə däryāyē

die Südhalbkugel
nîveka başûrî
nīväkā bāshūrī

der Äquator
xetê nîveka erdê
khätē nīväkā ärdē

die Tropen
tropîk
trōpīk

der südliche Wendekreis
Tropîka Kaprîkorn
trōpīkā kāprīkōrn

der nördliche Polarkreis	**Dorvegera Cemserî** dōrvägārā dschämsärī
der südliche Polarkreis	**Dorvegera Cemsera Başûr** dōrvägārā dschämsärā bāshūr
das Land	**welat** wälāt
der Staat	**dewlet** däwlät
die Nation	**netewe** nätäwä
das Territorium	**erd** ärd

das Fürstentum	**imaret** əmārät
das Königreich	**paşatî** pāshātī
die Republik	**komar** kōmār
die Kolonie	**kolonî** kōlōnī
die Provinz	**parêzgeh** pārēzgäh
die Zone	**dever** dävär
die Region	**navçe** nāvtschä
die Hauptstadt	**paytext** pāytäkht

UN-MITGLIEDSSTAATEN – DEWLEYA ENDAMA NY

Europa – Ewrûpa

Albanien
Albaniya
ālbānəyā

Andorra
Andora
āndōrā

Belgien
Beljîka
bälschīkā

Bosnien und Herzegowina
Bosnî-Herzegovîna
bōsnī-härzägōvīnā

Bulgarien
Bulxaristan
bulkhārəstān

Dänemark
Danîmarka
dānīmārkā

Deutschland
Almanya
ālmānyā

Estland
Estonî
ästōnī

Finnland
Fînland
fīnlānd

Frankreich
Fransa
frānsā

Griechenland
Yûnanistan
yūnānəstān

Irland
Îrland
īrlānd

Island
Îsland
īslānd

Italien
Îtaliya
ītāləyā

Kroatien
Krowasî
krōwāsī

Lettland
Latviya
lātvəyā

UN-MITGLIEDSSTAATEN – DEWLEYA ENDAMA NY

Europa – Ewrûpa

Liechtenstein
Lîxtêniştayn
līkhtēnəshtāyn

Litauen
Lîtwanî
lītwānī

Luxemburg
Lûgzambûrg
lūgzāmbūrg

Malta
Malt
mālt

Moldawien
Moldovî
mōldōvī

Monaco
Monako
mōnākō

Montenegro
Montenegro
mōntänägrō

die Niederlande
Holanda
hōlāndā

Nordmazedonien
Masêdonyaya Bakûr
māsēdōnyāyā bākūr

Norwegen
Norvej
nōrväsch

Österreich
Avûstrya
āvūstryā

Polen
Poloniya
pōlōnəyā

Portugal
Porteqal
pōrtäqāl

Rumänien
Romaniya
rōmānəyā

Russland
Rûsya
rūsyā

San Marino
San Marîno
sān mārīnō

UN-MITGLIEDSSTAATEN – DEWLEYA ENDAMA NY

Europa – Ewrûpa

Schweden
Swêd
swēd

die Schweiz
Swîs
swīs

Serbien
Sirbistan
sərbəstān

die Slowakei
Slovakiya
slōvākəyā

Slowenien
Slovêniya
slōvēnəyā

Spanien
Spaniya
spānəyā

Tschechien
Komara Çêkê
kōmārā tschēkē

die Ukraine
Ukrayna
ukrāynā

Ungarn
Mecaristan
mädschārəstān

das Vereinigte Königreich
Paşatiya Yekbûyî
pāshātəyā yäkbūyī

Weißrussland
Belarûs
bälārūs

Zypern
Qibris
qəbrəs

Nord- und Mittelamerika – Amerîkaya Bakûr û Navendî

Antigua und Barbuda
Antîga û Barbûda
āntīgā ū bārbūdā

die Bahamas
Bahamas
bāhāmās

Barbados
Barbados
bārbādōs

Belize
Belîze
bälīzä

UN-MITGLIEDSSTAATEN – DEWLEYA ENDAMA NY

Nord- und Mittelamerika – Amerîkaya Bakûr û Navendî

Costa Rica
Kosta Rîka
kōstā rīkā

Dominica
Domînîka
dōmīnīkā

die Dominikanische Republik
Komara Domînîkê
kōmārā dōmīnīkē

El Salvador
Elsalvador
älsālvādōr

Grenada
Grenada
granādā

Guatemala
Giwatemala
gəwātāmālā

Haiti
Hayîtî
hāyītī

Honduras
Hondûras
hōndūrās

Jamaika
Camaîka
dschāmāīkā

Kanada
Kanada
kānādā

Kuba
Kûba
kūbā

Mexiko
Meksîko
mäksīkō

Nicaragua
Nîkaragûa
nīkārāgūā

Panama
Panama
pānāmā

St. Kitts und Nevis
Sen Kîts û Nevîs
sän kīts ū nävīs

St. Lucia
Sen Lûsiya
sän lūsəyā

UN-MITGLIEDSSTAATEN – DEWLEYA ENDAMA NY

Nord- und Mittelamerika – Amerîkaya Bakûr û Navendî

St. Vincent und die Grenadinen
Sen Vensan û Grenadîn
sān vānsān ū grānādīn

Trinidad und Tobago
Trînîdad û Tobago
trīnīdād ū tōbāgō

die Vereinigten Staaten
Dewletên Yekbûyî
däwlätēn yäkbūyī

Südamerika – Amerîkaya Başûr

Argentinien
Arjantîn
ārschāntīn

Bolivien
Bolîvî
bōlīvī

Brasilien
Brêzîl
brēzīl

Chile
Şîlî
shīlī

Ecuador
Ekwador
äkwādōr

Guyana
Gûyan
gūyān

Kolumbien
Kolombiya
kōlōmbəyā

Paraguay
Paragûwê
pārāgūwē

Peru
Perû
pärū

Suriname
Sûrînam
sūrīnām

Uruguay
Ûrûgûwê
ūrūgūwē

Venezuela
Venezûela
vänäzūälā

UN-MITGLIEDSSTAATEN – DEWLEYA ENDAMA NY

Afrika – Afrîqa

Ägypten
Misir
məsər

Algerien
Cezayîr
dschäzāyīr

Angola
Angola
āngōlā

Äquatorialguinea
Gîneya Ekwatorî
gīnäyā äkwātōrī

Äthiopien
Etyopî
ätyōpī

Benin
Benîn
bänīn

Botswana
Botswana
bōtswānā

Burkina Faso
Bûrkîna Faso
būrkīnā fāsō

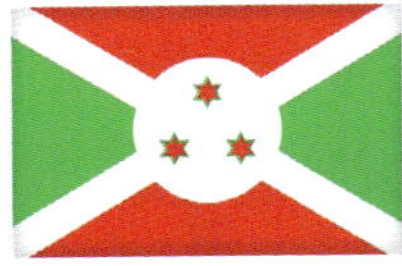

Burundi
Bûrûndî
būrūndī

die Demokratische Republik Kongo
Komara Demokartîk a Kongoyê
kōmārā dämōkārtīk ā kōngōyē

Dschibuti
Cîbûtî
dschībūtī

die Elfenbeinküste
Berava Acê
bärāvā ādschē

Eritrea
Êrître
ērīträ

Gabun
Gabon
gābōn

Gambia
Gambiya
gāmbəyā

Ghana
Qena
qänā

UN-MITGLIEDSSTAATEN – DEWLEYA ENDAMA NY

Afrika – Afrîqa

Guinea
Gînê
gīnē

Guinea-Bissau
Gînê Bîsao
gīnē bīsāō

Kamerun
Kamirûn
kāmərūn

Kap Verde
Kêyp Verdê
kēyp värdē

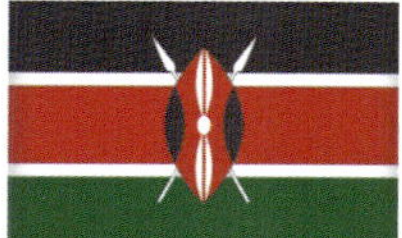
Kenia
Kenya
känyā

die Komoren
Komor
kōmōr

Lesotho
Lesoto
läsōtō

Liberia
Lîberiya
lībärəyā

Libyen
Lîbya
lībyā

Madagaskar
Madagaskar
mādāgāskār

Malawi
Malawî
mālāwī

Mali
Malî
mālī

Mauretanien
Morîtanî
mōrītānī

Mauritius
Morîtiyûs
mōrītəyūs

Marokko
Maroko
mārōkō

Mosambik
Mozambîk
mōzāmbīk

UN-MITGLIEDSSTAATEN – DEWLEYA ENDAMA NY

Afrika – Afrîqa

Namibia
Namîbiya
nāmībəyā

(der) Niger
Nîcêr
nīdschēr

Nigeria
Nîcêriya
nīdschērəyā

die Republik Kongo
Komara Kongoyê
kōmārā kōngōyē

Ruanda
Rwanda
rwāndā

Sambia
Zambiya
zāmbəyā

São Tomé und Príncipe
Sao tom û Prînsîp
sāō tōm ū prīnsīp

(der) Senegal
Senegal
sänägāl

die Seychellen
Sîşêl
sīshēl

Sierra Leone
Siyêra Leon
səyērā läōn

Simbabwe
Zîmbabwe
zīmbābwä

Somalia
Somalî
sōmālī

Südafrika
Afrîqaya Başûr
āfrīqāyā bāshūr

der Sudan
Sûdan
sūdān

der Südsudan
Komara Sûdana Başûr
kōmārā sūdānā bāshūr

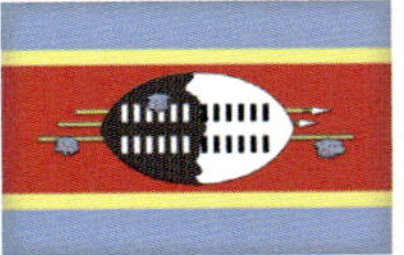

Swasiland
Swazîland
swāzīländ

UN-MITGLIEDSSTAATEN – DEWLEYA ENDAMA NY

Afrika – Afrîqa

Tansania
Tanzaniya
tānzānəyā

Togo
Togo
tōgō

der Tschad
Çad
tschād

Tunesien
Tûnis
tūnəs

Uganda
Ûganda
ūgāndā

die Zentralafrikanische Republik
Komara Afrîqaya Başûr
kōmārā āfrīqāyā bāshūr

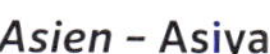

Asien – Asiya

Afghanistan
Efxanistan
äfkhānəstān

Armenien
Ermenistan
ärmänəstān

Aserbaidschan
Azerbaycan
āzärbāydschān

Bahrain
Behrêyn
bähreyn

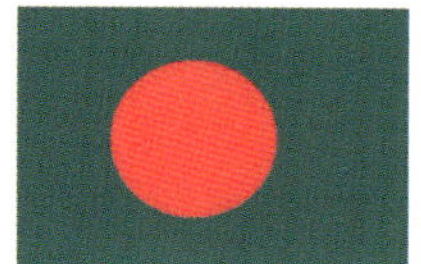

Bangladesch
Bengladêş
bänglādēsh

Bhutan
Bûtan
būtān

Brunei
Brûnêyî
brūnēyī

China
Çîn
tschīn

UN-MITGLIEDSSTAATEN – DEWLEYA ENDAMA NY

Asien – Asiya

Georgien
Gurcistan
gurdschəstān

Indien
Hindistan
həndəstān

Indonesien
Endonêzî
ändōnēzī

(der) Irak
Iraq
ərāq

(der) Iran
Îran
īrān

Israel
Îsraîl
īsrāīl

Japan
Japon
schāpōn

(der) Jemen
Yemen
yämän

Jordanien
Urdin
urdən

Kambodscha
Kamboc
kāmbōdsch

Kasachstan
Qezaqistan
qäzāqəstān

Kirgisistan
Qirqîzistan
qərqīzəstān

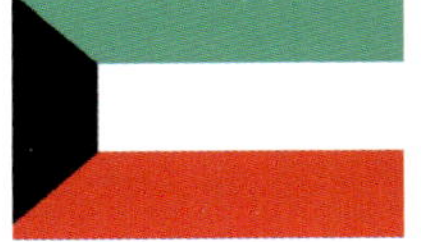

Kuwait
Kiwêt
kəwēt

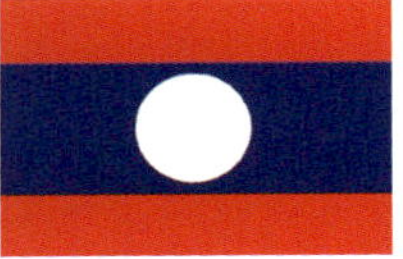

Laos
Laos
lāōs

(der) Libanon
Lubnan
lubnān

Katar
Qeter
qätär

UN-MITGLIEDSSTAATEN – DEWLEYA ENDAMA NY

Asien – Asiya

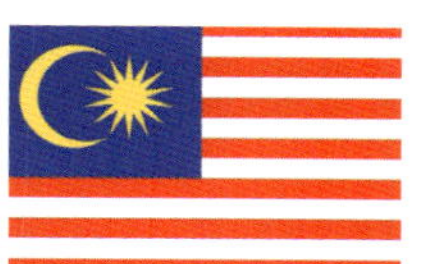

Malaysia
Malêzî
mālēzī

die Malediven
Maldîv
māldīv

die Mongolei
Muxulistan
mukhuləstān

Myanmar
Miyanmar
məyānmār

Nepal
Nepal
näpāl

Nordkorea
Koreya Bakûr
kōräyā bākūr

Oman
Oman
ōmān

Osttimor
Tîmora Rojhilat
tīmōrā rōschhəlāt

Pakistan
Pakistan
pākəstān

die Philippinen
Fîlipîn
fīləpīn

Saudi-Arabien
Erebistana Siûdî
äräbəstānā səūdī

Singapur
Sîngapor
sīngāpōr

Sri Lanka
Srî Lanka
srī lānkā

Südkorea
Koreya Başûr
kōräyā bāshūr

Syrien
Sûriye
sūrəyā

Tadschikistan
Tacîkistan
tādschīkəstān

UN-MITGLIEDSSTAATEN – DEWLEYA ENDAMA NY

Asien – Asiya

Thailand
Taylend
täyländ

die Türkei
Tirkiye
tərkəyä

Turkmenistan
Tirkmenistan
tərkmänəstān

Usbekistan
Uzbekistan
uzbäkəstān

die Vereinigten Arabischen Emirate
Mîrekên Yekbûyî yên Erebî
mīräkēn yäkbūyī yēn äräbī

Vietnam
Viyêtnam
vəyētnām

Ozeanien – Pehnavî

Australien
Avûstrliya
āvūstrləyā

Fidschi
Fîcî
fīdschī

Kiribati
Kîrîbatî
kīrībātī

die Marshallinseln
Giravên Marşal
gərāvēn mārshāl

Mikronesien
Mîkronêjiya
mīkrōnēschəyā

Nauru
Naûro
nāūrō

Neuseeland
Niyûzland
nəyūzländ

Palau
Palao
pālāō

UN-MITGLIEDSSTAATEN – DEWLEYA ENDAMA NY

Ozeanien – Pehnavî

Papua-Neuguinea
Papoa Gîneya Nû
pāpōā gīnäyā nū

die Salomonen
Giravên Silêman
gərāvēn səlēmān

Samoa
Samoa
sāmōā

Tonga
Tongo
tōngō

Tuvalu
Tûvalû
tūvālū

Vanuatu
Vanûatû
vānūātū

Internationale Organisationen – Saziya navneteweyî

die Europäische Union (EU)
Yekîtiya Ewrûpayê (YE)
yäkītəyā äwrūpāyē (yē ä)

die Vereinten Nationen (UN)
Neteweyên Yekbûyî (NY)
nätäwäyēn yäkbūyī (nē yē)

die Organisation des Nordatlantikvertrags (NATO)
Rêxistina Peymana Atlantîka Bakûr (NATO)
rēkhəstənā päymānā ātlāntīkā bākūr (nātō)

die Afrikanische Union
Yekîtiya Afrîqayê
yäkītəyā āfrīqāyē

die Arabische Liga
Yekîtiya Ereb
yäkītəyā äräb

die UNESCO
UNESCO
yunēskō

das Commonwealth
Berjewendiyên Hevbeş
bärschäwändəyēn hävbäsh

DAS WETTER – AV Û HEWA

sonnig
tav
tāv

wolkig
ewrî
äwrī

neblig
mij
məsch

windig
ba
bā

heiß
pir germ
pər gärm

warm
germ
gärm

kalt
sar
sār

bedeckt
pir ewrî
pər äwrī

vereist
cemed
dschämäd

verschneit
berfî
bärfī

regnerisch
baranî
bārānī

stürmisch
tofanî
tōfānī

feucht
nemdar
nämdār

die Temperatur	**germahî** gärmāhī
der Grad	**derece** därädschä
Celsius	**Selsiyûs** sälsəyūs
Fahrenheit	**Farenhayt** fāränhāyt
die Wettervorhersage	**pêşbîniya hewayê** pēshbīnəyā häwāyē
Wie ist das Wetter?	**Hewa çawan e?** häwā tschāwān ä
Es ist schön/trüb/nasskalt.	**Hewa baş/nem/sar û têm e.** häwā bāsh/näm/sār ū tēm ä
Es regnet/schneit.	**Şilî/berf dibare.** shəlī/bärf dəbārä

DAS WETTER – AV Û HEWA

der Regen
baran
bārān

der Regenbogen
teyrok
täyrōk

der Sonnenschein
tavdan
tāvdān

der Wind
ba
bā

das Gewitter
birûsk
bərūsk

der Donner
tofan
tōfān

der Blitz
birûsk
bərūsk

der Hagel
zîpik
zīpək

der Raureif
mija tund
məschā tund

der Schnee
berf
bärf

der Frost
mija gurr
məschā gurr

das Eis
cemed
dschämäd

die Brise	**bayê hênik** bāyē hēnək
die Windgeschwindigkeit	**leza bayê** läzā bāyē
der Pollenflug	**hejmara tovan** häschmārā tōvān
die UV-Strahlen	**tîrêjên UV** tīrēschēn ū vē
der Ozon	**ozon** ōzōn
die Ozonschicht	**qateka ozonê** qātäkā ōzōnē
die Stratosphäre	**stratosfêr** strātōsfēr
die Troposphäre	**troposfêr** trōpōsfēr

der Smog
dûkelmij
dūkälmədsch

DAS WETTER - AV Û HEWA

Naturkatastrophen - Karesatên xwezayî

die Dürre
hişkesalî
həshkäsālī

der Hurrikan
tofana Hurîkanê
tōfānā hurīkānē

der Tornado
tornado
tōrnādō

der Monsun
bayê Monosûnê
bāyē mōnōsūnē

die Überschwemmung
lehî
lähī

das Erdbeben
erdhej
ärdhäsch

der Vulkanausbruch
teqîna agirfişanê
täqīnā āgərfəshānē

der Tsunami
sunamî
sunāmī

der Erdrutsch
erdşimat
ärdshəmāt

der Waldbrand
agirê daristanê
āgərē dārəstānē

die Hitzewelle
pêla germahiyê
pēlā gärmāhəyē

der Sturm
tofan
tōfān

die Lawine
aşît
āshīt

der Schneesturm
tofana berfê
tōfānā bärfē

der (tropische) Wirbelsturm
tofana tropîkal
tōfānā trōpīkāl

die Pandemie
pandemîk
pāndāmik

DIE LANDSCHAFT – DÎMENÊN ERDÊ

der Berg
çiya
tschəyā

der Gipfel
sersêrî
särsērī

das Gebirge
rêzeçiya
rēzätschəyā

der Wald
daristan
dārəstān

der Berghang
kaş çiyayan
kāsh tschəyāyān

der See
gol
gōl

der Felsen
zinar
zīnār

das Tal
gelî
gälī

der Fluss
çem
tschäm

die Flussmündung
benda çêm
bändā tschēm

die Höhle
şikeft
shəkäft

die Klippe
zinar
zənār

die Küste
berav
bärāv

der Gletscher
cemedbir
dschämädbər

der Wasserfall
sûlav
sūlāv

DIE LANDSCHAFT - DÎMENÊN ERDÊ

das Plateau
best
bäst

der Hügel
tep
täp

die Ebene
deşt
däsht

die Schlucht
derteng
därtäng

die Wüste
biyavan
bəyävān

die Wiese
mêrg
mērg

das Feuchtgebiet
erdê nem
ärdē näm

die Heide
bilindahiya çol
bələndāhəyā tschōl

das Grasland
çîmanistan
tschīmānəstān

der Geysir
bihara pir germ
bəhārā pər gärm

die Thermalquelle
kaniya germ
kānəyā gärm

der Vulkan
agirfişan
āgərfəshān

die Bucht
giravok
gərāvōk

das Korallenriff
dîwarên kevirî li beravê
dīwārēn kävərī lə bärāvē

die Insel
girav
gərāv

der Gebirgsbach
ava çiyayan
āvā tschəyāyān

STEINE UND MINERALIEN – KEPIR Û KAN

das Eisenerz
kevirê hêsin
kävərē hēsən

der Sandstein
kevirê qûmê
kävərē qūmē

der Asphalt
asfalt
āsfālt

der Granit
granît
grānīt

der Kalkstein
kevirê ahekê
kävərē āhäkē

die Kreide
geç
gätsch

die Kohle
komir
kōmər

der Schiefer
wereqe
wäräqä

der Marmor
mermer
märmär

der Schwefel
sulfur
sulfur

der Grafit
grafît
grāfīt

das Gold
zêr
zēr

das Silber
zîv
zīv

das Kupfer
mîs
mīs

das Quecksilber
cîwe
dschīwä

der Bauxit
boksît
bōksīt

STEINE UND MINERALIEN – KEPIR Û KAN

Edel- und Halbedelsteine – Kevirên nirxdar û nîv-nirxdar

der Rubin
yaqût
yāqūt

der Aquamarin
zumuruda deryayî
zumurudā däryāyī

der Jade
keskê hêşînî
käskē hēshīnī

der Smaragd
zumuruda kesk
zumurudā käsk

der Saphir
yaqûta hêşîn
yāqūtā hēshīn

der Amethyst
amêtîst
āmētīst

der Quarz
kiwartz
kəwārtz

der Diamant
elmas
älmās

der Turmalin
kareba
kārābā

der Topas
yaqûta zer
yāqūtā zär

der Granat
kevirê sêylan
kävərē sēylān

das/der Tigerauge
kevirê heyvê
kävərē häyvē

der Opal
eqîq
äqīq

der Bernstein
ember
āmbär

der Türkis
fîrûze
fīrūzä

der Rosenquarz
kiwartza sût
kəwārtzā sūt

der Onyx
eqîqê renrengî
äqīqē ränrängī

die Perle
milwarî
məlwārī

der Lapislazuli
kevirê hêşîn
kävərē hēshīn

der Citrin
sîtrîn
sītrīn

PFLANZEN – GIYA

Bäume – Dar

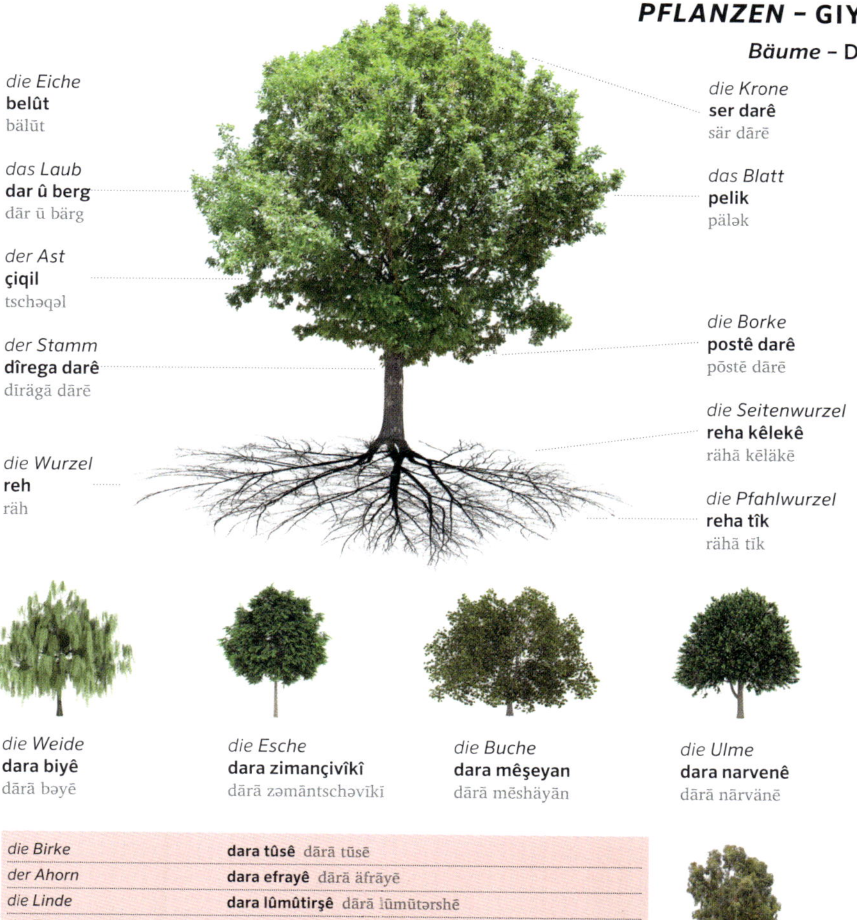

die Birke	**dara tûsê** dārā tūsē
der Ahorn	**dara efrayê** dārā äfrāyē
die Linde	**dara lûmûtirşê** dārā lūmūtərshē
die Tanne	**dara senûberê** dārā sänūbärē
die Fichte	**cûreyek senûber e** dschūräyäk sänūbär ä
der Nadelbaum	**darên mexrûtî** dārēn mäkhrūtī
der Laubbaum	**dara zivistanê** dārā zəvəstānē
der immergrüne Baum	**keskedar** käskädār

der Eukalyptus
okalîptûs
ōkālīptūs

PFLANZEN – GIYA

Wildpflanzen – Giyayên çolê

die Flechte
gulkevir
gulkävər

das Moos
kevze
kävzä

die Distel
dirrî
dərrī

der Pilz
kivark
kəvārk

die Brennnessel
gezne
gäznä

der Fingerhut
gulpêçî
gulpētschī

der Bärenklau
cûreyek pirrparr e
dschūräyäk pərrpārr ä

der Löwenzahn
qasidek
qāsədäk

das Gänseblümchen
gula mînayê
gulā mīnāyē

das Heidekraut
xeleng
khäläng

das Hasenglöckchen
gula îstikanî
gulā īstəkānī

der Klee
şevder
shävdär

die Kamille
babûne
bābūnä

das Maiglöckchen
zembeqa geliyan
zämbäqā gäləyān

die Pusteblume
saeta qasidekî
sāätā qāsədäkī

die Butterblume
gula alalayê
gulā ālālāyē

PFLANZEN – GIYA

Zierblumen – Gula rewşê

die Rose
roz
rōz

das Blütenblatt
gulberg
gulbärg

die Blüte
gul
gul

der Stängel
berdîreg
bärdīräg

der Stiel
dîreg
dīräg

die Knospe
kulîlk
kulīlk

der Dorn
pîj
pīsch

das Blatt
pelik
pälək

das Schneeglöckchen
gula hersetê
gulā härsätē

der Krokus
gula zeferanê
gulā zäfärānē

die Seerose
zembeqa avê
zämbäqā āvē

der Lavendel
gula stoqudos
gulā stōqudōs

der Flieder	**gula hêşîn** gulā hēshīn
der/das Rhododendron	**xerza hindî** khärzā həndī
blühen	**gul** gul
duften	**bêhndarbûn** bēhndārbūn
verwelken	**çilmisîn** tschəlməsīn
keimen	**zîlik** zīlək
die Frühlingsblume	**gula biharê** gulā bəhārē
der Nachtblüher	**çêra şevê** tschērā shävē

die Petunie
gula etlesî
gulā ätläsī

PFLANZEN – GIYA

Zierblumen – Gula rewşê

die Nelke
mêxik
mēkhək

die Primel
pamçal
pāmtschāl

die Gerbera
gula serberê
gulā särbärē

die Tulpe
lale
lālä

die Narzisse
nêrgisa zer
nērgəsā zär

die Iris
sosin
sōsən

die Chrysantheme
gula kasniyê
gulā kāsnəyē

die Hyazinthe
gula simbilê
gulā səmbəlē

die Ringelblume
gula biharan
gulā bəhārān

das Stiefmütterchen
binevşa çolê
bənävshā tschōlē

die Orchidee
orkîd
ōrkīd

der Rosenstrauch
dirriya rozê
dərrəyā rōzē

die Lilie
zembeq
zämbäq

die Sonnenblume
guleberoj
guläbärōsch

die Geranie
gula şemdaniyê
gulā shämdānəyē

die Hortensie
gula idrîs
gulā ədrīs

PFLANZEN – GIYA

Gartenpflanzen – Giyayên baxçeyan

der/das Efeu
gula pêçekê
gulā pētschäkē

der Obstbaum
dara mêwe
dārā mēwä

die Baumblüte
kulîlkdan
kulīlkdān

der Trieb
avêtin
āvētən

der Formschnitt
xemla daran
khämlā dārān

das Unkraut
pirrparr
pərrpärr

blühen
gul
gul

verwelken
çilmisîn
tschəlməsīn

die Palme
dara xurmeyê
dārā khurmäyē

der Rasen
çîman
tschīmān

die Blumenwiese
deşta gulên çolê
däshtā gulēn tschōlē

die Mohnblume
xeşxaş
khäshkhāsh

die Kletterpflanze
gula nîlûferê
gulā nīlūfärē

einjährig
salane
sālānä

zweijährig
dusalane
dusālānä

mehrjährig
hetahetayê
hätāhätāyē

TIERE – HEYWAN

Säugetiere – Gihandar

die Ratte
mişkê çolê
məshkē tschōlē

der Maulwurf
mele
mälä

die Katze
pisîk
pəsīk

der Hund
se
sä

das Kaninchen
kêvroşk
kēvrōshk

das Meerschweinchen
berazê gînê
bärāzē gīnē

die Maus
mişk
məshk

der Hamster
mişkê mezin
məshkē mäzən

die Fledermaus
balçêmk
bāltschēmk

das Eichhörnchen
mişkê xurmê
məshkē khurmē

der Igel
kûjî
kūschī

das Frettchen
rasû
rāsū

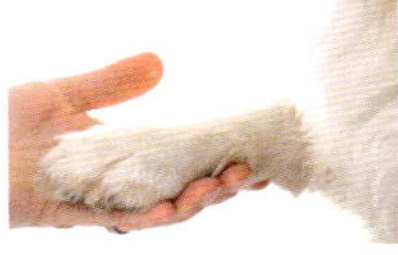

die Pfote
pencik
pändschək

das Schnurrhaar	**cûreyek heywan e** dschūrāyäk häywān ä
das Fell	**postê heywanan** pōstē häywānān
das Maul	**dev** däv
der Schwanz	**dûv** dūv
das Horn	**strî** strī
die Kralle	**pencrûk** pändschrūk
die Tatze	**pencik** pändschək
der Huf	**heywanên simdar** häywānēn səmdār

TIERE - HEYWAN

Säugetiere - Gihandar

der Gepard
cûreyek heywan e
dschūrāyäk häywān ä

der Puma
cûreyek heywan e
dschūrāyäk häywān ä

der Wolf
gur
gur

der Waschbär
cûreyek se ye
dschūrāyäk sä yä

das Stinktier
rasûya amerîkî
rāsūyā āmärīkī

das Erdmännchen
cûreyek heywan e
dschūrāyäk häywān ä

der Leopard
piling
pələng

der Dachs
gornepiş
gōrnäpəsh

der Fuchs
rûvî
rūvī

der Jaguar
cegwar
dschägwār

der Löwe
şêr
shēr

der Tiger
bebr
bäbr

der Bär
hirç
hərtsch

der Eisbär
hirça cemserî
hərtschā dschämsärī

der Koala
koala
kōālā

der Pandabär
panda
pāndā

TIERE – HEYWAN

Säugetiere – Gihandar

das Schwein
beraz
bärāz

die Ziege
bizin
bəzən

das Pferd
hesp
häsp

die Giraffe
zerafe
zärāfä

das Schaf
pez
päz

das Lama
uştirê piştrast
ushtərē pəshtrāst

der Esel
ker
kär

das Reh
ahû
āhū

das Rentier
ahûya bakûrî
āhūyā bākūrī

das Kamel
uştir
ushtər

die Kuh
çêlek
tschēläk

der Stier
ga
gā

das Nilpferd
hîpopotamûs
hīpōpōtāmūs

das Nashorn
tîmsah
tīmsāh

der Elefant
fîl
fīl

das Zebra
gûrker
gūrkär

TIERE – HEYWAN

Säugetiere – Gihandar

das Walross
şêrmasî
shērmāsī

der Seelöwe
şêrê deryayî
shērē däryāyī

der Seehund
berazê avê
bärāzē āvē

der Delfin
dolfîn
dōlfīn

der Schwertwal
wala kujer
wālā kuschär

der Otter
semûra deryayî
sämūrā däryāyī

die Biberratte
mişkê avê
məshkē āvē

der Gorilla
gorîl
gōrīl

der Orang-Utan
orang-ûtan
ōrāng-ūtān

der Gibbon
meymûna destdirêj
mäymūnā dästdərēsch

der Pavian
meymûna boçkin
mäymūnā bōtschkən

der Schimpanse
şampanze
shāmpānzä

das Faultier
hirça tiral
hərtschā tərāl

der Ameisenbär
mûrsangxwar
mūrsāngkhwār

das Känguru
kangarû
kāngārū

das Jungtier
şêrik
shērək

TIERE – HEYWAN

Vögel – Firinde

der Specht
darqulkar
dārqulkār

der Spatz
çivîk
tschəvīk

der Kolibri
mirîşka mêşxwar
mərīshkā mēshkhwār

der Tukan
tûkan
tūkān

das Rotkehlchen
cûreyek firinde ye
dschūräyäk fərəndä yä

die Schwalbe
perestû
pärästū

der Habicht
baz
bāz

die Taube
kevok
kävōk

der Rabe
mirîşka şevbêj
mərīshkā shävbēsch

die Krähe
qijik
qəschək

der Fink
suhre
suhrä

die Möwe
cûreyek firinde ye
dschūräyäk fərəndä yä

der Kanarienvogel
qenarî
qänārī

der Schnabel	**nukul** nukul
das Küken	**cûcik** dschūdschək
der Flügel	**qanat** qānāt
die Kralle	**pencik** pändschək
die Feder	**perr** pärr
das Federkleid	**pûrt** pūrt
zwitschern	**çivtçivtkirin** tschəvttschəvtkərən
flattern	**jor jêrê firrîn** schōr schērē fərrīn

TIERE – HEYWAN

Vögel – Firinde

der Storch
leklek
läkläk

der Flamingo
flamîngo
flāmīngō

der Strauß
uştirme
ushtərmä

der Adler
teyir
täyər

der Pinguin
penguen
pänguän

der Kakadu
tûtiyê kakilsipî
tūtəyē kākəlsəpī

der Papagei
tûtî
tūtī

die Eule
bûm
būm

der Truthahn
elok
älōk

der Schwan
cûreyek perestû ye
dschūräyäk pärästū yä

die Gans
qaz
qāz

die Ente
werdek
wärdäk

der Hahn
keleşêr
käläshēr

das Huhn
mirîşk
mərīshk

die Wachtel
bildirçîn
bəldərtschīn

der Pfau
tawûs
tāwūs

TIERE – HEYWAN

Reptilien und Amphibien – Zikkêş û dujiyanî

die Schlange
mar
mār

das Krokodil
krokodîl
krōkōdīl

der Alligator
tîmsah
tīmsāh

die Eidechse
mehrgîsik
mährgīsək

das Chamäleon
cûreyek ajal e
dschūrāyäk āschāl ä

der Leguan
îgwana
īgwānā

die Schildkröte
kîsel
kīsäl

die Meeresschildkröte
çêlereq
tschēläräq

der Frosch
beq
bäq

die Kröte
wezeq
wäzäq

die Kaulquappe
ajaleke avê ye
āschālākä āvē yä

der Salamander
salamander
sālāmāndär

der Gecko
gêko
gēkō

der Panzer	**qalik** qāląk
die Schuppen	**zirixa pûrtkî** zərəkhā pūrtkī
das Gift	**jehrî** schährī
der Giftzahn	**diranê jehrî** dərānē schährī
das wechselwarme Tier	**heywana xwîn-sar** häywānā khwīn-sār
kriechen	**erdkêş çûn** ärdkēsh tschūn
zischen	**dengê xişexişê** dängē khəshäkhəshē
quaken	**dengê qarqarê** dängē qārqārē

TIERE – HEYWAN

Fische – Masî

der Kugelfisch
cûreyek masî ye
dschūrāyäk māsī yä

der Hornhecht
cûreyek masî ye
dschūrāyäk māsī yä

der Piranha
pîranha
pīrānhā

der Fliegende Fisch
masiyê firinde
māsəyē fərəndā

der Fächerfisch
masiyê şûrdiran
māsəyē shūrdərān

der Rochen
masiyê ray
māsəyē rāy

der Weiße Hai
kûseyê mezin ê sipî
kūsäyē mäzən ē səpī

der Tigerhai
kûseyê bebrî
kūsäyē bäbrī

der Goldfisch
masiyê zêrîn
māsəyē zērīn

der Koi
kiwa
kəwā

der Aal
mehrmasî
mährmāsī

der Wels
masiyê pisîkkî
māsəyē pəsīkkī

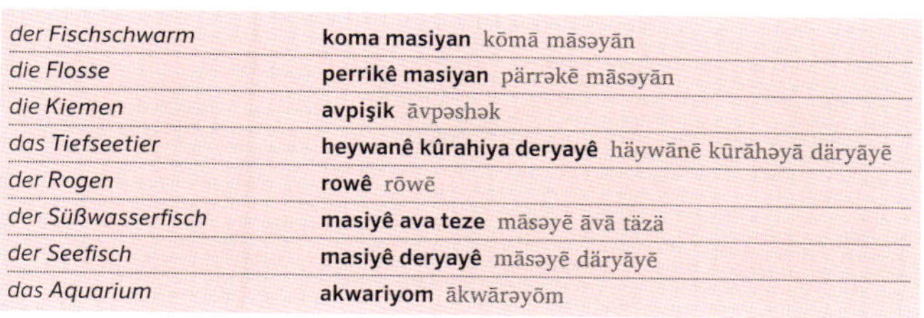

der Fischschwarm	**koma masiyan** kōmā māsəyān
die Flosse	**perrikê masiyan** pärrəkē māsəyān
die Kiemen	**avpişik** āvpəshək
das Tiefseetier	**heywanê kûrahiya deryayê** häywānē kūrāhəyā däryāyē
der Rogen	**rowê** rōwē
der Süßwasserfisch	**masiyê ava teze** māsəyē āvā täzä
der Seefisch	**masiyê deryayê** māsəyē däryāyē
das Aquarium	**akwariyom** ākwārəyōm

das Seepferdchen
hespê deryayî
häspē däryāyī

TIERE – HEYWAN

Insekten und Spinnen – Buhuk û pîrê

der Schmetterling
kerkend
kärkänd

die Raupe
hezarpê
häzārpē

die Puppe
buhuka tezebûyî
buhukā täzäbūyī

der Nachtfalter
sipî
səpī

die Biene
mêşa hingiv
mēshā həngəv

die Hummel
mêşa bambos
mēshā bāmbōs

die Wespe
mêş
mēsh

die Hornisse
mêşa sor
mēshā sōr

die Fliege
mêş
mēsh

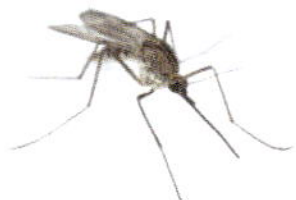

die Stechmücke
vizik
vəzək

die Zikade
xezok
khäzōk

der Maikäfer
cûreyek sûsk e
dschūräyäk sūsk ä

die Libelle
mêşa ejdeha
mēshā äschdāhā

die Gottesanbeterin
mele
mälä

die Heuschrecke
çekurtke
tschäkurtkä

die Grille
cûreyek buhuk e
dschūräyäk buhuk ä

TIERE – HEYWAN

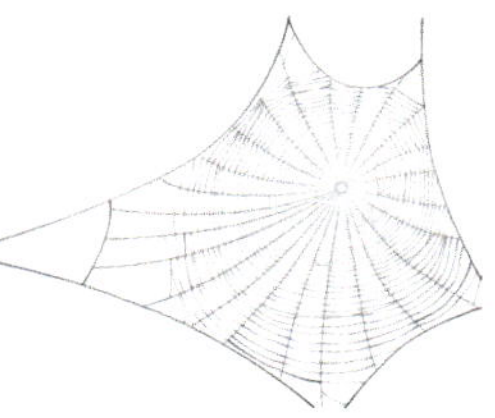

das Spinnennetz
konê pîrê
kōnē pīrē

die Spinne
pîrê
pīrē

der Floh
cûreyek sûsk e
dschūräyäk sūsk ä

die Assel
kerê xuliyê
kärē khuləyē

die Stinkwanze
kêzoka mertalî
kezōkā märtālī

der Marienkäfer
xalxalotik
khälkhälōtək

die Schabe
sîsirk
sīsərk

der Wasserläufer
mirelare
mərälärä

der Hundertfüßer
sedpê
sädpē

die Nacktschnecke
helezûna bêqax
häläzūnā bēqākh

die Schnecke
helezûn
häläzūn

der Wurm
kurm
kurm

die Termite
buhuka darxwar
buhukā dārkhwār

die Ameise
mûrî
mūrī

die Zecke
gene
gänä

der Skorpion
dupûşk
dupūshk

8

ZAHLEN UND MAßE

HEJMAR Û PÎVAN

DIE ZAHLEN – HEJMAR

Die Kardinalzahlen – Hejmarên xwezayî

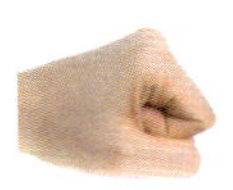

null
sifir
səfər

eins
yek
yäk

zwei
dudu
dudu

drei
sisê
səsē

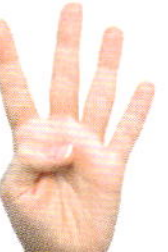

vier
çar
tschār

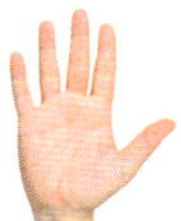

fünf
pênc
pēndsch

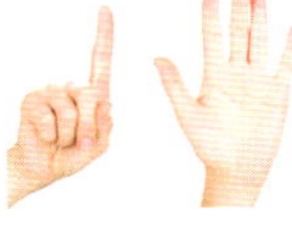

sechs
şeş
shäsh

sieben
heft
häft

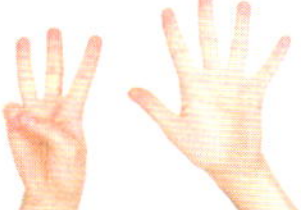

acht
heşt
häsht

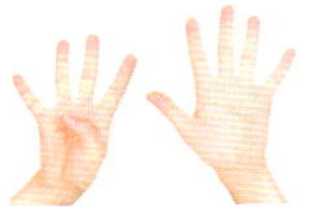

neun
neh
näh

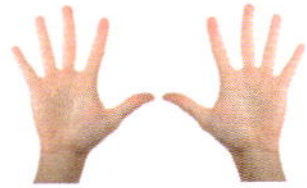

zehn
deh
däh

elf	**yanzdeh** yānzdäh
zwölf	**diwazdeh** dəwāzdäh
dreizehn	**sêzdeh** sēzdäh
vierzehn	**çardeh** tschārdäh
fünfzehn	**panzdeh** pānzdäh
sechzehn	**şanzdeh** shānzdäh
siebzehn	**hevdeh** hävdäh
achtzehn	**hejdeh** häschdäh
neunzehn	**nozdeh** nōzdäh
zwanzig	**bîst** bīst
einundzwanzig	**bîst û yek** bīst ū yäk
zweiundzwanzig	**bîst û dudu** bīst ū dudu
dreiundzwanzig	**bîst û sisê** bīst ū səsē
dreißig	**sî** sī
vierzig	**çil** tschəl
fünfzig	**pêncî** pēndschī
sechzig	**şêst** shēst
siebzig	**heftê** häftē
achtzig	**heştê** häshtē
neunzig	**nod** nōd
hundert	**sed** säd

DIE ZAHLEN – HEJMAR

Die Kardinalzahlen – Hejmarên xwezayî

zweihundertzweiundzwanzig	**du sed û bîst û dudu** du säd ū bīst ū dudu
tausend	**hezar** häzār
zehntausend	**deh hezar** däh häzār
zwanzigtausend	**bîst hezar** bīst häzār
fünfzigtausend	**pêncî hezar** pēndschī häzār
fünfundfünfzigtausend	**pêncî û pênc hezar** pēndschī ū pēndsch häzār
hunderttausend	**sed hezar** säd häzār
eine Million	**milyonek** məlyōnäk
eine Milliarde	**milyardek** məlyārdäk
eine Billion	**trîliyonek** trīləyōnäk

Die Ordinalzahlen – Hejmarên rêzkî

erste(r, s)	**yekem** yäkäm
zweite(r, s)	**duyem** duyäm
dritte(r, s)	**sêyem** sēyäm
vierte(r, s)	**çarem** tschāräm
fünfte(r, s)	**pêncem** pēndschäm
sechste(r, s)	**şeşem** shäshäm
siebte(r, s)	**heftem** häftäm
achte(r, s)	**heştem** häshtäm
neunte(r, s)	**nehem** nähäm
zehnte(r, s)	**dehem** dähäm
elfte(r, s)	**yanzdehem** yānzdähäm
zwölfte(r, s)	**diwazdehem** dəwāzdähäm
dreizehnte(r, s)	**sêzdehem** sēzdähäm
vierzehnte(r, s)	**çardehem** tschārdähäm
fünfzehnte(r, s)	**panzdehem** pānzdähäm
sechzehnte(r, s)	**şanzdehem** shānzdähäm
siebzehnte(r, s)	**hevdehem** hävdähäm
achtzehnte(r, s)	**hejdehem** häschdähäm
neunzehnte(r, s)	**nozdehem** nōzdähäm
zwanzigste(r, s)	**bîstem** bīstäm
einundzwanzigste(r, s)	**bîst û yekem** bīst ū yäkäm
zweiundzwanzigste(r, s)	**bîst û duyem** bīst ū duyäm

DIE ZAHLEN – HEJMAR

Die Ordinalzahlen – Hejmarên rêzkî

dreißigste(r, s)	**siyem** səyäm
vierzigste(r, s)	**çilem** tschəläm
fünfzigste(r, s)	**pênciyem** pēndschəyäm
sechzigste(r, s)	**şêstem** shēstäm
siebzigste(r, s)	**heftêyem** häftēyäm
achtzigste(r, s)	**heştêyem** häshtēyäm
neunzigste(r, s)	**nodem** nōdäm
hundertste(r, s)	**sedem** sädäm
zweihunderterste(r, s)	**du sedem** du sädäm
zweihundertfünfundzwanzigste(r, s)	**du sed û bîst û pêncem** du säd ū bīst ū pēndschäm
dreihundertste(r, s)	**sê sedem** sē sädäm
tausendste(r, s)	**hezarem** häzāräm
zehntausendste(r, s)	**deh hezarem** däh häzāräm
millionste(r, s)	**milyonem** məlyōnäm
zehnmillionste(r, s)	**deh milyonem** däh məlyōnäm
vorletzte(r, s)	**yek maye dawiyê** yäk māyä dāwəyē
letzte(r, s)	**dawîn** dāwīn

Die Bruchzahlen – Binehejmar

ein halber/ein halbes/eine halbe	**nîv** nīv
ein Drittel	**yek sêyem** yäk sēyäm
ein Viertel	**çaryek** tschāryäk
ein Fünftel	**yek pêncem** yäk pēndschäm
ein Achtel	**yek heştem** yäk häshtäm
drei Viertel	**sê çarem** sē tschāräm
zwei Fünftel	**du pêncem** du pēndschäm
siebeneinhalb	**heft û nîv** häft ū nīv
zwei Siebzehntel	**du hevdehem** du hävdähäm
fünf und drei Achtel	**pênc û sê heştem** pēndsch ū sē häshtäm

DIE ZAHLEN – HEJMAR

Weitere Zahlwörter – Hejmarên zêdetir

einmal	**carekê**	dschäräkē
zweimal	**du caran**	du dschärān
dreimal	**sê caran**	sē dschärān
viermal	**çar caran**	tschär dschärān
mehrmals	**li ser hev**	lə sär häv
manchmal	**carinan**	dschärənān
niemals	**ti caran**	tə dschärān
einfach	**carekê**	dschäräkē
doppelt/zweifach	**du caran**	du dschärān
dreifach	**sê caran**	sē dschärān
vierfach	**çar caran**	tschär dschärān
fünffach	**pênc caran**	pēndsch dschärān
sechsfach	**şeş caran**	shäsh dschärān
mehrfach/vielfach	**gellek**	gälläk
ein Paar	**çend**	tschänd

ein halbes Dutzend	**pênc şeş hebek**	pēndsch shäsh häbäk
ein Dutzend	**deh diwazdeh hebek**	däh dəwāzdäh häbäk
ein Gros	**piranî**	pərānī
ein paar	**hinek**	hənäk
wenige	**pir hindik**	pər həndək
einige	**hinek**	hənäk
etliche	**gellek**	gälläk
manche	**hinek**	hənäk
viele	**gellek**	gälläk
beide	**her du**	här du
sämtliche	**hemû**	hämū
alle	**gişt**	gəsht
jeder/jede/jedes	**her**	här

der Taschenrechner
hejmarkara berîkan
häschmärkārā bärīkān

die Quadratwurzel
rayeka şiyana duyem
rāyäkā shəyānā duyäm

das Prozent
ji sedî
schə sädī

die Ziffer
hejmar
häschmār

der Dezimalpunkt
xala dehek
khālā dähäk

dividieren
beşkirin
bäshkərən

multiplizieren
carkirin
dschärkərən

subtrahieren
jêkêmkirin
schēkēmkərən

addieren
zêdekirin
zēdäkərən

ist gleich
dibe
dəbä

DIE ZEIT – DEM

Die Uhrzeit – Dema rojê

ein Uhr
yekê nîvşevê
yäkē nīvshävē

zwei Uhr
duduyê nîvşevê
duduyē nīvshävē

drei Uhr
sisêyê nîvşevê
səsēyē nīvshävē

vier Uhr
çarê sibê
tschārē səbē

fünf Uhr
pêncê sibê
pēndschē səbē

sechs Uhr
şeşê sibê
shäshē səbē

sieben Uhr
heftê sibê
häftē səbē

acht Uhr
heştê sibê
häshtē səbē

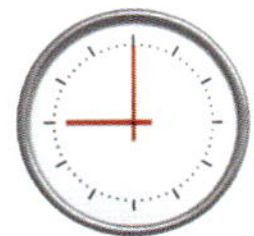
neun Uhr
nehê sibê
nähē səbē

zehn Uhr
dehê sibê
dähē səbē

elf Uhr
yanzdeh sibê
yānzdäh səbē

zwölf Uhr mittags
diwazdehê nîvro
dəwāzdähē nīvrō

dreizehn Uhr
yekê piştî nîvrojê
yäkē pəshtī nīvrōschē

die Stunde	**saet** säät
die Minute	**xulek** khuläk
eine halbe Stunde	**nîv saet** nīv säät
die Sekunde	**duyem** duyäm
Wie viel Uhr ist es?	**bibore, saet çend e?** bəbōrä äät tschänd ä
Es ist zwei Uhr.	**Saet dudu ye.** säät dudu yä
Um wie viel Uhr?	**Li saet çendan** lə säät tschändān
Um sieben Uhr.	**Li saet heftan.** lə säät häftān

DIE ZEIT – DEM

Die Uhrzeit – Dema rojê

vierzehn Uhr
duduyê piştî nîvrojê
duduyē pəshtī nīvrōschē

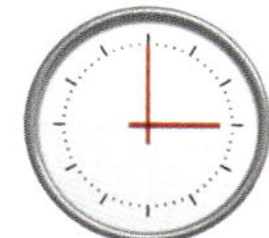

fünfzehn Uhr
sisêyê piştî nîvrojê
səsēyē pəshtī nīvrōschē

sechzehn Uhr
çarê piştî nîvrojê
tschārē pəshtī nīvrōschē

siebzehn Uhr
pêncê piştî nîvrojê
pēndschē pəshtī nīvrōschē

achtzehn Uhr
şeşê piştî nîvrojê
shāshē pəshtī nīvrōschē

neunzehn Uhr
heftê êvarê
häftē ēvārē

zwanzig Uhr
heştê êvarê
häshtē ēvārē

einundzwanzig Uhr
nehê êvarê
nähē ēvārē

zweiundzwanzig Uhr
dehê êvarê
dähē ēvārē

dreiundzwanzig Uhr
yanzdehê şevê
yänzdähē shävē

Mitternacht
nîvşev
nīvshäv

fünf nach zwölf
diwazdeh û pênc deqe ye
dəwāzdäh ū pēndsch däqä yä

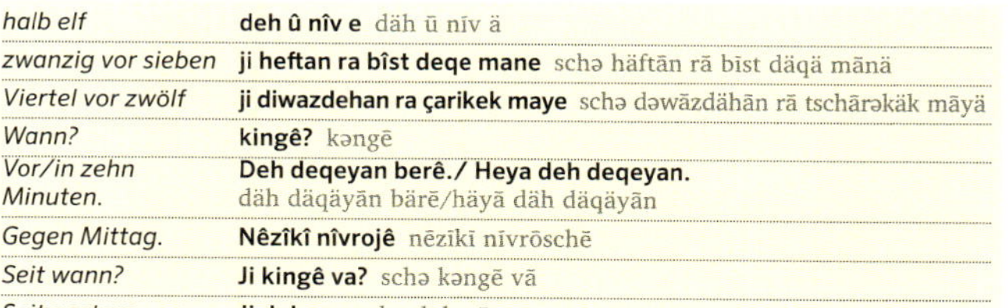

halb elf	**deh û nîv e** däh ū nīv ä
zwanzig vor sieben	**ji heftan ra bîst deqe mane** schə häftān rā bīst däqä mānä
Viertel vor zwölf	**ji diwazdehan ra çarikek maye** schə dəwāzdähān rā tschārəkäk māyä
Wann?	**kingê?** kəngē
Vor/in zehn Minuten.	**Deh deqeyan berê./ Heya deh deqeyan.** däh däqäyān bärē/häyā däh däqäyān
Gegen Mittag.	**Nêzîkî nîvrojê** nēzīkī nīvrōschē
Seit wann?	**Ji kingê va?** schə kəngē vā
Seit gestern.	**Ji duh va.** schə duh vā

Viertel nach neun
neh û çarikek e
näh ū tschārəkäk ä

DIE ZEIT – DEM

Tag und Nacht – Roj û şev

die Mitternacht
nîvşev
nīvshäv

die Morgendämmerung
berbang
bärbāng

der Sonnenaufgang
rojhilat
rōschhəlāt

der Morgen
sibe
səbä

der Mittag
nîvê rojê
nīvē rōschē

der Nachmittag
piştî nîvrojê
pəshtī nīvrōschē

der Sonnenuntergang
rojava
rōschāvā

die Abenddämmerung
tarî
tārī

der Abend
êvar
ēvār

der Frühling
bihar
bəhār

der Sommer
havîn
hāvīn

der Herbst
payîz
pāyīz

der Winter
zivistan
zəvəstān

heute	**îro** īrō
morgen	**sibê** səbē
übermorgen	**dûsibê** dūsəbē
gestern	**duh** duh
vorgestern	**pêr** pēr
Welches Datum haben wir heute?	**Îro çendê mehê ye?** īrō tschändē māhē yä
der 9. September 2022	**9 îlona 2022an** nō īlōnā dūhazār ū bīst ū dudu
der Feiertag	**betlaneya giştî** bätlānāyā gəshtī

DIE ZEIT – DEM

Der Kalender – Saljimêr

der Sonntag
yekşem
yäkshäm

der Montag
meh
mäh

der Dienstag
sêşem
sēshäm

der Mittwoch
çarşem
tschārshäm

der Donnerstag
pêncşem
pēndschshäm

der Freitag
înî
īnī

der Samstag
şemî
shämī

SUN MON TUE WED THU FRI SAT

1 2 3 4 5
6 7 8 9 10 11 12
13 14 15 16 17 18 19
20 21 22 23 24 25 26
27 28 29 30 31

der Wochentag
roja hefteyê
rōschā häftäyē

die Woche
hefte
häftä

der Tag
roj
rōsch

das Wochenende
dawiya hefteyê
dāwəyā häftäyē

das Datum
roja mehê
rōschā mähē

das Jahr
sal
sāl

der Monat
duşem
dushäm

der Januar	**şile** shəlä
der Februar	**sibat** səbāt
der März	**adar** ādār
der April	**nîsan** nīsān
der Mai	**gulan** gulān
der Juni	**hezîran** häzīrān

der Juli	**tîrmeh** tīrmäh
der August	**tebax** täbākh
der September	**îlon** īlōn
der Oktober	**çirî** tschərī
der November	**tesrîn** täsrīn
der Dezember	**kanûn** kānūn

MAßE – PÎVAN

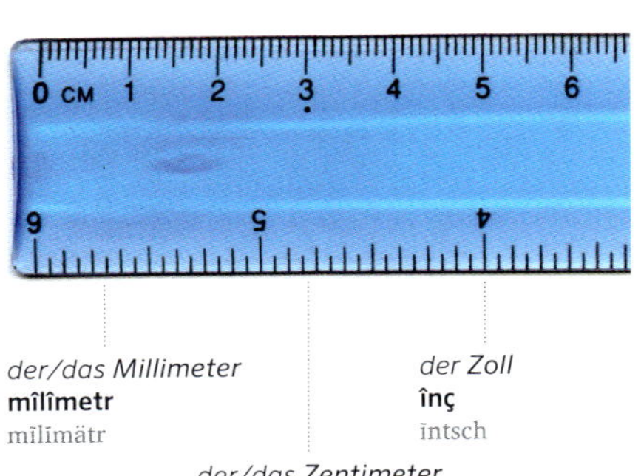

der/das Millimeter
mîlîmetr
mīlīmätr

der Zoll
înç
īntsch

der/das Zentimeter
santîmetr
sāntīmätr

der/das Liter
lîtr
lītr

der/das Milliliter
mîlîlîtr
mīlīlītr

die Unze
ons
ōns

das Pint
paynt
pāint

der Kilometer
kîlometir
kīlōmätər

die Meile
mîl
mīl

das Yard
yard
yārd

der Acre/Morgen
akr
äkər

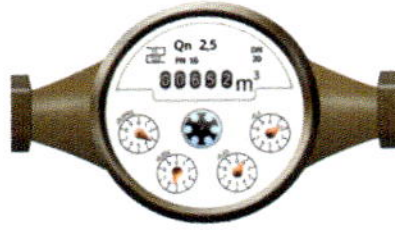

der/das Kubikmeter
metreya çarhêlî
mäträyā tschārhēlī

der Fuß	**pê** pē
der/das Meter	**metr** mätr
der/das Quadratmeter	**metreya çaralî** mäträyā tschārālī
der Quadratfuß	**fûta çaralî** fūtā tschārālī
der/das Hektar	**hektar** häktār
die Tasse	**fîncan** fīndschān
der Esslöffel	**kevçiyê xwarinê** kävtschəyē khwārənē
der Teelöffel	**kevçiyê çayê** kävtschəyē tschāyē

DAS GEWICHT – KÊŞ

die Tonne
ton
tōn

das Kilogramm
kîlogram
kīlōgrām

das Gramm
gram
grām

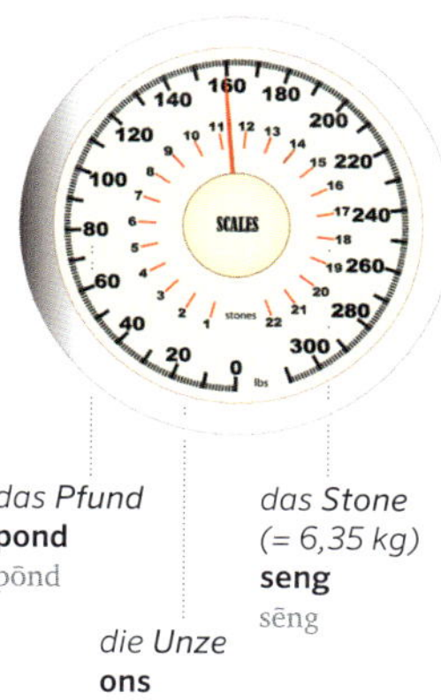

das Pfund
pond
pōnd

die Unze
ons
ōns

das Stone
(= 6,35 kg)
seng
sēng

DIE WÄHRUNG – DIRAVÊ BIYANÎ

der Dollar
dolar
dōlār

das Pfund
pond
pōnd

der Euro
ewro
äwrō

der Yen
yên
yēn

der Baht	**baht** bāht
die Rupie	**rûpiye** rūpəyä
der Dinar	**dînar** dīnār
der Franc	**frank** frānk
der Schweizer Franken	**frankê Swîsê** frānkē swīsē
die Krone	**kron** krōn

der Rand	**rand** rānd
der Peso	**pezo** päzō
der Real	**real** rääl
der Yuan	**yûan** yūān
die Lira	**lîre** līrä
der Rubel	**rûbl** rūbl

DIE WICHTIGSTEN SÄTZE –
BIWÊJÊN GIRÎNG Û PÊWÎST

DIE VERBEN –
LÊKER

INDEX –
INDEX

DIE WICHTIGSTEN SÄTZE – BIWÊJÊN GIRÎNG Û PÊWÎST

Mit diesen nützlichen Wörtern und Sätzen drücken Sie sich in den wichtigsten und häufigsten Situationen mit Sicherheit aus.

IM GESPRÄCH – LI AXAFTINÊ

BEGRÜSSEN UND VERABSCHIEDEN – SILAVKIRIN Û XATIRXWESTIN

Guten Tag!	Silav! səläv
Guten Abend!	Êvarbaş ēvärbāsh
Hallo!	Silav! səläv
Auf Wiedersehen!	Bi xatirê we! bə khātərē wä
Tschüss!	Bi xatirê we! bə khātərē wä

HÖFLICHKEIT – BI TERBIYE BÛN, RÊZDARBÛN

bitte	ji kerema xwe schə kärämā khwä
danke	sipas səpās
bitte schön	bi xêr hatî bə khēr hātī
Ja, bitte.	Erê, ji kerema xwe. ärē, schə kärämā khwä
Nein, danke.	Na, sipas. nā, səpās
Keine Ursache!	Tiştek nîne! təshtäk nīnä
Entschuldigung!	Bibaxşînin! bəbākhshīnən
Entschuldigen Sie, ...	Biborin, ... bəbōrən
Das tut mir leid.	Bo wêya bibaxşînin. bō wēyā bəbākhshīnən
Wie geht's?	Çawan î? tstschāwān ī
Danke, gut. Und Ihnen/dir?	Baş im, sipas. Lê tu? bāsh əm, səpās lē tū

KOMMUNIKATION – PÊWENDÎ

Wie bitte?	Biborin? bəbōrən
Ich verstehe.	Ez fêm dikim. äz fēm dəkəm
Ich verstehe nicht.	Ez fêm nakim. äz fēm nākəm
Könnten Sie das bitte wiederholen?	Ji kerema xwe dikarî wê dubare bikî? schə kärämā khwä dəkārī wē dūbārä bəkī
Könnten Sie bitte langsamer sprechen?	Ji kerema xwe dikarî hinekî hêdî biaxivî? schə kärämā khwä dəkārī hənäkī hēdī bəākhəvī
Könnten Sie das bitte aufschreiben?	Ji kerema xwe dikarî wêya binivîsî? schə kärämā khwä dəkārī wēyā bənəvīsī
Was bedeutet ...?	Wateya ... çi ye? wātäyā ... tstschə yä

SICH VORSTELLEN – DANASÎNKIRIN

Wie heißt du?	Navê te çi ye? nāvē tä tstschə yä
Wie heißen Sie?	Navê we çi ye? nāvē wä tstschə yä
Ich heiße ...	Navê min ... e/ye. nāvē mən ... ä/yä
Woher kommen Sie?	Hûn ji ku ne? hūn schə kū nä
Woher kommst du?	Tu ji ku yî? tū schə kū yī
Ich komme aus ...	Ez ji ... im/me. äz schə ... əm/mä
Das ist mein Mann.	Ev mêrê min e. äv mērē mən ä
Das ist meine Frau.	Ev jina min e. äv schənā mən ä
Das ist mein Partner.	Ev hevjiyanê min e. äv hävschəyānē mən ä

Das ist meine Partnerin.	Ev hevjiyana min e. äv hävschəyānā mən ä
Das ist mein Sohn.	Ev kurê min e. äv kūrē mən ä
Das ist meine Tochter.	Ev keça min e. äv kätstschā mən ä
Hier ist meine E-Mail-Adresse.	Ev e-nameya min e. äv ä-nāmäyā mən ä
Hier ist meine Telefonnummer.	Ev hejmara min a telefonê ye. äv häschmārā mən ā täläfōnē yä

BEIM TELEFONIEREN – BI TELEFONÊ

Ich hätte gern eine SIM-Karte, bitte.	Ji kerema xwe SIM kartekê bide min. schə kärāmā khwä SəM kārtäkē bədä mən
Mein Akku ist leer.	Betira min hindik maye. bätərā mən həndək māyä
Hier spricht …	… diaxive. dəākhəvä
Mit wem spreche ich bitte?	Kî telefon dike? kī täläfōn dəkä
Kann ich bitte Herrn/Frau … sprechen?	Gelo dikarim bi birêz/xanima … ra biaxivim? gälō dəkārəm bə bərēz/khānəmā … rā bəākhəvəm
Tut mir leid, er/sie ist nicht da.	Mixabin, birêz/xanima … ne li vir e. məkhābən, bərēz/khānəmā … nä lə vər ä
Kann er/sie Sie zurückrufen?	Gelo ew dikare ji we ra telefon bike? gälō äw dəkārä schə wä rā täläfōn bəkä

UNTERWEGS – SER RÊ

TOILETTE UND BAD – TIWALÊT Û SERŞOK

Wo ist bitte die Toilette?	Biborin, tiwalêt li ku ye? bəbōrən, təwālēt lə kū yä
Damen	Jin schən
Herren	Mêr mēr
die Damentoilette	tiwalêta jinan təwālētā schənān
die Herrentoilette	tiwalêta mêran təwālētā mērān

BAHN – RÊHESIN

Wann fährt der nächste Zug ab?	Trêna din kingê diçe? trēnā dən kəngē dətstschä
Wo muss ich umsteigen?	Li ku divê biguherim? lə kū dəvē bəgūhärəm
Von welchem Gleis fährt der Zug nach …?	Kîjan platform bo trêna … ye? kīschān plātfōrm bō trēnā … yä
Ist dieser Platz noch frei?	Gelo ev cih vala ye? gälō äv dschəh vālā yä
Hält dieser Zug in …?	Gelo trên li … disekine? gälō trēn lə … dəsäkənä

BUS – OTOBÛS

Welche Linie fährt nach …?	Kîjan xet diçe bo …? kīschān khät dətstschä bō
Welche Linie fährt zum Bahnhof?	Kîjan xet diçe bo îstgehê? kīschān khät dətstschä bō īstgähē
Wann fährt der nächste Bus nach …?	Otobûsa din bo … kingê diçe? ōtōbūsā dən bō … kəngē dətstschä

Wo muss ich aussteigen?	Li ku divê peya bibim? lə kū dəvē päyā bəbəm
Wie viele Haltestellen sind es?	Heya wir çend îstgeh hene? häyā wər tschänd īstgäh hänä
Fährt dieser Bus nach …?	Gelo ev otobûs diçe bo …? gälō äv ōtōbūs dətschä bō

AUTO – EREBE

der Führerschein	ajoname äschōnāmä
Entschuldigen Sie bitte, wie komme ich nach …?	Biborin, çawan dikarim biçim …? bəbōrən, tschāwān dəkārəm bətschəm
Entschuldigen Sie bitte, wo ist …?	Biborin, … li ku ye? bəbōrən, … lə kū yä
Wie weit ist es?	Heya wir çiqas e? häyā wər tschəqās ä

BEIM ARZT – LI BAL DIXTOR

Ich bin krankenversichert.	Sîgorteya min a tenduristiyê heye. sīgōrtäyā mən ā tändūrəstəyē häyā
Ich möchte von einer Ärztin behandelt werden, bitte.	Ez dixwazim dixtoreke jin li min binêre. äz dəkhwāzəm dəkhtōräkä schən lə mən bənērä
Es tut hier weh.	Ev der diêşe. äv där dəēshä
Ich bin ohnmächtig geworden.	Ez sist bûm. äz səst būm
Ich habe mich erbrochen.	Ez vereşiyam. äz väräshəyām
Ich habe Herzbeschwerden.	Pirsgirêkên min ên dil hene. pərsgərēkēn mən ēn dəl hänä
Ich habe Atembeschwerden.	Pirsgirêkên min ên bêhnkişandinê hene. pərsgərēkēn mən ēn bēhnkəshāndənē hänä
Ich habe Zahnschmerzen.	Diranê min diêşe. dərānē mən dəēshä
Ich habe eine Füllung verloren.	Min diranekî tijîkirî ji dest daye. mən dərānäkī təschīkərī schə däst dāyä
Ich bin allergisch gegen Antibiotika.	Hemberî antîbiyotîkan hesas im. hämbärī āntībəyōtīkān häsās əm
Ich bin allergisch gegen Bienen.	Ez hemberî mêşên hingiv hesas im. äz hämbärī mēshēn həngəv häsās əm
Ich bin allergisch gegen Pollen.	Ez hemberî kulîlkan hesas im. äz hämbärī kūlīlkān häsās əm
Ich bin Diabetiker/Diabetikerin.	Nexweşiya min a qênd heye. näkhwäshəyā mən ā qēnd häyā
Ist es ansteckend?	Gelo kesek dikare ji vê nexweşiyê bigire? gälō käsäk dəkārä schə vē näkhwäshəyē bəgərä
Ich brauche ein Rezept für …	Ez bo … nusxeyekê dixwazim. äz bō … nūskhäyäkē dəkhwāzəm
Ich nehme Medikamente gegen …	Ez bo … dermanan dixwim. äz bō … därmānān dəkhwəm

DIE VERBEN – LÊKER

Wenn es darum geht, eigene Sätze zu bilden, hilft Ihnen unsere ausführliche Verbliste, wo Sie auch abstrakte Verben, die sich nicht abbilden lassen, nachschlagen und übersetzen können.

A

abbeißen	gez kirin gäz kərən
abbiegen	gerandin an gerrîn gärändən ān gärrīn
abbringen	rawestandin rāwäständən
abfahren	terikandin/devberdan tärəkāndən/dävbärdān
abfärben	revîn rävīn
abfinden	hilêxistin həlēkhəstən
abfragen	ceribandin dschärəbāndən
abführen	dûr kirin dūr kərən
abfüllen	tijî kirin təschī kərən
abgeben	dayîn dāyīn
abgewöhnen	teslîmbûn täslīmbūn
abgrenzen	xweparastin ji (kesekî) khwäpārāstən schə (käsäkī)
abhaken	lome kirin lōmä kərən
abhalten	rawestandin rāwäständən
abhärten	hişk kirin/hişkbûn həshk kərən/həshkbūn
abhauen	reviyan rävəyān
abheben	jixwekirin (kinc) schəkhwäkərən (kəndsch)
abholen	rakirin rākərən
abklären	nimandin/diyarbûn nəmändən/dəyārbūn
abklingen	daketin dākätən
abkochen	kelîn/kelandin kälīn/käländən
abkühlen	hênik kirin hēnək kərən
abkürzen	kurt kirin kūrt kərən
abladen	vala kirin vālā kərən
ablaufen	dembihurîn dämbəhūrīn
ablecken	alastin ālāstən
ablegen	serkut kirin särkūt kərən
ablehnen	qewitandin/red kirin qäwətändən/räd kərən
ablenken	tewişandin/behicandin/ aloz kirin täwəshändən/bähədschändən/ ālōz kərən
abmagern	jarbûn/xûrbûn schārbūn/khūrbūn
abmalen	reng kirin/boyax kirin räng kərən/bōyākh kərən
abmelden	betal kirin bätāl kərən
abmessen	pîvandin pīvāndən
abnehmen	jarbûn/xûrbûn schārbūn/khūrbūn
abnutzen	lawazbûn lāwāzbūn
abonnieren	erê kirin/piştrast kirin ärē kərən/pəshtrāst kərən
abprallen	rabêjî/hilêxistin rābēschī/həlēkhəstən
abputzen	paqij kirin pāqəsch kərən
abraten	haydar kirin/agah kirin hāydār kərən/āgāh kərən
abräumen	vêxistin/vêketin vēkhəstən/vēkätən
abreagieren	lawaz kirin lāwāz kərən

abrechnen	safî kirin	sāfī kərən
abregen	aram kirin/arambûn	ārām kərən/ārāmbūn
abreisen	birêketin	bərēkātən
abreißen	berhemanîna bilez	bärhämānīnā bəläz
abrunden	gilover kirin	gəlōvär kərən
abrutschen	şemitîn/xijbûn	shämətīn/khəschbūn
absagen	betal kirin	bätāl kərən
abschaffen	jikarxistin	schəkārkhəstən
abschalten	qutkirin	qūtkərən
abschätzen	nirxandin	nərkhāndən
abschauen	rûnivîsî kirin	rūnəvīsī kərən
abschicken	şandin	shāndən
abschleppen	rakêş kirin/kirin	rākēsh kərən/kərən
abschließen	kilîd kirin	kəlīd kərən
abschminken	paqijkirina xemlê	pāqəschkərənā khämlē
abschneiden	qutkirin/Birrîn	qūtkərən/bərrīn
abschreiben	rûnivîsî kirin	rūnəvīsī kərən
abschwächen	nerm kirin	närm kərən
abschweifen	kewkîbûn	käwkībūn
abschwellen	jêrdaçûn/daketin	schērdātschūn/dākātən
absehen	xweparastin ji	khwäpārāstən schə
absenden	şandin/rêkirin	shāndən/rēkərən
absetzen	jixwekirin (kinc)	schəkhwäkərən (kəndsch)
absichern	niximandin/dapoşandin	nəkhəmāndən/dāpōshāndən
absinken	têreçûn	tērätschūn
abspeichern	filitandin	fələtāndən
abspielen	qewimîn	qäwəmīn
abspringen	destkişandin	dästkəshāndən
abspülen	patin	pātən
abstammen	daketin	dākātən
abstehen	berbiçavbûn	bärbətschāvbūn
abstellen	serkut kirin	särkūt kərən
absterben	mirin	mərən
abstimmen	dengdan	dängdān
abstoßen	acizkirin/bêzar kirin	ādschəzkərən/bēzār kərən
abstreiten	tune hesibandin/înkar kirin	tūnä häsəbāndən/īnkār kərən
abstumpfen	jêkirin/jêbûn	schēkərən/schēbūn
abstürzen	lihevketin	ləhävkātən
abstützen	piştgirtin	pəshtgərtən
absuchen	lêgerîn	lēgärīn
abtreiben	jiberbirina zarok/zarokavêtin	schəbärbərənā zārōk/zārōkāvētən
abtrocknen	zuhakirin	zūhākərən
abtropfen	vala kirin	vālā kərən
abverlangen	daxwaz kirin	dākhwāz kərən
abwägen	pîvandin	pīvāndən
abwarten	libendêman/Çaverêtî	ləbändēmān/tschāvärētī
abwaschen	patin	pātən
abwechseln	dorgirtin/Siregirtin	dōrgərtən/sərägərtən

abwehren	wêdadayîn/derxistin wēdādāyīn/därkhəstən
abweichen	xalifandin khāləfāndən
abweisen	dûr kirin dūr kərən
abwerten	bênirx kirin/bêbiha kirin bēnərkh kərən/bēbəhā kərən
abwischen	zuhakirin zūhākərən
abzahlen	safî kirin sāfī kərən
abziehen	hilberandin həlbärāndən
achten	rêzgirtin rēzgərtən
ächzen	qêrînpêketin/qêrîn qērīnpēkätən/qērīn
addieren	berhev kirin bärhäv kərən
adoptieren	pesend kirin päsänd kərən
adressieren	xitab kirin khətāb kərən
agieren	pêkanîn pēkānīn
ähneln	şibihîn shəbəhīn
ahnen	şika xwe li kesek anîn/ şikbarbûn shəkā khwä lə käsäk ānīn/ shəkbārbūn
aktivieren	xebitandin khäbətāndən
aktualisieren	biroj kirin/nûjen kirin bərōsch kərən/nūschän kərən
akzeptieren	pejirandin päschərāndən
alarmieren	qebûl kirin qäbūl kərən
amputieren	qutkirina organeke laş qūtkərənā ōrgānäkä lāsh
amüsieren	mijûl kirin məschūl kərən
analysieren	hilkolandin həlkōlāndən
anbauen	mezinbûn mäzənbūn
anbeten	perestiş kirin pärästəsh kərən
anbiedern	xwe şirîn kirin khwä shərīn kərən
anbieten	pêşniyar kirin pēshnəyār kərən
anblicken	mêze kirin li/temaşe kirin li mēzä kərən lə/tämāshā kərən lə
anbrüllen	qêrîn/çirrîn/kirin çirrî qērīn/tschərrīn/kərən tschərrī
andauern	domandin/domîn dōmāndən/dōmīn
ändern	guherandin/guherrîn gūhärāndən/gūhärrīn
andeuten	biwatebûn/watedarbûn bəwātäbūn/wātädārbūn
androhen	gefxwarin gäfkhwārən
aneignen	hêvosîn /fêrbûn hēvōsīn /fērbūn
anekeln	acizkirin/bêzar kirin ādschəzkərən/bēzār kərən
anerkennen	sipasî kirin/sipasdarbûn səpāsī kərən/səpāsdārbūn
anfangen	destpê kirin dästpē kərən
anfassen	lems kirin/pêl kirin läms kərən/pēl kərən
anfertigen	çêkirin/avakirin tschēkərən/āvākərən
anfeuern	handan hāndān
anflehen	lava kirin/lavahî kirin lāvā kərən/lāvāhī kərən
anfordern	ispartin əspārtən
anfreunden	hevalbûn hävālbūn
anfühlen	hest kirin häst kərən

anführen	rênîşandan/rênimûnî kirin/rênimandin	rēnīshāndān/rēnəmūnī kərən/rēnəmāndən
angeben	şanazî kirin/şanazî pê anîn	shānāzī kərən/shānāzī pē ānīn
angehören	girêdayîbûn bi	gərēdāyībūn bə
angeln	masîgirtin	māsīgərtən
angewöhnen	edet kirin/xwuya xwe dan ser ...	ädät kərən/khwūyā khwä dān sär
angleichen	sazbûn/saz kirin/yekbûn	sāzbūn/sāz kərən/yäkbūn
angreifen	êrîş kirin/êrîş birin	ērīsh kərən/ērīsh bərən
ängstigen	tirsandin	tərsāndən
angucken	nêrîna li	nērīnā lə
anhaben	lixwe kirin	ləkhwä kərən
anhalten	rawestîn	rāwästīn
anhängen	lêzêde kirin	lēzēdä kərən
anhimmeln	potçêkirina (ji)	pōttschēkərənā (schə)
anhören	guhdarîkirina li	gūhdārīkərənā lə
anklagen	tawanbar kirin	tāwānbār kərən
ankleben	tawanbar kirin	tāwānbār kərən
anklicken	kilîk kirin/pêl kirin	kəlīk kərən/pēl kərən
anklopfen	derî lêdan	därī lēdān
anknüpfen	cihanîn	dschəhānīn
ankommen	gihîştin	gəhīshtən
ankreuzen	xaç lêdan	khātsch lēdān
ankündigen	ragihandin	rāgəhāndən
anlächeln	bişirîn bi	bəshərīn bə
anlachen	bişirîn bi	bəshərīn bə
anlehnen	paldan	pāldān
anleiten	fêr kirin	fēr kərən
anlocken	wergirtin	wärgərtən
anlügen	nelivîn/bêtevgerman	näləvīn/bētävgärmān
anmachen	vêxistin	vēkhəstən
anmaßen	xwestin	khwästən
anmelden	ragihandin	rāgəhāndən
anmerken	zêde kirin	zēdä kərən
annähern	nêzikbûn	nēzəkbūn
annehmen	dan ser ûstiyê xwe	dān sär ūstəyē khwä
annullieren	betal kirin	bätāl kərən
anordnen	birêkûpêk kirin	bərēkūpēk kərən
anpacken	karîn/şekirin	kārīn/shäkərən
anpassen	sazbûn/saz kirin/yekbûn	sāzbūn/sāz kərən/yäkbūn
anpflanzen	mezinbûn	mäzənbūn
anprobieren	rûdar kirin	rūdār kərən
anreden	xitab kirin	khətāb kərən
anrufen	têkilîdanîn/Peywendîgirtin	tēkəlīdānīn/päywändīgərtən
ansagen	ragihandin	rāgəhāndən
ansammeln	serhevdanîn	särhävdānīn
anschalten	vêxistina kilîdê	vēkhəstənā kəlīdē

anschauen	mêze kirin li/temaşe kirin li	mēzä kərən lə/tämāshä kərən lə
anschieben	tîheldan/dehfdan	tīhäldān/dähfdān
anschleichen	zêdebûn	zēdäbūn
anschließen	tevlîbûn	tävlībūn
anschmiegen	paldan	pāldān
anschnallen	girêdan	gərēdān
anschnauzen	lavahî kirin/gîrîn	lāvāhī kərən/gīrīn
anschreien	qêrîn	qērīn
anschuldigen	tawanbar kirin	tāwānbār kərən
anschweigen	negotin	nägōtən
anschwellen	werimîn/perçiftîn	wärəmīn/pärtschəftīn
anschwindeln	dan derewan/derew gotin	dān däräwān/däräw gōtən
ansehen	nêrîn	nērīn
anspannen	qahîm kirin	qāhīm kərən
anspielen	bilêv kirin	bəlēv kərən
anspitzen	tûj kirin	tüsch kərən
anspornen	handan	hāndān
ansprechen	hevpeyivîn/gotûbêj kirin	hävpäyəvīn/gōtūbēsch kərən
anspringen	destpê kirin	dästpē kərən
anspucken	fisefis kirin	fəsäfəs kərən
anstarren	ziq li nêrîn/çavberdan	zəq lə nērīn/tschāvbärdān
anstecken	lewitandin	läwətāndən
anstehen	ketina rêzê	kätənā rēzē
ansteigen	hilkişiyan	həlkəshəyān
anstellen	ketina rêzê	kätənā rēzē
anstimmen	stirîn	stərīn
anstoßen	derbelêdan/derbedîtin	därbälēdān/därbädītən
anstrahlen	teyîsin	täyīsən
anstreben	hewildan	häwəldān
anstreichen	reng kirin	räng kərən
anstrengen	xebitîn	khäbətīn
antreffen	aşkira bûn	āshkərā būn
antreiben	coşandin/haydan	dschōshāndən/hāydān
antreten	destpê kirin	dästpē kərən
antun	ziyan gihandin	zəyān gəhāndən
antworten	bersivdan	bärsəvdān
anvertrauen	bawerî pê anîn/bawer kirin	bāwärī pē ānīn/bāwär kərən
anweisen	fêr kirin	fēr kərən
anwenden	bikaranîn	bəkārānīn
anwidern	dilçûn	dəltschūn
anzeigen	nîşandan	nīshāndān
anziehen	lixwe kirin	ləkhwä kərən
anzünden	vêxistin/vêketin	vēkhəstən/vēkätən
anzweifeln	pirsîn/pirs kirin	pərsīn/pərs kərən
applaudieren	pesindan	päsəndān
arbeiten	kar kirin/xebitîn	kār kərən/khäbətīn
ärgern	azirandin	āzərāndən
atmen	bêhnkişandin	bēhnkəshāndən
aufarbeiten	ji nûva nirxandin	schə nūvā nərkhāndən

aufatmen	bêhneke rehet kişandin	bēhnäkä rähät kəshāndən
aufbauen	hilêxistin	həlēkhəstən
aufbewahren	ragirtin	rāgərtən
aufblasen	bakirin	bākərən
aufbleiben	hişyarman	həshyārmān
aufbrauchen	bidawîhatin	bədāwīhātən
aufbrausen	hêrsbûn	hērsbūn
aufbrechen	destpêkirina seferê	dästpēkərənā säfärē
aufbringen	seferberî	säfärbärī
aufdecken	aşkira kirin	āshkərā kərən
aufdrängen	tamil kirin	tāməl kərən
aufdrehen	vêxistin	vēkhəstən
aufeinander-folgen	rêça hevdu şopandin	rētschā hävdū shōpāndən
aufessen	lawaz kirin/lawazbûn	lāwāz kərən/lāwāzbūn
auffallen	nepejirandin	näpäschərāndən
auffangen	girtin	gərtən
auffassen	şirove kirin	shərōvä kərən
auffordern	pirsîn/pirs kirin	pərsīn/pərs kərən
aufführen	pêkanîn	pēkānīn
aufgeben	teslîmbûn/Çok li erdê danîn	täslīmbūn/tschōk lə ärdē dānīn
aufgreifen	bilind kirin	bələnd kərən
aufhaben	vebûn/vekirîbûn	väbūn/väkərībūn
aufhalten	rawestiyan	rāwästəyān
aufhängen	daleqandin	dāläqāndən
aufheben	bilind kirin	bələnd kərən
aufhetzen	handan/coşandin/bi coş anîn	hāndān/dschōshāndən/bə dschōsh ānīn
aufholen	rakirin	rākərən
aufhören	rawestiyan	rāwästəyān
aufkleben	tawanbar kirin	tāwānbār kərən
aufladen	daxwaz kirin	dākhwāz kərən
auflassen	vekirîhiştin	väkərīhəshtən
auflauern	kemîn kirin	kämīn kərən
aufleben	şa kirin	shā kərən
auflehnen	serhildan	särhəldān
auflockern	axaftina azad	ākhāftənā āzād
auflösen	heliyan/helandin	häləyān/häländən
aufmachen	vekirin	väkərən
aufmuntern	şakirin/şabûn	shākərən/shābūn
aufnehmen	qeyd kirin	qäyd kərən
aufpassen	bal kişandin	bāl kəshāndən
aufplatzen	nişjêva vebûn	nəshschēvā väbūn
aufpumpen	fêr kirin	fēr kərən
aufraffen	hatina ser xwe	hātənā sär khwä
aufräumen	birêkûpêk kirin	bərēkūpēk kərən
aufrechterhal-ten	ragirtin	rāgərtən
aufregen	nerehet kirin	närähät kərən
aufrunden	berhev kirin	bärhäv kərən
aufsammeln	rakirin	rākərən
aufschieben	paşdaxistin	pāshdākhəstən

aufschließen	vekirina qulfê	väkərənā qūlfē
aufschreiben	nivîsîn	nəvīsīn
aufspringen	nişjêva vebûn	nəshschēvā väbūn
aufstacheln	handan/coşandin/bi coş anîn	hāndān/dschōshāndən/bə dschōsh ānīn
aufstehen	hulistiyan/rabûn	hūləstəyān/rābūn
aufstellen	hilêxistin/gotin	həlēkhəstən/gōtən
aufstützen	bêhnvedan	bēhnvädān
aufsuchen	çûyîna bo	tschūyīnā bō
auftauchen	aşkirabûn	āshkərābūn
aufteilen	parve kirin	pārvä kərən
auftragen	bikaranîn	bəkārānīn
auftreiben	bidestxistin	bədästkhəstən
auftreten	qewimîn	qäwəmīn
aufwachen	hişyarbûn	həshyārbūn
aufwachsen	mezinbûn	mäzənbūn
aufwärmen	germ kirin/germbûn	gärm kərən/gärmbūn
aufwecken	hişyarbûn	həshyārbūn
aufweichen	şil kirin	shəl kərən
aufweisen	nîşandan	nīshāndān
aufwischen	zuha kirin/hişk kirin	zūhā kərən/həshk kərən
aufwühlen	pîj kirin	pīsch kərən
aufzählen	rêz kirin	rēz kərən
aufzeichnen	qeyd kirin	qäyd kərən
aufzeigen	nîşandan	nīshāndān
aufzwingen	neçar kirin	nätschār kərən

ausarbeiten	pêkanîn	pēkānīn
ausatmen	pif kirin/badana ji nû	pəf kərən/bādānā schə nū
ausbessern	tamîr kirin	tāmīr kərən
ausbleiben	amadenebûn	āmādänäbūn
ausbrechen	revîn	rävīn
ausbreiten	peratebûn/belavelabûn	pärātäbūn/bälāvälābūn
ausdehnen	berfirehbûn/berfire kirin	bärfərähbūn/bärfərä kərən
ausdenken	xuliqandin/dahênan	khūləqāndən/dāhēnān
auseinander-brechen	jihevketin	schəhävkätən
ausfallen	betalbûn	bätālbūn
ausfragen	pirsîn/pirs kirin	pərsīn/pərs kərən
ausfüllen	tijî kirin	təschī kərən
ausgeben	bikaranîn	bəkārānīn
ausgehen	derçûn	därtschūn
ausgleichen	cebirandin/cubran kirin	dschäbərāndən/dschūbrān kərən
aushaben	bidawîhatin	bədāwīhātən
aushalten	tamil kirin	tāməl kərən
aushelfen	hawargihandin	hāwārgəhāndən
auskennen	tam nasyarbûn	tām nāsyārbūn
auskommen	hebûna têkiliya (baş) digel	häbūnā tēkələyā (bāsh) dəgäl
auslachen	kenîna li	känīnā lə
auslaufen	dawerîn	dāwärīn
ausleeren	vala kirin	vālā kərən

ausleihen	deyn kirin däyn kərən
ausloggen	derketin (ji bernameya kompiyûtirê) därkätən (schə bärnāmäyā kōmpəyūtərē)
auslösen	bûn sebeb būn säbäb
ausmachen	qut kirin qūt kərən
ausmalen	sêwirandin sēwərāndən
ausmessen	parve kirin pārvä kərən
ausnutzen	bikaranîna .../sûdwergirtina ji bəkārānīnā /sūdwärgərtənā schə
auspacken	vekirin väkərən
ausplaudern	betalbûn bätālbūn
auspressen	derxistin därkhəstən
ausprobieren	ceribandin dschärəbāndən
ausrasten	jiheşçûn/mejî çeqilmast bûn! schəhäshtschūn/mäschī tschäqəlmāst būn
ausrauben	dizzîn dəzzīn
ausrechnen	hesab kirin häsāb kərən
ausreden	li bara tiştekî axivîn/xeberdan lə bārā təshtäkī ākhəvīn/ khäbärdān
ausreichen	besbûn bäsbūn
ausreisen	derketina ji welêt därkätənā schə wälēt
ausrichten	anîn zimên/bi ziman anîn/ gotin ānīn zəmēn/bə zəmān ānīn/ gōtən
ausruhen	bêhnvedan bēhnvädān
ausrutschen	şemitîn shämətīn
ausschalten	qut kirin qūt kərən
ausscheiden	malnişînbûn mālnəshīnbūn
ausschimpfen	hejmartin häschmārtən
ausschlafen	dereng ji xewê hişyarbûn däräng schə khäwē həshyārbūn
ausschließen	awartin āwārtən
ausschneiden	wêdadayîn wēdādāyīn
aussehen	nêrîn/mêzekirin nērīn/mēzäkərən
äußern	gotin gōtən
aussetzen	rawestiyan rāwästəyān
aussprechen	bilêv kirin bəlēv kərən
ausstehen	tamil kirin tāməl kərən
aussteigen	peyabûn päyābūn
aussterben	jinavçûn schənāvtschūn
ausstrecken	kêm kirin kēm kərən
aussuchen	bijartin bəschārtən
austauschen	dewsgirtin/dewsdanîn/ li dewsa tiştekî danîn däwsgərtən/däwsdānīn/lə däwsā təshtäkī dānīn
austeilen	parve kirin pārvä kərən
austoben	kêfxweş kirin kēfkhwäsh kərən
austreten	terikandin tärəkāndən
austricksen	xapandin khāpāndən
austrinken	teva kirin/bidawîanîn tävā kərən/bədāwīānīn
ausüben	meşq kirin mäshq kərən
auswählen	bijartin bəschārtən
auswandern	koç kirin kōtsch kərən
auswaschen	wêdadayîn/wêdaçûn wēdādāyīn/wēdātschūn

auswechseln	dewsgirtin/dewsdanîn/ li dewsa tiştekî danîn däwsgərtən/däwsdānīn/lə däwsā təshtäkī dānīn
ausweichen	bidawîhatin bədāwīhātən
auswerten	lawaz kirin/lawazbûn lāwāz kərən/lāwāzbūn
auswirken	bandordanîn bāndōrdānīn
auszählen	hejmartin häschmārtən
auszeichnen	rêzgirtin rēzgərtən
ausziehen	jixwekirin (kinc) schəkhwäkərən (kəndsch)

B

babysitten	baldariya ji zarok bäldārəyā schə zārōk
backen	patin pātən
baden	avjenî kirin/sîna kirin āvschänī kərən/sīnā kərən
baggern	kolandin kōlāndən
basteln	çêkirin tschēkərən
bauen	ava kirin āvā kərən
beabsichtigen	dilhebûn dəlhäbūn
beachten	berçavgirtin bärtschāvgərtən
beängstigen	tirsandin tərsāndən
beanspruchen	bilind kirin bələnd kərən
beantragen	daxwaz kirin dākhwāz kərən
beantworten	bersivdan bärsəvdān
bearbeiten	hilkolandin həlkōlāndən
beatmen	bêhndana nexwezayî bēhndānā näkhwäzāyī
beaufsichtigen	çavdêrî kirin tschāvdērī kərən
beauftragen	fêr kirin fēr kərən
bedanken	sipasî kirin səpāsī kərən
bedauern	pûşmanbûn pūshmānbūn
bedecken	niximandin nəkhəmāndən
bedenken	hilkolandin həlkōlāndən
bedeuten	watedar kirin wātädār kərən
bedienen	xizmet kirin khəzmät kərən
bedrängen	aciz kirin ādschəz kərən
bedrohen	gefxwarin gäfkhwārən
bedrücken	xemgîn kirin khämgīn kərən
beeilen	lez kirin läz kərən
beeindrucken	bandordanîn bāndōrdānīn
beeinflussen	xistina bin bandorê khəstənā bən bāndōrē
beeinträch-tigen	ziyangihandin zəyāngəhāndən
beenden	bidwîanîn/bidawîhatin bədwīānīn/bədāwīhātən
beerdigen	defin kirin /binax kirin däfən kərən /bənākh kərən
befassen	têkildarbûn tēkəldārbūn
befehlen	ispartin əspārtən
befestigen	girêdan gərēdān
befeuchten	şil kirin shəl kərən
befinden	bûn būn
befolgen	fermangirtin/îtaet kirin färmāngərtən/ītāät kərən
befragen	pirsîn/pirs kirin pərsīn/pərs kərən
befreien	azad kirin āzād kərən
befriedigen	razî kirin rāzī kərən
befruchten	zengîn kirin/avis kirin zängīn kərən/āvəs kərən
befürchten	tirsîn tərsīn

befürworten	erê kirin	ärē kərən
begegnen	hevdîtin	hävdītən
begehen	pêkanîn	pēkānīn
begehren	hêvî kirin	hēvī kərən
begeistern	pêkanîna bi meylê	pēkānīnā bə mäylē
beginnen	destpê kirin	dästpē kərən
begleiten	hevrêtî kirin	hävrētī kərən
beglückwünschen	pîroz kirin	pīrōz kərən
begraben	veşartin/binax kirin	väshärtən/bənākh kərən
begreifen	fam kirin	fām kərən
begrenzen	bisînor kirin	bəsīnōr kərən
begründen	pîne kirin/hincetanîn	pīnä kərən/həndschätānīn
begrüßen	pêşwazî kirin	pēshwāzī kərən
begünstigen	alîgirtin	ālīgərtən
begutachten	hilkolandin	həlkōlāndən
behalten	ragirtin	rāgərtən
behandeln	reftar kirin	räftār kərən
beharren	pêgirî kirin	pēgərī kərən
behaupten	angaşt kirin	āngāsht kərən
beheben	wêdabirin	wēdābərən
behelfen	birêvebirin	bərēväbərən
beherrschen	kontrol kirin	kōntrōl kərən
beherzigen	baldarî	bāldārī
behindern	girêdan/pêşîgirtin	gərēdān/pēshīgərtən
behüten	parastin	pārāstən
beibehalten	ragirtin	rāgərtən
beibringen	fêr kirin	fēr kərən
beichten	lixwe mukur hatin	ləkhwä mūkūr hātən
beifügen	dorpêç kirin	dōrpētsch kərən
beinhalten	girtin ber xwe	gərtən bär khwä
beipflichten	erêkirina …	ärēkərənā …
beirren	gêj kirin	gēsch kərən
beißen	gez kirin	gäz kərən
beistehen	amade bûn/hebûna amadetiyê	āmādä būn/häbūnā āmādätəyē
beitragen	alîkarî kirin	ālīkārī kərən
beitreten	tevlîbûn	tävlībūn
bejahen	razîbûn	rāzībūn
bejubeln	kêfxweş kirin	kēfkhwäsh kərən
bekämpfen	firrîn	fərrīn
bekehren	guherandin	gūhärāndən
bekennen	lixwe mukur hatin	ləkhwä mūkūr hātən
beklagen	gazinde kirin	gāzəndä kərən
bekleckern	lekkedar kirin/reş kirin	läkkädār kərən/räsh kərən
bekommen	bidestxistin	bədästkhəstən
bekräftigen	erê kirin	ärē kərən
beladen	berhev kirin	bärhäv kərən
belasten	zêdebûn	zēdäbūn
belästigen	azardayîn	āzārdāyīn
belauschen	guhdarîkirin	gūhdārīkərən
beleidigen	dijûndan/bêhurmetî kirin	dəschūndān/bēhūrmätī kərən
bellen	ewitîn	äwətīn

belohnen	padaşdayîn/xelat kirin pādāshdāyīn/khälāt kərən
belügen	nelivîn näləvīn
bemerken	têgihîştin tēgəhīshtən
bemitleiden	rehm kirin/dil bi rehm bûn rähm kərən/dəl bə rähm būn
bemühen	têkoşîna jidil tēkōshīnā schədəl
benachrichtigen	ragihandin rāgəhändən
benehmen	reftar kirin räftār kərən
beneiden	zikreşî kirin zəkräshī kərən
benennen	navlê kirin nāvlē kərən
benoten	diyar kirin dəyār kərən
benötigen	hewcedarbûn häwdschädārbūn
beobachten	berçavgirtin bärtschāvgərtən
beraten	şîret kirin shīrät kərən
berechnen	hesab kirin häsāb kərən
bereden	behs kirin bähs kərən
bereiten	bayîs bûn bāyīs būn
bereithalten	hebûna amadetiyê häbūnā āmādätəyē
bereitmachen	amadebûn āmādābūn
bereuen	pûşmanbûn pūshmānbūn
berichten	ragihandin rāgəhändən
berichtigen	sererast kirin särärāst kərən
berücksichtigen	hilkolandin həlkōländən
beruhigen	aram kirin ārām kərən
berühren	lems kirin läms kərən
beschädigen	ziyan gihandin zəyān gəhändən
beschaffen	bidestxistin bədästkhəstən
beschäftigen	dagir kirin dāgər kərən
bescheinigen	guwahî kirin gūwāhī kərən
beschenken	xelat kirin khälāt kərən
beschimpfen	dijûndan/bêhurmetî kirin dəschūndān/bēhūrmätī kərən
beschleunigen	ketin ser lezê kätən sär läzē
beschließen	biryardan bəryārdān
beschmutzen	qirêj kirin qərēsch kərən
beschränken	bisînor kirin bəsīnōr kərən
beschreiben	rave kirin rāvä kərən
beschuldigen	tawanbar kirin tāwānbār kərən
beschützen	parastin pārāstən
beschweren	gazinde kirin gāzəndä kərən
beseitigen	jinavbirin schənāvbərən
besetzen	dagir kirin dāgər kərən
besichtigen	hevdîtin hävdītən
besiegen	debelêdan däbälēdān
besitzen	xwedîbûn khwädībūn
besorgen	bidestxistin bədästkhəstən
besprechen	behs kirin bähs kərən
bestätigen	piştrast kirin pəshtrāst kərən
bestatten	binax kirin bənākh kərən
bestaunen	pesindan päsəndān
bestehen	derbasbûn därbāsbūn
bestellen	ispartin əspārtən
bestimmen	diyar kirin dəyār kərən
bestrafen	darizandin/ceza kirin dārəzändən/dschäzā kərən

bestreiten	tune hesibandin/înkar kirin tūnä häsəbāndən/īnkār kərən
besuchen	hevdîtin hävdītən
betätigen	xebitandin khäbətāndən
betäuben	bêhis kirin bēhəs kərən
beteiligen	beşdarî kirin bäshdārī kərən
beten	dua kirin dūā kərən
beteuern	nîşan kirin/diyar kirin nīshān kərən/dəyār kərən
betonen	zextanîn zäkhtānīn
betören	wergirtin wärgərtən
betrachten	temaşekirina li tämāshäkərənā lə
betreuen	baldarî kirin bäldārī kərən
betrügen	xapandin khāpāndən
betteln	lava kirin lāvā kərən
beugen	tewîn/tewandin täwīn/täwāndən
beunruhigen	dilgiranbûn dəlgərānbūn
beurteilen	dadwerî kirin dādwärī kərən
bevorzugen	alîgitin ālīgətən
bewachen	pasevanî pāsävānī
bewaffnen	biçek kirin bətschäk kərən
bewältigen	karîn/şiyana pêkanîna karekî kārīn/shəyānā pēkānīnā kārākī
bewegen	meşiyan mäshəyān
beweisen	selimandin säləmāndən
bewerben	bikaranîn bəkārānīn
bewerten	dadwerî kirin dādwärī kərən
bewirken	bûn sebeb/bayîs bûn būn säbäb/bāyīs būn
bewohnen	li ciyê xizmetê jiyan lə dschəyē khəzmätē schəyān
bewundern	pesindan päsəndān
bezahlen	dayîn dāyīn
bezeichnen	peywendîgirtin päywändīgərtən
bezweifeln	şikbarbûn shəkbārbūn
biegen	tewîn/tewandin täwīn/täwāndən
bieten	pêşniyar kirin pēshnəyār kərən
bilden	teşedar kirin täshädār kərən
bitten	pirsîn/pirs kirin pərsīn/pərs kərən
blamieren	riswa kirin rəswā kərən
blasen	pif kirin/bêhndan pəf kərən/bēhndān
bleiben	mayîn māyīn
blenden	ziq nihêrîn zəq nəhērīn
blinken	vebiriqîn väbərəqīn
blinzeln	çav işkandin tschāv əshkāndən
blitzen	veçirûsîn vätschərūsīn
blockieren	girêdan gərēdān
blühen	bişkuvîn/Geşbûn bəshkūvīn/gäshbūn
bluten	xwînhatin khwīnhātən
bohren	meşq kirin mäshq kərən
boxen	kulmlêdan/gurmistlêdan kūlmlēdān/gūrməstlēdān
boykottieren	boykot kirin bōykōt kərən
braten	sor kirin sōr kərən

brauchen	hewcedarbûn	häwdschädārbūn
brechen	işkesten	əshkästän
bremsen	tormoz kirin/rawestandin	tōrmōz kərən/rāwästāndən
brennen	şewitîn/şewitandin	shäwətīn/shäwətāndən
bringen	anîn	ānīn
bröckeln	hêwirîn/hilweşiyan	hēwərīn/həlwäshəyān
brüllen	qêrîn	qērīn
brummen	fisefis kirin	fəsäfəs kərən
brüten	kurç kirin/kurçbûn	kūrtsch kərən/kūrtschbūn
buchen	reserv kirin	räsärv kərən
buchstabieren	kîte kirin	kītä kərən
bücken	dulabûn/bejna xwe tewandin	dūlābūn/bäschnā khwä täwāndən
bügeln	otû kirin	ōtū kərən
bummeln	meşiyan	mäshəyān
bürsten	firçekirina diranan	fərtschäkərənā dərānān

C

campen	kam raxistin	kām rākhəstən
charakterisieren	ciyawaz kirin	dschəyāwāz kərən
chatten	gotûbêj	gōtūbēsch

D

dableiben	mayîn	māyīn
daneben-benehmen	hebûna reftara nebaş	häbūnā rāftārā näbāsh
danken	sipasî kirin	səpāsī kərən
darstellen	nîşandan	nīshāndān
dastehen	li wir mayîn	lə wər māyīn
dauern	berdewambûn	bärdäwāmbūn
decken	niximandin	nəkhəmāndən
dehnen	dirêj kirin	dərēsch kərən
dementieren	tune hesibandin/înkar kirin	tūnä häsəbāndən/īnkār kərən
demonstrieren	nîşandan	nīshāndān
demütigen	biçûk kirin	bətschūk kərən
denken	fikirîn/fikir kirin	fəkərīn/fəkər kərən
deprimieren	xemgîn kirin	khämgīn kərən
desinfizieren	genîjêbirin	gänīschēbərən
deuten	şirove kirin	shərōvä kərən
dienen	xizmet kirin	khəzmät kərən
diskriminieren	cihêkarî kirin	dschəhēkārī kərən
diskutieren	behs kirin	bähs kərən
disqualifizieren	hêjatî jêstandin	hēschātī schēstāndən
distanzieren	dûrbûn	dūrbūn
dividieren	parve kirin	pārvä kərən
donnern	orrîn	ōrrīn
dosieren	parve kirin	pārvä kərən
downloaden	daxistin	dākhəstən
dramatisieren	xeyal kirin	khäyāl kərən
dranbleiben	domandin	dōmāndən

drängeln	dehfdan dähfdān
drängen	tîheldan/dehfdan tīhäldān/dähfdān
drankommen	hebûna dorê/nobeyê häbūnā dōrē/nōbäyē
drehen	gerandin/gerrîn gärāndən/gärrīn
drohen	gefxwarin gäfkhwārən
drucken	çap kirin tschāp kərən
drücken	dehfdan dähfdān
ducken	tewîn/tewandin täwīn/täwāndən
duften	bêhn kirin bēhn kərən
dulden	tamil kirin tāməl kərən
durchdenken	tam pîvandin tām pīvāndən
durcheinander-bringen	tevlihev kirin tävləhäv kərən
durchführen	pêkanîn pēkānīn
durchsagen	ragihandin rāgəhāndən
durchschauen	pêhesiyan pēhäsəyān
durchsetzen	xwenîşandan khwänīshāndān
durchsickern	dawerîn dāwärīn
durchstöbern	serûbinî kirin särūbənī kərən
durchstreichen	xetlêdan khätlēdān
durchwühlen	bi dijwarî derbasbûn bə dəschwārī därbāsbūn
durchziehen	pêhesiyan/têgihîştin pēhäsəyān/tēgəhīshtən
dürfen	rêpêdayîbûn bo rēpēdāyībūn bō
duschen	çûyîna serşokê tschūyīnā särshōkē
duzen	xitabkirin wek tu khətābkərən wäk tū

E

ebnen	text kirin/saf kirin täkht kərən/sāf kərən
ehren	rêzgirtin rēzgərtən
eignen	guncawbûn gündschāwbūn
eilen	lez kirin läz kərən
einatmen	bêhneke kûr kişandin bēhnäkä kūr kəshāndən
einbilden	sêwirandin sēwərāndən
einbrechen	bi darê zorê têketin bə dārē zōrē tēkätən
einchecken	navnivîsîn nāvnəvīsīn
eincremen	werdana bi nivîşkê wärdānā bə nəvīshkē
eindringen	têketin tēkätən
eindrücken	ji rêzê derketin schə rēzē därkätən
einengen	bisînor kirin bəsīnōr kərən
einfädeln	ta kirin tā kərən
einfahren	gihîştin gəhīshtən
einfallen	fikirîna li fəkərīnā lə
einfangen	girtin gərtən
einfügen	têre kirin tērä kərən
einfühlen	hevdilbûn hävdəlbūn
einführen	nasandin nāsāndən
eingeben	têketin tēkätən
eingestehen	lixwe mukur hatin ləkhwä mūkūr hātən
eingreifen	destwerdan dästwärdān
eingrenzen	bisînor kirin bəsīnōr kərən
einholen	gihîştina bo gəhīshtənā bō
einigen	pejirandin päschərāndən

einkaufen	kirrîn kərrīn
einkleben	têre kirin tērä kərən
einklemmen	girtin gərtən
einladen	vexwendin väkhwändən
einleben	arambûn ārāmbūn
einlenken	raber kirin rābär kərən
einleuchten	beraqilbûn bärāqəlbūn
einliefern	lixwe mukur hatin ləkhwä mūkūr hātən
einloggen	têketin (bo nav bernameya kompiyûtirê) tēkätən (bō nāv bärnāmäyā kōmpəyūtərē)
einlösen	rêzgirtin rēzgərtən
einmischen	destwerdan dästwärdān
einordnen	rêzbendî kirin rēzbändī kərən
einpacken	bestebendî kirin bästäbändī kərən
einparken	park kirin pārk kərən
einpflanzen	çandin tschāndən
einplanen	plandarêştin plāndārēshtən
einprägen	li bîra xwe ragirtin lə bīrā khwä rāgərtən
einräumen	lixwe mukur hatin ləkhwä mūkūr hātən
einreden	qanî kirin qānī kərən
einreiben	mistdan məstdān
einreisen	têketin tēkätən
einrosten	jeng kirin schäng kərən
einschalten	kilîd vêxistin kəlīd vēkhəstən
einschätzen	nirxandin nərkhāndən
einschenken	rijandin rəschāndən

einschlafen	razan/raketin rāzān/rākätən
einschließen	hebs kirin häbs kərən
einschränken	kêm kirin kēm kərən
einschreiten	destwerdan dästwärdān
einschüchtern	tirsandin tərsāndən
einschulen	çûyîna bo (dibistana seretayî) tschūyīnā bō (dəbəstānā särätāyī)
einsehen	dîtin dītən
einsetzen	şerr kirin ji bo shärr kərən schə bō
einsperren	zîndanî kirin zīndānī kərən
einspringen	hebûna têkiliyê häbūnā tēkələyē
einstecken	gotin gōtən
einsteigen	siwarbûn səwärbūn
einstellen	bi kar wergirtin bə kār wärgərtən
einstürzen	hilweşiyan həlwäshəyān
eintauchen	xeniqîna li khänəqīnā lə
einteilen	parve kirin pārvä kərən
eintragen	têketin tēkätən
eintreffen	gihîştin gəhīshtən
eintreten	têketin tēkätən
einwandern	koç kirin kōtsch kərən
einwechseln	pêkanîn pēkānīn
einweichen	şil kirin shəl kərən
einweihen	vekirin väkərən
einweisen	kurt kirin kūrt kərən
einwenden	dijberî kirin dəschbärī kərən
einwilligen	razîbûn rāzībūn

einzahlen	avêtina ser milê kesek din	āvētənā sär məlē käsäk dən
eitern	riziyan	rəzəyān
ekeln	bêzar kirin/bêzarbûn	bēzār kərən/bēzārbūn
empfangen	wergirtin	wärgərtən
empfehlen	pêşniyar kirin	pēshnəyār kərən
empfinden	hest kirin	häst kərən
enden	bidawîanîn	bədāwīānīn
entdecken	keşf kirin	käshf kərən
entfachen	agir pêxistin	āgər pēkhəstən
entfallen	jibîrbûn	schəbīrbūn
entfernen	jinavbirin	schənāvbərən
entführen	revandina mirovan	rävāndənā mərōvān
entgegen-bringen	nîşandan	nīshāndān
entgegnen	bersivdan	bärsəvdān
entgleisen	ji rê derketin	schə rē därkätən
enthalten	girtin ber xwe/pêkhatin ji	gərtən bär khwä/pēkhātən schə
entkommen	revîn	rävīn
entlanggehen	domandin	dōmāndən
entlassen	wêdadayîn ji ser kar	wēdādāyīn schə sär kār
entlasten	aram kirin	ārām kərən
entlaufen	revîn	rävīn
entscheiden	biryardan	bəryārdān
entschließen	biryardan	bəryārdān
entschuldigen	lêborîn xwestin	lēbōrīn khwästən
entsetzen	tirsandin	tərsāndən
entsorgen	dûr avêtin	dūr āvētən
entspannen	tebitîn	täbətīn
entsprechen	hevsengbûna digel	hävsängbūnā dəgäl
entstehen	jordaçûn	schōrdātschūn
entstellen	bêteşe kirin	bētäshä kərən
enttäuschen	bêhêvî kirin	bēhēvī kərən
entwaffnen	jiçek kirin	schətschäk kərən
entweichen	revîn	rävīn
entwerfen	plandarêştin	plāndārēshtən
entwickeln	geşepêdan	gäshäpēdān
erben	mîrat hebûn	mīrāt häbūn
erbrechen	vereşîn	väräshīn
ereignen	qewimîn	qäwəmīn
erfahren	hêvosîn	hēvōsīn
erfinden	dahênan/xuliqkarî	dāhēnān/khūləqkārī
erforschen	keşf kirin	käshf kərən
erfrieren	ji sermê mirin	schə särmē mərən
erfrischen	geş kirin	gäsh kərən
erfüllen	serê xwe girtin	särē khwä gərtən
ergänzen	zêzde kirin	zēzdä kərən
ergeben	teslîmbûn	täslīmbūn
erhalten	wergirtin	wärgərtən
erhoffen	hêvîdarbûn	hēvīdārbūn
erhöhen	jordabirin	schōrdābərən
erholen	bikaranîna dubare	bəkārānīnā dūbārä
erinnern	bibîranîn	bəbīrānīn

erkälten	cemidîn/qerisîn	dschämədīn/qārəsīn
erkennen	diyar kirin	dəyār kərən
erklären	rave kirin	rāvä kərən
erkundigen	pirsîn/pirs kirin	pərsīn/pərs kərən
erlauben	îzndan	īzndān
erläutern	rave kirin	rāvä kərən
erleben	tecrube kirin	tädschrūbä kərən
erledigen	hilkolandin	həlkōlāndən
erleichtern	hêsantir kirin	hēsāntər kərən
erlösen	azad kirin	āzād kərən
ermahnen	hişyarîdan	həshyārīdān
ermitteln	diyar kirin	dəyār kərən
ermöglichen	bişiyan kirin	bəshəyān kərən
ermorden	kuştin	kūshtən
ermuntern	handan	hāndān
ermutigen	handan	hāndān
ernähren	xwurandin/xwarekdayîn	khwūrāndən/khwārākdāyīn
ernennen	tayîn kirin/diyar kirin	tāyīn kərən/dəyār kərən
erneuern	dubare kirin	dūbārä kərən
ernten	biçîn kirin/Çinîn	bətschīn kərən/tschənīn
eröffnen	vekirin	väkərən
erpressen	bac û xerac istandin	bādsch ū khärādsch əstāndən
erregen	coşandin/tehrîk kirin	dschōshāndən/tährīk kərən
erreichen	gihîştin	gəhīshtən
erscheinen	xûyabûn	khūyābūn
erschrecken	tirsandin	tərsāndən
erschüttern	hejandin	häschāndən
erschweren	dijwartir kirin	dəschwārtər kərən
ersetzen	dewsgirtin/li dewsê danîn	däwsgərtən/lə däwsē dānīn
erstaunen	matmayî kirin	mātmāyī kərən
ersticken	fetisandin	fätəsāndən
ertappen	girtin	gərtən
ertragen	tamil kirin	tāməl kərən
ertrinken	fetisîn/Fetisandin	fätəsīn/fätəsāndən
erwähnen	bilêv kirin	bəlēv kərən
erwarten	li bendê bûn	lə bändē būn
erwidern	bersivdan	bärsəvdān
erwürgen	fetisîn/Fetisandin	fätəsīn/fätəsāndən
erzählen	gotin/anîna zimên	gōtən/ānīnā zəmēn
erzeugen	berhemanîn	bärhämānīn
erziehen	perwerde kirin	pärwärdä kərən
erzwingen	neçar kirin	nätschār kərən
essen	xwarin	khwārən
existieren	hebûn	häbūn
explodieren	teqîn/teqandin	täqīn/täqāndən

F

fahren	ajotin äschōtən
fallen	ketin kätən
fälschen	sextekarî kirin säkhtäkārī kərən
falten	çemandin tschämāndən
fangen	girtin gərtən
färben	reng kirin räng kərən
fassen	qahîm girtin qāhīm gərtən
fasten	xweparastin khwäpārāstən
faszinieren	wergirtin wärgərtən
faulen	genîbûn gänībūn
faulenzen	tembelî kirin/bêtevgerbûn/sistbûn tämbälī kərən/bētävgärbūn/səstbūn
fechten	Fensdanîn fänsdānīn
fegen	miştin məshtən
fehlen	wendabûn wändābūn
feiern	şahî kirin shāhī kərən
feilen	bayganî kirin bāygānī kərən
fernsehen	temaşekirina li televîziyonê tämāshäkərənā lə tälävīzəyōnē
fernsteuern	bikaranîna kontrola ji riya dûr va bəkārānīnā kōntrōlā schə rəyā dūr vā
fertigmachen	lawazbûn lāwāzbūn
fesseln	qahîmgirêdan qāhīmgərēdān
festhalten	domandin dōmāndən
festnehmen	girtin/kelemçelêdan gərtən/kälämtschälēdān
feststehen	dilniyabûn dəlnəyābūn

feststellen	diyar kirin dəyār kərən
filmen	fîlmkişandin fīlmkəshāndən
filtern	safî kirin sāfī kərən
finanzieren	dabînkirina malî dābīnkərənā mālī
finden	peyda kirin päydā kərən
flehen	lava kirin lāvā kərən
flicken	tamîr kirin tāmīr kərən
fliegen	firrîn fərrīn
fliehen	revîn rävīn
fließen	herikîn/herikandin härəkīn/härəkāndən
flimmern	çirûsîn tschərūsīn
flirten	naz kirin nāz kərən
fluchen	dijûndan/dan xeberan dəschūndān/dān khäbärān
flüchten	revîn rävīn
flüstern	derguh axivîn/Kurtepist kirin därgūh ākhəvīn/kūrtäpəst kərən
föhnen	bi hewayê hişk kirin bə häwāyē həshk kərən
folgen	şopandin shōpāndən
folgern	bidawîanîn bədāwīānīn
foltern	işkence kirin əshkändschä kərən
fordern	xwestin khwästən
fördern	piştgirî kirin pəshtgərī kərən
formulieren	amade kirin āmādä kərən
forschen	lêkolîn lēkōlīn

fortbilden	xwendina xwe (ya bilind) domandin	khwändənā khwä (yā bələnd) dōmāndən
fortfahren	domandin	dōmāndən
fortsetzen	domandin/domîn	dōmāndən/dōmīn
fotografieren	wênegirtin	wēnägərtən
fragen	pirsîn/pirs kirin	pərsīn/pərs kərən
frankieren	morlêdan	mōrlēdān
freigeben	azad kirin	āzād kərən
freihaben	hebûna betlaneyê	häbūnā bätlānäyē
freilassen	azad kirin	āzād kərən
freisprechen	bêgunehzanîn	bēgūnähzānīn
fremdgehen	sozdarnebûn	sōzdārnäbūn
fressen	xwarin	khwārən
freuen	kêfxweşbûn	kēfkhwäshbūn
frieren	hesta sermayê kirin	hästā särmāyē kərən
frühstücken	xwarina taştê	khwārənā tāshtē
frustrieren	serberjêrbûn/serberjêr kirin	särbärschērbūn/särbärschēr kərən
fühlen	hest kirin	häst kərən
führen	rênîşandan	rēnīshāndān
füllen	tijî kirin	təschī kərən
funktionieren	kar kirin	kār kərən
fürchten	tirsîn	tərsīn

G

gähnen	bawûşkîn	bāwūshkīn
garantieren	misoger kirin	məsōgār kərən
geben	dayîn	dāyīn
gefährden	ketina ber xeterê	kätənā bär khātärē
gefallen	kêfxweşbûn	kēfkhwäshbūn
gehen	çûyîn	tschūyīn
gehorchen	îtaet kirin/şopandin	ītāät kərən/shōpāndən
gehören	girêdayîbûn	gərēdāyībūn
gelangen	gihîştin	gəhīshtən
gelingen	serketin	särkätən
gelten	bikaranîn	bəkārānīn
genehmigen	rêpêdan	rēpēdān
genesen	bikaranîna dubare	bəkārānīnā dūbārä
genieren	şermesarbûn	shärmäsārbūn
genießen	lezetbirin/hez kirin	läzätbərən/häz kərən
genügen	besbûn	bäsbūn
geschehen	qewimîn	qäwəmīn
gestatten	rêpêdan	rēpēdān
gestehen	lixwe mukur hatin	ləkhwä mūkūr hātən
gestikulieren	amaje kirin	āmāschä kərən
gewinnen	serketin/birin	särkätən/bərən
gewittern	orîn	ōrīn
gewöhnen	edet kirin	ädät kərən
gießen	avdan	āvdān
glänzen	vebiriqîn	väbərəqīn
glätten	xweş kirin	khwäsh kərən

glauben	bawer kirin bāwär kərən
gleichen	şibihîn shəbəhīn
gleiten	xijbûn khəschbūn
gliedern	biserûber kirin/organîze kirin bəsärūbär kərən/ōrgānīzä kərən
glitzern	vebirûskîn/Çirûsîn väbərūskīn/tschərūsīn
glühen	germ kirin/tîndan gärm kərən/tīndān
gönnen	dil bijiyan dəl bəschəyān
graben	kolandin kōländən
gratulieren	pîroz kirin pīrōz kərən
greifen	hildan/bi dest girtin həldān/bə däst gərtən
grenzen	hevsînorbûn/nêzikbûn hävsīnōrbūn/nēzəkbūn
grillen	qelandin qäländən
grinsen	pêkenîn pēkänīn
grübeln	kurçbûn/kurç kirin kūrtschbūn/kūrtsch kərən
gründen	damezirandin dāmäzərändən
grunzen	xirexir kirin khəräkhər kərən
gruseln	bêzarbûn bēzārbūn
grüßen	silav kirin li səlāv kərən lə
gucken	nihêrîn/mêze kirin/temaşe kirin nəhērīn/mēzä kərən/tämāshä kərən
gurgeln	qurequr kirin qūräqūr kərən
gutmachen	serketin särkätən

H

haaren	çermavêtin tschärmāvētən
haben	hebûn häbūn
hacken	hûr kirin hūr kərən
hadern	lome kirin lōmä kərən
hageln	rêzgirtin rēzgərtən
häkeln	qelib çêkirin qäləb tschēkərən
halbieren	kirin bi du nîv/parvekirin li ser du nîvan kərən bə dū nīv/pārväkərən lə sär dū nīvān
halten	ragirtin/xweyî kirin rāgərtən/khwäyī kərən
hämmern	kutan kūtān
handeln	pêkanîn pēkānīn
handhaben	hilkolandin həlkōländən
hängen	daleqandin dāläqāndən
harmonieren	sazbûn/întegrasiyon sāzbūn/īntägrāsəyōn
hassen	bêzarbûn bēzārbūn
hauen	derbelêdan därbälēdān
heben	rakirin rākərən
hecheln	hinehin kirin hənähən kərən
heften	qul kirin/kun kirin qūl kərən/kūn kərən
hegen	baldarî kirin bäldārī kərən
heilen	derman kirin därmān kərən
heimfahren	dan fêmkirin/dan zanîn dān fēmkərən/dān zānīn
heimzahlen	vegerandin vägärändən
heiraten	zewicîn/jinanîn zäwədschīn/schənānīn

heißen	peywendîgirtin/têkillîdanîn	päywändīgərtən/tēkəllīdānīn
heizen	germ kirin/tîndan	gärm kərən/tīndān
helfen	alîkarî kirin	ālīkārī kərən
herausfordern	dijberî kirin	dəschbärī kərən
herrschen	hikûmet kirin/birêvebirin	həkūmät kərən/bərēväbərən
hervorrufen	vexwendin/hazir kirin	väkhwändən/hāzər kərən
hetzen	êrîş kirin	ērīsh kərən
heucheln	helahela kirin/dan derewan/derewgotin	hälāhälā kərən/dān däräwān/däräwgōtən
heulen	girîn/gîrîn	gərīn/gīrīn
hinken	kulekbûn/likomîn	kūläkbūn/ləkōmīn
hinrichten	cihanîn	dschəhānīn
hinterfragen	pirsîn/pirs kirin	pərsīn/pərs kərən
hinweisen	amaje kirin	āmāschä kərən
hinzufügen	lêzêde kirin	lēzēdä kərən
hobeln	dabeş kirin/tîke kirin	dābäsh kərən/tīkä kərən
hocken	dula kirin/tewandin	dūlā kərən/täwāndən
hoffen	hêvîdarbûn	hēvīdārbūn
holen	bidestxistin	bədästkhəstən
hören	bihîstin	bəhīstən
humpeln	likomîn/kulekbûn/kullîn	ləkōmīn/kūläkbūn/kūllīn
hungern	birçîbûn/birçî kirin	bərtschībūn/bərtschī kərən
hupen	bûqlêdan (bûqê erebeyê)	būqlēdān (būqē äräbäyē)
hüpfen	tilîlî kirin	təlīlī kərən
husten	kuxîn	kūkhīn
hüten	baldarî kirin	bāldārī kərən
hypnotisieren	hîpnotîzm kirin	hīpnōtīzm kərən

I

identifizieren	nas kirin	nās kərən
ignorieren	berçavnegirtin/nedîtin	bärtschāvnägərtən/nädītən
impfen	waksîne kirin	wāksīnä kərən
infizieren	lewitandin/gemar kirin	läwətāndən/gämār kərən
informieren	ragihandin	rāgəhāndən
innehaben	ragirtin/xwedan kirin	rāgərtən/khwädān kərən
inspirieren	bawerîpêdan	bāwärīpēdān
installieren	saz kirin/danîn	sāz kərən/dānīn
integrieren	yekparçe kirin	yäkpārtschä kərən
interessieren	meraqdar kirin/eleqedar kirin	märāqdār kərən/äläqädār kərən
interpretieren	şirove kirin	shərōvä kərən
interviewen	hevpeyivîn	hävpäyəvīn
investieren	sermiyandanîn	särməyāndānīn
irreführen	jirêderxistin	schərēdārkhəstən
irren	şaşitî kirin	shāshəti kərən
irritieren	tevlihev kirin/aloz kirin	tävləhäv kərən/ālōz kərən
isolieren	xistina rewşa tecrîd/tenêhiştin/dûrxistin	khəstənā räwshā tädschrīd/tänēhəshtən/dūrkhəstən

J

jagen	nêçîr kirin	nētschīr kərən
jammern	nalîn	nālīn
joggen	livandin/hejandin	ləvāndən/häschāndən
jubeln	şakirin	shākərən
jucken	xurandin	khūrāndən

K

kämmen	şeh kirin	shäh kərən
kämpfen	firrîn	fərrīn
kapitulieren	teslîmbûn	täslīmbūn
kaputtgehen	işkandin	əshkāndən
kassieren	berhev kirin	bärhäv kərən
kauen	cûn/cûtin	dschūn/dschūtən
kauern	dula kirin/tewandin	dūlā kərən/täwāndən
kaufen	kirrîn	kərrīn
kehren	miştin	məshtən
kehrtmachen	gerriyan û vegeriyan	gärrəyān ū vägärəyān
kennen	zanîn	zānīn
kennzeichnen	diyar kirin	dəyār kərən
keuchen	hinehin kirin	hənähən kərən
kichern	kirekir kenîn	kəräkər känīn
kidnappen	revandina mirovan	rävāndənā mərōvān
kitzeln	qidqidandin	qədqədāndən
klaffen	dev vekirin	däv väkərən
klagen	gazinde kirin/şikat kirin	gāzəndä kərən/shəkāt kərən

klammern	mengene kirin/çewisandin mängänä kərən/ tschäwəsāndən
klappen	pêkanîn pēkānīn
klappern	teqeteq kirin täqätäq kərən
klären	rave kirin rāvä kərən
klargehen	başbûn/rindbûn bāshbūn/rəndbūn
klarkommen	birêvebirin bərēväbərən
klatschen	çepiklêdan tschäpəklēdān
kleben	têrekirin tērākərən
kleckern	rîtin/rijandin rītən/rəschāndən
klettern	hilkişiyan həlkəshəyān
klicken	pêl kirin/kilîk kirin pēl kərən/kəlīk kərən
klingeln	zengil lêdan zängəl lēdān
klingen	deng kirin/bang kirin/ban kirin däng kərən/bāng kərən/bān kərən
klopfen	derîlêdan därīlēdān
knabbern	hêdîxwarin hēdīkhwārən
knacken	qeliştin qäləshtən
knallen	kutan kūtān
kneifen	çimbilî kirin tschəmbəlī kərən
kneten	strandin/hevîr kirin strāndən/hävīr kərən
knicken	dula kirin/tewandin dūlā kərən/täwāndən
knien	li ser çokan rûniştin lə sär tschōkān rūnəshtən
knirschen	hêrîn hērīn
knistern	terqeterq kirin tärqätärq kərən
knittern	qurmiçîn/girnijîn qūrmətschīn/gərnəschīn
knöpfen	girêdana bişkokê gərēdānā bəshkōkē
knurren	xirexir kirin khərākhər kərən
kochen	patin pātən
kombinieren	tevlihevkirin/bi hev ra werdan tävləhävkərən/bə häv rā wärdān
kommen	hatin hātən
kommentieren	nêrîna xwe gotin nērīnā khwä gōtən
können	karîn kārīn
konstruieren	çêkirin/ava kirin tschēkərən/āvā kərən
konsumieren	xerc kirin/bikaranîn khärdsch kərən/bəkārānīn
kontrollieren	kontrol kirin kōntrōl kərən
konzentrieren	bala xwe dan ser bālā khwä dān sär
kooperieren	hevkarî kirin hävkārī kərən
koordinieren	hevaheng kirin hävāhäng kərən
kopieren	rûnivîsî kirin rūnəvīsī kərən
korrigieren	sererast kirin särärāst kərən
kosten	xerchebûn khärdschhäbūn
krabbeln	ser zik da meşiyan sär zək dā mäshəyān
krankmelden	ragihandina nexweşiyê rāgəhāndənā näkhwäshəyē
kratzen	firkandin/herişandin fərkāndən/häräshāndən

kraulen	mistdan/ber dil çûn məstdān/bär dəl tschūn
kräuseln	teyisandin täyəsāndən
kreisen	xelek kişandin khäläk kəshāndən
kreuzen	ji hev derbasbûn schə häv därbāsbūn
kribbeln	zing kirin/hiş bi zixtikan sivik kirin zəng kərən/həsh bə zəkhtəkān səvək kərən
kriechen	meşiyana li ser zik mäshəyānā lə sär zək
kriegen	bidestxistin bədästkhəstən
kritisieren	rexne kirin räkhnä kərən
krümeln	hilweşîn/hêwirîn həlwäshīn/hēwərīn
krümmen	tewandin/tewîn täwāndən/täwīn
kühlen	sar kirin/sarbûn sār kərən/sārbūn
kümmern	baldarî kirin bāldārī kərən
kündigen	dev ji kar berdan däv schə kār bärdān
kürzen	kurt kirin kūrt kərən
kuscheln	hembêz kirin hämbēz kərən
küssen	ramûsîn/maç kirin rāmūsīn/mātsch kərən

L

lächeln	bişirîn bəshərīn
lachen	kenîn känīn
laden	lêvrêj kirin/tijî kirin/ lēvrēsch kərən/təschī kərən/
lagern	ambar kirin/kom kirin āmbār kərən/kōm kərən
lähmen	felec kirin/bêtevger kirin fälädsch kərən/bētävgär kərən
lahmlegen	rawestandin rāwästāndən
landen	peyabûn/peya kirin päyābūn/päyā kərən
langweilen	bêmeraq kirin/bêmeyl kirin bēmärāq kərən/bēmäyl kərən
lassen	rêpêdan/îzndan rēpēdān/īzndān
lästern	gotinên heqaretbar anîn ser zimên gōtənēn häqārätbār ānīn sär zəmēn
lauern	kemîn kirin kämīn kərən
laufen	revîn rävīn
läuten	zengil lêdan/dengdan zängəl lēdān/dängdān
leben	jîyin/jiyan kirin schīyən/schəyān kərən
lecken	alastin ālāstən
leeren	vala kirin vālā kərən
legen	danîn/bicih kirin dānīn/bədschəh kərən
lehnen	paldan pāldān
lehren	fêr kirin fēr kərən
leiden	renc kişandin rändsch kəshāndən

leihen	deyndan	däyndān
leisten	bidestxistin	bədästkhəstən
leiten	birêvebirin	bərēväbərən
lenken	rênimûnî kirin/rênîşandan	rēnəmūnī kərən/rēnīshāndān
lernen	fêrbûn/hêvosîn	fērbūn/hēvōsīn
lesen	xwendin	khwändən
leugnen	tune hesibandin	tūnä häsəbāndən
lieben	hez kirin	häz kərən
liebkosen	mistdan/ber dil çûn	məstdān/bär dəl tschūn
liefern	radest kirin	rādäst kərən
liegen	dan derewan/derewgotin	dān däräwān/däräwgōtən
lispeln	hebûna lalûteya zimên	häbūnā lālūtäyā zəmēn
loben	pesindan	päsəndān
locken	waswas kirin	wāswās kərən
lockern	sist kirin/sistbûn	səst kərən/səstbūn
löffeln	bi kevçiyê xwarin	bə kävtschəyē khwārən
lohnen	binirxbûn	bənərkhbūn
löschen	derxistin	därkhəstən
lösen	helandin	häländən
losfahren	terikandin	tärəkändən
loswerden	filitîn	fələtīn
lüften	badan	bādān
lügen	dan derewan/derewgotin	dān däräwān/däräwgōtən
lutschen	mijîn/hilmijîn	məschīn/həlməschīn

M

machen	pêkanîn	pēkānīn
mahnen	hişyardan	həshyārdān
mailen	bi E-Nameyê Şandin	bə ä-nāmäyē shāndən
malen	reng kirin	räng kərən
manipulieren	destkarî kirin	dästkārī kərən
markieren	diyar kirin	dəyār kərən
massieren	gemirandin/perixandin/mistdan	gämərāndən/pärəkhāndən/məstdān
meditieren	navcîtî kirin	nāvdschītī kərən
meiden	xweparastin	khwäpārāstən
meinen	fikir kirin	fəkər kərən
meistern	hostebûn/pisporbûn	hōstäbūn/pəspōrbūn
melden	ragihandin	rāgəhāndən
merken	wergirtin/têgihîştin	wärgərtən/tēgəhīshtən
messen	pîvandin	pīvāndən
miauen	miyo miyo kirin	məyō məyō kərən
mieten	rêpêdan/îzndan	rēpēdān/īzndān
mindern	kêm kirin	kēm kərən
mischen	tevlihev kirin	tävləhäv kərən
missachten	bala xwe nedan ser	bālā khwä nädān sär
missbilligen	pesendnekirin	päsändnäkərən
missbrauchen	neçê bikaranîn	nätschē bəkārānīn
missen	pêkanîan bêyî	pēkānīān bēyī

missfallen	bêzarbûn bēzārbūn
missglücken	têkçûn tēktschūn
misshandeln	xerabî kirin khārābī kərən
misslingen	têkçûn tēktschūn
misstrauen	nepêbawerbûn näpēbāwärbūn
missverstehen	nedurust têgihîştin nädūrūst tēgəhīshtən
mitbekommen	wergirtin/têgihîştin wärgərtən/tēgəhīshtən
mitfahren	domandin dōmāndən
mitfühlen	hevderdî kirin hävdärdī kərən
mitmachen	beşdarî kirin bäshdārī kərən
mitteilen	gotin/anîn zimên gōtən/ānīn zəmēn
mixen	tevlihev kirin tävləhäv kərən
mögen	hez kirin häz kərən
morden	kuştin kūshtən
motivieren	handan händān
multiplizieren	çend derb lêdan tschänd därb lēdān
murmeln	kunekun kirin kūnäkūn kərən
müssen	neçar kirin nätschār kərən
mutmaßen	şikbarbûn shəkbārbūn

N

nachahmen	rêça kesekî şopandin/ teqlîd kirin rētschā käsäkī shōpāndən/ täqlīd kərən
nachdenken	fikir kirin fəkər kərən
nachgeben	raber kirin rābär kərən
nachholen	cubran kirin dschūbrān kərən
nachkommen	şopandin shōpāndən
nachtragen	nerehetbûn närähätbūn
nagen	cûtin/cûn dschūtən/dschūn
nahekommen	nêzikbûn nēzəkbūn
nahen	nêzikandin nēzəkāndən
nähen	dirûtin/dirûn dərūtən/dərūn
nähern	nêzikbûn nēzəkbūn
nahestehen	nêzîkî yekî be nēzikī yäkī bä
naschen	şîranîxwarin shīrānīkhwārən
necken	dan ber henekan dān bär hänäkān
nehmen	girtin gərtən
neiden	zikreşî kirin zəkräshī kərən
neigen	tewandin/tewîn täwāndən/täwīn
nennen	peywendîgirtin/têkillîdanîn päywändīgərtən/tēkəllīdānīn
nerven	azirandin āzərāndən
nicken	serê xwe hejandin särē khwä häschāndən
niederknien	li ser çokan rûniştin lə sär tschōkān rūnəshtən
niederlassen	arambûn ārāmbūn
nieseln	bi nizmî barîn bə nəzmī bārīn
niesen	pişkîn/pirkîn pəshkīn/pərkīn

nörgeln	mezinatî kirin	mäzənātī kərən
nummerieren	hejmartin	häschmārtən
nuscheln	bilêv kirin	bəlēv kərən

O

öffnen	vekirin	väkərən
ölen	bi rûnê çewr kirin	bə rūnē tschäwr kərən
operieren	birêxistin	bərēkhəstən
opfern	gorî kirin/feda kirin	gōrī kərən/fädā kərən
ordnen	birêkûpêk kirin	bərēkūpēk kərən
organisieren	biserûber kirin	bəsärūbär kərən
orientieren	tûşgirtin	tūshgərtən

P

packen	bestebendî kirin/pakêt kirin	bästäbändī kərən/pākēt kərən
paddeln	bêriklêdan	bērəklēdān
parken	park kirin	pārk kərən
passen	guncawbûn	gündschāwbūn
passieren	qewimîn	qäwəmīn
petzen	gotin	gōtən
pfeffern	qulf kirin	qūlf kərən
pfeifen	dan fîtikan	dān fītəkān
pflanzen	çandin	tschāndən
pflegen	baldarî kirin	bāldārī kərən
pflücken	bijartin	bəschārtən
picknicken	çûn seyranê	tschūn säyrānē
piepen	bûq lêdan	būq lēdān
piepsen	çîkeçîk kirin	tschīkätschīk kərən
plagen	azirandin	āzərāndən
planen	plandarêştin	plāndārēshtən
planschen	li nav avê meşiyan	lə nāv āvē mäshəyān
plappern	çîkeçîk kirin	tschīkätschīk kərən
platzen	qeliştin/qeliştandin	qäləshtən/qäləshtāndən
platzieren	danîn/bicih kirin	dānīn/bədschəh kərən
plaudern	gep kirin/deng kirin	gäp kərən/däng kərən
pleitegehen	îflsabûn	īflsābūn
pokern	lîstina bi Pokerê	līstənā bə pōkärē
posieren	hilêxistin	həlēkhəstən
prägen	xistina rojevê	khəstənā rōschävē
prahlen	şanazî kirin	shānāzī kərən
prallen	lihevketin	ləhävkätən
präsentieren	nasandin	nāsāndən
pressen	zextanîn/guvişandin	zäkhtānīn/gūvəshāndən
probieren	ceribandin	dschärəbāndən
protestieren	itiraz kirin	ətərāz kərən
provozieren	pîj kirin	pīsch kərən
prüfen	hilkolandin	həlkōlāndən
prügeln	derbelêdan	därbälēdān
pupsen	dan tirran	dān tərrān
pusten	bêhndan/pif kirin	bēhndān/pəf kərən
putzen	paqij kirin	pāqəsch kərən

Q

quaken	xisexis kirin	khəsäkhəs kərən
quälen	işkence kirin	əshkändschä kərən
qualmen	belavkirina dûkelê	bälāvkərənā dūkälē
quengeln	nalîn	nālīn
quieken	qirçîn	qərtschīn
quietschen	cîkecîk kirin	dschīkädschīk kərən

R

rächen	tolhildan	tōlhəldān
radeln	gerrîn	gärrīn
rascheln	xişexiş kirin	khəshäkhəsh kərən
rasen	tundbûn/gurrbûn	tūndbūn/gūrrbūn
rasieren	tiraşîn	tərāshīn
rasseln	teqeteq kirin	täqātäq kərən
raten	guman kirin	gūmān kərən
rätseln	heyran kirin/matmayîhiştin	häyrān kərən/mātmāyīhəshtən
rattern	teqeteq kirin	täqātäq kərən
rauben	dizzîn	dəzzīn
rauchen	dûkelrabûn	dūkälrābūn
rauschen	xişexiş kirin	khəshäkhəsh kərən
räuspern	dengê xwe zelal kirin	dängē khwä zälāl kərən
rausschmeißen	safî kirin	sāfī kərən
reagieren	bertek nîşandan	bärtäk nīshāndān
realisieren	têgihîştin	tēgəhīshtən
rebellieren	serhildan	särhəldān
rechnen	hesab kirin	häsāb kərən
rechtfertigen	pîne kirin	pīnä kərən
recyceln	bikaranîna dubare	bəkārānīnā dūbārä
reden	axaftin	ākhāftən
regeln	birêkûpêk kirin	bərēkūpēk kərən
regen	meşiyan	mäshəyān
regieren	hikûmet kirin	həkūmät kərən
registrieren	tomar kirin	tōmār kərən
regnen	barîn	bārīn
reiben	malîn	mālīn
reichen	besbûn	bäsbūn
reimen	helbestgotin	hälbästgōtən
reinigen	paqij kirin	pāqəsch kərən
reinlegen	xapandin	khāpāndən
reisen	gerriyan/gerr û seyran	gärrəyān/gärr ū säyrān
reißen	dirrandin	dərrāndən
reiten	ajotin	āschōtən
reizen	waswas kirin	wāswās kərən
rekeln	kêm kirin	kēm kərən
rennen	revîn	rävīn
renovieren	nûvandin/nû kirin	nūvāndən/nū kərən
reparieren	tamîr kirin	tāmīr kərən
reservieren	kom kirin	kōm kərən
respektieren	rêzgirtin	rēzgərtən
retten	filitandin	fələtāndən
revanchieren	tola kesekî hildan	tōlā käsäkī həldān

richtigstellen	sererat kirin	särärät kərən
riechen	bêhn kişandin	bēhn kəshāndən
riskieren	xwe avêtin nav xeterê/rîsk kirin	khwä āvētən nāv khätärē/ rīsk kərən
rollen	gevizîn	gävəzīn
röntgen	bi tîrêja X`ê lênêrîn	bə tīrēschā kh`ē lēnērīn
rosten	jeng girtin	schäng gərtən
rubbeln	bi tundî malîn	bə tündī mālīn
rückerstatten	ji nû va dayîn	schə nū vā dāyīn
rudern	rêzbendî kirin	rēzbändī kərən
rufen	peywendîgirtin/têkillîdanîn	päywändīgərtən/tēkəllīdānīn
ruhen	bêhnvedan	bēhnvädān
rühren	tevlihev kirin	tävləhäv kərən
ruinieren	jinavbirin	schənāvbərən
rutschen	xijbûn/şemitîn	khəschbūn/shämətīn
rütteln	hejandin	häschändən

S

sagen	gotin	gōtən
sägen	birrek kirin	bərräk kərən
salzen	xwê zêdekirin	khwē zēdäkərən
sammeln	berhev kirin	bärhäv kərən
säubern	paqij kirin	pāqəsch kərən
saugen	mijîn/hilmijîn	məschīn/həlməschīn
schaden	ziyan gihandin	zəyān gəhändən
schaffen	birêvebirin	bərēväbərən
schälen	sîs kirin	sīs kərən
schalten	guherandin	gūhärändən
schämen	şermesarbûn	shärmäsärbūn
schätzen	guman kirin	gūmān kərən
schauen	mêze kirin	mēzä kərən
schaufeln	pêmerre lêdan	pēmärrä lēdān
schaukeln	hêlikîn	hēləkīn
schäumen	kef kirin	käf kərən
scheinen	xûya kirin	khūyā kərən
scheitern	têkçûn	tēktschūn
schenken	dayîn	dāyīn
scherzen	henek kirin	hänäk kərən
scheuchen	çix kirin	tschəkh kərən
scheuen	şermokînbûn	shärmōkīnbūn
schicken	şandin	shändən
schieben	dehfdan	dähfdān
schiefgehen	xerabûn	khärābūn
schielen	mirûzê xwe tirş kirin	mərūzē khwä tərsh kərən

schießen	xistin tevgerê khəstən tävgärē
schildern	rave kirin rāvä kərən
schimmeln	kevnbûn/kufikavêtin kävnbūn/kūfəkāvētən
schimpfen	lome kirin lōmä kərən
schlafen	razan rāzān
schlagen	derbelêdan därbälēdān
schlecken	alastin ālāstən
schleichen	bi ser zik meşiyan bə sär zək mäshəyān
schleppen	kişandin kəshāndən
schließen	girêdan gərēdān
schluchzen	gîrîn gīrīn
schlucken	daqurtandin dāqūrtāndən
schlüpfen	xijbûn/şemitîn khəschbūn/shämətīn
schmarotzen	bi ispencê paqij kirin bə əspändschē pāqəsch kərən
schmatzen	bi dengê bilind xwarin bə dängē bələnd khwārən
schmecken	çêj kirin/tam kirin tschēsch kərən/tām kərən
schmeißen	kewkî kirin käwkī kərən
schmelzen	helîn/helandin hälīn/hälāndən
schmerzen	ziyan gihandin zəyān gəhāndən
schminken	xemilandin khäməlāndən
schmollen	mirûzê xwe tirş kirin mərūzē khwä tərsh kərən
schmücken	xemilandin khäməlāndən
schmunzeln	bişirîn bəshərīn
schnarchen	xurexur kirin khūräkhūr kərən
schnauben	fiş kirin fəsh kərən
schnaufen	pif kirin pəf kərən
schneiden	birrîn bərrīn
schneien	berfê lêkirin bärfē lēkərən
schnurren	xurexur kirin khūräkhūr kərən
schocken	şoke kirin/behicandin shōkä kərən/bähədschāndən
schockieren	şoke kirin/behicandin shōkä kərən/bähədschāndən
schonen	xeflet kirin khäflät kərən
schrauben	pêçandin pētschāndən
schreiben	nivîsîn nəvīsīn
schreien	qêrîn qērīn
schubsen	xapandin khāpāndən
schummeln	xapandin khāpāndən
schütteln	hejandin häschāndən
schütten	rijandin rəschāndən
schützen	parastin pārāstən
schwächen	lawaz kirin lāwāz kərən
schwanken	likomîn ləkōmīn
schwänzen	birrîn bərrīn
schwärmen	xeyal kirin khäyāl kərən
schwarzfahren	xwe ji kirêdanê kişandin khwä schə kərēdānē kəshāndən
schweben	soberîbarbûn sōbärībārbūn
schweigen	bêdengbûn bēdängbūn
schwerfallen	dijwarbûn dəschwārbūn
schwimmen	avjenî kirin āvschänī kərən
schwindeln	dan derewan/derewgotin dān däräwān/däräwgōtən
schwingen	hêlikîn hēləkīn

schwirren	vizeviz kirin	vəzävəz kərən
schwitzen	xwudan	khwūdān
schwören	sondxwarin	sōndkhwārən
segeln	qayqsiwariyê	qāyqsəwārəyē
sehen	dîtin	dītən
sehnen	hêvî kirin	hēvī kərən
sein	bûn	būn
senden	şandin	shāndən
senken	jordaanîn	schōrdāānīn
servieren	xizmet kirin	khəzmät kərən
setzen	rûniştin	rūnəshtən
seufzen	keserkişandin	käsärkəshāndən
sichergehen	dilniyabûn	dəlnəyābūn
sichern	parastin	pārāstən
sicherstellen	misoger kirin	məsōgär kərən
siegen	birin/serketin	bərən/särkätən
siezen	xitabkirin wek hûn	khətābkərən wäk hūn
simsen	şandina peyama nivîskî	shāndənā päyāmā nəvīskī
singen	awaz stirîn/awaz xwendin	āwāz stərīn/āwāz khwändən
sinken	têreçûn	tērätschūn
sitzen	rûniştin	rūnəshtən
skaten	xwe xij kirin	khwä khəsch kərən
sollen	neçar bûn	nätschār būn
sonnen	tavwergirtin	tāvwärgərtən
sorgen	dilgiranbûn	dəlgərānbūn
sortieren	birêkûpêk kirin	bərēkūpēk kərən
sparen	filitandin	fələtāndən
spaßen	henek kirin	hänäk kərən
spazieren	peyaçûn	päyātschūn
speichern	filitandin	fələtāndən
speisen	xwarin	khwārən
spekulieren	fikirîn	fəkərīn
spenden	xelat kirin	khälāt kərən
sperren	dorpêç kirin	dōrpētsch kərən
spiegeln	vebiriqandin/veteyisîn	väbərəqāndən/vätäyəsīn
spielen	lîstin	līstən
spinnen	dînbûn	dīnbūn
spitzen	tûj kirin	tūsch kərən
spotten	dan ber henekan	dān bär hänäkān
sprechen	gotûbêj kirin	gōtūbēsch kərən
spreizen	pan kirin	pān kərən
sprengen	ba kirin	bā kərən
sprießen	şîn kirin	shīn kərən
springen	firrîn	fərrīn
spritzen	pijiqandin	pəschəqāndən
sprudeln	bûn bi zîpik	būn bə zīpək
sprühen	pijiqandin	pəschəqāndən
spucken	tif kirin/xaziya xwe avêtin derve	təf kərən/khāzəyā khwä āvētən därvä
spuken	tiştek ketin bîra meriv	təshtäk kätən bīrā märəv
spülen	şûştin	shūshtən
spüren	hest kirin	häst kərən
stammen	hatin	hātən

stapeln	kom kirin	kōm kərən
stärken	xurt kirin	khūrt kərən
starren	ziqbûn/çavkutan	zəqbūn/tschāvkūtān
starten	destpê kirin	dästpē kərən
stattfinden	qewimîn	qäwəmīn
staunen	matmayîbûn	mātmāyībūn
stechen	renckişandin	rändschkəshändən
stecken	bûn	būn
stehen	rawestîn	rāwästīn
stehlen	dizzîn	dəzzīn
steigen	jordaçûn	schōrdātschūn
steigern	zêde kirin	zēdä kərən
stellen	danîn	dānīn
sterben	mirin	mərən
steuern	xelat kirin	khälāt kərən
stieren	ziqbûn/çavkutan	zəqbūn/tschāvkūtān
stillen	şîrdayîn/mijandin	shīrdāyīn/məschändən
stillhalten	bêdeng ragirtin	bēdäng rāgərtən
stillliegen	betalbûn	bätālbūn
stimmen	durustbûn	dūrūstbūn
stinken	nefretbarbûn	näfrätbārbūn
stöbern	serûbinî kirin	särūbənī kərən
stocken	likomîn	ləkōmīn
stöhnen	mezinatî kirin	mäzənātī kərən
stolpern	likomîn/kulek meşiyan	ləkōmīn/kūläk mäshəyān
stoppen	rawestîn	rāwästīn
stören	aloz kirin	ālōz kərən
stoßen	dehfdan	dähfdān
stottern	hebûna lalûteya zimên	häbūnā lālūtäyā zəmēn
strafen	ceza kirin	dschäzā kərən
straffen	qahîm kirin	qāhīm kərən
strahlen	vebiriqîn	väbərəqīn
strampeln	gerriyana li derdor	gärrəyānā lə därdōr
strapazieren	zextanîn	zäkhtānīn
sträuben	liberxwedan	ləbärkhwädān
streben	hewildan	häwəldān
strecken	dirêj kirin	dərēsch kərən
streicheln	mistdan/perixandin	məstdān/pärəkhändən
streichen	reng kirin	räng kərən
streifen	lems kirin	läms kərən
streiken	di grevê da bûn	də grävē dā būn
streiten	egeranîn/nîqaş kirin	ägärānīn/nīqāsh kərən
streuen	reşandin	räshändən
stricken	hûnandin	hūnändən
studieren	xwendin	khwändən
stürmen	tûfanîbûn	tūfānībūn
stürzen	ketin/jordaketin	kätən/schōrdākätən
stutzen	guman kirin	gūmān kərən
stützen	piştgirtin	pəshtgərtən
subtrahieren	kêm kirin/cuda kirin	kēm kərən/dschūdā kərən
suchen	lêgerîn	lēgärīn

summen	vizeviz kirin	vəzävəz kərən
sündigen	guneh kirin	günäh kərən
surfen	siwarbûna li pêlan	səwārbūnā lə pēlān
süßen	şirîn kirin/xweş kirin	shərīn kərən/khwäsh kərən

T

tadeln	lome kirin	lōmä kərən
tanken	bi benzînê tijî kirin	bə bänzīnē təschī kərən
tanzen	reqisîn	räqəsīn
tapezieren	bi kaxaza dîwarî dapoşandin	bə kākhāzā dīwārī dāpōshāndən
tappen	tatî kirin	tātī kərən
tarnen	veşartin	väshārtən
tasten	hest kirin	häst kərən
tauchen	bazdana nav avê	bāzdānā nāv āvē
tauen	heliyan/helandin	häləyān/häländən
taufen	xusil kirin	khūsəl kərən
taugen	guncawbûn	gündschāwbūn
taumeln	likomîn	ləkōmīn
tauschen	rakirin û birin	rākərən ū bərən
täuschen	xapandin	khāpāndən
teilen	parve kirin	pārvä kərən
teilnehmen	beşdarî kirin	bäshdārī kərən
telefonieren	peywendîgirtina bi riya telefonê	päywändīgərtənā bə rəyā täläfōnē
testen	ceribandin	dschärəbāndən
ticken	tîklêdan	tīklēdān
tippen	nivîsîn	nəvīsīn
toben	tehrîk kirin	tährīk kərən
tolerieren	tamil kirin	tāməl kərən
töten	kuştin	kūshtən
totfahren	kirina bin (eebeyê) û kuştin	kərənā bən (ääbäyē) ū kūshtən
totschießen	bi gulleyê kuştin	bə güllāyē kūshtən
totschlagen	lêdan û kuştin	lēdān ū kūshtən
tragen	rakirin	rākərən
trainieren	meşq kirin	mäshq kərən
trampeln	mor kirin	mōr kərən
tränen	avdan	āvdān
transportieren	veguhestin	vägūhästən
trauen	bawerîpêanîn	bāwärīpēānīn
trauern	efsûsxwarin	äfsūskhwārən
träumen	xewdîtin	khäwdītən
treffen	hevdîtin	hävdītən
trennen	cuda kirin	dschūdā kərən
treten	dan ber pêhnan	dān bär pēhnān
trinken	vexwarin	väkhwārən
trocknen	hişk kirin	həshk kərən
trödeln	gerriyana bêhûde	gärrəyānā bēhūdä
trommeln	li daholê dan	lə dāhōlē dān
tröpfeln	dilop kirin	dəlōp kərən
tropfen	çilkîn	tschəlkīn
trösten	aram kirin	ārām kərən

trotzen	neferman kirin	näfärmān kərən
trügen	xapînok	khāpīnōk
tun	pêkaîn	pēkāīn
turnen	werzişa jîmnastîkê kirin	wärzəshā schīmnästīkē kərən
tyrannisieren	zilm kirin	zəlm kərən

U

üben	meşq kirin	mäshq kərən
überanstrengen	zêde hewildan	zēdä häwəldān
überarbeiten	rêform kirin	rēfōrm kərən
überblicken	guman kirin	gūmān kərən
überbringen	radest kirin	rādäst kərən
überbrücken	pireçêkirin	pərätschēkərən
überdenken	fikirîna li ser	fəkərīnā lə sär
übereinstimmen	pejirandin	päschərāndən
überfahren	ajotina ser	āschōtənā sär
überfallen	êrîş kirin	ērīsh kərən
überfordern	pirsîna li ser	pərsīnā lə sär
übergeben	vereşîn	väräshīn
überholen	pêşdaketin	pēshdākätən
überhören	nebihîstin	näbəhīstən
überlappen	sertêkdeçûn	särtēkdätschūn
überlassen	rexne kirin	räkhnä kərən
überleben	zindîman	zəndīmān
überlegen	fikirîn (li ser)	fəkərīn (lə sär)
überlisten	jîrbûn	schīrbūn
übernachten	şevê li derekê man	shävē lə däräkē mān
übernehmen	girtin	gərtən
überprüfen	hilkolandin	həlkōlāndən
überqueren	ji hev derbasbûn	schə häv därbäsbūn
überraschen	xafilbûn	khāfəlbūn
überreden	razîbûn	rāzībūn
überreichen	radest kirin	rādäst kərən
überschatten	bandora xerab danîn	bāndōrā khärāb dānīn
überschätzen	mezin kirin/prole kirin	mäzən kərən/prōlä kərən
überschlagen	teql	täql
überschnappen	tûşî pirsgirêka rewanî bûn	tūshī pərsgərēkā räwānī būn
überschneiden	Sertêkdeçûn	särtēkdätschūn
überschütten	sertêkdeçûn	särtēkdätschūn
überschwemmen	lehîrabûn	lähīrābūn
übersehen	nedîtin	nädītən
übersetzen	wergerandin	wärgärāndən
überspielen	veşartin	väshārtən
übersteigen	seratirbûn	särātərbūn
überstrapazieren	lawaz kirin	lāwāz kərən
überstürzen	lez kirin	läz kərən
übertragen	veguhestin	vägūhästən
übertreffen	pêşketin	pēshkätən
übertreiben	mezin kirin/prole kirin	mäzən kərən/prōlä kərən
überwachen	çavdêrî kirin	tschāvdērī kərən
überwältigen	jikarxistin	schəkārkhəstən
überweisen	veguhestin	vägūhästən
überwiegen	serdestbûn	särdästbūn

überwinden	serdestbûn	särdästbūn
überzeugen	qanî kirin	qānī kərən
überziehen	niximandin	nəkhəmāndən
umarmen	hembêz kirin	hämbēz kərən
umbauen	nûvandin	nūvāndən
umbenennen	navguhertin	nāvgūhärtən
umblättern	rûpelguhertin	rūpälgūhärtən
umbringen	kuştin	kūshtən
umdrehen	gerrandin/gerrîn	gärrāndən/gärrīn
umfallen	li erdê ketin	lə ärdē kätən
umfassen	girtin ber xwe	gərtən bär khwä
umgehen	xweparastin	khwäpārästən
umhängen	lixwe kirin	ləkhwä kərən
umkehren	vegeriyan	vägärəyān
umkippen	berovajî kirin	bärōvāschī kərən
umklammern	qahîm kirin	qāhīm kərən
umkommen	mirin	mərən
umleiten	jirêderxistin	schərēdärkhəstən
umräumen	ji nû va birêkûpêk kirin	schə nū vā bərēkūpēk kərən
umreißen	kurt kirin	kūrt kərən
umrühren	tevlihev kirin	tävləhäv kərən
umschalten	guhertin	gūhärtən
umsehen	nihêrîna li derdor	nəhērīnā lə därdōr
umsetzen	di pratîkê da cihanîn	də prātīkē dā dschəhānīn
umsteigen	guhertin	gūhärtən
umstimmen	livîn	ləvīn
umstürzen	qefaltin	qäfältən
umtauschen	danûstandin	dānūstāndən
umwerfen	bi darê zorê istandin	bə dārē zōrē əstāndən
umziehen	cihguhertin	dschəhgūhärtən
unterbrechen	rawestandin	rāwästāndən
unterdrücken	serkut kirin	särkūt kərən
untergehen	têdeçûn	tēdätschūn
unterhalten	axaftin	ākhäftən
unterlassen	xwedûrkirina ji	khwädūrkərənā schə
unternehmen	pêkanîn	pēkānīn
unterrichten	fêr kirin	fēr kərən
untersagen	qedexe kirin	qädäkhä kərən
unterschätzen	kêmgirîng dîtin	kēmgərīng dītən
unterscheiden	kifş kirin	kəfsh kərən
unterschreiben	îmze kirin	īmzä kərən
unterstellen	bi zimanê teniştokê gotin	bə zəmānē tänəshtōkē gōtən
unterstreichen	destnîşan kirin	dästnīshān kərən
unterstützen	piştgirî kirin	pəshtgərī kərən
untersuchen	hilkolandin	həlkōlāndən
untertauchen	nediyar kirin	nädəyār kərən
unterteilen	çend tîke kirin	tschänd tīkä kərən
urteilen	dadwerî kirin	dādwärī kərən

V

verabreden	amadetiya hevdîtinê kirin āmādätəyā hävdītənē kərən
verabschieden	xatirxwestin khātərkhwästən
verachten	bêzarbûn bēzārbūn
verallgemeinern	giştî kirin gəshtī kərən
verändern	guhertin gūhärtən
verängstigen	tirsandin tərsāndən
verantworten	berpirsiyariya tiştekî girtin ser milê xwe bärpərsəyārəyā təshtäkī gərtən sär məlē khwä
verarbeiten	amade kirin āmādä kərən
verärgern	azirandin āzərāndən
verarzten	reftar kirin räftār kərən
verbergen	veşartin väshärtən
verbessern	baştir kirin bāshtər kərən
verbeugen	tewandin/tewîn täwāndən/täwīn
verbiegen	tewandin/tewîn täwāndən/täwīn
verbieten	qedexe kirin qädākhä kərən
verbinden	girêdan gərēdān
verbleiben	mayîn māyīn
verbluten	ji ber xwînrijînê mirin schə bär khwīnrəschīnē mərən
verbrauchen	bikaranîn bəkārānīn
verbreiten	berfire kirin bärfərä kərən
verbrennen	sotin/şewitandin sōtən/shäwətāndən
verbringen	bikaranîn bəkārānīn
verdächtigen	gumandarbûn gūmāndārbūn
verdanken	deyndarbûn däyndārbūn
verdauen	mehandin mähāndən
verdecken	niximandin nəkhəmāndən
verderben	talan kirin /bi erdê reş xistin tālān kərən /bə ärdē räsh khəstən
verdeutlichen	rave kirin rāvä kərən
verdienen	bidest anîn bədäst ānīn
verdoppeln	duqat kirin/duberanber kirin dūqāt kərən/dūbärānbär kərən
verdrängen	tepeser kirin täpäsär kərən
verdursten	ji tiyan kirin schə təyān kərən
verehren	pesindan päsəndān
vereinbaren	pejirandin päschərāndən
vereinen	yekgirtî kirin yäkgərtī kərən
vereinfachen	sade kirin/hêsan kirin sādä kərən/hēsān kərən
vereinheitlichen	hevseng kirin hävsäng kərən
vereinigen	yekgirtî kirin yäkgərtī kərən
verfallen	xerabtir kirin khärābtər kərən
verfälschen	jirêderxistin schərēdärkhəstən
verfassen	nivîsîn nəvīsīn
verfaulen	genîbûn gänībūn
verfehlen	ji dest dan schə däst dān
verfeinern	baştir kirin bāshtər kərən
verfluchen	dijûndan dəschūndān
verfolgen	şopandin shōpāndən
verfügen	ispartin əspārtən
verführen	xapandin khāpāndən
vergehen	derbasbûn därbāsbūn

vergelten	ji nû va dayîn schə nū vā dāyīn
vergessen	jibîr kirin schəbīr kərən
vergeuden	hêredan hērädān
vergewaltigen	destdirêjî kirin dästdərēschī kərən
vergewissern	dilniyabûn dəlnəyābūn
vergiften	jehrî kirin schährī kərən
vergleichen	liberhevdanîn ləbärhävdānīn
vergnügen	xwe mijûl kirin khwä məschūl kərən
vergraben	defin kirin däfən kərən
vergrößern	zêde kirin zēdä kərən
verhaften	kelemçelêxistin kälämtschälēkhəstən
verhalten	reftar kirin räftār kərən
verhandeln	gotûbêj kirin gōtūbēsch kərən
verhängen	tamil kirin tāməl kərən
verharmlosen	girîngî pênedan gərīngī pēnädān
verharren	ponijîn pōnəschīn
verheilen	xemxwarin khämkhwārən
verheimlichen	veşartin väshārtən
verherrlichen	pesindan/rêzgirtin päsəndān/rēzgərtən
verhexen	wergirtin/balkişandin wärgərtən/bālkəshāndən
verhindern	pêşîlêgirtin pēshīlēgərtən
verhören	pirsîn pərsīn
verhüllen	dapoşandin dāpōshāndən
verhungern	birçîtî kişandin bərtschītī kəshāndən
verhüten	pêşîlêgirtin pēshīlēgərtən
verirren	wendabûn wändābūn
verjagen	filitîn fələtīn
verkaufen	firotin fərōtən
verklagen	dozvekirin dōzväkərən
verkleiden	kincên baş li xwe kirin kəndschēn bāsh lə khwä kərən
verkleinern	kêm kirin kēm kərən
verknoten	bi hev ra girê lêdan bə häv rā gərē lēdān
verknüpfen	têkildar kirin tēkəldār kərən
verkommen	xerabûn/gendelbûn khärābūn/gändälbūn
verkörpern	bipernsîp kirin bəpärnsīp kərən
verkraften	karîn/şekirin kārīn/shäkərən
verkrampfen	hêrsbûn hērsbūn
verkümmern	têkçûn/bi erdê reş ketin tēktschūn/bə ärdē räsh kätən
verkürzen	kurt kirin kūrt kərən
verlangen	daxwaz kirin dākhwāz kərən
verlängern	dirêj kirin dərēsch kərən
verlangsamen	hêdî kirin hēdī kərən
verlassen	teriakndin tärəäkndən
verlaufen	wendabûn wändābūn
verleihen	bi deyn dan (dirav) bə däyn dān (dərāv)
verlernen	jibîr kirin schəbīr kərən
verletzen	ziyan gihandin zəyān gəhāndən
verleugnen	tune hesibandin tūnä häsəbāndən
verleumden	tometbar kirin tōmätbār kərən

verlieben	evîndarbûn	ävīndārbūn
verlieren	jidestdan	schədästdān
verloben	mijûlbûn	məschūlbūn
vermehren	zêde kirin	zēdä kərən
vermeiden	xwedûrkirina ji	khwädūrkərənā schə
vermieten	rêpêdan	rēpēdān
vermischen	tevlihev kirin	tävləhäv kərən
vermissen	jidestdan	schədästdān
vermitteln	birêkûpêk kirin	bərēkūpēk kərən
vermuten	gumandarbûn	gūmändärbūn
vernachlässigen	kêmasî kirin	kēmāsī kərən
vernehmen	pirsîn	pərsīn
verneigen	tewandin/tewîn	täwāndən/täwīn
verneinen	bersiva nerênî dan	bärsəvā närēnī dān
vernichten	xera kirin	khärā kərən
veröffentlichen	weşandin	wäshändən
verordnen	îzna bikaranîn dan	īznā bəkārānīn dān
verpacken	pêçandin	pētschändən
verpassen	ji dest dan	schə däst dān
verpflichten	neçar kirin	nätschār kərən
verprügeln	lêdan	lēdān
verraten	xiyanet kirin	khəyānät kərən
verrechnen	şaşitî kirin	shāshətī kərən
verreisen	dûrbûn	dūrbūn
verrenken	pêçandin	pētschändən
verriegeln	qahîm kirin	qāhīm kərən
verringern	kêm kirin	kēm kərən
versagen	têkçûn	tēktschūn
versammeln	kom kirin	kōm kərən
versäumen	ji dest dan	schə däst dān
verschenken	dayîn	dāyīn
verschicken	şandin	shāndən
verschieben	meşiyan	mäshəyān
verschimmeln	kufikavêtin	kūfəkāvētən
verschlafen	di xewê da man	də khäwē dā mān
verschlechtern	xerabtir kirin	khärābtər kərən
verschließen	girêdan	gərēdān
verschlimmern	xerabtir kirin	khärābtər kərən
verschlucken	fetisandin/fetisîn	fätəsāndən/fätəsīn
verschmutzen	lewitandin	läwətāndən
verschonen	xeflet kirin	khäflät kərən
verschönern	balkêş kirin	bālkēsh kərən
verschütten	rijandin	rəschāndən
verschweigen	veşartin	väshārtən
verschwenden	hêre kirin	hērä kərən
verschwimmen	reşbûn	räshbūn
verschwinden	nediyar kirin	nädəyār kərən
verschwören	hevdestî kirin	hävdästī kərən
versenden	şandin	shāndən
versetzen	meşiyan	mäshəyān
verseuchen	lewitadin	läwətādən
versichern	dilniyayîdan	dəlnəyāyīdān
versickern	lawazbûn	lāwāzbūn
versinken	têreçûn	tērätschūn
versöhnen	aştî kirin	āshtī kərən

versorgen	baldarî kirin ji bäldärī kərən schə
verspäten	xistina derengiyê khəstənā därängəyē
versperren	girêdan gərēdān
verspotten	dan ber henekan dān bär hänäkān
versprechen	sozdan sōzdān
verspüren	hest kirin häst kərən
verständigen	ragihandin rāgəhāndən
verstärken	xurt kirin khūrt kərən
verstauben	paqij kirin pāqəsch kərən
verstauchen	damar bi damar kirin dāmār bə dāmār kərən
verstecken	veşartin väshārtən
verstehen	fêm kirin fēm kərən
versteigern	dan ber heracê/erzantir firotin dān bär härādschē/ärzāntər fərōtən
verstellen	birêkûpêk kirin bərēkūpēk kərən
verstopfen	rakirin rākərən
verstoßen	renckişandin rändschkəshāndən
verstreichen	berfire kirin bärfərä kərən
verstummen	bêdengman bēdängmān
versuchen	ceribandin dschärəbāndən
versüßen	şirîn kirin shərīn kərən
vertagen	paşdaxistin pāshdākhəstən
vertauschen	tevlihev kirin tävləhäv kərən
verteidigen	piştgirî kirin pəshtgərī kərən
verteilen	parve kirin pārvä kərən

vertiefen	kûr kirin kūr kərən
vertragen	girtin gərtən
vertrauen	bawerîpêanîn bāwärīpēānīn
vertreiben	dan revê dān rävē
vertreten	ji aliyê kesekî pêkanîn schə āləyē käsäkī pēkānīn
vertrocknen	tam hişk kirin tām həshk kərən
vertrödeln	hêre kirin hērä kərən
vertrösten	paşdaavêtin pāshdāāvētən
vertuschen	bêdengbûn bēdängbūn
verübeln	nerehetbûn närähätbūn
verüben	pêkanîn pēkānīn
verunglücken	lihevketin (erebe) ləhävkätən (äräbä)
verunsichern	aloz kirin ālōz kərən
verunstalten	bêteşe kirin bētäshä kərən
verursachen	bayîsbûn bāyīsbūn
verurteilen	şermezar kirin shärmäzār kərən
verwechseln	tevlihev kirin tävləhäv kərən
verweigern	nepejirandin näpäschərāndən
verwelken	çilmisîn tschəlməsīn
verwenden	bikaranîn bəkārānīn
verwirklichen	têgihîştin tēgəhīshtən
verwirren	gêj kirin gēsch kərən
verwischen	qirêj kirin qərēsch kərən
verwöhnen	xerab kirin khärāb kərən
verwunden	birîn kirin bərīn kərən
verzaubern	tilism kirin tələsm kərən
verzehren	bikaranîn bəkārānīn

verzeichnen	qeyd kirin/zeft kirin qäyd kərən/zäft kərən
verzeihen	baxişandin bākhəshāndən
verzerren	jirêderxistin schərēdärkhəstən
verzichten	çûyîn bêyî tschūyīn bēyī
verzieren	xemilandin khäməländən
verzögern	xistina derengiyê khəstənā därängəyē
verzweifeln	bêhêvî kirin bēhēvī kərən
voraussagen	pêşbînî kirin pēshbīnī kərən
vorbeifahren	bipêşketin bəpēshkätən
vorbereiten	amade kirin āmādä kərən
vorbeugen	pêşîlêgirtin pēshīlēgərtən
vordrängeln	dehfdana ber bi pêşda dähfdānā bär bə pēshdā
vorenthalten	xwedûrkirina ji khwädūrkərənā schə
vorfallen	qewimîn qäwəmīn
vorfinden	peyda kirin päydā kərən
vorgeben	bi derew nîşandan bə däräw nīshāndān
vorhaben	dilhebûn dəlhäbūn
vorhersehen	pêşbînî kirin pēshbīnī kərən
vorkommen	qewimîn qäwəmīn
vorlesen	xwendin bi dengê bilind khwändən bə dängē bələnd
vormachen	nîşandan nīshāndān
vornehmen	plandarêştin plāndārēshtən
vorschlagen	pêşniyar kirin pēshnəyār kərən
vorschreiben	dîkte kirin dīktä kərən
vorsorgen	dabîn kirin dābīn kərən
vorstellen	sêwirandin sēwərāndən
vortäuschen	sextekarî kirin säkhtäkārī kərən
vortragen	nasadnin nāsādnən
vorübergehen	derbasbûn därbāsbūn
vorweisen	nîşandan nīshāndān
vorwerfen	lome kirin lōmä kərən
vorzeigen	nîşandan nīshāndān
vorziehen	vebijartin/tercîh kirin väbəschārtən/tärdschīh kərən

W

wachsen	mezinbûn mäzənbūn
wackeln	likomîn ləkōmīn
wagen	xeter kirin/rîsk kirin khätär kərən/rīsk kərən
wählen	bijartin bəschārtən
wahrnehmen	têgihîştin tēgəhīshtən
wandern	peya meşiyan päyā mäshəyān
warnen	hişyarîdan həshyārīdān
warten	sebir kirin säbər kərən
waschen	şûştin shūshtən
wechseln	guherandin gūhärāndən
wecken	hişyarbûn həshyārbūn
wegfahren	terikandin tärəkāndən
wegfallen	destkişandin/dev ji berdan dästkəshāndən/däv schə bärdān
weggehen	terikandin tärəkāndən
weglassen	jêbirin schēbərən
wegnehmen	kêmgirîng nîşandan kēmgərīng nīshāndān
wegrennen	revîn rävīn

wegschicken	şandin	shāndən
wegschmeißen	dûr avêtin	dūr āvētən
wehren	şer kirin	shär kərən
weigern	nepejirandin	näpäschərāndən
weinen	gîrîn	gīrīn
welken	çilmisîn	tschəlməsīn
wellen	jor û jêrda çûn	schōr ū schērdā tschūn
wenden	gerrandin/gerrîn	gärrāndən/gärrīn
werden	bi dest xistin	bə däst khəstən
werfen	kewkî kirin	käwkī kərən
wetten	mercdanîn	märdschdānīn
wickeln	guherandin	gūhärāndən
widerlegen	red kirin	räd kərən
widersetzen	liberxwedan	ləbärkhwädān
widerspiegeln	veteyisîn	vätäyəsīn
widerstehen	liberxwedan	ləbärkhwädān
widmen	wexm kirin/weqf kirin	wäkhm kərən/wäqf kərən
wiedergeben	vegerandin	vägärāndən
wiederholen	dubare kirin	dūbārä kərən
wiederkehren	vegerandin	vägärāndən
wiederkommen	vegeriyan	vägärəyān
wiedersehen	ji nû va dîtin	schə nū vā dītən
wiegen	kişandina giraniyê/wezn kirin	kəshāndənā gərānəyē/wäzn kərən
wiehern	şîhe kişandin (hesp)	shīhä kəshāndən (häsp)
wimmeln	bi awayê girseyî firrîn	bə āwāyē gərsäyī fərrīn
wimmern	kûzekûz kirin	kūzäkūz kərən
winden	kûk kirin	kūk kərən
winken	jor û jêrda çûn/hevraz û berjêr bûn	schōr ū schērdā tschūn/hävrāz ū bärschēr būn
winseln	kûzekûz kirin	kūzäkūz kərən
wippen	jorda jêrda çûn	schōrdā schērdā tschūn
wirken	xûyabûn	khūyābūn
wischen	hişk kirin/zuha kirin	həshk kərən/zūhā kərən
wispern	kurtepist kirin/derguhî axaftin	kūrtäpəst kərən/därgūhī ākhāftən
wissen	zanîn	zānīn
wohnen	jiyîn/jiyan kirin	schəyīn/schəyān kərən
wollen	xwestin	khwästən
wundern	xafilandin/ji nişkê va tûşbûn	khāfəlāndən/schə nəshkē vā tūshbūn
wünschen	hêvî kirin	hēvī kərən
würdigen	sipasî kirin	səpāsī kərən
würfeln	kewkî kirin	käwkī kərən
würgen	fetisandin/fetisîn	fätəsāndən/fätəsīn
würzen	nediyar	nädəyār

Z

zahlen	dayîna dirêv	dāyīnā dərēv
zählen	hejmartin	häschmārtən
zähmen	kedî kirin/aram kirin	kädī kərən/ārām kərən
zanken	şer kirin/pevçûn	shär kərən/pävtschūn
zappeln	gevizîn	gävəzīn
zaubern	sihirlîstin	səhərlīstən
zeichnen	kişandin	kəshāndən
zeigen	nîşandan	nīshāndān
zelten	kamp lidarxistin	kāmp lədārkhəstən
zerbrechen	işkestin	əshkästən
zerdrücken	hûr kirin	hūr kərən
zerfallen	pişirîn/hilweşîn	pəshərīn/həlwäshīn
zerkleinern	hûr hûr kirin	hūr hūr kərən
zerknüllen	qurmiçandin/pêçandin	qūrmətschāndən/pētschāndən
zerkratzen	firkandin/herişandin	fərkāndən/häräshāndən
zerkrümeln	hêwirîn	hēwərīn
zerreißen	dirrandin	dərrāndən
zerren	kişandin	kəshāndən
zerschlagen	hûr kirin	hūr kərən
zerspringen	jihevxistin/parçe kirin	schəhävkhəstən/pārtschä kərən
zerstören	xera kirin	khärā kərən
zertreten	hûr kirin/pişirandin	hūr kərən/pəshərāndən
zertrümmern	hûr kirin	hūr kərən
ziehen	kişandin	kəshāndən
zielen	kirina armanc	kərənā ārmāndsch
zieren	xemilandin	khämələndən
zischen	hîskehîsk kirin	hīskähīsk kərən
zittern	hejandin	häschāndən
zögern	gumanhebûn/biguman bûn	gūmānhäbūn/bəgūmān būn
zoomen	mezin kirin	mäzən kərən
zubeißen	gez kirin	gäz kərən
zubereiten	amade kirin	āmādä kərən
zubinden	girêlêdan	gərēlēdān
zublinzeln	çav işkandin li	tschāv əshkāndən lə
zucken	livîn	ləvīn
zücken	kişandin	kəshāndən
zudecken	niximandin	nəkhəmāndən
zudrehen	qut kirin	qūt kərən
zufriedengeben	razîbûn	rāzībūn
zufriedenlassen	tenêhiştin	tänēhəshtən
zufügen	sebeb bûn	säbäb būn
zugeben	li xwe mukur hatin	lə khwä mūkūr hātən
zugreifen	bi xwe xwarek rakirin	bə khwä khwārāk rākərən
zugucken	şopandin	shōpāndən
zuhören	guhdarî kirin	gūhdārī kərən
zujubeln	şakirin	shākərən
zuknöpfen	sirrdarî kirin/parastina nepeniyan	sərrdārī kərən/pārāstənā näpänəyān

zulächeln	bişirîna li	bəshərīnā lə
zulassen	rêpêdan	rēpēdān
zumachen	girtin	gərtən
zumuten	li bendê man	lə bändē mān
zünden	şewitîn/şewitandin	shäwətīn/shäwətāndən
zunehmen	zêde kirin	zēdä kərən
zunichte-machen	wêran kirin	wērān kərən
zunicken	serê xwe li hejamdin	särē khwä lə häschāmdən
zuordnen	terxan kirin ji bo	tärkhān kərən schə bō
zupacken	qahîm girtin	qāhīm gərtən
zupfen	çinîn	tschənīn
zurechtfinden	gihîştina menzîlê	gəhīshtənā mänzīlē
zurücknehmen	ji nû wergirtin	schə nū wärgərtən
zurufen	qêrîn	qērīn
zusagen	pejirandin	päschərāndən
zusammen-hängen	girêdayîbûn	gərēdāyībūn
zusammen-prallen	lihevketin (erebe)	ləhävkätən (äräbä)
zusammen-schreiben	nivîsîn bi şeklê peyvekê	nəvīsīn bə shäklē päyväkē
zuschicken	şandin	shāndən
zuschlagen	bi tundî girtin	bə tūndī gərtən
zuschließen	qulf kirin	qūlf kərən
zuschrauben	pêçek kirin li	pētschäk kərən lə
zusehen	şopandin	shōpāndən
zusichern	dilniyayîdan	dəlnəyāyīdān
zuspielen	derbasbûn	därbāsbūn
zuspitzen	gurr kirin	gūrr kərən
zustimmen	pejirandin/pejirîn	päschərāndən/päschərīn
zustoßen	qewimîn	qäwəmīn
zutrauen	wêrîn	wērīn
zutreffen	rastbûn	rāstbūn
zuvorkommen	pêşdestî kirin	pēshdästī kərən
zuwenden	berê xwe dan bo	bärē khwä dān bō
zuziehen	kişandin	kəshāndən
zwängen	neçar kirin	nätschār kərən
zweifeln	gumandar bûn	gūmāndār būn
zwicken	quricandin	qūrədschāndən
zwingen	neçar kirin	nätschār kərən
zwinkern	çav işkandin li	tschāv əshkāndən lə

INDEX DEUTSCH – INDEX ELMANÎ

INDEX KURDISCH – INDEX KURDÎ

INDEX DEUTSCH – INDEX ELMANÎ

C

F

H

I

L

N

Q

R

S

T

U

V

W

INDEX KURDISCH – INDEX KURDÎ

A

B

F

G

L

M

Q

R

S

T

U

Û

V

W

BILDNACHWEIS

* – © Fotolia.com

14 */Csaba Peterdi, **16** */Alexander Raths, **16** */Jeanette Dietl, **16** */Forgiss, **16** */paulmz, **16** */fotodesign-jegg.de, **16** */mimage-photos, **16** */Syda Productions, **16** */iko, **16** */Jeanette Dietl, **16** */drubig-photo, **16** */oocoskun, **17** */damato, **17** */vbaleha, **17** */Rido, **17** */Ljupco Smokovski, **17** */Jeanette Dietl, **17** */Janina Dierks, **17** */Valua Vitaly, **17** */Rido, **17** */Andres Rodriguez, **17** */Syda Productions, **17** */Valua Vitaly, **18** */Dmitry Lobanov, **18** */Samuel Borges, **18** */DenisNata, **18** */Pavel Losevsky, **18** */Gabriel Blaj, **18** */WONG SZE FEI, **18** */vgstudio, **18** */Picture-Factory, **18** */Ariwasabi, **19** */endostock, **19** */mma23, **19** */Jasmin Merdan, **19** */Tom Wang, **19** */Michael Gray, **19** */JanMika, **19** */BeTa-Artworks, **19** */michaeljung, **19** */Savannah1969, **19** */patpitchaya, **19** */Sabphoto, **19** */Cello Armstrong, **19** */eyetronic, **20** */Danilo Rizzuti, **20** */Ruth Black, **20** */Smileus, **20** */chesterF, **20** iStockphoto/Catherine Yeulet, **20** */DenisNata, **20** */Melinda Nagy, **20** */Kaarsten, **20** */MISHELA, **20** */Eray, **20** */Unclesam, **20** */satin_111, **20** */Michael Fritzen, **21** */yanlev, **21** */BeTa-Artworks, **21** */Margit Power, **21** */Brenda Carson, **21** */Africa Studio, **21** */Piotr Marcinski, **21** */Fotowerk, **21** */AVRORA, **21** */stockyimages, **21** */Tyler Olson, **21** */ExQuisine, **21** */Glenda Powers, **21** Thinkstock/iStockphoto, **22** */Valua Vitaly, **22** */codiarts, **23** */Jaimie Duplass, **23** */krimar, **23** */magann, **23** */Stefan Balk, **23** */Kaponia Aliaksei, **23** */koji6aca, **23** */yuriyzhuravov, **23** */yuriyzhuravov, **23** */Ermolaev Alexandr, **23** */V.R.Murralinath, **23** */badmanproduction, **23** */Anton Zabielskyi, **23** */auremar, **23** */koji6aca, **24** */mimagephotos, **24** */Tiler84, **24** */velazquez, **24** */giorgiomtb, **24** */apops, **24** */dusk, **24** */Knut Wiarda, **24** */stokkete, **24** */Taiga, **24** */Taiga, **24** */Taiga, **24** */Taiga, **25** */Karramba Production, **25** */Robert Kneschke, **25** */cantor pannatto, **25** */Garrincha, **25** */Picture-Factory, **25** */bevangoldswain, **25** */WavebreakMediaMicro, **25** */Rido, **25** */Minerva Studio, **25** */cantor pannatto, **25** */Fotowerk, **25** */Fotowerk, **26** */Gelpi, **26** */stockyimages, **26** */WavebreakmediaMicro, **26** */pathdoc, **26** */Ilike, **26** */pathdoc, **26** */Andres Rodriguez, **26** */Garrincha, **26** */cantor pannatto, **26** */pressmaster, **26** */vladimirfloyd, **26** */Elnur, **26** */Klaus Eppele, **27** */boumenjapet, **27** */Vera Anistratenko, **27** */carol_anne, **27** */Andrey Armyagov, **27** Thinkstock/NikolayK, **27** */srdjan111, **27** */Zbyszek Nowak, **27** */Pamela Uyttendaele, **27** */Michaela Pucher, **27** */Katrina Brown, **28** */ghoststone, **28** */nito, **28** */zhekos, **28** */chiyacat, **28** */Alexandra Karamyshev, **28** */BEAUTYofLIFE, **28** */Lucky Dragon, **29** */Karramba Production, **29** */BEAUTYofLIFE, **29** */Khvost, **29** */Khvost, **29** */Elnur, **29** */Popova Olga, **29** */Artem Gorohov, **29** */Elnur, **29** */Ruslan Kudrin, **29** */Gordana Sermek, **29** */Alexandra Karamyshev, **30** */alaterphotog, **30** */Elnur, **30** */Elnur, **30** */Ruslan Kudrin, **30** */Alexandra Karamyshev, **30** */Alexandra Karamyshev, **30** */Oliver Preißner, **30** */Robert Lehmann, **30** */Alexandra Karamyshev, **31** */mimagephotos, **31** */Alexandra Karamyshev, **31** */Alexandra Karamyshev, **31** */ludmilafoto, **31** */okinawakasawa, **31** Thinkstock/Alexandru Chiriac, **31** */cedrov, **31** */Khvost, **31** */hifashion, **31** */Alexandra Karamyshev, **31** */Alexandra Karamyshev, **32** */Little_wine_fly, **32** */Jiri Hera, **32** */rangizzz, **32** */Jiri Hera, **32** */Andrew Buckin, **32** Thinkstock/Danny Chan, **32** */Artem Merzlenko, **32** */Cobalt, **32** */fotomatrix, **32** */Rozaliya, **32** */adisa, **32** */Kira Nova, **32** */Shariff Che'Lah, **32** */venusangel, **32** */Unclesam, **32** */srki66, **33** */adisa, **33** */adisa, **33** */lalouetto, **33** */PRILL Mediendesign, **33** */Africa Studio, **33** */adisa, **33** */Andrey Bandurenko, **33** */Nadinelle, **33** */design56, **33** */Sergey Rusakov, **33** */Jiri Hera, **33** */gemenacom, **33** */Andre Plath, **33** */Alexander Raths, **33** */Liaurinko, **33** */thaikrit, **33** */humbak, **34** */wiedzma, **34** */kontur-vid, **34** */Tharakorn, **34** */picsfive, **34** */pattarastock, **34** */NilsZ, **34** */picsfive, **34** */picsfive, **34** */ksena32, **34** */cristi180884, **34** */bpstocks, **34** */nito, **34** */Tarzhanova, **34** */bpstocks, **34** */terex, **34** */ibphoto, **35** */Gennadiy Poznyakov, **36** */stockone, **38** */JSB, **38** */stocker1970, **38** */photo 5000, **38** */Tiberius Gracchus, **38** */Ralf Gosch, **38** */visivasnc, **38** */Lasse Kristensen, **38** */Speedfighter, **38** */Bokicbo, **38** */typomaniac, **38** */O.M., **38** */designsstock, **38** */Tatty, **39** */Kurhan, **39** */selensergen, **39** */Brilliant Eagle, **39** */Iriana Shiyan, **39** */terex, **39** */Sashkin, **39** */bcdesign, **39** */pyzata, **39** */Thomas Aumann, **39** */Tiberius Gracchus, **39** */Igor Kovalchuk, **39** */Maksym Yemelyanov, **39** */pabijan, **40** */Magda Fischer, **41** */Kasia Bialasiewicz, **41** */bennnn, **41** */Bert Folsom, **41** */Aleksandar Jocic, **41** */yevgenromanenko, **41** */Aleksandr Ugorenkov, **42** */Iriana Shiyan, **42** */luchshen, **42** */sokrub, **42** */sokrub, **42** */okinawakasawa, **43** */pics721, **43** */Delphimages, **43** */arteferretto, **43** */Kitch Bain, **43** */Chris Brignell, **44** */stock_for_free, **44** */kornienko, **45** */mrgarry, **45** */mariocigic, **45** Thinkstock/Hemera, **45** */Alexander Morozov, **45** */Denis Gladkiy, **45** */Sergii Moscaliuk, **45** */sutsaiy, **45** */sutsaiy, **45** */okinawakasawa, **45** */Alexander Morozov, **45** */venusangel, **45** */bergamont, **45** */Alexander Morozov, **45** */sutsaiy, **45** */manipulateur, **45** */kmiragaya, **46** */fotyma, **46** */Denisa V, **46** */jonnysek, **46** */Kitch Bain, **46** */pholien, **46** */Alona Dudaieva, **46** */M.R. Swadzba, **46** Thinkstock/iStockphoto, **46** */bennyartist, **46** */Nikola Bilic, **46** */cretolamna, **46** */Igor Syrbu, **46** */Piotr Pawinski, **47** */cretolamna, **47** */Harald Biebel, **47** */gavran333, **47** */M.R. Swadzba, **47** */IrisArt, **47** */Diana Taliun, **47** */cretolamna, **47** */M S, **47** */nito, **47** */Bombaert Patrick, **47** */scol22, **47** */cretolamna, **47** */picsfive, **48** */Sunshine Pics, **48** */VRD, **48** */petrsalinger, **48** */cretolamna, **48** */gavran333, **48** */Uwe Landgraf, **48** */nito, **48** */Schwoab, **48** */cretolamna, **48** */Stefan Balk, **48** */karandaev, **48** */Lucky Dragon, **48** */PhotoSG, **49** */2mmedia, **50** */Andres Rodriguez, **50** */simmittorok, **50** */Liliia Rudchenko, **50** */venusangel, **50** */Ljupco Smokovski, **50** */Maksim Kostenko, **50** Thinkstock/Stockbyte, **50** */Xuejun li, **50** */Ljupco Smokovski, **50** */Coprid, **50** */Yingko, **51** */poligonchik, **52** */arsdigital, **53** */adpePhoto, **53** */Africa Studio, **53** */Tiler84, **53** */NilsZ, **53** */Africa Studio, **53** */Coprid, **54** */magraphics.eu, **54** */sommersby, **54** */ermess, **54** */AndG, **55** */ILYA AKINSHIN, **55** */Lusoimages, **55** */HamsterMan, **55** */jlcst, **55** */Foto-Ruhrgebiet, **55** */Dmytro Akulov, **55** */picsfive, **55** */ibphoto, **55** */Jonathan Stutz, **55** */Jackin, **55** */ganko, **55** */artmim, **55** */Klaus Eppele, **56** */Sashkin, **56** */Creatix, **56** */Andreja Donko, **56** */Katrina Brown, **56** */Ljupco Smokovski, **57** */Okea, **58** */kmit, **58** */luckylight, **58** */tuja66, **58** */tuja66, **58** */corund, **58** */tuja66, **58** */Rynio Productions, **58** */mick20, **58** */Denis Dryashkin, **58** */tuja66, **58** */claudio, **58** */CE Photography, **58** */tuja66, **58** */Бурдюков Андрей, **58** */vav63, **59** */Rynio Productions, **59** */Rynio Productions, **59** */Rynio Productions, **59** */PRILL Mediendesign, **59** */fefufoto, **59** */antonsov85, **60** */andersphoto, **60** */scis65, **60** */venusangel, **60** */Coprid, **60** */f9photos, **60** */tuja66, **60** */Konovalov Pavel, **60** */Freer, **60** */Nik, **60** */chungking, **60** */mariusz szczygieł, **61** */auremar, **61** */Africa Studio, **61** */ankiro, **61** */Ionescu Bogdan, **61** */piai, **61** */Denys Rudyi, **62** */Nomad_Soul, **62** */gradt, **62** */twister025, **62** */egorovvasily, **62** */womue, **62** Thinkstock/

iStockphoto, **62** Thinkstock/iStockphoto, **62** */cherezoff, **62** */by-studio, **63** */coco, **63** */D. Ott, **63** */D. Ott, **63** */federicofoto, **63** */babsi_w, **63** */Stibat Studio, **63** */Kara, **63** */Jeanette Dietl, **63** */sonne fleckl, **63** */keller, **63** */miket, **63** */WoGi, **63** */M. Schuppich , **63** */Marco Becker , **63** */kobra78 , **63** */Kalle Kolodziej, **64** */mallivan, **64** */Zbyszek Nowak, **64** */opasstudio, **64** */hsagencia, **64** */photka , **64** */photka , **64** */photka , **64** */photka , **64** */Gerald Bernard , **64** */Jaimie Duplass , **64** */steamroller , **64** */tompet80 , **64** */schankz, **64** */keerati, **65** */hopfi23, **65** */Alex Petelin, **65** */Patryssia, **65** */D. Ott, **65** */Horticulture, **65** */Kasia Bialasiewicz, **65** */mopsgrafik, **65** */B. Wylezich, **65** */fotoschab, **65** */Miredi, **65** */udra11, **65** */NinaMalyna, **65** */rupbilder, **66** */mates, **68** */unpict, **68** */Teamarbeit, **68** */Christian Jung, **68** Dreamstime/Christianjung, **68** */HLPhoto, **68** */ExQuisine , **68** */rdnzl, **68** */uckyo, **68** */ExQuisine, **68** */lefebvre_jonathan, **68** */Cornerman, **68** */Mara Zemgaliete, **68** iStockphoto/Vasko, **68** */Diana Taliun, **68** Thinkstock/Alena Dvorakova, **68** Shutterstock/marco mayer, **69** */ExQuisine, **69** */ExQuisine, **69** */fotomaster, **69** */Eric Isselée, **69** */boguslaw, **69** */Eric Isselée, **69** */nito, **69** */Irina Khomenko, **69** */Viktor, **69** */Oran Tantapakul, **69** */lightpoet, **70** */Rémy MASSEGLIA, **70** */Natalia Merzlyakova, **70** Dreamstime/Witoldkr1, **70** */Picture Partners, **70** */antonio scarpi, **70** */Gaetan Soupa, **70** */o.meerson, **70** */ExQuisine, **70** Dreamstime/Pipa 100, **70** */lunamarina, **70** */HelleM, **70** */Dalmatin.o , **70** */Witold Krasowski, **70** */Andrei Nekrassov, **70** */Dionisvera, **70** */Dionisvera, **71** */angorius, **71** */Dani Vincek, **71** */felinda, **71** */Andrey Starostin, **71** */pedrolieb, **71** */ExQuisine, **71** Dreamstime/Onepony, **71** */dulsita, **71** */Giuseppe Lancia, **71** */margo555, **71** */BSANI , **71** */womue, **71** */Jiri Hera, **72** */ExQuisine, **72** Dreamstime/Sethislav, **72** */volff , **73** */dimakp, **73** Shutterstock/Multiart, **73** Shutterstock/Krzysztof Slusarczyk, **73** */Daddy Cool, **73** */Brad Pict, **73** Dreamstime/Jack14, **73** */cynoclub, **73** */Picture Partners, **73** */Lsantilli , **73** */Coprid, **73** */Fotofermer, **73** */Brad Pict, **73** */Mara Zemgaliete, **74** */Dani Vincek , **74** */Natika, **74** */Luis Carlos Jiménez, **74** */angorius, **74** */marrfa, **74** */Natika, **74** */fotogal, **74** */Shawn Hempel, **74** */Jessmine, **74** */Daorson, **74** */Jérôme Rommé, **74** */gcpics, **74** */Picture Partners, **75** */valeriy555, **75** */valeriy555, **75** */Barbara Pheby, **75** */volga1971, **75** Dreamstime/Robynmac, **75** */Anna Kucherova, **76** */jerome signoret, **76** */boguslaw, **76** */fotomatrix, **76** */World travel images, **76** */margo555 , **76** */margo555 , **76** */margo555 , **76** */margo555 , **76** */Wolfgang Jargstorff, **77** */valeriy555, **77** */silencefoto, **77** */valeriy555, **77** */valeriy555, **77** */silencefoto, **77** */valeriy555, **77** */photocrew, **77** */valeriy555, **77** */Anna Kucherova, **77** */valeriy555, **77** */Malyshchyts Viktar, **77** */charlottelake, **77** */valeriy555, **78** */tycoon101, **78** */Zbyszek Nowak, **78** */M.R. Swadzba, **78** */Schlierner, **78** */Ekaterina Lin, **78** */Andrey Starostin, **79** */azureus70, **79** */azureus70, **79** */valeriy555, **79** */Dionisvera, **79** Thinkstock/anna1311, **79** */valeriy555, **79** */Andrea Wilhelm, **79** */valeriy555, **79** */valeriy555, **79** */valeriy555, **79** */valeriy555, **79** */valeriy555, **79** */valeriy555, **79** */Anna Kucherova, **80** */Malyshchyts Viktar, **80** */Malyshchyts Viktar, **80** */Malyshchyts Viktar, **80** */Malyshchyts Viktar, **80** */Malyshchyts Viktar, **80** */Malyshchyts Viktar, **80** */Malyshchyts Viktar, **80** */Malyshchyts Viktar, **80** */Malyshchyts Viktar, **80** */Malyshchyts Viktar, **80** */Natika, **80** */Malyshchyts Viktar, **80** */Malyshchyts Viktar, f9photos, **80** */Malyshchyts Viktar, **80** */Oleksiy Ilyashenko, **80** */Tim UR, **80** */valeriy555, **80** */valeriy555, **80** */Natika, **80** */valeriy555, **81** Dreamstime/Skyper1975, **81** */Werner Fellner, **81** */marilyn barbone, **81** */nblxer, **81** */goodween123, **82** */Popova Olga, **82** */Popova Olga, **82** */mates, **82** */Popova Olga, **82** */Popova Olga, **82** */Popova Olga, **82** */Popova Olga, **82** */Popova Olga, **82** */pimponaco, **82** */Schlierner, **82** */svl861, **82** */svl861, **82** Dreamstime/Margouillat, **83** */Team 5, **83** MDB/seli8, **83** */unpict, **83** */Tomboy2290, **83** */nbriam, **83** */Vera Kuttelvaserova, **83** */Vesna Cvorovic, **83** */Maceo, **83** */scis65, **84** Thinkstock/iStockphoto, **84** Thinkstock/iStockphoto, **84** Thinkstock/iStockphoto, **84** Thinkstock/iStockphoto, **84** Thinkstock/iStockphoto, **84** Thinkstock/iStockphoto, **84** Thinkstock/iStockphoto, **84** Thinkstock/iStockphoto, **84** */Popova Olga, **84** Thinkstock/iStockphoto, **84** Thinkstock/iStockphoto, **84** Thinkstock/iStockphoto, **84** Thinkstock/iStockphoto, **84** Thinkstock/iStockphoto, **84** Thinkstock/iStockphoto, **84** Thinkstock/iStockphoto, **85** Dreamstime/Sergioz, **85** */Africa Studio, **85** */Orlando Bellini, **85** */Inga Nielsen, **85** */Inga Nielsen, **85** */Inga Nielsen, **85** */Boris Ryzhkov, **86** */Popova Olga, **86** */Popova Olga, **86** */Popova Olga, **86** */Popova Olga, **86** */Popova Olga, **86** */Popova Olga, **86** */Popova Olga, **86** */Popova Olga, **86** */Popova Olga, **86** */Popova Olga, **86** */Popova Olga, **86** */Popova Olga, **86** */Popova Olga, **86** */Popova Olga, **86** */Elena Schweitzer, **86** */Picturefoods.com, **87** Dreamstime/Jirkaejc, **87** Dreamstime/Glasscuter, **87** */Andrzej Tokarski, **87** Dreamstime/Pryzmat, **87** */Stefano Neri , **87** */Roxana, **87** */enzo4, **87** */Stefano Neri, **87** */akulamatiau, **87** */zorandim75, **87** */marilyn barbone, **88** */pico, **88** */Sergejs Rahunoks, **88** Dreamstime/Givaga, **88** */Piovanello, **88** */Piovanello, **88** */the_pixel, **88** */Liaurinko, **88** */nemez210769, **88** */midosemsem, **88** */Jiri Hera, **88** */juri semjonow, **88** */Brad Pict, **88** Dreamstime/Travelling-light, **88** Dreamstime/Synchronista, **88** */Julian Weber, **88** */IrisArt , **89** */BeTa-Artworks, **89** */Sergii Moscaliuk, **89** */Diana Taliun, **89** */Daniel Wiedemann, **89** Dreamstime/Nagme, **89** */lantapix, **89** */Olegich, **89** */scis65, **89** */Vidady, **89** */komar.maria, **90** */Petrov Vadim, **90** */unpict, **90** */Smart7, **90** */tycoon101, **90** */M. Schuppich, **90** */digifood, **90** */Schwoab, **90** */photocrew, **90** */chrisdorney, **90** */anakondasp, **90** */unpict, **90** */sorcerer11, **90** */Lucky Dragon, **91** */MarFot, **91** */ppi09, **91** */Kesu, **91** */Andrea Wilhelm, **91** */kehr design, **91** */gtranquillity, **91** */Corinna Gissemann, **91** */Lucky Dragon, **91** */Jiri Hera, **91** */sergojpg, **91** */Daryl Musser, **91** */robysaba, **91** */unpict, **92** */Jiri Hera, **92** */Nitr, **92** */Nitr, **92** */ExQuisine, **92** */Natika , **92** */Inga Nielsen, **92** */Nitr, **92** */Nitr, **92** */Taffi, **92** */karandaev, **92** */unpict, **92** */baibaz, **92** */Africa Studio, **93** */pabijan, **93** */amenic181, **93** */Viktor, **93** */blende40, **93** */Fotofermer, **93** */Rob Stark, **93** */gtranquillity, **93** */gtranquillity, **93** */gtranquillity, **93** */gtranquillity, **93** */gtranquillity, **93** */Inga Nielsen, **94** Thinkstock/puchkovo48, **94** */neirfy, **94** */Nitr, **94** */Nitr, **94** */Nitr, **94** */Taffi, **94** */Taffi, **94** */Taffi, **94** */Taffi, **94** */karandaev, **94** */karandaev, **94** */karandaev, **95** */Hemeroskopion, **95** */Hemeroskopion, **95** */Hemeroskopion, **95** */Hemeroskopion, **95** */Hemeroskopion, **95** */Hemeroskopion, **95** */Hemeroskopion, **95** */Hemeroskopion, **95** */Hemeroskopion, **95** */Hemeroskopion, **95** */Hemeroskopion, **95** */Hemeroskopion, **95** */Hemeroskopion, **96** */kab-vision, **96** Shutterstock/Multiart - Shutterstock.com, **96** */Volodymyr Shevchuk, **96** */Sergejs Rahunoks, **96** */sspice, **96** */Corinna Gisseman, **96** */azureus70, **96** */Popova Olga, **96** */baibaz, **97** */Whitebox Media, **97** */angorius, **97** */Andrea Wilhelm, **97** Dreamstime/Margouillat, **97** */Viktor, **97** */Kesu, **97** */Peredniankina, **97** */margo555, **97** */Aleksandar Jocic, **98** */Jiri Hera, **98** */victoria p., **98** */djama, **98** */vagabondo, **98** */Jiri Hera, **98** */scis65, **98** */blende40, **98** */MUNCH!, **98** */Africa Studio, **98** */arinahabich, **98** */Marius Graf, **98** */Marius Graf, **98** */Marius Graf, **98** */Liaurinko, **98** */Brad Pict, **98** */juniart, **99** */Dmytro Sukharevskyy, **99** */Dmytro Sukharevskyy, **99** */Dmytro Sukharevskyy, **99** */Sergejs Rahunoks, **99** */canoncam, **99** */uckyo, **99** */torsakarin, **99** */Thibault Renard, **99** */eyewave, **99** */Orlando Bellini, **99** */Blue Wren, **99** */Dmytro Sukharevskyy, **99** */Dmytro Sukharevskyy, **100** */Jacek

Chabraszewski, **100** */Inga Nielsen, **100** */dusk, **100** */Road King, **100** */Jack Jelly, **100** Dreamstime/Tomislav Pinter, **100** */Jacek Chabraszewski, **100** */ExQuisine, **100** */aktifreklam, **100** */zhekos , **100** */Jess Yu, **100** */illustrez-vous, **100** */Andrea Wilhelm, **101** */Minerva Studio, **101** */Boris Ryzhkov, **101** */Nitr, **101** */unpict, **101** */Jacek Chabraszewski, **101** */photocrew, **101** */Viktor, **101** */eyewave, **101** Dreamstime/Lightzoom, **101** iStockphoto/Gordana Sermek, **102** */Africa Studio, **102** */Vitaly Korovin, **102** */Coprid, **102** */Schlierner, **102** */Fotofermer, **103** */ashka2000, **103** */womue, **103** */EM Art, **103** */ExQuisine, **103** */photocrew, **103** */jeehyun, **103** */reineg, **103** */reineg, **103** */reineg, **103** */reineg, **103** */Subbotina Anna, **103** */rangizzz, **103** */sjhuls, **104** */Fotofermer, **106** Thinkstock/Keith Levit Photography, **106** Thinkstock/iStockphoto, **106** Thinkstock/iStockphoto, **106** Thinkstock/iStockphoto, **106** Thinkstock/iStockphoto, **106** Thinkstock/iStockphoto, **106** Thinkstock/iStockphoto, **106** Thinkstock/iStockphoto, **106** Thinkstock/Fuse, **107** Thinkstock/Fuse, **107** Thinkstock/iStockphoto, **107** Thinkstock/iStockphoto, **107** Thinkstock/iStockphoto, **107** Thinkstock/Comstock, **107** */Alexandra Gl, **108** */leremy, **108** */leremy, **108** */leremy, **108** */leremy, **108** */leremy, **108** */leremy, **108** */mrtimmi, **108** */mrtimmi, **108** */mrtimmi, **108** */mrtimmi, **108** */mrtimmi, **108** */mrtimmi, **108** */Bobo, **108** */leremy, **108** */leremy, **108** */FelixCHH, **109** Thinkstock/iStockphoto, **109** */Eisenhans, **109** Thinkstock/iStockphoto, **109** Thinkstock/iStockphoto, **109** Thinkstock/Hemera, **109** Thinkstock/Hemera, **109** Thinkstock/Hemera, **109** */Bombaert Patrick, **109** */algre, **109** Thinkstock/Hemera, **109** Thinkstock/iStockphoto, **109** Thinkstock/Hemera, **110** */Vladimir Kramin, **110** */algre, **111** */algre, **111** */apttone, **112** Thinkstock/iStockphoto, **112** */Jenny Thompson, **112** */Aaron Amat, **112** */overthehill, **112** */eldadcarin, **112** */Michael Seidel, **113** Thinkstock/iStockphoto, **113** */gradt, **113** */Lasse Kristensen, **113** */Željko Radojko, **113** */golandr, **114** Thinkstock/iStockphoto, **114** Thinkstock/Stockbyte, **115** Thinkstock/iStockphoto, **115** Thinkstock/Hemera, **115** Thinkstock/iStockphoto, **115** Thinkstock/iStockphoto, **115** Thinkstock/iStockphoto, **115** */Bikeworldtravel, **116** */Idelfoto, **116** Thinkstock/iStockphoto, **116** Thinkstock/Hemera, **116** Thinkstock/Hemera, **116** Thinkstock/Hemera, **117** Thinkstock/iStockphoto, **117** Thinkstock/iStockphoto, **117** Thinkstock/iStockphoto, **118** Thinkstock/iStockphoto, **119** Thinkstock/Hemera, **119** Thinkstock/iStockphoto, **119** Thinkstock/iStockphoto, **119** Thinkstock/iStockphoto, **119** Thinkstock/iStockphoto, **119** Thinkstock/iStockphoto, **119** Thinkstock/iStockphoto, **119** Thinkstock/iStockphoto, **119** Thinkstock/iStockphoto, **119** Thinkstock/iStockphoto, **119** Thinkstock/iStockphoto, **119** Thinkstock/iStockphoto, **119** Thinkstock/iStockphoto, **119** Thinkstock/iStockphoto, **119** Thinkstock/Hemera, **119** Thinkstock/iStockphoto, **120** Thinkstock/iStockphoto, **120** Thinkstock/Hemera, **120** Thinkstock/Photos.com, **120** Thinkstock/iStockphoto, **120** */photo 5000, **120** Thinkstock/iStockphoto, **120** Thinkstock/iStockphoto, **120** Thinkstock/Hemera, **120** Thinkstock/Hemera, **121** */Eisenhans, **121** Thinkstock/iStockphoto, **121** Thinkstock/iStockphoto, **121** Thinkstock/Stockbyte, **121** Thinkstock/Hemera, **121** Thinkstock/iStockphoto, **121** Thinkstock/Julio de la Higuera Rodrigo, **121** */DeVIce, **121** */Artem Gorohov, **121** */Lukas Sembera, **121** Thinkstock/iStockphoto, **121** Thinkstock/iStockphoto, **121** */Eisenhans, **121** Thinkstock/iStockphoto, **121** Thinkstock/iStockphoto, **121** */auremar, **122** */laurenthuet, **122** */Nikolai Sorokin, **122** */Dmitry Vereshchagin, **122** */Ettore, **122** */tr3gi, **122** */12ee12, **122** Thinkstock/Vladimir Arndt, **123** */Fotito, **123** */mschick, **123** */BlueSkyImages, **123** */contrastwerkstatt, **123** Thinkstock/iStockphoto, **123** Thinkstock/Hemera Technologies, **124** */Okea, **124** */Marcus Lindström - iStockphoto.com, **125** */CandyBox Images, **125** */TMAX, **125** */michaeljung, **125** */Maygutyak, **125** */Steve Mann, **125** */nui7711, **125** */Jörg Hackemann, **126** */Sashkin, **126** */virtabo, **126** Thinkstock/iStockphoto, **126** */Ben Chams, **126** */Ben Chams, **126** */Ben Chams, **126** */mindscanner , **126** */swx, **126** */michaeljung, **126** */alexmillos, **126** Thinkstock/iStockphoto, **126** */Bergringfoto, **126** Thinkstock/iStockphoto, **126** */chalabala, **126** */Ben Burger, **127** */Tupungato, **127** */Pink Badger, **127** */HappyAlex, **127** */monticellllo, **127** */monticellllo, **127** */monticellllo, **128** */Masyanya, **128** */Dmitry Vereshchagin, **128** */Dmitry Vereshchagin, **128** */Dmitry Vereshchagin, **128** */Photobank kiev, **129** */vichie81, **129** */Uschi Hering, **129** */skampixelle, **129** */DOC RABE Media, **129** */Nadine Klabunde, **129** */AndreasJ. **130** */Farinoza, **132** */Marco2811, **132** */phant, **132** */Crobard, **132** */A.Karnholz, **132** */ermess, **133** */sborisov, **133** */XtravaganT, **133** */Mihai-Bogdan Lazar, **133** */jacek_kadaj, **133** */ArTo, **133** */hansenn, **133** */Marcel Schauer, **133** Thinkstock/iStockphoto, **133** */Jörg Lantelme, **133** */vaitekune, **133** */apops, **133** */motivation1965, **133** */steschum, **133** Thinkstock/iStockphoto, **133** Thinkstock/iStockphoto, **133** */HaywireMedia, **134** */Scanrail, **134** */anshar73, **134** */XtravaganT, **134** Thinkstock/iStockphoto, **134** Thinkstock/iStockphoto, **134** */A_Lein, **134** Thinkstock/iStockphoto, **134** */jovannig, **134** */Patryk Kosmider, **134** */Max, **134** Thinkstock/Getty Images, **134** */miket, **134** */Ciaobucarest, **134** */Paul Liu, **134** Thinkstock/iStockphoto, **134** */Adrian v. Allenstein, **135** */Pabkov, **135** Thinkstock/iStockphoto, **135** Thinkstock/iStockphoto, **135** Thinkstock/photodisc/David De Lossy, **135** */Anchels, **135** Thinkstock/Ingram Publishing, **135** */Ichbins11, **135** */MIMOHE, **135** */blas, **135** */Franz Pfluegl, **135** */Petra Beerhalter, **135** */davidundderriese, **136** */contrastwerkstatt, **136** */Berni, **136** */Berni, **136** */Berni, **136** */slava296, **136** */Berni, **136** */Berni, **136** */xy, **136** */lunamarina, **136** */Berni, **137** Thinkstock/Hemera, **137** */oranhall, **137** */Kzenon, **137** Thinkstock/iStockphoto, **137** */Margo Harrison, **137** Thinkstock/iStockphoto, **137** Thinkstock/iStockphoto, **137** */JackF, **137** */Africa Studio, **137** */Hirurg, **137** */stockyimages, **138** */qech, **138** */contrastwerkstatt, **138** Thinkstock/iStockphoto, **138** Thinkstock/iStockphoto, **138** Thinkstock/photodisc/Keith Brofsky, **138** */LVDESIGN, **138** */Santiago Cornejo, **139** */eyewave, **139** */jogyx, **139** */Joop Hoek, **139** */T. Michel, **139** Thinkstock/iStockphoto, **139** */dextroza, **139** Thinkstock/iStockphoto, **139** */lowtech24, **139** Thinkstock/iStockphoto, **139** Thinkstock/iStockphoto, **139** Thinkstock/Comstock, **139** */Picture-Factory, **139** Thinkstock/iStockphoto, **140** Thinkstock/iStockphoto, **140** Thinkstock/iStockphoto, **140** */zhu difeng, **140** */Gina Sanders, **140** */Bauer Alex, **140** */Andres Rodriguez, **140** */Kzenon, **140** */Alex Tihonov, **140** */Alex Tihonov, **140** */Christophe Fouquin, **140** */Sven Weber, **140** */mediagram, **140** */bradleyhebdon, **140** */Africa Studio, **140** */paul prescott, **140** */Tyler Olson, **141** */shotsstudio, **141** */luanateutzi, **141** */adisa, **141** */scaliger, **141** Thinkstock/Fuse, **141** Thinkstock/Andrey Burmakin, **141** Thinkstock/Digital Vision/RL Productions, **141** */Pumba, **141** */lightpoet, **141** Thinkstock/Fuse, **141** Thinkstock/iStockphoto, **141** */chamillew, **141** */gemenacom, **141** */mangostock, **141** */Tyler Olson, **141** */Kzenon, **142** */photocreo, **142** Thinkstock/photodisc/Siri Stafford, **142** */T. Michel, **142** */filtv, **142** */apops, **142** */Monkey Business, **143** */JJAVA, **143** */JJAVA, **143** */JackF, **143** */Pavel Losevsky, **143** */Pavel Losevsky, **143** */erwinova, **143** */JJAVA, **143** */Art Allianz, **143** */Sam Spiro, **143** */adisa, **143** */JackF, **143** */JackF, **143** */rufeh, **143** Thinkstock/Hemera, **143** */M. studio, **143** Thinkstock/iStockphoto, **144** */Minerva Studio, **144** */eyetronic, **144** */paul prescott, **144** */corepics, **144** */AlienCat, **144** */Thomas Francois, **144** */ag visuell, **144** */Minerva Studio, **144** */contrastwerkstatt, **145** */Art Allianz, **145** */adisa, **145** */Pumba, **145** */adisa, **145** */Vitaly Maksimchuk, **145** Thinkstock/iStockphoto, **145** */amlet, **145** Thinkstock/Brand X Pictures, **145** */

Joshhh, **145** */karandaev, **145** */808isgreat, **145** Thinkstock/iStockphoto, **145** */Andres Rodriguez, **146** */ruigsantos, **146** */Pixel & Création, **146** Thinkstock/iStockphoto, **146** */robert, **146** Thinkstock/Ingram Publishing, **146** */by-studio, **146** Thinkstock/Digital Vision, **146** */viperagp, **146** */OlegDoroshin, **146** */Pixelwolf2, **146** */VL@D, **146** */rekemp, **146** */Natalia Merzlyakova, **146** */spaxiax, **146** */Sunshine Pics, **146** */eyewave, **147** */nicknick_ko, **147** Thinkstock/iStockphoto, **147** Thinkstock/iStockphoto, **147** */Mingis, **147** */nyul, **147** Thinkstock/iStockphoto, **147** */Africa Studio, **147** */Minerva Studio, **147** Thinkstock/iStockphoto, **147** */fottoo, **147** */Africa Studio, **147** Thinkstock/iStockphoto, **147** */Digitalpress, **148** Thinkstock/Hemera, **148** Thinkstock/iStockphoto, **148** */cottonfioc, **148** */goodluz, **148** */Alen Ajan, **148** */Artur Bogacki, **148** */leungchopan, **148** */Paul Vinten, **148** Thinkstock/Jupiterimages, **148** */amarok17wolf, **148** */Scott Griessel, **148** */fxegs, **148** */terex, **149** */kameraauge, **149** */LianeM, **149** */XtravaganT, **149** */vom, **149** */dbvirago, **149** */Stuart Monk, **149** */legeartispics, **149** */phant, **149** */ArTo, **149** */Sorry, **149** */bbourdages, **149** */Furan, **149** */bluclementine, **150** Thinkstock/iStockphoto, **150** */AV, **150** Thinkstock/Mikhail Markovskiy, **150** */DragonImages, **150** */piccaya, **150** */Leonid Tit, **150** */ArtHdesign, **150** */womue, **150** */Maurizio Malangone, **151** */alex200464, **151** Thinkstock/iStockphoto, **151** */Arkady Chubykin, **151** Thinkstock/iStockphoto, **151** */djama, **151** */Schulz-Design, **151** */Martinan, **151** */Ammentorp, **151** */Gerhard Seybert, **151** Thinkstock/Digital Vision, **151** */travis manley, **152** */Nika Novak, **154** */Gennadiy Poznyakov, **154** */sdenness, **154** */contrastwerkstatt, **154** */Monkey Business, **154** */Robert Kneschke, **154** */shock, **154** */Monkey Business, **154** Thinkstock/iStockphoto, **154** */Cozyta, **154** Thinkstock/Comstock, **154** */tiero, **154** */contrastwerkstatt, **154** */hues, **155** */Gennadiy Poznyakov, **155** */kritchanut, **156** */luminastock, **156** */robert, **156** */yeyen, **156** */auremar, **156** */Javier Castro, **156** */peshkova, **156** */Gennadiy Poznyakov, **156** */Kzenon, **156** */sunabesyou, **156** */gemenacom, **156** */shock, **156** */Jürgen Fälchle, **156** */Nosvos, **156** */luminastock, **156** */kartos, **156** */peshkova, **157** */Olga Galushko, **157** */AVAVA, **157** */Tyler Olson, **157** */Sven Bähren, **157** */alco81, **157** */paylessimages, **157** */Robert Kneschke, **157** */auremar, **157** */ayutaroupapa, **157** */Aiwendyl, **157** */kmiragaya, **157** */contrastwerkstatt, **157** */Tomasz Trojanowski, **158** Thinkstock/iStockphoto, **158** */Africa Studio, **158** */Zerbor, **158** */dkimages, **158** */babimu, **158** */phloxii, **158** */Africa Studio, **158** */Vlad Ivantcov, **158** */Vladyslav Danilin, **159** */ThorstenSchmitt, **159** Thinkstock/PhotoObjects.net, **159** */lily, **160** Thinkstock/iStockphoto, **160** */leszekglasner, **160** */Mat Hayward, **160** */Konstantin L, **160** */josje71, **160** */xy, **160** */Creativa, **160** */Monkey Business, **160** */Monkey Business, **160** */aidaricci, **161** Thinkstock/iStockphoto, **161** */Marius Graf, **161** */muro, **161** */BEAUTYofLIFE, **161** */ia_64, **161** */lu-photo, **162** */Jörg Lantelme, **162** */Berni, **162** */Jeanette Dietl, **162** Thinkstock/Brand X Pictures, **162** */Randall Reed, **162** */Minerva Studio, **162** */trotzolga, **162** */johannesspreter, **162** */Africa Studio, **162** */Alexander Raths, **162** */contrastwerkstatt, **162** */agenturfotografin, **162** */lightpoet, **163** Thinkstock/James Woodson, **163** */CandyBox Images, **163** */Igor Mojzes, **163** */WavebreakmediaMicro, **163** */Africa Studio, **163** */Andres Rodriguez, **163** */xy, **163** */apops, **163** */pearl, **163** */Robert Kneschke, **163** */Markus Haack, **163** */lightpoet, **164** */Minerva Studio, **164** */WavebreakmediaMicro, **164** */goodluz, **164** */lightpoet, **164** */goodluz, **164** */Kzenon, **164** */CandyBox Images, **164** */Fuse, **164** */goodluz, **164** */pearl, **164** */mangostock, **164** Thinkstock/iStockphoto, **164** Thinkstock/Digital Vision, **165** */contrastwerkstatt, **165** */A_Bruno, **165** */WavebreakmediaMicro, **165** */Geo Martinez, **165** */Geo Martinez, **165** */endostock, **166** */Minerva Studio, **166** */apops, **166** */bevangoldswain, **166** */Adam Gregor, **166** */Kzenon, **166** */Kzenon, **166** */michaeljung, **166** */ontrastwerkstatt, **166** */Tyler Olson, **166** */Valentina R., **166** */contrastwerkstatt, **166** */Iurii Sokolov, **166** */Kzenon, **166** */Picture-Factory, **166** */Rido, **166** */nyul, **167** */goodluz, **167** */Kadmy, **167** */Peter Atkins, **167** */jörn buchheim, **167** */Kadmy, **167** */Kurhan, **167** */krizz7, **167** */Kadmy, **167** */ikonoklast_hh, **167** */Marén Wischnewski, **167** */apops, **167** */goodluz, **167** */Cyril Comtat, **167** Thinkstock/Andriy Fomenko, **167** */manu, **167** */petert2, **168** */Monika Wisniewska, **168** Thinkstock/iStockphoto, **168** */goodluz, **168** */Minerva Studio, **168** */Kzenon, **168** */Kzenon, **168** Thinkstock/Photodisc, **168** */Kzenon, **168** */Claudia Nagel, **168** */Minerva Studio, **168** */Kzenon, **168** */contrastwerkstatt, **168** */CandyBox Images, **168** */Kzenon, **168** */Kzenon, **168** */Kurhan, **169** */goodluz, **169** */contrastwerkstatt, **169** */Igor Mojzes, **169** */mezzotint, **169** */claudiaveja, **169** */Andrey Kiselev, **169** */WavebreakmediaMicro, **169** */Elnur, **169** */diego cervo, **169** */Africa Studio, **169** */Africa Studio, **169** */berc, **169** */Natali_ua, **169** Thinkstock/Fuse, **169** */lightpoet, **169** */contrastwerkstatt, **172** */terex, **172** Thinkstock/iStockphoto, **172** */nikkytok, **172** */marcoprati, **172** */eyewave, **172** */Africa Studio, **173** */Africa Studio, **173** */Diana Taliun, **173** */Rulan, **173** */interklicks, **173** Thinkstock/iStockphoto, **173** Thinkstock/iStockphoto, **173** */Corwin, **173** */rangizzz, **173** */monstersparrow, **174** */Picture-Factory, **174** */Carlos Caetano, **174** */vda_82, **174** */vetkit, **174** */Jacek Fulawka, **174** */masterzphotofo, **175** */Viorel Sima, **175** */Mi.Ti., **175** */Brian Jackson, **175** */juniart, **175** */Oksana Kuzmina, **175** */Marcin Sadlowski, **176** */Gelpi, **178** */TAlex, **178** */karandaev, **179** */Maksym Yemelyanov, **179** */Vitas, **179** */romantiche, **179** */rawcaptured, **179** */AVD, **179** */Sergey Dashkevich, **179** Thinkstock/iStockphoto, **179** */Artur Synenko, **179** */dimakp, **179** */heigri, **179** */Lusoimages, **179** */Apart Foto, **179** */sonne fleckl, **179** */Manuela Fiebig, **179** */Klaus Eppele, **179** */Artur Synenko, **180** */Gina Sanders, **180** */snyfer, **180** */snyfer, **180** */Iurii Timashov, **180** */Iurii Timashov, **180** */Iurii Timashov, **180** */Iurii Timashov, **180** */Iurii Timashov, **180** */Iurii Timashov, **180** */WonderfulPixel, **180** */Iurii Timashov, **180** */Iurii Timashov, **180** */Iurii Timashov, **181** */WonderfulPixel, **181** */WonderfulPixel, **181** */WonderfulPixel, **181** */WonderfulPixel, **181** */WonderfulPixel, **181** */vasabii, **181** */grgroup, **181** */Skipio, **181** */vector_master, **181** */Scanrail, **181** */Vectorhouses, **181** */Vectorhouses, **181** */Vectorhouses, **182** */Metin Tolun, **182** */inal09, **182** */electriceye, **182** */Do Ra, **182** */Do Ra, **182** */Do Ra, **182** */Do Ra, **182** */Do Ra, **182** */Do Ra, **182** */Do Ra, **182** */Palsur, **182** */marog-pixcells, **182** */Palsur, **183** */mtkang, **183** */Taffi, **183** */pizuttipics, **183** */by-studio, **183** */Scanrail, **183** */RTimages, **183** */Aleksandr Bryliaev, **183** */JcJg Photography, **183** */Coprid, **183** */tanatat, **183** */Palsur, **183** */Andrew Barker, **184** */ashumskiy, **184** */Gewoldi, **184** */Vitas, **184** */singkham, **185** */Sebalos, **185** */tomispin, **185** */manaemedia, **185** */Niceregionpics, **185** */thanomphong, **185** */Lusoimages, **186** Thinkstock/Alexander Podshivalov, **186** */wellphoto, **186** */Stefan Körber, **186** */Pavel Losevsky, **187** */TrudiDesign, **187** */WavebreakmediaMicro, **187** */ArtHdesign, **187** */valdis torms, **187** */cirquedesprit, **187** */Alexandra GI, **187** */Sergey Nivens, **187** */imkenneth, **187** */WavebreakMediaMicro, **188** */jfv, **188** */pressmaster, **188** */jminso679, **188** */Marco2811, **188** */Johanna Mühlbauer, **188** */A_Bruno, **189** */pedrosala, **189** */fotomatrix, **189** */Uwe Bumann, **189** */robert, **189** */Milan Surkala, **189** */the_builder, **189** */reich, **190** */Scanrail, **190** */Dron, **190** */drubig-photo, **190** */mirabella, **190** */gradt, **191** */gradt, **191** Thinkstock/iStockphoto, **191** */JiSIGN, **191** */JiSIGN, **191** */JiSIGN, **191** */Rido, **191** */auremar, **192** */Elenathewise, **194** */mirpic, **194** */KB3, **194** Thinkstock/Stockbyte, **195** */lesniewski, **195** */Lario Tus, **195** */Melinda Nagy, **195** */kostasaletras, **195** */contrastwerkstatt, **195** */

beachboyx10, **196** Thinkstock/iStockphoto, **196** */Val Thoermer, **197** Thinkstock/Dorling Kindersley RF, **197** */snaptitude, **198** */Pavel Losevsky, **198** */.shock, **198** */Nicholas Piccillo, **198** Thinkstock/Photodisc, **198** Thinkstock/Photodisc, **198** Thinkstock/Photoobjects.net, **198** */.shock, **198** */micromonkey, **199** */kromkrathog, **199** Thinkstock/Fuse, **199** */Stian Iversen, **200** */Tan Kian Khoon, **200** */modestil, **200** */Igor Sokolov, **200** */piai, **200** */Will Hughes, **200** */Actionpics, **200** */Kelpfish, **200** */Africa Studio, **200** */Brocreative, **200** */karaboux, **200** */Lance Bellers, **200** */Sean Gladwell, **200** */by-studio, **201** */kanate, **201** */by-studio, **201** */Michael Pettigrew, **201** Thinkstock/Ingram Publishing, **202** */Katya Constantine, **202** */Nicholas Piccillo, **203** */Dmitry Vereshchagin, **203** */PinkBlue, **203** */PinkBlue, **203** */PinkBlue, **204** */Kris Strach, **204** */Kzenon, **204** */Kzenon, **205** */Quasarphoto, **205** */sumnersgraphicsinc, **205** */sumnersgraphicsinc, **205** */Veniamin Kraskov, **205** */Apart Foto, **205** */RTimages, **206** */zozulinskyi, **206** */Stefan Schurr, **206** */berc, **206** */mezzotint, **206** */ekarin, **206** Thinkstock/Digital Vision, **207** */Sportlibrary, **207** */lilufoto, **207** */roibu, **207** Thinkstock/TongRo Images, **207** */lilufoto, **207** Thinkstock/iStockphoto, **207** Thinkstock/iStockphoto, **207** */Michael Rosskothen, **207** */Oscar Brunet, **207** */Oscar Brunet, **207** Thinkstock/Comstock/JupiterImages, **208** */alessandro0770, **208** */Stefan Schurr, **208** */Maridav, **208** Thinkstock/moodboard, **208** */endostock, **208** */lightpoet, **208** */yanlev, **208** Thinkstock/Fuse, **208** */Wong Hock Weng, **209** */Andres Rodriguez, **209** */goldenangel, **209** */wellphoto, **209** Thinkstock/Digitial Vision, **209** */wellphoto, **209** */Cpro, **209** */Cpro, **209** */Birgit Reitz-Hofmann, **209** */Kitch Bain, **209** */Tony Taylor Stock, **209** */xy, **210** */marsyk, **210** */Sportlibrary, **210** */agentur2728.de, **210** Thinkstock/Hemera @ Getty Images, **211** Thinkstock/iStockphoto, **211** Thinkstock/iStockphoto, **211** Thinkstock/Comstock, **212** Thinkstock/iStockphoto, **212** */dima266f, **212** */Maridav, **212** */Anion, **212** */beatrice prève, **212** Thinkstock/Hemera, **212** */EpicStockMedia, **212** Thinkstock/iStockphoto, **212** Thinkstock/iStockphoto, **212** Thinkstock/Monkey Business, **213** Thinkstock/Fuse, **213** Thinkstock/iStockphoto, **213** Thinkstock/Pixland, **213** */attltibi, **213** */attltibi, **213** */belinka, **213** */Andrey Kiselev, **213** */auremar, **213** */tunedin, **213** Thinkstock/Hemera, **213** */Dmitry Vereshchagin, **213** */Elnur, **214** */Kseniya Abramova, **215** */Thierry RYO, **215** */Kseniya Abramova, **215** */Kseniya Abramova, **215** Thinkstock/Thomas Northcut @ Getty Images, **215** */Margo Harrison, **215** */fifranck, **215** */hosphotos, **215** */Heike und Hardy, **215** Thinkstock/iStockphoto, **215** */PackShot, **215** */auremar, **216** */Ljupco Smokovski, **216** */SS1001, **216** */Vadim Bukharin, **216** */Dmitry DG, **217** */ftlaudgirl, **217** */U. Woell, **217** */Anton Gvozdikov, **217** */project1photography, **217** */Volker Skibbe, **217** */Marcelo Dufflocq, **217** Thinkstock/iStockphoto, **217** */roblan, **217** */andreshka, **217** */stoonn, **217** */daseaford, **217** */sablin, **217** */garry_images, **218** */dell, **218** */Silvano Rebai, **218** */dell, **218** */victor zastol'skiy, **218** */mradlgruber, **218** Thinkstock/iStockphoto, **218** */© Olympixel, **218** */Val Thoermer, **218** */terranova_17, **219** Thinkstock/iStockphoto, **219** Thinkstock/moodboard, **219** */Galina Barskaya, **219** Thinkstock/Hemera, **219** */Dreef, **219** */Steeve ROCHE, **219** Thinkstock/iStockphoto, **219** Thinkstock/Photodisc/Ryan McVay, **219** */corepics, **219** */Lsantilli, **220** Thinkstock/iStockphoto, **220** */Netzer Johannes, **220** */Stefan Schurr, **220** */inigocia, **220** */Netzer Johannes, **220** */Jan Kranendonk, **220** */monster85, **220** */Avantgarde, **220** */photomag, **220** */storm, **220** */Fotoimpressionen, **220** */Marco2811, **220** */yanlev, **220** */lassedesignen, **220** */Stefan Schurr, **220** */Grigorenko, **221** */lilufoto, **221** */3dmentat, **221** */maxoidos, **221** */Bergringfoto, **221** */Marin Conic, **221** */Dimitar Marinov, **221** */just2shutter, **221** Thinkstock/iStockphoto, **221** */Shmel, **221** */olly, **221** Thinkstock/iStockphoto, **221** Thinkstock/Cameron Spencer @ Getty Images, **221** */ChantalS, **221** */Felix Mizioznikov, **221** Thinkstock/Digital Vision, **221** */artjazz, **222** Thinkstock/iStockphoto, **222** */okinawakasawa, **222** */VIPDesign, **222** */okinawakasawa, **222** */starush, **222** */Hetizia, **223** Thinkstock/Wavebreak Media, **223** */Lerche & Johnson, **223** */Lerche & Johnson, **223** */Lerche & Johnson, **223** */Lerche & Johnson, **223** Thinkstock/iStockphoto, **223** Thinkstock/iStockphoto, **223** */Lerche & Johnson, **223** */Wisky, **223** */nito, **223** */Kzenon, **224** */Africa Studio, **226** Thinkstock/iStockphoto, **226** Thinkstock/Digital Vision, **226** Thinkstock/iStockphoto, **226** Thinkstock/Purestock, **226** Thinkstock/iStockphoto, **226** */Andrey Burmakin, **226** */Andrey Burmakin, **226** */Nejron Photo, **226** Thinkstock/JupiterImages © Getty Images, **227** Thinkstock/Digital Vision, **227** Thinkstock/Digital Vision, **227** Thinkstock/Digital Vision, **228** Thinkstock/iStockphoto, **228** */Africa Studio, **228** */Kalim, **228** Thinkstock/iStockphoto, **228** */ysbrandcosijn, **229** */Klaus Eppele, **229** */scalaphotography, **229** */cynoclub, **229** */Brian Jackson, **229** */mekcar, **229** */by-studio, **229** */Henry Schmitt, **229** */Henry Schmitt, **229** */alephcomo1, **229** */Henry Schmitt, **229** */deusexlupus, **229** */apops, **229** */MUE, **229** */MUE, **229** */MUE, **229** thinkstock/Hemera (Cagri Oner), **230** */ReMuS, **230** */soerenkuhrt, **230** */Maruba, **230** */cjansuebsri, **230** Thinkstock/iStockphoto, **230** */Constantinos, **230** */ILYA AKINSHIN, **230** */dvs71, **230** */Jürgen Fälchle, **230** */Uros Petrovic, **230** */Distrikt3, **230** */Lucky Dragon USA, **230** */Denis Ivatin, **230** */photlook, **230** */Klaus Eppele, **230** */venusangel, **231** Thinkstock/iStockphoto, **231** */visivasnc, **231** */sumnersgraphicsinc, **231** */ArtFamily, **231** Thinkstock/iStockphoto, **231** */ysbrandcosijn, **231** */jehafo, **232** */Andrey Armyagov, **232** Thinkstock/iStockphoto, **232** */G.Light, **232** Thinkstock/Digital Vision/A J James, **232** Thinkstock/iStockphoto, **232** */bizoo_n, **233** */Bombaert Patrick, **233** */tuja66, **233** */Giuseppe Porzani, **233** */ILYA AKINSHIN, **233** */jiggo, **234** */starman963, **234** */Kirill Zdorov, **234** */tobago77, **234** */Steve Mann, **234** */Michael Flippo, **234** Thinkstock/iStockphoto, **234** */Martina Berg, **234** */st-fotograf, **234** */imagika, **234** Thinkstock/iStockphoto, **234** */WavebreakMediaMicro, **234** */jillchen, **234** */Alexander Raths, **235** */Warren Millar, **235** Thinkstock/Stockbyte, **235** Thinkstock/iStockphoto, **235** Thinkstock/iStockphoto, **235** Thinkstock/iStockphoto, **235** Thinkstock/iStockphoto, **235** */ksena32, **235** Thinkstock/iStockphoto, **235** */AllebaziB, **235** */Barbara Pheby, **235** Thinkstock/Hemera, **235** */womue, **235** */Liliia Rudchenko, **235** Thinkstock/iStockphoto, **235** */jogyx, **235** */Marius Graf, **236** */Regina Jersova, **236** */bittedankeschön, **236** Thinkstock/iStockphoto, **236** */franzgustincich, **236** */openlens, **236** */bruniewska, **236** */Amid, **236** Thinkstock/iStockphoto, **236** */Gino Santa Maria , **236** Thinkstock/iStockphoto, **236** */krimzoya46, **236** */sandis94, **236** */tsaplia, **236** */tigger11th, **236** */neirfy, **236** */bahrialtay, **237** */akekoksom, **238** Thinkstock/iStockphoto, **238** Thinkstock/iStockphoto, **238** */Sergiogen, **238** Thinkstock/iStockphoto, **238** */babimu, **239** */uckyo, **239** */RTimages, **239** */Africa Studio, **239** */Africa Studio, **239** */luiscarceller, **239** */Neyro, **239** */kornienko, **239** Thinkstock/thinstock Ablestock.com @ Getty Images, **239** */Mushy, **239** */maestria_diz, **239** Thinkstock/iStockphoto, **239** */U. Hardberck, **239** */Andreja Donko, **239** */koosen, **239** Thinkstock/iStockphoto, **239** Thinkstock/Hemera @ Getty Images, **240** */Printemps, **240** */Africa Studio, **240** Thinkstock/iStockphoto, **240** */shooarts, **240** */Vyacheslav Plyasenko, **240** */Artranq, **240** Thinkstock/JupiterImages © Getty Images, **240** */Firma V, **240** */ronstik, **240** */lunamarina, **240** */iampuay, **240** */Kuzmick, **240** */marysa03, **241** Thinkstock/Fuse, **241** Thinkstock/Creatas Images, **241** Thinkstock/Fuse, **241** */Kzenon, **241** */nyul, **241** */

Sergey Nivens, **241** */Nejron Photo, **242** */Robert Neumann, **242** */ratana_k, **242** */Marius Graf, **242** Thinkstock/iStockphoto, **242** */Unclesam, **242** */indigolotos, **242** */Birgit Reitz-Hofmann, **242** */fotomanu21, **242** */Hamik, **243** */Lichtmaler, **243** */Cmon, **243** Thinkstock/iStockphoto, **243** */DoraZett, **243** */NoName, **243** */RTimages, **243** */avtor_ep, **243** Thinkstock/Comstock, **243** */Dan Race, **243** Thinkstock/Digital Vision/Ryan McVay, **243** Thinkstock/Ingram Publishing, **243** Thinkstock/iStockphoto, **243** */seen, **244** Thinkstock/Zoonar, **244** */donfiore, **244** Thinkstock/iStockphoto, **244** */eldadcarin, **244** */eldadcarin, **244** */Anja Roesnick, **244** */Anja Roesnick, **244** */Anja Roesnick, **244** */Africa Studio, **244** */Foto-Ruhrgebiet, **244** Thinkstock/Zoonar, **244** */eldadcarin, **244** */STUDIO12, **245** Thinkstock/iStockphoto, **245** */sergign, **245** */schoki_01, **245** */aleciccotelli, **245** */Fyle, **245** */frank peters, **245** */Christer Tvedt, **246** */benjaminnolte, **246** Thinkstock/iStockphoto, **246** Thinkstock/Digital Vision/Alexander Hassenstein, **246** */Aleksandar Todorovic, **247** Thinkstock/iStockphoto, **247** */f9photos, **247** Thinkstock/iStockphoto, **247** */photocrew, **247** Thinkstock/iStockphoto, **247** */Aleksandar Todorovic, **247** */mikesch112, **247** */rangizzz, **247** */chulja, **247** Thinkstock/iStockphoto, **247** */pressmaster, **247** Thinkstock/iStockphoto, **247** */arnau2098, **248** */B. Wylezich, **248** */philipus, **248** */Angus , **248** */od - pictureworks, **248** */bergamont , **248** */risto0, **248** */full image, **248** */Coprid, **248** */f9photos, **248** */sss78, **248** */federicofoto, **249** */Africa Studio, **249** */Ljupco Smokovski, **249** */Danicek, **249** Thinkstock/iStockphoto, **249** */Alexey Potapov, **249** */scphoto48 , **249** */tolism, **250** */babimu, **252** */CLIPAREA.com, **252** */CLIPAREA.com, **253** */CLIPAREA.com, **253** */CLIPAREA.com, **254** Thinkstock/Zoonar, **254** Thinkstock/Hemera @ Getty Images, **254** Thinkstock/iStockphoto, **255** */mrgarry, **255** */turhanerbas, **256** */adimas, **257** */adimas, **258** */pixelcaos, **259** */3drenderings, **259** */3drenderings, **259** */3drenderings, **259** */3drenderings, **259** */3drenderings, **259** */3drenderings, **259** */arsdigital, **259** */pixelcaos, **260** */pixelcaos, **261** */pixelcaos, **261** */Diana Taliun, **262** */vectorus, **262** */Lsantilli, **262** */Sven Bähren, **262** */Tyler Olson, **262** */GordonGrand, **262** */iStockphoto, **263** */reflektastudios, **263** Thinkstock/oksun70, **263** */Robert Angermayr, **263** */silverrobert, **263** */Popova Olga, **263** */gradt, **264** */Alexander Raths, **264** */fhmedien_de, **264** */Creativa, **264** */ISO K° - photography, **264** */Sashkin, **264** */Africa Studio, **265** */Monkey Business, **265** */dalaprod, **265** */drubig-photo, **265** */drubig-photo, **265** */vladimirfloyd, **266** */Africa Studio, **266** */iko, **266** */DoraZett, **266** */Creativa, **266** */Gina Sanders, **266** */Subbotina Anna, **266** */drubig-photo, **266** */Ocskay Bence, **266** */detailblick, **266** */Kurhan, **267** */Creativa, **267** */underdogstudios, **267** */Dmitry Lobanov, **267** */rangizzz, **267** */Dan Race, **267** */Eisenhans, **267** */smikeymikey1, **268** Thinkstock/iStockphoto, **268** */Guido Grochowski, **268** */Dmitry Vereshchagin, **268** */HBK, **268** */treetstreet, **268** */Peter Atkins, **268** */Bandika, **268** */wckiw, **269** */ksena32, **269** */Igor Mojzes, **269** */st-fotograf, **269** */Vidady, **269** */Maridav, **269** Thinkstock/iStockphoto, **269** Thinkstock/iStockphoto, **269** */Kondor83, **269** */Gelpi, **269** */Volker Witt, **269** */apops, **269** */juefraphoto , **269** */Joss, **270** */CandyBox Images, **270** */alswart, **270** */hitdelight, **270** */unclepodger, **271** */Igor Zakowski, **271** */Rade Lukovic, **271** */draw05, **271** */blende40, **271** */Kurhan, **271** */Jessmine, **271** */contrastwerkstatt, **271** */apops, **272** */Alexandr Mitiuc, **272** Thinkstock/iStockphoto, **272** */Tyler Olson, **272** */Africa Studio, **273** */malajscy, **273** */Gerhard Brée, **273** */ep stock, **273** */ksl, **274** */Gennadiy Poznyakov, **274** */Tobilander, **274** */malajscy, **274** */starman963, **274** */Jim Vallee, **275** */danutelu, **275** */spotmatikphoto, **275** */Robert Kneschke, **275** */Dmitry Vereshchagin, **275** */itsmejust, **275** */Robert Kneschke, **275** */WONG SZE FEI, **276** */Africa Studio, **276** */Africa Studio, **276** */contrastwerkstatt, **276** */khuntapol, **276** */Coprid, **276** */Anatoly Repin, **276** */adisa, **276** */Borys Shevchuk, **276** */Manuel Schäfer, **276** */Nataraj, **277** */Gordon Saunders, **277** */seen, **277** */only4denn, **277** Thinkstock/Hemera, **277** */Coprid, **277** */blondina93, **277** */by-studio, **277** */Jiri Hera, **277** */Johanna Goodyear, **277** */Nazzu, **277** */Tharakorn, **277** */Tarzhanova, **277** */terex, **278** */Tatjana Balzer, **278** */Tyler Olson, **278** */Schlierner, **278** */Kzenon, **278** */modul_a, **278** */Nikki Zalewski, **278** */Khorzhevska, **278** */bertys30, **278** */Tran-Photography, **278** */Zdenka Darula, **278** */WONG SZE FEI, **278** */pearl, **278** */Taffi, **279** */Gennadiy Poznyakov, **279** */ecobo, **279** */pukall-fotografie, **279** */goodluz, **279** Thinkstock/Dorling Kindersley RF, **279** Thinkstock/iStockphoto, **279** */Artem Merzlenko, **280** */Han van Vonno, **282** */CandyBox Images, **282** */Roman Milert, **282** */Volker Witt, **282** */AK-DigiArt, **282** */Dario Lo Presti, **282** */benjaminnolte, **283** */Michael Schütze, **283** */brozova, **283** */Rodja, **283** Thinkstock/iStockphoto, **283** */cristi180884, **283** */Lisa F. Young, **284** Thinkstock/iStockphoto, **284** Thinkstock/Photodisc, **284** */VRD, **284** */Andre Bonn, **284** */shutswis, **285** */Lukas Sembera, **285** Thinkstock/liquidlibrary, **285** */marog-pixcells, **285** Thinkstock/iStockphoto, **285** */koszivu, **285** */Photographee.eu, **285** Thinkstock/iStockphoto, **285** */Monkey Business, **285** */Photographee.eu, **285** */Gerhard Seybert, **285** */Artem Furman, **286** */PictureArt, **286** */Pavel Losevsky, **286** */davis, **286** */Arcady, **286** */playstuff, **286** */beermedia, **286** */Lucky Dragon USA, **286** */Igor Kovalchuk, **287** */Christa Eder, **287** */Svetlana Gryankina, **287** */creAtive, **287** */Berry, **287** */Maygutyak, **287** */WoGi, **287** */Tobboo, **287** */jogyx, **287** */rouakcz, **287** */Silvano Rebai, **288** */Fiedels, **288** */nupsik284, **288** */Birgit Reitz-Hofmann, **288** */Claudio Divizia, **288** */GP, **288** */S.Kobold, **288** */amorfati.art, **288** */CPJ Photography, **288** */Zacarias da Mata, **288** */Hugh McKean, **288** */aquapix, **288** */Eric Gevaert, **289** */andrewburgess, **289** Thinkstock/iStockphoto, **289** */lassedesignen, **289** */Heinz Waldukat, **289** */Sergey Kamshylin, **289** */Nazzalbe, **289** */Kalle Kolodziej, **289** */Roy Pedersen, **289** */MacX, **289** */reeel, **289** */marqs, **289** */william87, **290** */Igor Kovalchuk, **292** Thinkstock/iStockphoto, **292** */Artenauta, **293** */fergregory, **294** */Jürgen Fälchle, **294** */peresanz, **294** */magann, **294** */vencav, **294** */virtua73, **294** */Kovalenko Inna, **294** */creatifixus, **294** */cbpix, **294** */Florent DIE, **294** */ping han, **294** */peresanz, **294** */kevron2001, **294** */peresanz, **295** */jeremyculpdesign, **297** */Arid Ocean, **298** */artalis, **299** */jokatoons, **299** */Thomas Röske, **299** */jokatoons, **299** */jokatoons, **299** */jokatoons, **299** */jokatoons, **299** */jokatoons, **299** */jokatoons, **299** */jokatoons, **299** */jokatoons, **299** */jokatoons, **299** */jokatoons, **299** */jokatoons, **299** */jokatoons, **299** */jokatoons, **299** */jokatoons, **300** */jokatoons, **300** */jokatoons, **300** */jokatoons, **300** */jokatoons, **300** */jokatoons, **300** */jokatoons, **300** */jokatoons, **300** */jokatoons, **300** */jokatoons, **300** */jokatoons, **300** */jokatoons, **300** */jokatoons, **300** */jokatoons, **300** */jokatoons, **300** */jokatoons, **300** */jokatoons, **301** */jokatoons, **301** */jokatoons, **301** */Thomas Röske, **301** */jokatoons, **301** */jokatoons, **301** */Pekchar, **301** */jokatoons, **301** */jokatoons, **301** */jokatoons, **301** */jokatoons, **301** */jokatoons, **301** */jokatoons, **301** */jokatoons, **302** Thinkstock/Hemera, **302** Thinkstock/Hemera, **302** Thinkstock/Hemera, **302** Thinkstock/Hemera, **302** Thinkstock/Hemera, **302** Thinkstock/Hemera, **302** Thinkstock/Hemera, **302** Thinkstock/Hemera, **302** Thinkstock/Hemera, **302** Thinkstock/Hemera, **302** Thinkstock/Hemera, **302** Thinkstock/Hemera, **302** Thinkstock/Hemera, **302** */Route66, **302** Thinkstock/Hemera, **302** Thinkstock/Hemera, **303** Thinkstock/Hemera, **303** Thinkstock/Hemera, **303** Thinkstock/Hemera, **303** Thinkstock/Hemera, **303**

Thinkstock/Hemera, **303** Thinkstock/Hemera, **303** Thinkstock/Hemera, **303** Thinkstock/iStockphoto, **303** Thinkstock/iStockphoto, **303** Thinkstock/iStockphoto, **303** Thinkstock/iStockphoto, **303** Thinkstock/iStockphoto, **303** Thinkstock/iStockphoto, **303** Thinkstock/iStockphoto, **303** Thinkstock/iStockphoto, **304** Thinkstock/iStockphoto, **304** Thinkstock/iStockphoto, **304** Thinkstock/iStockphoto, **304** Thinkstock/iStockphoto, **304** */romantiche, **304** */romantiche, **304** */romantiche, **304** */romantiche, **304** */romantiche, **304** */romantiche, **304** */romantiche, **304** */romantiche, **304** */romantiche, **304** */romantiche, **304** */romantiche, **304** */romantiche, **305** */romantiche, **305** */romantiche, **305** */romantiche, **305** */romantiche, **305** */romantiche, **305** */romantiche, **305** */romantiche, **305** */romantiche, **305** */romantiche, **305** */romantiche, **305** */romantiche, **305** */romantiche, **305** */romantiche, **305** */romantiche, **305** */romantiche, **305** */romantiche, **306** */romantiche, **306** */romantiche, **306** */romantiche, **306** */romantiche, **306** */romantiche, **306** */romantiche, **306** */romantiche, **306** */romantiche, **306** */romantiche, **306** */romantiche, **306** */romantiche, **306** */romantiche, **306** */romantiche, **306** */romantiche, **306** */romantiche, **307** */romantiche, **307** */romantiche, **307** */romantiche, **307** */romantiche, **307** */romantiche, **307** */romantiche, **307** */romantiche, **307** */romantiche, **307** */romantiche, **307** */romantiche, **307** */petra b., **307** */petra b., **307** */petra b., **307** */petra b., **308** */petra b., **308** */petra b., **308** */petra b., **308** */petra b., **308** */petra b., **308** */petra b., **308** */petra b., **308** */petra b., **308** */petra b., **308** */petra b., **308** */petra b., **308** */petra b., **308** */petra b., **308** */petra b., **308** */petra b., **308** */petra b., **309** */petra b., **309** */petra b., **309** */petra b., **309** */petra b., **309** */petra b., **309** */petra b., **309** */petra b., **309** */Yotama, **309** */petra b., **309** */petra b., **309** */petra b., **309** */petra b., **309** */petra b., **309** */petra b., **309** */petra b., **309** */petra b., **310** */petra b., **310** */petra b., **310** */petra b., **310** */petra b., **310** */petra b., **310** */petra b., **310** */petra b., **310** */petra b., **310** */Pekchar, **310** */megastocker, **310** Thinkstock/iStockphoto, **310** */Thomas Röske, **310** Thinkstock/iStockphoto, **310** Thinkstock/iStockphoto, **310** Thinkstock/iStockphoto, **310** Thinkstock/iStockphoto, **311** Thinkstock/iStockphoto, **311** */Thomas Röske, **311** Thinkstock/iStockphoto, **311** Thinkstock/iStockphoto, **311** Thinkstock/iStockphoto, **311** Thinkstock/iStockphoto, **311** Thinkstock/iStockphoto, **311** */jokatoons, **311** */yannik LABBE, **311** */Dream Cursor, **311** */sunt, **311** Thinkstock/iStockphoto, **311** */Andreas Meyer, **311** */DomLortha, **312** */Elena Petrova, **312** */Christian Pedant, **312** */Tomas Sereda, **312** Thinkstock/Fuse, **312** */Masson, **312** */Alliance, **312** */marog-pixcells, **312** */byheaven, **312** */joda, **312** */Miredi, **312** */momanuma, **312** */pictureguy32, **312** */bugphai, **313** */Nathan Jaskowiak, **313** */Vera Kuttelvaserova, **313** */rangizzz, **313** Thinkstock/Image Source, **313** */Leonid Tit, **313** */hjschneider, **313** */tiplyashina, **313** */Serg Zastavkin, **313** */Vera Kuttelvaserova, **313** */Vera Kuttelvaserova, **313** */RyszardStelmachowicz, **313** */Hamik, **313** */rangizzz, **314** */Sunny Forest, **314** Thinkstock/iStockphoto, **314** */Minerva Studio, **314** Thinkstock/iStockphoto, **314** */steffendia, **314** */FrankBirds, **314** */Sunshine Pics, **314** */Christophe Fouquin, **314** Thinkstock/iStockphoto, **314** */lassedesignen, **314** Thinkstock/iStockphoto, **314** Thinkstock/iStockphoto, **314** */Maygutyak, **314** */mario beauregard, **314** */victor zastol'skiy, **314** */macky_ch, **315** */scattomatto74, **315** */Sabine Kipus, **315** */Cmon, **315** */Dario Bajurin, **315** */jacare35, **315** */kohy, **316** */nni94, **316** Thinkstock/Ingram Publishing, **316** */ollirg, **316** */Martin M303, **316** */mrks_v, **316** */doris oberfrank-list, **316** Thinkstock/iStockphoto, **316** */steffus, **316** */smereka, **316** */Ben Burger, **316** */kentauros, **316** */Bernd S., **316** */Dario Bajurin, **316** */acceleratorhams, **316** */Fyle, **316** */Alena Stalmashonak, **317** */siimsepp, **317** */siimsepp, **317** */siimsepp, **317** */siimsepp, **317** */siimsepp, **317** */Tyler Boyes, **317** */siimsepp, **317** */Tyler Boyes, **317** */vvoe, **317** */wlad074, **317** */Tyler Boyes, **317** */iraries, **317** */Ekaterina Fribus, **317** */Ekaterina Fribus, **317** */marcel, **317** */siimsepp, **318** */boykung, **318** */Alexander Hoffmann, **318** */Alexander Hoffmann, **318** */Atiketta Sangasaeng, **318** */byjeng, **318** */Alexander Hoffmann, **318** */Alexander Hoffmann, **318** */apttone, **318** */Alexander Hoffmann, **318** */bigjo, **318** */Rozaliya, **318** */VL@D, **318** */Alexander Hoffmann, **318** */Alex Shadrin, **318** */Alexander Hoffmann, **318** */Alexander Hoffmann, **318** */Digipic, **318** */volff, **318** */Alexander Hoffmann, **318** */Alexander Hoffmann, **319** */Alexander Potapov, **319** */Tiler84, **319** */Tiler84, **319** */Tiler84, **319** */Tiler84, **319** */lamax, **320** */vladimir-kim3722, **320** */k_kron, **320** Thinkstock/iStockphoto, **320** */iko, **320** */ürgen Fälchle, **320** */ondrej83, **320** */Heinz Waldukat, **320** */termis1983, **320** */Tom, **320** */mubus, **320** */veneratio, **320** */Roman Pyshchyk, **320** */Picture-Factory, **320** */Omika, **320** */funnycreature, **320** */Almgren, **321** */Nik, **321** */Tonanakan, **321** */motorlka, **321** */Pavlo Vakhrushev, **321** */Miroslawa Drozdowski, **321** */pia-pictures, **322** */Gang, **322** */Africa Studio, **322** */felinda, **322** */sergio37_120, **322** */eyetronic, **322** */sergio37_120, **322** */VICUSCHKA, **322** */tr3gi, **322** */Tim UR, **322** */alfastudiofoto, **322** */sergio37_120, **322** */lenkusa, **322** */sergio37_120, **322** */Friedberg, **322** */Africa Studio, **322** */Roxana, **323** */anankkml , **323** */Daniel Strauch, **323** */Stefan Körber, **323** */hans klein, **323** */juiceteam2013, **323** */audioscience, **323** */keller , **323** */flucas , **323** */ijacky , **323** */Tomashko , **323** */Serghei Velusceac , **323** */Andrea Wilhelm, **323** */tab62, **323** */Ichbins11, **323** */Studio Barcelona, **323** */volkerr, **324** */Farinoza, **324** */Eric Isselée, **324** */jagodka, **324** */Azaliya Elya Vatel, **324** */Eric Isselée, **324** */Uros Petrovic, **324** */Katrina Brown, **324** */eastmanphoto, **324** */nn-fotografie, **324** */cynoclub, **324** */biglama, **324** */Eric Isselée, **324** */grafikplusfoto, **325** Thinkstock/iStockphoto, **325** */Eric Isselée, **325** */JackF, **325** */Eric Isselée, **325** */Eric Isselée, **325** */Aaron Amat, **325** */Eric Isselée, **325** */Eric Isselée, **325** */anekoho, **325** */Christian Musat, **325** */Eric Isselée, **325** */Eric Isselée, **325** */Christian Musat, **325** */ILYA AKINSHIN, **325** */Eric Isselée, **325** */Eric Isselée, **326** */Eric Isselée, **326** */StarJumper, **326** */Eric Isselée, **326** */Anatolii, **326** */Vera Kuttelvaserova, **326** */Eric Isselée, **326** */Coprid, **326** */Eric Isselée, **326** */JackF, **326** */nexusseven, **326** */EwaStudio, **326** */cynoclub, **326** */anankkml, **326** */tiero, **326** */Taalvi, **326** */Eric Isselée, **327** */Alexander Potapov, **327** */Eric Isselée, **327** */Eric Isselée, **327** */Eric Isselée, **327** Thinkstock/iStockphoto, **327** Thinkstock/iStockphoto, **327** */Mike Price, **327** */Roman Samokhin, **327** */Eric Isselée, **327** */Eric Isselée, **327** Thinkstock/iStockphoto, **327** */maz12, **327** */Eric Isselée, **327** */Smileus, **327** */XK, **327** */anankkml, **328** */Eric Isselée, **328** */Steve Byland, **328** */Eric Isselée, **328** */Eric Isselée, **328** */Eric Isselée, **328** */Eric Isselée, **328** */Eric Isselée, **328** */fotomaster, **328** */jakgree, **328** */Farinoza, **328** */Farinoza, **328** Thinkstock/iStockphoto, **328** */Eric Isselée, **329** */Uryadnikov Sergey, **329** */phant, **329** */Eric Isselée, **329** */Eric Isselée, **329** */ILYA AKINSHIN, **329** */Janis Smits, **329** */Aaron Amat, **329** */ILYA AKINSHIN, **329** */Eric Isselée, **329** */fotomaster, **329** */Roman Samokhin, **329** */shishiga, **329** */Nicolette Wollentin, **329** */sval7, **329** */Eric Isselée, **329** */Eric Isselée, **330** */eastmanphoto, **330** */eastmanphoto, **330** */Smileus, **330** */Daniel Nimmervoll, **330** */kurapy, **330** */Eric Isselée, **330** */jagodka, **330** */Richard Carey, **330** */Anatolii, **330** */antpkr, **330** Thinkstock/iStockphoto, **330** */Eric Isselée, **330** */eastmanphoto, **331** */Irochka, **331** */Giuseppe Porzani, **331** */eyeblink, **331** */manuart, **331** */Eric Isselée, **331** */lunamarina, **331** */pistol7, **331** */Richard Carey, **331** */Witold Krasowski, **331** Thinkstock/Hemera, **331** Thinkstock/

iStockphoto, **331** */Coprid, **331** */tongdang, **332** */Oliver Klimek, **332** */Valeriy Kirsanov, **332** */defun, **332** */Alekss, **332** */JPS, **332** */Gewoldi, **332** */Henrik Larsson, **332** */vnlit, **332** */Klaus Eppele, **332** */xiaoliangge, **332** */VRD, **332** */Alekss, **332** */Marco Uliana, **332** */morelia1983, **332** */Zbyszek Nowak, **332** */npps48, **333** Thinkstock/iStockphoto, **333** */defun, **333** */Cosmin Manci, **333** Thinkstock/Hemear, **333** */fancyfocus, **333** */gertrudda, **333** */xjbxjhxm, **333** Thinkstock/iStockphoto, **333** */defun, **333** */emer, **333** */chungking, **333** */Coprid, **333** Thinkstock/iStockphcto, **333** */eastmanphoto, **333** */Carola Schubbel, **333** */natara, **334** */tescha555, **336** */DDRockstar, **336** */Denys Prykhodov, **336** */Denys Prykhodov, **336** */Denys Prykhodov, **336** */Denys Prykhodov, **336** */Denys Prykhodov, **336** */Denys Prykhodov, **336** */Africa Studio, **336** */Africa Studio, **336** */Africa Studio, **336** */DB, **339** */robert, **340** */magann, **340** */magann, **340** */magann, **340** */magann, **340** */magann, **340** */magann, **340** */magann, **340** */magann, **340** */magann, **340** */magann, **340** */magann, **340** */magann, **340** */magann, **341** */magann, **341** */magann, **341** */magann, **341** */magann, **341** */magann, **341** */magann, **341** */magann, **341** */magann, **341** */magann, **341** */magann, **341** */magann, **341** */vvoe, **341** */Lucky Dragon, **342** */tomreichner, **342** */Marco2811, **342** */merydolla, **342** */in-foto-backgrounds, **342** */Reicher, **342** */ARochau, **342** */Yahya Idiz, **342** */motorradcbr, **342** */Beboy, **342** */Dmytro Smaglov, **342** */Anton Gvozdikov, **342** */sborisov, **342** */Netzer Johannes, **343** Stockphoto/Juffin, **344** */Juulijs, **344** */m.u.ozmen, **344** */lucato, **344** */www.strubhamburg.de, **344** */guynamedjames, **344** */Jörg Hackemann, **344** */MaxWo, **345** */Al, **345** */hayo, **345** */ufotopixl10, **345** */vector icon, **345** */vector icon, **345** */vector icon, **345** */vector icon

Frisch weiterlernen mit den PONS Bildwörterbüchern:

ISBN 978-3-12-516241-9

ISBN 978-3-12-516415-4

ISBN 978-3-12-516409-3

ISBN 978-3-12-516411-6

ISBN 978-3-12-516412-3

ISBN 978-3-12-516413-0

ISBN 978-3-12-516277-8

ISBN 978-3-12-516417-8

ISBN 978-3-12-516273-0

ISBN 978-3-12-516433-8

ISBN 978-3-12-516432-1

ISBN 978-3-12-516431-4

ISBN 978-3-12-516428-4

ISBN 978-3-12-516414-7

ISBN 978-3-12-516429-1

Weitere Sprachen:

Bulgarisch
Chinesisch
Dänisch
Griechisch
Hebräisch
Kroatisch
Kurdisch
Norwegisch
Portugiesisch
Schwedisch
Serbisch
Thai
Tigrinisch
Tschechisch
Ukrainisch
Ungarisch
Urdu

PONS

Bildwörterbuch Kurdisch – Deutsch

Bearbeitet von: Anette Dralle, eLocalize for Technology SAE

1. Auflage 2017 (1,06 – 2025)

www.pons.com/kontakt

Projektleitung: Christiane Mackenzie
Gestaltung: Petra Michel, Essen
Satz: Satzkasten, Stuttgart
Umschlagfotos: Feigen: fotolia/volff; Blume: shutterstock/Artesia Wells;
Tee-Dose: shutterstock/Volodymyr Nikitenko
Logoentwurf: Erwin Poell, Heidelberg
Logoüberarbeitung: Sabine Redlin, Ludwigsburg
Druck und Bindung: Publikum d.o.o.

ISBN: 978-3-12-516121-4